文化創意產業讀本 II
象徵價值與美學經濟

李天鐸　林立敏　編著

A CULTURAL/ CREATIVE INDUSTRIES READER II

SYMBOLIC VALUE AND AESTHETIC ECONOMY

EDITORS

TAIN-DOW LEE
LI-MIN LIN

遠流出版公司

目　次
CONTENTS

PREFACE ｜ 序　　　　　　　　　　　　　　　　　　　　　　　005

NOTE ON CONTRIBUTORS AND TRANSLATORS ｜ 作／譯者簡介　　　009

INTRODUCTION ｜ 緒論　　　　　　　　　　　　　　　　　　　017

PART I　價值／經濟／商品

CHAPTER 1 ｜ 評價獨特：作為奇點財貨的文化商品　　　　　　　043
Lucien Karpik　著／嚴昱如　譯

CHAPTER 2 ｜ 商品意義與市場：品質不確定性與價值構建的主體間性　　073
Jens Beckert　著／劉義菡　譯

CHAPTER 3 ｜ 以範例作為文化商品的評斷機制　　　　　　　　　093
Erwin Dekker　著／徐玉瓊　譯

CHAPTER 4 ｜ 文學作為一種文化產業　　　　　　　　　　　　　117
Sarah Brouillette, Christopher Doody　著／成伶俐　譯

PART II 創意／管理／實踐

CHAPTER 5 | 創意管理與象徵經濟的辯證思維　　133
林立敏、李天鐸　著

CHAPTER 6 | 文化創意產業的策略與基模　　153
Jonathan Gander　著／程雨萍　譯

CHAPTER 7 | 特許經營的社會性結構與文化產品關係　　175
Derek Johnson　著／范虹　譯

CHAPTER 8 | 表演藝術產業的鮑莫爾成本病：從創意生產到消費遲滯　　203
林立敏　著

CHAPTER 9 | 房產物業與表演藝術交融的百老匯劇院　　221
Derek Miller　著／李若然　譯

PART III 美學／批評／感知

CHAPTER 10 | 亞里斯多德與廣告人：作為一種戲劇形式的電視廣告　　245
Martin Esslin　著／林立敏、羅瑤　譯

CHAPTER 11 | 重構「被發明的傳統」：從蘇格蘭格紋飾到韓國流行風潮的解讀　　257
林立敏、李天鐸　著

CHAPTER 12 | 尋思文化工業理論：鏈結文化產業　　277
Christian Lotz　著／林立敏、羅婧婷　譯

CHAPTER 13 | 審美、感知與設計：跨學科取向的文化模式　　297
Harry Francis Mallgrave　著／羅慧蕙、劉義菡　譯

序

　　本書的問世可說是走了一條漫漫長路。作為本書的前篇《文化創意產業讀本：創意管理與文化經濟》出版於2011年，當時曾想一鼓作氣將手邊尚未刊載的論文集結出版續篇「系列二」。但隨後因獲得一項研究獎助金而前往東京，展開為期一年的訪學，接續又承接兩個委託研究計畫案，使得原本續篇編整的步調節奏就此打亂。直到林立敏博士由美國耶魯大學返回台北探親，而我剛巧也從歐陸回來，我們久別再敘並經過一番腦力激盪後，我便立刻邀請她共同參與本書的編整工作，並且當下議定了本書大致的內容方向。這時候已是2017年了。

　　在高等教育體系裡，文化創意產業應該是一個跨領域、高知識門檻的學科，但是許多年下來，兩岸學界應和著產業體系的浮誇與躁動，結果呈現的是學理基礎淺薄，學科專業門檻相對低落，絲毫沒有引領產業發展的研發動能。因此，我們在議定新書的導向時決定，與其緊貼著產業實踐的商管步調，高喊「感性創意與理性管理」、「科技應用與產業創新」、「創意城市與文化群聚」等，諸如此類的泛議題，倒不如回溯到源頭，由文化創意產業的本真屬性來著手。其實，在前篇讀本即有著近似的認定，只不過這回的續篇新書將議題更進一層次導向經濟學、社會學、文藝美學的結合與思辨。

　　亦即是說，在本書我們首先要問，用文化與創意作為生產素材的一項產業，其產出為何？答案是，一種具備美感素質的象徵性財貨。那麼這種象徵財貨的本真屬性為何？經過系統化組織的運作，這種財貨在特定的社會經濟情境中，作為一種可交易的財貨，其「所值」（worth）為何？其價值驗定（valuation）的邏輯又是如何？還有，它在產業營運的過程中，與眾多的相關產業（如製造業、科技業、服務業等）比較，產生何種混淆與爭議，應有何不同的思維？

針對這一連串的問題，我們分頭進行尋訪邀約，並藉由各種管道取得十篇翻譯文章的授權，再匯入林立敏博士與我長年合著的四篇文章，最終確立了本書的內容架構。這時剛好是2019年底──新冠（COVID-19）疫情爆發前夕。

　　其實在本書之外，還另有三篇有關科技與創意的著作，由於授權取得的困難，結果只能忍痛割捨，很是遺憾。關於本書收錄的著作，有幾篇早早已經於相關國際出版物發表，但應我們的請求幾位作者都再做了相當幅度的編修更新，以符合本書的題旨與當前的社會文化情境；還有幾篇則是應我們的邀約而專門「客製」撰寫的首稿。在此我要由衷地對這些慷慨無私的學界先進表示感謝。

　　另外有一個事後發現，就是本書作者的組成，其地緣位置的分布有法國、德國、荷蘭、加拿大、英國、美國，還有兩岸，這種均勻的分布純然是個巧合，卻也體現了文化創意產業的研究在高等教育體系裡的特質：一個應該具備多元文化視野，匯聚各方人文社經知識的跨領域學科。

　　本書的出版，首先要感謝的就是共同編著者，現在於上海交通大學任教的林立敏博士，她奠基於台灣大學、美國馬里蘭大學、耶魯大學到中國北京大學的豐厚學經歷，並在文學、戲劇、劇場創作到表演藝術等領域的研究積累，均為本書帶入嶄新的思維與視野，加上在文稿審校的全面參與也加速推動了本書的問世，要不然還不知道得等到何時。

　　再來要致上誠摯謝意的是，幫忙翻譯的幾位傑出學者。他們分居兩岸各地，並且有著各自的學術專攻，在我們兩位編者的央求之下，毫不遲疑地將一篇篇艱澀難懂的原文轉化為簡明流暢的中文。對此，我們很是感激！

　　過去十多年，我除了於歐美日本長居訪學，也花了相當多的時間與精力，登訪中國大陸多個學府做學術交流，並得以對大陸文化產業與媒體的驚人發展有近身的體悟。因為我的造訪，帶給了各個機構與教學同仁的煩擾，在此要向他們表達無盡的謝意。他們分別是：北京大學向勇教授、陳旭光教授，北京電影學院胡智鋒教授，中國社會科學院戚強飛博士，東北師範大學張文東院長、敖柏教授，上海交通大學單世聯教授，上海復旦大學曹晉教授，華東政法大學錢偉教授，南昌大學周明娟教授，南京藝術學院張捷教授，重慶大學楊尚鴻院長，重慶西南大學曹怡平教授，浙江大學韋路院長、盤劍教授，廣州暨南大學李學武院長，深圳

大學溫雯博士、秦晴博士、劉輝博士，香港浸會大學卓伯棠教授，前香港中文大學鄭潔博士。還有許多在上海、北京、重慶、南京、合肥、成都、杭州、長春、深圳等地相識的年輕學人，我對他們很是懷念。

在台灣要表達感念的有：新竹清華大學邱誌勇教授，政治大學李世暉教授，崑山科技大學劉現成教授，實踐大學李瑞元教授，還有長年推動研究的鄭綸博士與每月讀書會的同仁。

最後要特別感謝兩位好友。一位是東京駒澤大學的川崎賢一教授，由於他數度安排我到日本長居訪學，讓我深深地體會世界上沒有一個國家對自身國族文化，比日本還要執迷且自傲的，也沒有幾個民族像日本那樣行事嚴謹有序，處處講究細節與周詳。另一位是英國劍橋大學約翰‧湯普生（John B. Thompson）教授，經由他的安排，讓我有幸長年沉浸於劍橋這個學術聖地，期許跟隨著先賢哲人的步伐邁向卓越之境。只是多少年下來深深地領悟到，這個卓越之境真是無邊無際，永遠看不到盡頭，而身為一個學者唯一該做的就是——毫不猶豫地堅持‧再堅持！

現在書出版了，也是該還債的時候了。當初我們非常鍾意法國卡皮克（Lucien Karpik）教授的一篇著作（即本書的第一章），我特別與他聯絡徵求轉譯的許可，這位年高德劭的尊長對我許久未與他聯絡甚是在意，說什麼都不肯同意，除非我保證，當本書問世後，會帶著熱騰騰的版本到巴黎，和他一起喝杯咖啡，並由他請客，甚且他把地點都選好了。因此，現在當務之急即是上網查詢航班行程，開啟下一個旅程了。

李天鐸

2021 年 11 月 12 日於台北石牌

《夜遊者》(*Nighthawks*)美國畫家愛德華・霍普(Edward Hopper)1942年的代表作,現收藏於芝加哥藝術學院(Art Institute of Chicago)且是最為人所熟知的美國藝術品之一。(畫作出處:Wikimedia Commons)

　　本書的編撰是個耗費心智,考驗耐性的漫長歷程。由於協力合作的立敏博士在上海任教,因此後期的編修校訂與出版事宜,均由在台北的我負責。為了逃避家中逸樂的牽引,這工作的大部分都是躲在石牌居家附近的一間跨國咖啡廳進行的。這家咖啡談不上什麼格調品味,但環境卻是寬敞舒坦,且二十四小時不打烊。在新冠疫情警戒期間,進入深夜,這偌大的空間燈火通透明亮,卻往往只有稀疏的三兩人各自埋首自身的事務,而室外則高度反差,一片漆黑,除了間歇有車輛急駛而過,四下顯得格外的寂靜空孤。每每這個情境都讓我想到霍普的《夜遊者》,自己彷彿就置身在這幅畫中,這也讓我深深體會,世間藝術的存在,其真諦即在於此。(李天鐸)

作／譯者簡介

作者（依姓氏字母筆畫序）

Jens Beckert

德國社會學家，擁有企業管理碩士學位與社會學博士學位，研究關注當代資本社會體系裡經濟（尤其是市場）的角色與問題，並援引社會學理論探究社會生產組織的效率與運作邏輯。目前是德國科隆馬克斯·普朗克社會研究研究所所長（Director, Max Planck Institute for the Study of Societies, Cologne），也是柏林－布蘭登堡科學與人文學院（Berlin-Brandenburg Academy of Sciences and Humanities）的成員，曾為普林斯頓大學經濟系訪問學者（Department of Sociology, Princeton University），哈佛大學約翰·甘迺迪獎學金（John F. Kennedy Memorial Fellow, Harvard University）獎助研究。主要的著作有："The Firm as an Engine of Imagination: Organizational Prospection and the Making of Economic Futures"（*Organization Theory*, 2021）、*Uncertain Futures: Imaginaries, Narratives, and Calculation in the Economy*（co-eds. Oxford: Oxford University Press, 2018）、*Imagined Futures: Fictional Expectations and Capitalist Dynamics*（Harvard University Press, 2016）。

Sarah Brouillette

加拿大多倫多大學英語文學博士，專攻圖書發展史與出版文化（PhD in Book History and Print Culture, University of Toronto）。現為加拿大卡爾頓大學英語文學系教授（Professor, Department of English Language and Literature, Carleton University）。她的研究致力於文化與社會理論、文化產業與文化政策、文學出版發展等議題，並根據這些議題開設系列相關：文學與新自由主義、當代文學經濟、數位人文主義等課程。近期的主要著作有：*Underdevelopment and African Literature: Emerging Forms of Reading*（Cambridge University Press, 2020）、*Literature and the Creative Economy*

（Stanford University Press, 2014）、*Postcolonial Writers and the Global Literary Marketplace*（Palgrave, 2011）。

Erwin Dekker

原籍荷蘭。於2006年赴英國倫敦政經學院（London School of Economics）攻讀經濟哲學碩士，接著於荷蘭鹿特丹伊拉斯謨大學（Erasmus University, Rotterdam）攻讀文化經濟學，2014年獲頒博士學位；隨後前往美國喬治·梅森大學經濟系從事博士後研究工作（Postdoctoral, Department of Economics, George Mason University）。他曾於伊拉斯謨大學文化經濟與創業學程（Cultural Economics & Entrepreneurship Program）任教，2021年轉往喬治·梅森大學梅卡圖斯中心（Mercatus Center）任職資深研究員。他的研究專注在以突破傳統的經濟學觀點與方法，來檢視當代文化的生成與人文藝術的實踐。主要著作有：*Jan Tinbergen and the Rise of Economic Expertise*（Cambridge University Press, 2021）、*The Viennese Students of Civilization: The Meaning and Context of Austrian Economics Reconsidered*（Cambridge University Press, 2016）。

Christopher Doody

加拿大卡爾頓大學哲學博士，專攻英語語文與文學（PhD in English Language and Literature, Carleton University），目前於渥太華都會區從事文學出版研究。主要著作有："Literary Markets and Literary Property"（*International Journal of English Studies*, 2015）、"Trying to 'Out-Book the Book': Amazon's Marketing of the Kindle"（The Bibliographical Society of Canada, 2015）。

Martin J. Esslin

知名劇場製作人、劇作家、廣播製作人、翻譯作家、評論家、研究學者和戲劇教授，因在1962年的《荒謬劇場》（*The Theatre of the Absurd*）一書中創造了「荒謬劇場」一詞而聞名，確立了他在戲劇評論界的殿堂地位。出生於匈牙利布達佩斯，於奧地利成長並在維也納大學（The University of Vienna）修習英語與哲學，後移居倫敦從事劇場與媒體實務創作，並擔任BBC廣播戲劇節目部總監。1967年轉往美國展開生涯後半段的學術工作，先後任教於弗羅里達州立大學（Florida State University, 1969-1976）與史丹佛大學（Stanford University, 1977-1988）。他的著作數量豐富，形式多樣（戲劇理論、評論文集、翻譯劇作、文藝隨筆等），最具代表性的有：*Brecht: A*

Choice of Evils（Heineman, 1959）、*Brecht: The Man and His Work*（Doubleday, 1960）、*The Theatre of the Absurd*（Doubleday, 1961）、*The Anatomy of Drama*（Farrar, Straus & Giroux, 1965）、*The Field of Drama*（A & C Black, 1987）等。他因長年巴金森氏症纏身，於2002年在倫敦辭世。

Jonathan Gander

倫敦國王學院文化與創意產業博士（PhD in Cultural and Creative Industries, King's College London），擁有企業管理學碩士學位。曾於英國多所知名學府教授藝術、時尚、設計、媒體與數位娛樂等相關課程，並於莫斯科、斯德哥爾摩、塞維利亞、上海等地訪問講學，目前為倫敦金士頓藝術學院創意與文化產業學系主任（Head, Department of Creative and Cultural Industries, Kingston School of Art）。教學與研究的興趣在於文化與創意產業的運作策略分析，與數位創新模式於時尚領域的應用。主要的著作有："Modelling Environmental Value: An Examination of Sustainable Business Models within the Fashion Industry"（*Journal of Cleaner Production*, 2018）、*Strategic Analysis: A Creative and Cultural Industries Perspective*（Routledge, 2017）、"Performing Popular Song Production: A Study of Recording Studio Practices"（*Management Decision*, 2015）。

Derek Johnson

美國威斯康辛大學麥迪遜校區媒體研究博士（PhD in Media Studies, University of Wisconsin-Madison），目前為該校區傳播藝術系副教授（Associate Professor, Department of Communication Arts）。教學主要以「媒體產業批評」（critical media industry studies）與「文化生產」（production culture）為導向，廣泛的探究電視、電影、動漫、串流影音、數位遊戲與衍生商品等領域中，創製生產的組構、經濟價值的交換、美學意義的流通等相關議題。由此教學導向發展出的研究著作有：*Transgenerational Media Industries: Adults, Children, and the Reproduction of Culture*（University of Michigan Press, 2019）、*Point of Sale: Analyzing Media Retail*（Rutgers University Press, 2018）、*From Networks to Netflix: A Guide to Changing Channels*（Routledge, 2014）、*Media Franchising: Creative License and Collaboration in the Culture Industries*（New York University Press, 2013）等。

Lucien Karpik

巴黎高等礦業學院（Ecole des Mines, Paris）社會學教授，亦是法國高等教育體系為推展人文多面向科技人才而設立的創新社會學中心（Centre de sociologie de l'innovation, CSI）創辦人，同時也是法國高等社會科學院（École des hautes études en sciences sociales, EHESS）所屬的雷蒙·阿隆社會政治研究中心（Centre d'études sociologiques et politiques Raymond Aron, CESPRA）資深研究成員。帶有批判並具突創思維的政治社會學與經濟社會學是他終身致力於研究的兩個取向，遵循這兩個取向，他分別出版了兩本深具影響力並廣為討論的代表著作：*French Lawyers: A Study in Collective Action, 1274-1994*（Oxford University Press, 2000）、*Valuing the Unique: The Economics of Singularities*（Princeton University Press, 2011）。該書均有法文、英文、德文等多國語言譯本。

Christian Lotz

原籍德國，擁有德國班貝格大學（Otto-Friedrich-University Bamberg）哲學社會學、藝術史碩士學位，並於馬爾堡大學（Philipps-University Marburg）獲得哲學博士學位。他先後曾任教於畢業母校馬爾堡大學、美國西雅圖大學（Seattle University）、堪薩斯大學（University of Kansas），並於埃默里大學（Emory University, Atlanta）訪問研究。目前為任教美國密西根州立大學哲學系教授（Professor, Department of Philosophy, Michigan State University）。主要研究領域在後康德（Post-Kantian）歐洲哲學思想，近期則聚焦於當代歐陸哲學發展、批判理論、美學與馬克思主義。主要代表著作有：*The Art of Gerhard Richter: Hermeneutics, Images, Meaning*（Bloomsbury, 2017）、*The Capitalist Schema: Time, Money, and the Culture of Abstraction*（Lexington, 2016）、*Christian Lotz zu Marx, Das Maschinenfragment*（Laika Verlag, 2014）、*From Affectivity to Subjectivity: Revisiting Edmund Husserl's Phenomenology*（Palgrave, 2008）。

Harry Francis Mallgrave

伊利諾理工學院榮譽退休教授（Professor Emeritus, Illinois Institute of Technology）、英國皇家建築師協會榮譽院士（Honorary Fellow of the Royal Institute of British Architects）。他一生中專業職務多彩多樣，既是教育家，又是專業建築師、專書編輯、翻譯作家、歷史學者。在從事多年建築設計工作後轉入學術界，於1983年獲得美國賓州大學建築博士學位（PhD in Architecture, University of Pennsylvania）。其研究

題旨以建築發展史與人文感知理論為核心，出版超過十餘本指標性的著作，包括：*Building Paradise: Episodes in Paradisiacal Thinking*（Routledge, 2021）、*From Object to Experience: the New Culture of Architectural Design*（Bloomsbury, 2018）、*Architecture and Embodiment: The Implications of the New Sciences and Humanities for Design*（Routledge, 2013）等。

Derek Miller

擁有史丹佛大學劇場與表演研究博士學位（PhD in Theater and Performance Studies, Stanford University）、耶魯大學英文系拉丁文學榮譽學位（BA. cum laude in English, Yale University），目前為哈佛大學英文系人文學科副教授（Associate Professor of the Humanities in the English Department, Harvard University）。他的研究領域專注於表演藝術與產業環境之間存在的物質因素，尤其是法律與經濟等，對創製生產的影響。於教學研究之外，他亦廣泛地涉身劇場實務，從事表演、劇作、音樂監督、戲劇顧問等工作。主要著作有：*Copyright and the Value of Performance, 1770-1911*（Cambridge University Press, 2018）、"Realism"（*Ibsen in Context*. Cambridge University Press, 2021）、"Knowledge Transmission: Media and Memory"（*A Cultural History of Theatre*, vol. 5. Bloomsbury, 2017）等。

林立敏（Li-Min LIN）

北京大學藝術管理與文化產業博士，美國馬里蘭大學劇場與表演研究碩士（MA in Theatre and Performance Studies, University of Maryland, College Park），台灣大學外國語文學系學士。曾為耶魯大學戲劇學院特別研究員（Special Research Fellow, School of Drama, Yale University），現為上海交通大學文化產業管理系助理教授。2018年及2020年擔任美國劇場研究協會（ASTR）年度大會分論壇的組織與主持工作。劇場實務經驗橫跨中國、美國、英國等地，參與工作包括演員、製作人、劇作家、藝術指導等。研究專注於以文化經濟相關理論，探究劇場與表演藝術的管理，以及當代藝文展演活動的價值生成等議題。著作有：《表演藝術產業的價值創造》（上海交通大學出版社，2022）、〈AKB48與慾望橫流：媒介融合時代中現場演出的時間特性〉、"Symbolic Economy and Creative Management: Cultural and Creative Industries Urging for New Approaches"（*ENCATC Journal of Cultural Management and Policy*, 2015）等。其中論文"Cost Disease in Consumption and Spectatorship Management: A Cross-

Country Study on the Value Creation Mechanism of Performing Arts Industries"，獲第14屆世界文化藝術管理雙年會最佳博士論文獎（Best Paper for Doctoral Research, The International Association of Arts and Cultural Management Conference, 2017）。

李天鐸（Tain-Dow LEE）

美國俄亥俄州立大學（The Ohio State University, Columbus）影視傳播博士，專攻電影電視美學與批評。近期致力於文化創意產業發展的基本邏輯與其爭議，與華語媒體產業的文化經濟取向研究。曾於2006至2007年擔任英國劍橋大學社會學系訪問學者（Visiting Scholar, Department of Sociology, University of Cambridge, United Kingdom），並於2002至2003年、2014至2015年兩度擔任日本駒澤大學社會學系訪問教授（Visiting Professor, Department of Sociology, Komazawa University, Tokyo, Japan）。現為台灣崑山科技大學創意媒體學院講座教授。2009至2011年連續主持兩項行政院新聞局委託「台灣流行音樂產業調查研究」計畫，2011至2012年執行澳門特別行政區政府文化產業委員會委託研究計畫「澳門文化產業發展定位與競爭優勢評估」；並於2007至2011年編撰完成專書《文化創意產業讀本：創意管理與文化經濟》（A Cultural / Creative Industries Reader: Creative Management and Cultural Economy）。2009年與2017年分別完成專書《電影製片人與創意管理：華語電影製片實務指南》共兩冊（Film Producer and Producing Management, 2 Volumes）。其他著作有："The Globalization of Transnational Media: Imaginary Spheres and Identity Incorporation"（Barjesteh Van Waalwijk Van Doorn & Co's.）、"We are Chinese? Music and Identity in Cultural China"（Curzon Press）等。

譯者（依姓氏筆畫序）

成伶俐（Linly CHENG）

台北世新大學公共關係暨廣告學系碩士畢業，著有《從〈中國有嘻哈〉看節目模式的挪移與文化混雜》，長期關注流行文化、消費文化與廣告行銷行業領域，曾任職於國際公共關係企業Ruder Finn BJ，為政府部門和非營利組織提供諮商務服。目前於全球跨境電商SHEIN，負責廣告與市場行銷等業務。

李若然（Ruoran "Kathy" LI）

美國耶魯大學戲劇管理碩士（MFA in Theater Management, Yale University），上海音

樂學院學士。曾任職於上海、紐黑文（New Heaven）、華盛頓特區和舊金山等多個表演藝術機構，參與和引介多項國際演出，並擔任多部原創戲劇作品製作人。研究專注於非營利戲劇機構的運作，與藝術、科學、技術等跨學科領域的合作發展。現居上海。

范虹（Hong FAN）

台灣藝術大學數位媒體與影音創作博士，重慶西南大學戲劇與影視學碩士。高校教師，獨立導演，著有中短篇小說集《末日生存指南》（西南師範大學出版社，2019）；並有多篇學術論文在《電影藝術》、《北京電影學院學報》、《當代電影》等期刊發表，代表作有：〈電影裝置理論視域下的跨媒體敘事研究〉、〈數字媒體中電影敘事的模擬模式研究〉。研究議題包括：電影與新媒體、電影產業、新媒體文化等。

徐玉瓊（Yu-Chiung HSU）

美國貝里大學資訊教育博士（PhD in Information Education, Barry University, Miami），現為台南崑山科技大學公共關係暨廣告系副教授，研究專注於數位學習、數位內容、跨域合作學習，以及遊戲式學習策略等議題。近年主要代表著作："Exploring the Influence of Using Collaborative Tools on the Community of Inquiry in an Interdisciplinary Project-based Learning Context"、"Understanding Factors that Affecting Continuance Usage Intention of Game-based Learning in the Context of Collaborative Learning"，並有數篇論文發表於國際數位教育領域SSCI等級期刊。

程雨萍（Choon Peng THIAH）

台北海洋科技大學電競數位遊戲與動畫設計系助理教授，台北實踐大學創意產業博士。研究專注於創意產業之社會資本、組織管理等議題，著有〈以創新擴散理論探討文創產業之創新擴散〉、〈探索大稻埕社區之實虛整合創新商業模式〉、〈創意鏈結：文創產業之數位平台創新策略〉等。

劉義菡（Yihan LIU）

北京大學藝術管理與文化產業博士，現為加拿大蒙特利爾高等商學院博士後（Postdoctoral Fellow, High Commercial Studies of Montreal, Canada）。研究領域為藝術營銷、藝術消費者行為、機構策略與表演藝術等。著有 "Why Customer Leave: The

Effect of Expectation Disconfirmation in Non-profit Performing Arts"、〈觀眾流失：負向期望失驗對非營利表演藝術機構的影響〉、〈劇院行業如何應對新冠肺炎疫情〉、〈美國非營利藝術機構運營模式〉等。

羅婧婷（Jing-Ting LUO）

台北世新大學傳播博士學位學程博士，重慶西南大學戲劇與影視學碩士。高校教師，發表著作有：〈賽博文本視域下互動影像的交互機制研究〉、〈VR電影的媒介特性與傳播策略探析〉等。研究方向為互動影像研究、新媒體文化傳播。

羅瑤（Yao LUO）

廣東外語外貿大學藝術管理系畢業，北京天橋音樂劇製作人研修班成員。曾任星漢文化藝術發展有限公司內容運營企畫，參與深圳北極之光管風琴音樂會宣傳並擔任演出舞台監督，星輝合唱團北歐巡演策畫，現從事廣告行銷與公共關係工作。

羅慧蕙（Huihui LUO）

北京大學藝術管理與文化產業專業博士，北京大學國家對外文化交流研究基地研究助理，目前為上海交通大學／南加州大學文化創意產業學院博士後。著有 "Operations Management and Strategic Positioning of the NCPA"，譯有《文化藝術營銷管理學》。研究領域與方向為藝術市場、文化營銷、消費者行為、藝術管理與文化籌資等。

嚴昱如（Anna Yu-Ju YEN）

新竹交通大學科技法律研究所碩士，目前為台北實踐大學創意產業博士候選人。曾任資訊工業策進會科技法律研究所法律研究員、台北金融研究發展基金會研究員，執行新興科技相關之政府法制計畫及智庫幕僚工作。關注科技創造力及其與人類社會交互影響之議題，著有〈共存的文化與經濟價值：從文化與創意產業看無形資產之價值認定〉、〈簡析英國之政府開放資料政策及其法治發展〉。

緒論

　　「文化產業」或「創意產業」（簡稱文創產業）的概念，是欲將原本自主於經濟部門之外的社會表意符號，納入資本生產體系以為國家財富的積累。在一九九〇年代澳洲與英國率先將這個概念具體化為政策後，立刻吸引了亞洲、歐陸、大洋洲等各地的跟進，經過二十多年的熱鬧動員，全球資本生產體系的結構急速地從工業化轉移到後工業的型態，傳統人類學的文化意涵與表徵實踐在這個轉移的進程中，也急邊地向經濟的範疇挪移，納入理性化與系統化的產業運作，形塑出一種新的生產關係與價值體認。回溯早先文創產業的概念，聯合國教科文組織（United Nations Educational, Scientific, and Cultural Organization，簡稱UNESCO）於2005年2月舉行的「亞太創意社群：一個邁向21世紀的策略」（Asia-Pacific Creative Communities: A Strategy for the 21st Century）專家會議中提呈一份題為〈文化產業的背景報告〉（Backgrounder on Cultural Industries）的文件。該文件就「文化產業」這一詞，做出了概略的定義：「文化產業是那些涉及有形或無形藝術性與創意性產品創製的產業，它們經由文化資產的開發，知識性財貨與服務的產製，而有一種創造財富與收入的潛能。它們有一個共通點，即是都運用創意力、文化知識、智慧版權去生產具有社會文化意義的產品與服務。」[1] 如今檢視當時各國啟動文化創意產業發展的意涵與範疇，與這份文件對照起來，大致上相去不遠，還有各國羅列的產業重點，也與該報告列舉的十六餘文化產業項目大同小異。

一、喧嘩躁動的文化創意產業

　　雖說是如此，但多年發展下來呈現的局面卻迴然不同。就以華人國度來看，

在台灣，「文化創意產業」已為「文化創意」所取代，社會上瀰漫著各式食衣住行、休閒逸樂的「生意活動」（business），「產業」一詞的精意早已被荒置於一旁。許多原本信心滿滿規劃的項目非但沒有達成開創新經濟、增進國民財富的目的，反而高度仰賴各級政府的補貼獎酬，像電影、電視、圖書出版、流行音樂、文藝表演、文化節慶等，至今仍是如此。其結果是，夜市小吃、觀光旅遊成為台灣文化創意發展最為人稱道的表徵；原本引領華人書香社會的圖文出版，雖然有舉辦多年的巨型國際書展加持，但仍持續地處於低迷的狀態；自一九八〇年代以來一直位居全球華語流行音樂龍頭的音樂產業，在投注重金打造兩座流行音樂中心後，依舊無法挽回年年衰退的頹勢；以電影與電視為主的影音產業是所有發展項目中社會能見度較高且較熱鬧的，但是其運作仍然是焦著於「原創構思／作品創製」，卻無法建立自主的發行體系，也無力結合科技平台強化行銷夢幻的機制；而當初列為重點發展的動漫與遊戲，則始終沒看到顯著的產出，而創造經濟效益與社會能見度的，則始終都是美國、日本、韓國進口的作品，倒是以動漫為名的園區出現了幾座。

相較於台灣，中國大陸的文化產業發展則呈現一片蓬勃的景象。聯合國貿易與發展會議（United Nations Conference on Trade and Development，簡稱 UNCTAD）於 2018 年公布的《創意經濟展望報告與國家概況》（*Creative Economy Outlook and Country Profiles*, 2002-2015）指出，中國在 2002 至 2015 年間的創意產品貿易年均增長 14%，並在 2014 年貿易數字達到了 1,914 億美元。中國的創意產品出口增長率是全球平均水準的兩倍，是創意產品和服務的最大單一出口國和進口國。雖然這份報告發布後立刻引起在統計論證上諸多的爭議，並對中國產出許多號稱為創意商品的「創意素質」抱持質疑，但是近二十年來中國在電影、電視、圖書出版、工藝設計、表演藝術，還有以數位平台為主的加值服務等領域，展現的旺盛活力與驚人的產出，的確是無可否認的事實。它的電影已於 2012 年超越日本成為世界第二大電影市場，而再於 2020 年趁著新冠疫情爆發之際，一舉取代了美國，成為全球之首；它的流行音樂於 2018 年擠下了台灣，成為全球華語流行音樂龍頭，穩居世界第三大音樂演出市場的位置；它的數位加值應用與服務也於 2017 年與美國並列世界二強；還有它的圖文出版、表演藝術、工藝產品等，在當今世界都是僅次

於英語文化體系的產出國。

但是這裡存在著一個顯而易見的問題：驅動中國串串驚人創意經濟成長數字的核心動能，不單只是來自產業內部，還有產業外部——龐大消費人口構成的市場規模優勢與政府直接介入性的保護措施。這個邏輯與過往中國總體經濟傑出表現的動因，基本上一致。其實早早就有分析指出，仰仗著人口紅利與改革紅利，中國維持了幾十年來，每年10%左右的經濟增長。[2] 相同地，中國文化創意經濟創造了漂亮的成長數字，但事實上，最大的功臣不是一套真正建植於市場形構的運作邏輯與創製營銷的機制，而是為數龐大的消費者與保護並扶植市場的相關政策。由於這些紅利因素，促使來自社會各方的有形資本與勞動力的投入，或是說「蜂擁而入」。來自金融投資、股票證券、石油煤礦、地產開發、電商平台，甚至國營企業與教育機構等行業的剩餘資金，激化了各項文創領域的蓬勃與超量產出，尤其是體現在電影與電視業。這些剩餘資金追求的是及時而高效率的回報，至於需要時間與感知積累的「從文化中製造與傳布，一套套告知著大眾世界的模樣，以及如何去看待身處環境的表徵符號系統」，當然就不是首要的標的，同時也沒有耐心去建構一條以「原創構思／作品創製／行銷發行／映演販售」，緊扣而成的價值鏈。[3] 這導致運籌策略要顯得單一平板，以「一次性」的市場銷售為絕對的重心，而無法開發以智慧版權為基礎的多元市場回收與權利授權收益；這也促使各個文化創意生產體系普遍充斥著「爆衝、躁動與投機」的氛圍。

如果整個產業的氛圍是如此？那麼以「文化創意產業」為名的高等教育體系學科，又會是何種情勢？這是本書編撰所關注的首要議題。

二、空洞的文化創意產業學科

在文化創意產業政策揭示之初，許多高等教育學府紛紛設立相關教學研究單位，為國家重大建設工程培育所需人才，文化創意產業也成為一門新興學科。這在台灣、中國大陸、西方許多國家都是如此。但是政策是執政團隊為建立施政績效而啟動，亦有著鞏固權力的盤算，並會隨著社會經濟條件的變化、政權更替而轉變。執政團隊並不負責學科的建設，而學科建設是教育體系內部的職責，是

需要持續匯聚人才、鑽研積累的。就因為文化創意產業學科比較是順應時局的產物，屬性上也較偏向生產實踐，在台灣自然就與產業界的現實與社會上吃喝玩樂的氛圍十分貼近。結果是，文化創意產業是一項知識門檻很低的學科，學教育的、語文的、失勢的政客、報章寫隨筆的、媒體名嘴、資訊工程的、科技管理的等，不費吹灰之力都可以以業師顧問、文創趨勢達人或講座專家之名，在各級教學單位（甚至是博士班）開班授課、帶領研究；反過來他們再頂著高教名師的頭銜，遊走於社會相關的領域。這種狀況已持續了近二十年，除了一些現況概說或是時事評述，很難去追究這門學科能有什麼研發產出與學術洞見，更不用說有什麼引領產業發展的能量。

這在中國大陸更是如此。龐大的經濟體系帶動了文化創意產業學科的編制急速擴張，促成了許多「速成」的文創學者專家的出現，其年年爆衝式的生產增長，也誘使他們不安於講求沉浸的教學工作，游移於學院與生產體系之間，爭討俗稱的「有利項目」。他們學術背景各異，所學所專亦有不同，但實際上講述的議題普遍不超脫文化資產維護、文藝美學、藝術行政等範疇，並且貼近黨國機器的論述，配合社會主義意識形態的宣導。

文化創意產業的社會意涵有著複雜的雙重屬性。參照馬克思（Karl Marx）的觀點，它作為一個生產體系，是「經濟基礎」（base），是社會總體生產體系的一部分，並且有其特殊的生產模式（mode of production）。在表意層面，它的產出涉及文學、藝術、美學、歷史等，必然與屬於社會「上層建築」（super-structure）的政治律法、價值信念、文化成規，還有總體意識形態等，有著既張弛又呼應的辯證關係。在中國社會主義體制下，文化產業絕非單純的只是一項經濟政策，屬於「經濟基礎」的活動；它自始在黨國的「大敘事」（grand narrative）脈絡中，每經過一次黨國重要會議或領導講話，就增添一層新的意涵與使命。它從原本單純為促進新經濟發展，「為社會公眾提供優質精神產品與服務的活動」，到後來與「發展具有國家民族特色的文創產業」、「強化國家軟實力，讓民族文化走向國際」等議題結合，再到積極配合「一帶一路」、「鄉村振興」等國家戰略，這使得文化產業政策隱含著一股「國族復興、環宇稱雄」的國族慾望，總是或隱或顯地被期望為一種能夠展現國族聲威的「軟實力」（soft power），將中國社會主義脈絡裡的素材表徵化為具國族

色彩的象徵符號，作為全球政經領域競爭的資本。（請參見本書第十一章）

因此，若說文化產業政策絕非只是一項單純的經濟戰略，那麼文化產業學科建設也絕非只是教育體系內的學術任務，而是國家意識形態教化工程的一環。照這樣推想，中國文化產業學科研發教學的產出會是何種內容與特色，學科範疇會界定成什麼模樣，其結果便不難得知了。

在西方的學術脈絡裡，文化創意產業的相關研究最早是零星散布在不同的學術領域。人文藝術學關注的是文藝美學的批評，還有相關的藝術行政與文化政策等議題。媒體與傳播學，還有稍後的文化研究，探觸的是表意訊息如何於產業系統中產出，以及如何在社會中流通與接收；諸多經濟學、社會學或管理學的論述，引用實徵性的研究方法，將文創產業等同於一般的產業（傳統製造業、食品業、科技業等），就其營運模式、組織結構與造成的社經效應做評析。近期則出現一股——尤其是在歐陸的學界——以挑戰傳統的經濟學、社會學、管理學的觀點，並廣泛地援引人文社會學科的論著，像地理學、組織學、心理學、文化人類學、甚至哲學，來論證當代文化與人文藝術的實踐，是如何地被轉化為有價值的（象徵的）符號體系於產業系統中產出，並如何在特定社會脈絡裡促成符號意義的流通，與意義的再生產。

這些經過長年積累的研究論著數量頗豐，探觸的對象多元多樣（有文學出版、表演藝術、文化遺產、電影電視、節慶活動、串流影音、數位遊戲等等），但是將它們彙總起來分析，不難發現它們之間存在著一個明顯的交集區塊。在這個交集裡有著近似的辯證思維、命題假設，分享著一些共通的經典著作、引述文獻、認定觀點等等。而這些共通性隱約地浮現了文化創意產業作為一門高等教育學科範疇的輪廓，驗證了它的跨領域質性（the interdisciplinary essence），也宣示了它知識門檻的高度；不是整天高喊「美學」、「創新」、「體驗」等華麗辭藻，便可在高等教育體系裡建設出像社會學、經濟學、文化人類學等，那樣學理厚實的學科。本書的編纂即試圖反映這個質性與高度，並期許在這個眾聲喧嘩的學科裡，能接續十年前出版的前篇《文化創意產業讀本：創意管理與文化經濟》，成為另一本嚴謹有序的教育文獻。

三、象徵性財貨與價值驗定

檢視各國文化創意產業的發展，雖說項目大同小異，但是它們本質屬性卻相當分歧，物質性／非物質性、功能性／非功能性、實用性／表徵性等，都含括於內，在分析時很難將它們做系統邏輯性的歸整。它們有些是傳統文化資產形式的持續，像表演藝術、藝品展覽、文藝節慶等；有些是從發源已久的工藝延伸，注入創新元素轉型而成的，像是設計領域的時尚服裝、工藝精品、建築等，是高感與精緻勞力密集的產業；有些則是以炫妙想像，結合多元軟硬體科技創製的，像是電影電視、音樂、動漫電遊、數位多媒體等，是資本與資訊密集的高概念（high concept）產業。針對這個難題，我們應該跳脫各國政策界定的範疇，因為這些範疇是執政體系因應社會政經現實而議定的，是供現實操作的，並不具備周延的學理基礎與邏輯。有鑑於此，艾倫·史考特（Allen Scott）提出將這些屬性分歧的產業廣義地稱為「文化商品產業」（cultural-products industry），[4] 並提出一個分析上的認定原則：象徵寓意與符號價值。也就是，某個產業產出的商品或服務，要是其象徵寓意與符號價值要遠比自身的實用功能要來得顯著，或是直接以象徵寓意與符號價值為市場交易的訴求，即可將之認定為文化商品，亦即是皮耶·布迪厄（Pierre Bourdieu）所稱的象徵性財貨（symbolic goods）。例如，放眼智慧型手機市場，iPhone、Samsung、OPPO、華為等智慧型手機在軟硬體搭配與通訊效能上，雷同度相當高，但iPhone每每新機上市前後造成社會群體的關注度，始終是後三者無法相比的。由此不難得知，它們的差異不在於實體功能，而在於商品的表徵寓意（這裡所稱的表徵寓意其內涵要遠遠超脫管理學所稱的「品牌」）。

問題是，這些質性多元的象徵財貨，經過系統化組織的運作，其「所值」（worth）為何？它的產品的「固有特性」（intrinsic characteristic），或是本真屬性（authenticity）為何？順著這個本真屬性，它在產業營運的過程中，與眾多的傳統產業（如製造業、科技業、服務業等）相較，應有何不同的思維？還有，這種象徵財貨在特定的社會經濟情境中，作為一種可交易的財貨，其價值驗定（valuation）的邏輯是如何？這一連串問題的提出，即本書要探觸的焦點。

不論一個文化商品的符號寓意為何，其效益終究得取決於市場，因此自然

有許多研究援引或挪用經濟學的相關供需理論，以及一些市場價格主導機能的論述，來討論文化商品的所值，然而這存在一個命題上的差異：象徵性財貨對消費者的意義產生，不在於生理性的使用，是在於感知性的體驗，這造成需求端的不確定性。[5] 而問題就衍生了。首先，經濟學對供需的運作主張一直仰賴市場資訊透明和通約性，傳統經濟學的理性消費選擇理論，將價格視為既定，而這些競爭市場建立的價格是由供需的互動所決定。這個假設是古典經濟學鐵定的原則。在購買產品前，消費者就已經明確知道他們要買的物品，成分為何、用途何在（這裡的功能等同於它的意義）以及製造商們開出的價錢。有了這些基礎，消費者才有成為理性的經濟人的可能。正如亞當·斯密（Adam Smith）在《國富論》（*The Wealth of Nations*）中的小鎮麵包店為例，所有的麵包都是相同的，差異僅在價格。然而，文創商品其中一個重要特色為不確定性，也就是說，消費者對於他們將要以金錢交換得來的物品不熟悉並懷有不確定感。舉例來說，儘管一個消費者很清楚漫威（Marvel）英雄系列電影的特色，甚至熟悉漫威每一期漫畫，但是當一部新片出來時，除非該消費者親自進戲院觀賞過，否則他永遠不敢肯定這部新片的品質是否跟他過去所熟悉的相同。

在古典經濟學之後，經濟學新古典主義同樣試著理論化此類象徵性產品在市場上運作的模式。雖然新古典主義經濟學不再相信商品自有價值，但也並未捨棄價格理論和信息透明，只是將重心轉移，認為價格來自效能（utility）而非成本。[6]這個論點主張效用取代「滿足」，並成為消費者選擇商品的最主要依據。但正如前所述，文創產業的不確定性和高風險，使消費者在消費前對商品只有一個臆測、一份期待等空泛的概念，產品的資訊並不是透明的，並且永遠難以達到真正的資訊透明（甚至消費者也不想在真正體驗之前獲得太多訊息，以免被「暴雷」而破壞期待感）。因此在選擇文化類商品時，消費者的滿足是建立在獲得自身認可的價值上，而當一個商品的「效用」不再只是客觀的功能性反而取決於消費者主觀的、情緒性的感應，這就使得過往的理論難以驗定此種獨特性以及其建構的價值體系。（這即是本書第一章、第二章、第三章，分別從不同的學理觀點論辯的重點）

綜觀而言，誠如戴夫·畢區（Dave Beech）指出，這其實是因為古典經濟學本來就不是設計來解釋藝術品的，因此從亞當·斯密以降，均將這些例外的商品從

價格理論當中排除，而新古典主義脫胎於此，自然也不能免俗。[7] 與經濟學更偏向實證上的探索不同，在管理學看來，與其說價值是影響價格的關鍵，更可以說價格（price）等同於價值（value）。消費者的選擇都是基於外在客觀環境條件的操縱，因此管理學相信行銷是價值形塑的主要推手。一般商品較能於過往經驗中，推衍出系統化的檢測標準、並建立穩定的產製銷流程，然而象徵性財貨的非功能性、非實用性的體驗特性，成敗取決於萬千消費個體的反覆無常、難以捉摸的品味與詮釋，其恆常置身於漫無邊際的創新，難以驗證出一套明確的運作程式。因為超凡創意的商品（供給）與商品的銷售成效（需求），其間的必然性是模糊的。這個特性與傳統經濟學以價格為供需平衡基點的立論，存在著相當的出入，而這也造成文創產業的營運背離資本體系慣常講求的效率（efficiency）、精確計算（calculability）、可預測性（predictability）以及嚴密控管（control）的理性準則。

既然經濟學與管理學的理論已不足以解釋文創商品的運作，許多學者改由社會學的角度來檢視文創商品的價值。針對價值這個概念，社會學發展出許多相關論述，包含格奧爾格・齊美爾（Georg Simmel）、阿君・阿帕度萊（Arjun Appadurai）等學者的討論，甚至追溯回哲學上的思辨。然而，儘管眾家關於價值的討論有助於釐清對價值本身的思考，例如齊美爾點出價值並非物品內涵的，而是觀者附加於上的；[8] 亦或阿帕度萊用人類學對商品的社會生活探討，[9] 指出物品的價值可被賦予與剝奪，但針對文創商品的價值驗定，似乎還沒有更明確的定論，尤其針對價格與價值之間的討論，大多觸及商業領域的社會學研究偏向市場和其結構的相關討論。不僅如此，在轉而取徑於社會學後，目前的研究大多著重在將價值進行越趨龐雜、沒有盡頭的主觀分類上，對於價值驗定及恆常性的討論並無幫助。姑且不論分類的正確性與精準度，或者價值之間是否可以結合甚至轉換，那麼，這些價值由何者認定？再者，即使以上均正確，究竟是透過何種機制、何種標準或有無任何量度，將「象徵性的交換價值」轉換為「商品交換價值」？假如這些問題不能解決，那麼不管再歸納出多少組不同的價值種類，針對價值與價格之間的討論似乎來到了一個死胡同。

其實，「價值」這個概念，本身即充滿爭議性。價值（value），或是所值，是某一方為了獲得某認知上的利益，所願付出的認知上的價格。在此，價格並非一定

指的是金錢，還包括時間、精神、勞動、折損等。[10]「固有價值理論」是許多人較為熟知的，或者也可稱為勞動價值論，認為一件物品的經濟價值，是由生產過程中的勞動力量大小所決定的。按照馬克思的觀點，商品價值就是凝結在商品中無差別的人類勞動，且勞動具有二重性：具體勞動和抽象勞動。具體勞動為生產出商品的自然屬性，是給予商品購買者的價值，也就是使用價值（use value）；抽象勞動則是一般人類勞動的凝結，即人類體力和腦力的消耗。它生產出商品的價值（value），社會屬性，構成商品交換的基礎。然而，在回顧經濟學以及社會學的討論中，可以發現學者一直將重點放在價值本身和價值轉換為價格上，這樣的討論是根據一個已知的對象（某項文創商品）進行討論，並直接假定消費者可以同樣體會其價值。

　　由此，即帶出與固有價值理論相對的「主觀價值理論」（subjective theory of value），卡爾‧門格爾（Carl Menger）認為產品和服務本身並沒有經濟的價值，而是由於個人對它們的需求才有價值存在，而這價值是依據購買者肯為此付出多少代價（如貨幣）來計算。由於世上每個人都有不同的需求和情況，因此所謂「正確」的經濟價值或價格在客觀上是不存在的。[11] 主觀價值理論也產生了互惠交易理論。一個人之所以願意購買某樣產品，是因為他評估後認為這樣產品的價值，高於他為此付出的代價（如貨幣），否則他便不會進行交易。依照這種推理，交易中的雙方都認為他們會因此獲利。這個價值創造的過程，正好突顯了「認定的」（perceived）價值在整個文創商品當中的重要性。文創商品恆常穩定價值的驗定，通常源於兩個主要的機制：一是經由市場裡交換等值的績效，即是價格（price）；另一是藉由社會相關領域裡，褒貶獎酬的論斷評述，即是稱譽（praise）。[12] 因為文創的商品多為非實體性的，所以當它們需要與消費者認知意識的連結時，尤其仰賴產業外部的象徵性稱譽，也就是種種文創商品面對消費者時所被灌注的附加價值。甚至可以說，貫穿文創產業價值鏈各階段的，就是稱譽評述。因此，我們可以說，消費者所認為的價值，並非是標價牌上的標價，也並非總價格除以商品單位，而是消費者認為能獲取到的認定價值與其願意付出的認定價格之間，即是文創商品的價值。

　　價值並非一個既定的事實與存在，每一個產品代表的是一連串的行動，包

含生產、流通、消費等，在每一個階段，產品都會被重新評價一次，也因此它的特性是不穩定的、變動的，而且是在動態的評價過程中被暫時賦予的。[13] 這麼一來，如果單純地認為專業人士可以生產價值，就是錯誤的觀念。而當所謂從業者的身分是由社會實踐（social practice）而建構時，「生產」和「消費」間的界線漸趨模糊，應該將生產和消費均視為組織架構下的實踐。

換句話說，人們在接收象徵形式時，都涉及到他們既有的資本與規則。象徵形式的理解、被評價的方式，可能會因人而異，這取決於人們在社會場域中的位置。接收不是一個被動的過程，是一個創造性的解釋評價過程，一個象徵形式被構建和再構建，人們主動地弄懂它們，從而在生活中實踐出意義，即是社會脈絡的象徵性再製。（見圖1）[14] 在特定的社會歷史情境之下，象徵形式被產製、傳布、接收，它同時也是一個客體（object），被社會群體稱許、論斷、貶抑等，即所謂的價值驗定（valorization）。而空間、時間與媒體平台機制，是這個驗定過程的重要成因。

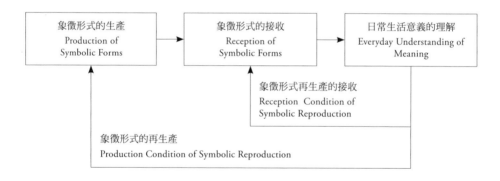

圖1　社會脈絡的象徵性再製

四、本書的結構與章節

基於以上對於價值驗證與恆定性的思辨，本書邀集了十三篇相關研究專題的論文，作為這個思辨的深化與展延。

（一）價值／經濟／商品

本書第一部分「價值／經濟／商品」邀集了四篇分別基於文化社會學與文化經濟學觀點的論文，作為對前面思辨的深化與延伸。首先，第一章〈評價獨特：作為奇點財貨的文化商品〉（Valuing the Unique: The Economics of Singularities），法國教授盧西安·卡皮克（Lucien Karpik）直接犀利地點出古典經濟學忽略了一個特定的市場類別，這個類別的產品包含藝術品、文化創意商品、許多的專業服務商品等，他將其稱為「奇點商品」（singularities goods）。奇點商品具備著產品組構特徵的多維性（multidimensionality）、策略與品質的不確定性（uncertainty）、本質屬性的不可通約性（incommensurability），這三項構成商品之間差異的特質。這三個特質讓消費者無法在「彼此無關的現實」之間做出選擇；而古典經濟學對於產品（商品與服務）交易的基本認定：產品是確定的，不僅是可被辨識，且資訊透明，消費者在購買前就已知悉。因此，對供給與需求關係的限制僅在於有關產品名稱和價格的資訊，這導致排除了價格之外所有具備差異化特徵的財貨。卡皮克首先參引了多方學說，來闡述奇點商品之所以為奇點商品的三個特質，再藉由這三個特質回頭來論證近期新經濟學理論諸多的局限性與不適用性，並且接著再引用哲學領域的判斷理論來檢視奇點商品在交易選擇上，不同於一般標準化商品的地方。

抱持著與卡皮克不同的關注面向，德國社會學教授延斯·貝克特（Jens Beckert）在第二章〈商品意義與市場：品質不確定性與價值構建的主體間性〉（Markets from Meaning: Quality Uncertainty and the Intersubjective Construction of Value）聚焦於商品價格形成的議題。他申論在市場裡有許多商品，尤其是文化商品，其品質的不確定性並不是一個資訊不對稱的問題。相反，對品質的定義是一個偶然性評估的問題，是透過市場參與者之間的推斷和相互觀察後形成的較為一致的主觀共識。品質是市場過程的內生因素，制度和慣例通常發揮著重要的作用。市場的價格是由市場參與者主觀建立的品質評估（intersubjective assessments）而產生的。這是貝克特藉由觀察藝術品市場的實踐而獲得的結論，他稱之為「意義中的市場」模型，並將其又擴展到資本投資和金融投機領域。

至於第三章〈以範例作為文化商品的評斷機制〉（Exemplary Goods: Exemplars as Judgment Devices），荷蘭學者埃爾溫·德克（Erwin Dekker）承續了卡皮克奇點

商品的論點,這又撞上了古典經濟學對於商品與服務交易的基本論定(確定的,可辨識,資訊透明)。為避免消費者陷入漫無邊際的選擇,並描繪出象徵性財貨的價格驗定機制,德克引用漢娜·鄂蘭(Hannah Arendt)的範例理論(theory of exemplars),並從科學原理與心理學的觀點建構出「範例商品」(exemplary goods)的概念。他認為範例商品能顯現出市場上難以闡述的商品品質規範,協助消費者詮釋其蘊含的意義(meaning),並有助於形塑生產者與消費者對新上市產品的期望。他更進一步以經典文學作品與嘻哈音樂兩個案例來驗證與此一概念。(在經濟理論中,意義是經常——或者應該說是——理所當然地被忽略的類別)講求「演繹」與「推理」的範例商品概念,乍聽之下,與管理學經常引用的「錨定效應」(anchoring effect)十分近似,但商管策略實踐往往將錨定概念等同為特價、優惠、促銷等手段,或是大眾都耳熟能詳「先抬價再打折」的伎倆,失去了原本其背後的心理與認知的深義。

加拿大莎拉·布羅伊萊特(Sarah Brouillette)教授、克里斯多夫·杜狄(Christopher Doody)博士的〈文學作為一種文化產業〉(The Literary as a Cultural Industry)作為本書的第四章,是一篇短小精緻,結構分明(只有兩部分)的論著。在前半部,她們聚焦在皮耶·布迪厄和狄奧多·阿多諾(Theodor Adorno),各自對文學與文化產業之間相互關係的論點。她們發現,文學界的人士普遍接受阿多諾的美學論點,然而文化產業研究的學者則傾向於批判阿多諾的總體基調。反過來,文化產業研究陣營則在布迪厄的論著中受益良多,因為他把所有的文化都看作是獲取和控制特定資本的手段,而文學研究之所以接受布迪厄的觀點,是因為他把文學尊奉為一種「自主場域」(autonomous field)。到了後半部,她們則把議題轉到:「當今大多數主要的出版機構都納編在少數的媒體集團旗下」這個現實。出版商渴望看到文學被無休止地創製生產與再生產,而文學的生產與再生產越來越被視為一系列生成性價值(generative values)。如今只有把文學當成一種文化產業,我們才能跨越其表面上的意涵,而進入到它的深層與潛存的市場性。

(二)創意/管理/實踐

作為第二部分「創意/管理/實踐」開篇的〈創意管理與象徵經濟的辯證思

維〉，為後續篇章觸及的影視業、出版業、劇場產業等奠定了討論的基礎。與第一部分追究價值的哲學意義與挑戰經濟學的圭臬不同，第二部分更以突破過往的角度檢視商管概念，談論所謂策略、法規與政策下的實踐。

第五章〈創意管理與象徵經濟的辯證思維〉（A Dialectical Thinking of Symbolic Economy and Creative Management）從一般產業慣常利用的麥可・波特（Michael Porter）的價值鏈與傳統行銷學衍生的概念開始，點出這些以傳統製造產業為基礎的模型已不足以周全解釋文創產業與一般企業不同的營運模式與核心概念。對此，這一章參照約翰・湯普森（John B. Thompson）借用並延展布迪厄的「場域」（field）和「資本」（capital）概念，[15] 來分析圖文出版、影視媒體、商業劇場等產業，各自的「場域邏輯」，為全然抽象的品味與行動者間的關係提出一套周延且適切的文創產業運作範式：以價值「網」的思維取代價值「鏈」的運作，並且論證象徵性商品本身及銷售環境，不僅需要體驗屬性以形成象徵價值的積累，更需要構建一套外延意義言說引發群體預期。文創產業的研究固然需要參照既成管理學門的準則，更需要一套周延的文化社會學思維。

既然文創產業的產出，不同於一般產業，那麼在第六章〈文化創意產業的策略與基模〉（Competing in the Creative and Cultural Industries: the Strategic Way），英國的喬納森・甘德爾（Jonathan Gander）教授指出，文創產業就必須有一套不同於一般產業的策略思維，以創造出獨特的價值。他以一種貼近營運實踐的觀察，首先經由反問「什麼不是文化創意產業？」來闡述策略在這個產業中的重要性，確認有哪些因素妨礙企業在競爭過程裡取得競爭對手難以超越的優勢（他將其稱為「不公平優勢」）。該文也探討競爭的關鍵態度，界定不同企業所面臨的各種挑戰，以便有助於在這些公司所面臨的競爭壓力之間建立聯繫，並將一個領域或組織的經驗轉移到另一個領域或組織。這篇是本書最為言簡直述的一章，編選的目的是對許多毫不審時度勢、硬生生套用管理學概念來申論文創產業的論著之回應。

當漫威英雄大片一部接一部的推出，串流影音平台上的衍生續集一季又一季的播映，它們藉由各式的媒體形式與大眾的生活感知交纏在一起。面對這個當今社會再熟悉不過的文化現象，美國學者德瑞克・強生（Derek Johnson）在第七章〈特許經營的社會性結構與文化產品關係〉（Franchise Relations: Social Structures and

Cultural Work）認為，我們不能像商管學界那樣，把這種現象簡化為文創產業透過「特許經營」（franchising）策略強勢運作的結果，認定它只是企業管理上一種智慧財產效益倍增的生產手段，而要以更廣泛的視野來探究那些形塑、想像和結構化特許經營的經濟和文化力量，以及要檢視特許經營是如何反過來催化產業結構、社會關係和文化想像。因此，他提醒必須更進一步地思考，如何透過特許經營的方式來理解媒體，如何根據特定制度性、文化性的條件與挑戰來發展這種想像。

在政府慣用百老匯（Broadway）或愛丁堡藝穗節（Edinburgh Festival Fringe）的耀眼成就來作為自身發展表演藝術與文創產業邁向欣欣榮景的殷鑑之際。第八章〈表演藝術產業的鮑莫爾成本病：從創意生產到消費遲滯〉（From Limits of Productivity Gains to Competition for Attention: Cost Disease in the Context of Cultural Industries）卻以成本病理論直接將文創產業政策鼓吹的劇場藝術願景打破。該文開篇即指出，凡是現場表演類型或地緣性強烈的產業，都必須面對威廉・鮑莫爾（William Baumol）於1967年提出的成本病理論（cost disease），這個理論解釋了勞力密集的產業無法利用科技或技術提高產值的原因。[16] 當過往的學者將重點放在如何提高工時產量以及生產收益時，鮑莫爾卻指出成本病的意義早已從「生產遲滯」嬗變為「消費遲滯」：因為在消費社會的脈絡下，如何獲得消費者青睞並形成劇場的規模經濟（亦即商業劇場中沒有閉幕日期的長期駐演）是目前較可緩解成本病的方法。而這一章卻反其道而論，認為劇場產業應該將自身的內容視為在不同載體之間轉換的符號體系，以和其他產業形成互補。文章並利用日本兩個相距百年的案例，寶塚歌舞劇團和AKB48女子偶像團體，驗證了互補的產業鏈，甚至銷售環境都能情境化，成為能積累象徵資本的體驗場域，以此解釋了時常難以定義的「氛圍」（aura）一詞。

紐約百老匯在文化上與經濟上的傲人的成就，可稱為當前表演藝術或文創業發展的經典「範例」（請參見第三章）。但是美國的德瑞克・米勒（Derek Miller）教授在第九章〈房產物業與表演藝術交融的百老匯劇院〉（Broadway Real Estate and Economic Complexity in the Theatre）卻明白地指出：過往許多對百老匯的研究都把重點放在編劇、演員和導演等創製產出上，可是真正影響百老匯的力量（又恰恰比較被忽視的）其實是當地的房地產商。這是個非常讓人吃驚，也是令人好奇的

論點。為此，米勒首先定義何為百老匯，以及回顧百老匯劇院自一戰以來的供需變化；之後討論一些試圖改變百老匯房地產市場的政府政策；最後再參考納稅紀錄，定位百老匯劇院在劇院持有者的整體投資中究竟占有怎樣的價值。這一章除了本身的文意以外，更可和第八章相互參照，利用百老匯歷史和數據來理解成本病在現實脈絡下的意義。

　　本章另一個讓人啟發的要點是，經由米勒的陳述，百老匯之有今日，是過往近百年來，戲劇創製群體、房地產商、紐約市政單位，三者各自基於自己立場（或所圖）互動發展的結果。由此想到，中國大陸在文創產業的旗幟下，成群的關建園區、基地、孵化中心，這可是市政單位批准核可房地產商重金投注的舉措，經過十多年下來，如今文創產業的成果為何？倒是園區與基地周遭的高樓豪宅矗立，這可是房地產業的大收獲。

（三）美學／批評／感知

　　本書的第三部分「美學／批評／感知」收錄了四篇著作，就長久以來文創產業研究存在的幾項迷思與盲點，做針對性的的論證。

1. 廣告是象徵價值的言說機制

　　文化商品是一種象徵性財貨。一本小說或一場音樂會，若說它的價值是「超凡創意巧思與撼動多元族群心靈之美學素質」，是絕對不夠的。因為這有可能是創作者一廂情願的自我認定，消費者很可能會質疑：為什麼這個超凡巧思就一定是我的感動？這還必須再透過產業體系為它建立一種神話層次的價值寓意。依照羅蘭・巴特（Roland Barthes）的論點，神話（myth）是一種外延性文化意義的言說（connotative speech）。[17] 人們很少會對與自己無關的創意巧思感到興趣，人們之所以會預期、渴望能擁抱這個創意巧思，是因為人們被「說服」這是他們生命浩瀚欲求的對應。在今日商業運作，執行的言說最依賴的一項工具，即是廣告；而對文化創意商品而言，廣告不能只是「廣而告知」，更應該是高附加意義的傳遞。因此，言說即是一種說服，是意義的傳遞與溝通。

　　談到說服與溝通，許多人也許不見得懂，但可能都聽說過亞里斯多德（Aristotle）

在他的傳世經典《修辭學》（*Aristotle's Art of Rhetoric*）裡提到的三個要素：人格（ethos）、情感（pathos）與邏輯（logos）。人格，指的是發言者或是作者的可信度（credibility）與個性特質，也就是聽者為你勸服的個性特質。情感，則是發言者能夠說服聽者的情感元素，也就是建立彼此感知連結的能力。邏輯，是發言內容與組織的邏輯與思辨性，強調的是話說得清楚、講得明白的能力。[18] 亞里斯多德認為，這三者是達成說服溝通的有效要素，而這三個要素最佳的展示場域，或說是介面形式，即是戲劇：一個嚴肅、完整、有一定長度的行動的摹仿，摹仿行動中的，與正在做著某件事情的人們。[19]

　　本書的第十章是劇劇教授馬汀・艾斯林（Martin Esslin）完成於一九七〇年代的經典著作〈亞里斯多德與廣告人：作為一種戲劇形式的電視廣告〉（Aristotle and the Advertisers: The Television Commercial Considered as a Form of Drama）。艾斯林提出一個事實：如今大部分的戲劇已不再在舞台上表演，而是透過大眾媒體來傳播，電視廣告是這其中最普遍且最具「說服力」的一種戲劇形式。它們透過仿擬的行為創造出一種現實的表象，角色、故事情節等，古典戲劇的基本要素仍出現在大部分的廣告中。他參引古典戲劇的論點（架構、行動、類型、摹仿等），將一則則當年熟知的電視廣告，與許多劇場知名的經典作品交互類比評析。其行文論述之間處處引證的是亞里斯多德的修辭學概說，其辯證例舉比比皆是亞里斯多德戲劇原理的參照，但是全文「亞里斯多德」字樣只有出現在標題（作為論述參引的宣示），而亞里斯多德的概說論點則巧妙地融入文脈的字裡行間，絲毫不吊書袋。這就好比是，修煉十年功，施展於談笑之間。這種全方位人文學的研究取向，在今天處處講究實徵信度、科學效度的年代已不多見，而這正是以象徵與美學為訴求的文創產業學科，最值得參照的研究範式。

2. 韓流風潮是國族神話還是產業事實

　　在十年前出版的前篇中寫道，許多年下來因文創產業的成功發展而達成經濟增長初衷的，全球也只有兩個：一是，美國由好萊塢電影為旗艦，帶動相關電視、音樂、電腦遊戲等，匯聚而成的影音娛樂產業。另一個是，日本以漫畫為核心，結合動畫、電視、電影、電腦遊戲等，而產生的動漫產業。[20] 如今我們從各

方面的呈現來看，應該還要再加上一個：韓國。韓國的流行文化風潮，簡稱韓流，在全球各地引起的騷動，已是個有目共睹的事實。但是這個風潮在輿論反覆的傳頌，還有學術界的應和下，竟然被歸因為是韓國政府成功的策動國族文化體系，而讓韓流成為代表國家形象的符號品牌，並被奉為各國推動文創產業政策最為成功的典範。這就成了一個神話。神話是一種外延性文化意義的言說，而這種神話經過言說再言說，就成為了尚‧布希亞（Jean Baudrillard）所稱的，比真實的還真實的「超真實」（hyperreal），取代了經由時序邏輯與演繹而得的物理真實。

作為一項文化政策的研究課題，第十一章〈重構「被發明的傳統」：從蘇格蘭格紋飾到韓國流行風潮的解讀〉（From Scottish Tartan to Korean Wave: A Way from "the Invented Traditions"）從一種解構的角度分析韓流神話的弔詭之處。該章取徑艾瑞克‧霍布斯邦（Eric Hobsbawm）等人提出的「被發明的傳統」（invented traditions）概念，以經典的蘇格蘭格紋案例來闡述，在早先民族主義盛行時常見的操作手法，如今是如何重新施展在所謂「推動文化創意產業」的經濟政策上。文化創意產業發展與國家軟實力走出去的慾望，經濟政策與國族主義的珠胎暗結，特定的審美（政府認可的美學），藉由文創之名被強行推入市場。該章點出，這種作法其實都是由執政體系扮演建構文化風格的主掌者，認定代表國家形象的品牌應由自己主導支配的結果。在檢閱諸多韓流風潮的文獻亦不乏附和此種論調者，尤其強調政府政策如何促使韓流興起。而這正是該章高度質疑之處，並藉由多個案例驗證韓流作為一種文化符號之所以成功，即在於它是個低度的、空泛的、不強化特定民族指涉的意符（signifier），而可以讓萬千跨地域的消費者依照自身社經處境做想像性的多義解讀。最重要的是，面對這些消費者的想像，韓國政府並不打壓也不忽視，而是直接納編，使得韓流得以「脫離國族主義範疇後進入消費領域，卻又能再度轉化為強固國族主義的文化展示」。

3. 文化工業與文化產業

從內涵意義上與時序呈現上來看，文化工業與文化產業是兩個不同脈絡的議題。阿多諾與霍克海默（M. Max Horkheimer）在1947年《啟蒙的辯證》（Dialectic of Enlightenment）這本書中提出「文化工業」（culture industry）一詞，與當今各國奉行

的「文化產業」（cultural industries）或「文創產業」有著雷同的指涉，卻有著不同的命題。前者是文化社會學的批判哲思，而後者則是文化經濟學的實踐表述。

記得2016年暑假應邀出席北京大學藝術學院主辦的工作坊，其中有一場請來一位有中國文創掌門人之稱的學者擔任講評。他以君臨天下的高姿態，登台說道：說到文化產業我都是從阿多諾著名的文化工業談起，在學校上課都得花兩三堂來剖析它。在接下來的講評，他侃侃而談文化工業的種種要義，聽完後很遺憾這位講者只是講了些從坊間書評轉介的摘要皮毛，根本沒融通這篇經典哲思的來龍去脈。這不禁讓人狐疑，他在學校兩、三堂課上都怎麼講下去，又講了些什麼？這件事令人印象極為深刻，在啟動編纂本書時，當時的情境不斷浮現於腦海……因為在台灣亦是如此，只要談到文創產業，話題總是繞不開阿多諾的文化工業，並且談的內容都是取材自書評上的簡介。

既然困擾的事實始終存在，那就趁這回在本書將這兩個名詞基本意涵的重疊與混淆做番梳理，尤其是要推究在21世紀的今日不斷重提這篇經典，他對我們能有什麼啟發。根據這個想法，我們找到德國歐陸哲學教授克里斯蒂安‧洛茨（Christian Lotz），委請他提供了本書的第十二章〈尋思文化工業理論：鏈結文化產業〉（The Culture Industry: Culture and Aesthetics）。

在這一章，洛茨首先建議讀者可以將《啟蒙的辯證》一書理解成「浮瓶傳信」：裝在瓶子裡的信息有朝一日會被讀者拾起，並發現其中所書的指涉正是「我們」。然後層次分明地，由阿多諾和霍克海默信奉的浪漫主義和美學傳統來解釋，為什麼真正的藝術實踐是與文化工業相對的。因為他二人認為：美學、藝術和創意是人類可以真正實現判斷、反省和批判的領域，人類只有透過創造力以及藝術，才能獲得真正的自發和自主。接下來洛茨陳述，阿多諾和霍克海默二人藉由康德（Immanuel Kant）的圖式概念（schematism），轉而將文化工業視為（資本主義）社會的機制，以預鑄的觀念來預先構造社會經驗。因此，圖式並不出現在主體的腦海中，而是發生在社會現實中，由資本主義體系製造出來。由此，洛茨指出，阿多諾和霍克海默的文化工業指涉的是，該工業體系如何將特定的意識形態和心理結構（如慾望）作為虛無的願望生產出來。簡單地說，他們提出的「文化工業」論說，在乎的是「生產出來的作品」（文本），但他們的論述幾乎沒有觸碰：生產出作品的

企業組織、營運策略、發行布局、市場行銷等,有關實踐層面的議題。而這正是今天「文化產業」與「創意產業」關注的重點。

洛茨更進一步將二人的理念延伸到今日,提出審思性的論點:原來屬於信念領域的,現在都變成系統計算的,而且影響的不只是精神領域。過去被認為的「需求」,現在被心靈產業(mental industries)系統化生產的慾望取代。這不是像媒體技術取代語言那麼簡單,因為現在被取代的是人類的視覺、聽覺系統或觸覺、痛感等等神經和感知器官。換句話說,一切的認知感覺(希臘語:noein)不過就是這些產業生產的過程。

4. 體驗是行銷企畫的還是心靈的自主律動

「體驗」這一詞,今日不論是在商管學界或是在文化創意領域,都是個時髦熱鬧的話語,而其衍生的「體驗經濟」的概念,則被奉為經濟新浪潮,是一個可以擺脫單純價格競爭的不二法門。有關這個新潮的研究,大多以約瑟夫·派恩(Joseph Pine II)與詹姆斯·吉爾摩(James H. Gilmore)合著的《體驗經濟時代》(*The Experience Economy*)為參引起點。在這本書的中文譯本封面,用醒目的篇幅寫道:「消費是一個過程,當過程結束後,體驗的記憶將恆久存在。商品是有形的,服務是無形的,而體驗是令人難忘的。體驗,已經在休閒農場、遊戲產業、娛樂業、量販百貨店或文化創意產業引爆開來,您準備好了嗎?」[21] 這句話讀起來相當具誘惑力,是典型的管理學思路,信奉行銷是價值形塑的主要推手。它的邏輯似乎是:只要一個公司有意識地以服務為舞台,以商品為道具,使消費者融入其中,體驗就出現了,便可達成商品或服務的體驗效果。[22] 那麼要問,體驗的生產者是誰?書裡寫的是企業——最終的體驗提供者。那麼消費者是何人?依照以上的思路,消費者只是一個被設定的客體,是一個可以傾注「預先鑄造」的商品服務與情境的載體。而這正是阿多諾與霍克海默在前一章極力批判的。

消費者的參與涉入是文化商品價值建構重要的一環,一旦消費者消費了文創商品後,他就會轉化為創造價值的一端。一個自主個體的構成,體驗是一項重要的成因。這種經驗不僅是內在心理的滿足,亦必須能反映於外部社會情境中。商品接收與交換的成效驗定,最終取決於消費者生理心理(甚至神經系統)的審

美感知機制。消費者才是體驗價值創造的主體。就此,我們找到建築學領域的哈利‧墨格瑞夫(Harry F. Mallgrave)教授提供了第十三章〈審美、感知與設計:跨學科取向的文化模式〉(Aesthetic Perception and Design: An Interdisciplinary Cultural Model)。

其實這篇文章並沒有直接回應前面所質疑的體驗經濟,而是為了探討「自主個體的體驗成因」。這是文創產業研究最被忽視,也是最艱澀的議題。墨格瑞夫將人文社會科學與自然和生命科學聯繫,廣泛地參照認知心理學、視覺藝術原理、美學理論,甚至神經科學、進化生物學等領域最新的見解,目的是提供一種工具觀,讓讀者理解如何參與或建構建成環境(built environment),並且體會建成環境又如何回過來塑造我們的心緒感知。所以說,這原本是為了建築學理解空間設計與體驗感知而寫的專文。因此在閱讀本章時,建議讀者發揮學術研究的類比思考力(analogical thinking),將建成空間由建築置換成自身關注的對象(例如美術館、音樂廳、消費商場、休閒景點、電影院或劇場等),必然能更深一層地認識本章的寓意。人類是個心智複雜的生命體,因此人類對環境事物的體驗,這就不能僅僅只是抱持包含一個範式或單一線性觀點,還需要充分了解人類生物、情感、審美、共情(empathy),還有社會和文化維度的方方面面。

五、結語

最後必須說明的是,本書的十三篇論著,雖說均以相關文創產業為內容命題,但是它們相互間的邏輯關聯性,並非像一般學術專書那樣,聚焦於特定的題旨做漸進層次性的論證,並做出明確的歸結。本書是以一種學術「讀本」(Reader)的形式呈現,因此十三篇論著的組構,更像是矗立在文創產業水平線上的十三道門,每道門都導引著讀者進入文創產業研究的某個特定領域,有賴讀者依照自身的專攻與興趣,自主地穿梭於其間,組織自己的獨特體認。

註釋

1　UNESCO, "Backgrounder on Cultural Industries." A document for the Senior Experts Symposium, Asia-Pacific Creative Communities: A Strategy for the 21st Century, convened in Jodhpur, Rajasthan,

India, by UNESCO, World Intellectual Property Organization, the World Bank, and Asian Development Bank. February 22-26, 2005.

2   前高盛投資首席投資策略師及中國國際金融公司首席經濟學家——哈繼銘在一場「2014年中國經濟發展與投資機會」的演講中指出:「過去中國幾十年,每年的經濟差不多都能以平均10%的速度增長,到底靠的是什麼?〔……〕就是靠著兩樣東西:一個是人口紅利,一個是改革紅利。」網易財經網,網址:http://money.163.com/14/0226/16/9M19MC2200254IU4.html

3   李天鐸,〈文化/創意產業的媒體經濟觀〉,李天鐸編,《文化創意產業讀本:創意管理與文化經濟》(台北:遠流,2011)85。

4   Allen J. Scott, *The Cultural Economy of Cities* (London: Sage Publications, 2000) 2-4.

5   Lucien Karpik, *Valuing the Unique: the Economics of Singularities* (Princeton and Oxford: Princeton University Press, 2007) 11.

6   Dave Beech, *Art and Value: Art's Economic Exceptionalism in Classical, Neoclassical and Marxist Economics* (Chicago: Haymarket Books, 2016) 90.

7   Dave Beech, 63.

8   Georg Simmel, *The Philosophy of Money*, 2nd Edition (New York: Routledge, 1990).

9   Arjun Appadurai, *The Social Life of Things: Commodities in Cultural Perspective* (Cambridge: Cambridge University Press, 1988).

10 Gabriele Troilo, *Marketing in Creative Industries: Value, Experience and Creativity* (London: Palgrave, 2015) 29.

11 George J. Stigler, "The Economics of Carl Menger." *Journal of Political Economy* 45(2), 1937: 229-250. [on line] http://www.jstor.org/stable/1824519

12 Michael Hutter, "Infinite Surprise: On the Stabilization of Value in the Creative Industries," in Jens Beckert and Patrik Aspers, eds. *The Worth of Goods: Valuation and Pricing in the Economy* (Oxford: Oxford University Press, 2011) 206-207.

13 Michel Callon, Cécile Méadel and Vololona Rabeharisoa, "The Economy of Qualities." *Economy and Society* 31(2), 2002: 194-217.

14 John B. Thompson, *Ideology and Modern Culture* (Cambridge: Polity Press, 1990) 154.

15 John B. Thompson, *Merchants of Culture: The Publishing Business in the Twenty-First Century*, 2nd Edition (New York: Plume, 2012) "Introduction".

16 William J. Baumol and William G. Bowen, *Performing Arts, the Economic Dilemma: A Study of Problems Common to Theater, Opera, Music and Dance* (Boston: The MIT Press, 1967).

17 Susan Sontag, ed., *A Barthes Reader* (New York: The Noonday Press, 1988) 93.

18 Aristotle, *Aristotle's Art of Rhetoric*, Robert Bartlett, trans. (Chicago: University of Chicago Press, 2021).

19　亞里斯多德著，陳中梅譯，《詩學》（台北：台灣商務印書館，2001），第六章。

20　李天鐸，〈文化／創意產業的媒體經濟觀〉，99-100。

21　約瑟夫‧派恩、詹姆斯‧吉爾摩著，夏業良、魯煒、江麗美譯，《體驗經濟時代》（台北：經濟新潮社，2013）。

22　約瑟夫‧派恩、詹姆斯‧吉爾摩著，45。

參考書目

Appadurai, Arjun. *The Social Life of Things: Commodities in Cultural Perspective*. Cambridge: Cambridge University Press, 1988.

Aristotle. *Aristotle's Art of Rhetoric*. Robert Bartlett, trans. Chicago: University of Chicago Press, 2021.

Baumol, William J. and William G. Bowen. *Performing Arts, the Economic Dilemma: A Study of Problems Common to Theater, Opera, Music and Dance*. Boston: The MIT Press, 1967.

Beech, Dave. *Art and Value: Art's Economic Exceptionalism in Classical, Neoclassical and Marxist Economics*. Chicago: Haymarket Books, 2016.

Beckert, Jens. "Markets from Meaning: Quality Uncertainty and the Intersubjective Construction of Value." *Cambridge Journal of Economics* 44, 2020: 285-301.

Brouillette, Sarah and Christopher Doody. "The Literary as a Cultural Industry." In Kate Oakley and Justin O'Connor, eds. *The Routledge Companion to the Cultural Industries*. New York: Routledge, 2018. 99-108.

Brown, Alan and Jennifer Novak. *Assessing the Intrinsic Impacts of a Live Performance*. San Francisco: Wolf Brown, 2007.

Callon, Michel, Cécile Méadel, and Vololona Rabeharisoa. "The Economy of Qualities." *Economy and Society* 31(2), 2002: 194-217.

Dekker, Erwin. "Exemplary Goods: Exemplars as Judgment Devices." *Valuation Studies* 4(2), 2016: 103-124.

Frey, Bruno. *Arts & Economics: Analysis & Cultural Policy*. Berlin: Springer Publishing Company, 2003.

Gander, Jonathan. "Strategic Analysis: A Creative and Cultural Industries Perspective." *Competing in the Creative and Cultural Industries: The Strategic Way*. New York: Routledge, 2017. 9-28.

Hutter, Michael. "Infinite Surprise: On the Stabilization of Value in the Creative Industries." In Jens Beckert and Patrik Aspers, eds. *The Worth of Goods: Valuation and Pricing in the Economy*. Oxford: Oxford University Press, 2011. 206-207.

Karpik, Lucien. *Valuing the Unique: The Economics of Singularities*. Princeton: Princeton University Press, 2007.

Lotz, Christian. "The Culture Industry." In Beverley Best, Werner Bonefeld and Chris O'Kane, eds. *The

SAGE Handbook of Frankfurt School Critical Theory. Thousand Oaks: Sage Publication, 2018. 973-987.

Mallgrave, Harry F. *From Object to Experience: The New Culture of Architectural Design*. London: Bloomsbury Visual Arts, 2018.

Menger, Carl. *Principles of Economics*. Auburn: Ludwig von Mises Institute, 2019.

Pine, Joseph, II. and James H. Gilmore, *The Experience Economy*, Updated Edition. Boston: Harvard Business Review Press, 2011. 中文譯本：約瑟夫・派恩、詹姆斯・吉爾摩著，夏業良、魯煒、江麗美譯，《體驗經濟時代》，台北：經濟新潮社，2013。

Rapp, Christof. "Aristotle's Rhetoric." In Edward N. Zalta, ed. *The Stanford Encyclopedia of Philosophy*, Spring 2010 Edition. [on line] https://plato.stanford.edu/archives/spr2010/entries/aristotle-rhetoric/

Scitovsky, Tibor. *The Joyless Economy: The Psychology of Human Satisfaction*. Oxford: Oxford University Press, 1992.

Scott, Allen J. *The Cultural Economy of Cities*. London: Sage Publications, 2000.

Simmel, Georg. *The Philosophy of Money*, 2nd Edition. New York: Routledge, 1990.

Sontag, Susan, ed., *A Barthes Reader*. New York: The Noonday Press, 1988.

Stigler, George J. "The Economics of Carl Menger." *Journal of Political Economy* 45(2), 1937: 229-250. [on line] http://www.jstor.org/stable/1824519

Thompson, John B. *Ideology and Modern Culture*. Cambridge: Polity Press, 1990.

Thompson, John B. *Merchants of Culture: The Publishing Business in the Twenty-First Century*, 2nd Edition. New York: Plume, 2012. "Introduction".

Throsby, David. *Economics and Culture*. Cambridge: Cambridge University Press, 2000.

Troilo, Gabriele. *Marketing in Creative Industries: Value, Experience and Creativity*. London: Palgrave, 2015.

◆
◆
◆
◆

價值／經濟／商品

CHAPTER 1

評價獨特
作為奇點財貨的文化商品

Lucien Karpik　著
嚴昱如　譯

一、前言：問題之所在

　　新古典經濟學，即使在最近期的發展中，仍忽略了一個特定的市場類別。因此，我提出了一套方法概念和論證來描述這種現實，並解釋其功能及演變。

　　這些被忽視的市場為奇點（singular）的市場，屬於不可通約產品的市場。它們並不局限於邊緣的位置，產品包括那些以「好的」或「對的」為交易準則，一般來說，這些市場包括藝術品、視聽影音、流行和古典音樂、文學小說、時尚精品、餐飲美食、觀光旅遊、某些手工製品、醫療服務、法律諮詢等。

　　新古典主義的分析忽略這些產品「應當被視為奇點產品」。新古典主義當然不是故意的。這個盲點應該是導因於該學說立論框架的邏輯，此框架的普遍性意味著對交易產品（商品和服務）的定義，最終排除了價格之外的所有差異化特徵。例如，在標準化產品和差異化產品之間的區分下，奇點（singularities）在大量的差異化財貨（goods）中消失了，因此而無法被洞見。然而奇點一旦經過定義，就可以被分離出來，同時它們的交易仍無可避免地受到正統市場特定協調機制的調節。因此，我們必須探索奇點產品市場的未知領域，或者我將稱之為「奇點市場」（market of singularities），並構建一個解釋它的理論——「奇點經濟學」（economics of singularities）。

　　此方法是集體歷史的一部分，在過去的三十或四十年中，這種歷史催生了市場分析的多樣化。現在必須為新古典主義理論及其分支，包括交易成本理論（transaction-cost theory）、代理理論（agency theory）和產權理論（property-rights theory），添加些異質性的經濟學說，即規制理論（theory of regulation）、慣例理論

（the theory of conventions）和新制度理論（the neo-institutional theory）以及新經濟社會學的發展。在本文中，我將對上述理論觀點進行一些比較。

二、奇點財貨的範疇與界定

要描繪奇點產品的世界並不代表就要挖掘隱藏起來的事物，反而是重新發現原已熟悉的事物有其不尋常之處。奇點存在於日常財貨和服務中。它們是我們日常生活的一部分，簡而言之，它們至少包含藝術商品、文化產業產品、個性化的服務和特定知識技能的專業諮商。為了描述和解釋這些市場的運作方式，我們需要知道什麼是奇點，以及奇點如何被交易。儘管它們看起來相當多樣且異質，但是它們具有關鍵特徵並產生共通的結果。

（一）奇點是什麼？

長期以來，我一直使用「品質」、其衍生的「品質財」和「品質經濟學」等術語。[1]但是，這個詞近似單向度的現實，越來越頻繁被使用，其含義日益多樣化以及眾人對它的誤解，促使我用奇點產品（財貨和服務）或更簡單地稱之為奇點，及其衍生詞——奇點市場、奇點化過程、去奇點化的概念來代替前述用詞。我稱這個特殊現實的理論為奇點經濟學。奇點即是結構化、不確定和不可通約的財貨和服務。

1. 多維性（Multidimensionality）

奇點是多維度的，但是僅憑這一點並不能完全定義它們：它們還必須結構化，因為每個維度的重要性都與其他所有維度的重要性密不可分。因此，奇點也是不可分割的。品質的組構解釋了奇點產品交易時遇到的困難，因為一切都取決於在近身距離或遠觀視野中，奇點能否被「青睞」。它們如何被呈現和表示？如何讓它們能為消費者可見，並產生意義？諸多刻意的嘗試因消費者的解釋方式而挫敗，並不罕見。

2. 不確定性（Uncertainty）

奇點的特徵在於兩種不確定性。首先是策略不確定性，因為從本體論的角度來看，人類是一個謎團。產品從某種觀點呈現給大眾，透過任意選擇某些維度予以表示，同時犧牲了其他維度。沒有任何證據可以確保此產品觀點的呈現與客戶的觀點相符。策略的不確定性來自兩個解釋過程的交集。它是多維性產品與顧客或客戶之間固有的關係，當產品以更新速度加快時，這種不確定性會變得更大。

其次，也更重要的是，品質不確定性。在新古典主義市場中，產品是確定的：產品不僅是可被辨識，且資訊透明，消費者在購買前就已知悉。因此，對供給與需求關係的限制僅在於有關產品名稱和價格的資訊。與此相反，在奇點市場中，由於產品的神祕性，而最終無法確定。這意味著即使對產品的理解，就算有些許不周全，購買仍舊持續進行。但是，當產品品質極度不確定，並且排除任何概率計算時，即使是經過長期的評估，也不能保證這個評估結果與產品品質絕對吻合，這不僅是因為消費者不見得領會這個結果能幫助他們做出有效的決斷，甚至對於專家而言，結果與現實到最後仍可能是模稜兩可的狀態。這是任何人都有過的經歷，像是必須選擇新的醫生或律師（沒有人能擔保醫療一定病除，訴訟必能獲勝），或者購買一齣新戲的門票（沒有人能誇口新戲看了絕對滿意），或購買一趟未知的旅遊服務（一趟旅遊的展開，沒有人敢保證必然心曠神怡）。它解釋了為什麼銷售這些服務的專業人員要對銷售手段負責，而對最終消費（體驗）結果則無法予以保證。

品質不確定性的概念絕非顯而易見。它與法蘭克·奈特（Frank Knight）和喬治·阿克洛夫（George Akerlof)的構想一致，[2] 並帶來四個主要後果：（1）將產品的交易變成承諾的交易；（2）不能簡單地將其與資訊不對稱性混為一談；（3）不能僅透過資訊的延伸或計算來排除它；（4）與自由競爭的情況有關，會導致「市場失靈」（market failure）。這兩種形式的不確定性會相互強化，雖然品質不確定性在創建不可預測的市場中發揮了根本的影響。

3. 不可通約性（Incommensurability）

由於不可通約性排除比較，商品如何能存活於市場？消費者如何可能在「彼

此無關的現實」之間做出選擇？對於伊果・科普托夫（Igor Kopytoff）來說，這種矛盾是絕對的。當文化處於「罕見、獨特、奇點」狀態，位於受國家保護的「飛地」（enclave）時，[i] 它就成為另一種貨品，因此在交易時被當作廣義等價之物。[3] 在那種情況下所進行的比較，意味著「去資格化」（dequalification）。[4] 但是，如果我們不接受文化與市場應該脫鉤的想法，我們必須認識到，在某些條件下，不可通約性和可通約性能夠在市場內相互轉換。[5]

隨著時間推移而建立的文化價值共識，是不可通約性的基礎。這種共識使我們能夠認識到不同藝術世界的尊貴和價值。林布蘭（Rembrandt）與蒙德里安（Mondrian）之間，莫札特（Mozart）與華格納（Wagner）之間，披頭四樂團（The Beatles）與滾石樂團（The Rolling Stones）之間，並沒有任何普遍認可的等級劃分方法存在。經過數個世紀藝術家、歷史學家和哲學家的評論和爭論，才確立了這一套現在廣為接受的世界觀。儘管如此，我可以肯定各式各樣的作品具有同等的藝術價值，同時我也可以肯定地說，我更喜歡維梅爾（Vermeer）而不是蒙德里安，喜歡披頭四樂團勝過滾石樂團。只要是多元且可逆的，可通約性對不可通約性便不會構成威脅，反之亦然。這兩種觀點並存不悖，因為其各自對應於不同的情況。一方面，不可通約性追求產品的一種集體表徵，並揉合了歷史的多樣性。另一方面，可通約性是一種行動模式，它表達了行為人（actor）的自主性和偏好的多元性。不可通約性擺盪於相對穩定的現實，與連結個人和群體觀點的多重建構之間，是奇點市場的主要組成因素。它認可等價性的存在，且不去質疑不可通約性。

因此，奇點是由所有這三個因素——品質（結構化的多個維度）、品質不確定性、不可通約性——共同定義的。

（二）初始之旅

> 奇點產品的特徵是品質不確定性，這會給市場的
> 持續性帶來兩個威脅：不透明和機會主義。

品質不確定性本身或其與資訊不對稱結合，會增加交易違背誠信的可能性。基於此立場，人類的惡意行為是主要危險源，因此機會主義（opportunism）議題主

導了主流經濟學。奇點市場也受到機會主義的干擾，但是不透明（opacity）才是首要的威脅。人們不可能在不知情的情況下進行比較，就如同交易不可能依賴一種僅在發生後得到的體驗一樣。如果所有選擇都是隨機的，則等同沒有選擇。如果不能做出對等的承諾，則一旦做出承諾，便無法履行承諾。因此，奇點市場的存在就岌岌可危。

這個問題變得更加重要。為了採取合理的行動，奇點市場對產品所需的知識，遠遠超過標準市場所需的任何知識。所需知識和消費者購買之間存在的差距將直接影響市場的運作。面對不完善的資訊，主流經濟學關注價格形成，而在相同情況下，奇點經濟學較少關注價格，而更關注「好的」或「對的」產品的選擇。長期存在太多錯誤只會導致「市場失靈」。

奇點市場需要協調機制來幫助消費者做出決策。
市場已經「齊備」或是不存在。

由於奇點的多重性和偏好的多樣性，供需雙方自發且融洽的契合必然相當罕見。對知識的需求是如此廣泛與多變，以至於僅僅讓消費者積極、好奇、聰明和有動機是不夠的。他們還需要外部幫助，而這些幫助來自於個人和非個人的評斷機制。這兩類機制共同構成了一個多采多姿又擁擠的世界，能夠為消費者提供有關奇點的足夠知識，以幫助他們做出合情理的選擇。這些方法的有效性隨著所提供的資訊可信度而變化，而資訊可信度又取決於對評斷機制的信任程度。因此，尋求「好」奇點的客戶與眾多奇點產品之間的校準，只能透過第三方來實踐，該第三方的資訊和建議確保購買者或多或少的幸福感。

品質競爭勝於價格競爭。

無論不同的消費者賦予這些形容詞何種含義，尋找「好的」或「對的」奇點產品都是激活奇點市場的原則。這種對奇點產品的要求是嚴格的，但始終存在於市場。它表現在消費者對產品細節知識的收集（搜尋標的有時會花費較長時間），並

解釋了為什麼品質競爭勝於價格競爭：選擇一部「好」電影很少會簡化為挑選票價最便宜的電影院。選擇小說或醫生也是如此。

由於品質競爭占上風，產品和消費者之間的校準是透過協調雙方評估標準的一致來實現。

要進行校準，必須滿足兩個條件：一個條件涉及品質，另一個涉及價格。由於我的分析大部分致力於品質校準，因此我用「校準」一詞簡稱之；否則，我會添加限定條件：根據數量或價格進行校準。為了進行交易，「知悉」產品的表徵必須充分對應消費者的欲求。理論上，奇點的條件最好由生產者和購買者共享，然而縱使存在判斷方法，這種情況仍很少發生。為了進行良好的校準，即產品和購買者之間的「好」或「對」的契合——促成奇點和消費者達成交易的要素都仰賴精確的知識、多元的知識，或是乾脆碰碰運氣為估量前提。由於無知和模稜兩可都是不可通約產品交易的固有特徵，也就解釋了為何在奇點市場中會比新古典主義市場發生更多的錯誤和失望。

由於品質競爭更具影響力，價格已經不能僅由供需關係來解釋。但儘管如此，價格仍然需要被解釋。

價格的從屬地位意味著價格不再像標準市場那樣僅由供需關係決定。因此，人們必須找到奇點市場定價的具體程序，指出決定經濟價值的原因，並評估這些異質做法對市場內合理配置資源的影響。

（三）心理分析市場

心理分析市場顯示，看似不透明的市場可能相對有效率。對於任何一位患者而言，選擇心理分析師都是一項艱難的工作。一般而言，那些患有精神障礙的人，希望能找到「好的」心理分析師——分析師越好，自己症狀的「改善」或「治癒」的可能性就會越高。考慮到所面臨的選擇變項，價格通常是次要考慮因素：價

格不是選擇標準，而是或多或少地對選擇產生框限作用。

「好」分析師的定義因患者而異，通常是藉由一長串選項組成的清單來呈現，其中包括年齡、性別、開放或保守的治療方式、會診時間與地點、會診所需時數、價格、知名學刊上獲得的讚譽，以及是哪些心理分析協會的成員等等。心理分析師不僅不能互相取代，而且每位病患都是一個特殊案例，需求各自不同，這也加劇了這個專業領域的異質性。然而在法國，要是根據這份選項清單來物色理想的分析師，可能一個都找不到。公眾可獲得的資訊很少，分散在報章書籍、電視節目，或者別緻生動的分類廣告裡。因此，沒有系統性的資訊可供潛在患者搜尋，讓他們能夠事先辨別心理分析師的醫術能力和費用：市場看起來不透明，缺乏能夠做出理性選擇的最低條件。

在大多數情況下，供需之間的鏈結是透過第三方關係網絡提供的口碑或推薦來實現。透過個人關係（例如：朋友、熟人、家人、家庭醫生等）的非正式資訊管道，使得知曉有關分析師的姓名和技能成為可能。當然，這種知曉是有限的，並且品質會隨著網絡成員的認知而不同。但是，作為交換，它是自由和客觀的，個人經歷的故事不僅稀有且有價值，並且可以在人們尋求的資訊，與所提供的資訊之間建立合理的關係。經由社會人際關係不是特例，而是成規。中間人為欲求選擇創造了條件。

心理分析的例子充分的闡明奇點市場裡，公共資訊局限的現象。它專門對個性化關係進行運作。但是，它的不透明度不是基於病理學，而是對專業的集體選擇。此專業的特定定義影響到競爭、執業者之間的關係、執業者與患者之間的關係，以及對「好」執業者的搜尋。奇點經濟學解釋了心理分析市場的運作方式，因為尋找「好的」心理分析師並沒有與患者的人際關係分開。人際網絡是一種無形的評斷機制，可將個人和集體經驗傳遞給任何欲求的人，沒有它，心理分析市場就不可能存在。但是這種原創性並不為心理分析所特有。許多其他奇點也是如此。

（四）兩種奇點模式

不可通約產品能被分類嗎？財貨和服務之間很難區分，雖然大部分的奇點多半是服務，但許多奇點產品將財貨和服務結合在一起；換句話說，它們是混合

體。更具體實用的區別方式為：原創性模式與個性化模式。

1. 原創性模式（Originality Model）

原創性模式的純粹形式是藝術作品。它作為整個產品系列的模式，也是多種真實或假想譜系的共通參考。然而，它並不意指這種模式的奇點需要像藝術品一樣，同時體現出原創性、不可類比性和獨特性。

華特・班雅明（Walter Benjamin）在第二次世界大戰之前撰寫的一部作品中提出以下的想法：即使是最完美的藝術複製品也會有難以避免的缺失。他認為，這是因為作品的含義與作品存在的最初條件、作品的原始功能（通常是儀式性的）以及作品的「此時此地性」（hic et nunc）有關。換句話說，與作品存在的獨特性有關，班雅明用「靈光」（aura）一詞概括所有與「本真性」（authenticity）相關的事物。即使對過去的藝術品進行最完美的複製，也不可避免地失去了這一點。複製是拉近與當今公眾的距離，同時遠離傳統、本真性和「歷史見證的力量」。透過失去獨特性，藝術品走入群眾，卻落得世俗化的降等代價。[6]

面對電影這樣的生產形式，班雅明承認，它不局限於複製的功能：電影本身就是一部作品。然而，儘管他的某些表述似乎與此矛盾，但他仍然堅持認為，電影的存在主要歸功於電影製品的技術性複製，但電影並不能完整保持作品的靈光。總結而論，他否認電影具有任何藝術價值。這種絕對的批評提出了在原創性模式中，奇點的稀缺性和藝術價值之間關係的問題。

今日，對於繪畫來說，班雅明的論文是最相襯的，因為對繪畫的要求從未如此嚴格過：繪畫必須獨特、原創又本真。獨特：只有一個原本，儘管有時可以接受稀有性。原創：沒有其他相似的東西。本真：必須署名，或者至少必須標識藝術家。因此，它的藝術價值不僅僅取決於審美判斷，還往往可能因為缺乏署名而使作品默默無聞為人遺忘。獨特作品的神聖化（基本上沒有遭受到太多的複製），體現作品蘊含的原始寓意。因此，獨特性與多重性可能會被視為與藝術模式不相容。

在此種角度下，存在許多變體。正如斯維特拉娜・阿爾珀斯（Svetlana Alpers）指出，作品的個性和藝術家的個性同時在林布蘭身上得到強烈的體現，但在當下許多作品（包括一些林布蘭最著名的代表作）持續地遭到品質的質疑時，林布蘭作

品的主要風格形式要如何認定？奇點如何同時體現在藝術家親繪的獨特作品上，以及許多由他的助手、學徒或模仿者所代筆的繪畫或複製品中——儘管這些作品都歸屬於林布蘭名下，而林布蘭對此也無異議？本真個性如何與多重性相容？

答案是基於畫家在自家和工作室之間，在贊助者和市場之間，造成兩者的雙重斷裂。工作室成為了向大師學習技藝的學徒，培育養成的地方；他們臨摹複製大師的作品，也仿效大師的技法另創新作，其中許多作品都由林布蘭本人簽署；然後這些學徒將「以林布蘭的方式」帶走繪畫藝術。市場成為自由和活躍的「創業者」的表演空間，他們出售了「林布蘭」。[7] 這些實踐可以從當時荷蘭室內普遍掛有大量畫作而得到解釋。

正是出於這個「大眾市場」（mass market），林布蘭「發明了我們文化中最有特色的藝術品——這種商品的特徵不是由工廠生產，而是數量有限的限量版」。[8] 因此消除了最初的悖論。在西方起到奠基作用的概念告訴我們，本真個性和數量之間的關係可以變化，並且奇點可以基於有限的系列作品，亦可以基於獨特的作品。隨著小說或電影的出現，大規模生產大幅度占有主導地位。再一次地，奇點不受生產過程的威脅，因為創作媒材的相似性不會危害內容的獨特性，因此作品的價值就不會受到數量多寡的影響。文化產業的產品只要能保障個人解釋的多樣性，就不會破壞奇點的概念。

綜上所述：原創性模式定義了奇點產品領域的多樣化。此外，奇點可以是獨一無二的，也可以是多重的，只要維持其象徵力量（因此可以容納無限數量的特別解釋），他們的物質媒材就可能以工業方式量產。

2. 個性化模式（Personalization Model）

個性化產品一詞通常是指一種服務而不是一種財貨，但是兩者可以合而為一。暫時先不討論個性化服務，我在此先談談社會學家和經濟學家所使用的服務關係這一概念。對於社會學家來說，服務關係是一種個性化的服務。它是一種以品質和結果都不確定為特徵的活動。它界定了專業的行動模式，也就是說，那些將專業領域與集體倫理聯繫在一起，並要求其成員將客戶利益置於自身之上，將所提供的服務置於利潤考量之前。對於非主流經濟學家來說，服務關係取代了服務作為

研究的特定對象。這種轉變表明「共構服務」所占據的關鍵地位，換句話說，即是執業者和客戶之間的合作。然後，服務關係是多樣化的，「根據供需主體之間的關係和相互作用的強度」，[9] 所產生結果的不確定性和不可逆性之程度突顯了差異。

這些雙重根源使我們有可能將個性化產品視為一種純粹的奇點形式，並將其定義為適用於個人與群體特定問題的一種療育（intervention）。藉由職業醫學醫師（occupational physician）與臨床醫師（clinical physician）間的比較，可以清楚地看出這一點。職業醫師與公司或國家體系（職業醫學）合作，並經由行政框架來規範其對患者之療育行為；臨床醫師則視每位患者為獨特個體，並運用臨床框架來因應每個患者的特殊症狀。[10]

個性化產品不應與客製化產品混為一談，客製化產品已隨著工業生產的靈活性和複雜程度提升而日益普及。[11] 後福特主義（Post-Fordism）時代不再受到單調的大規模生產影響，可以協調個性化的供需關係。例如，在汽車工業中，現在能夠在預設的技術範圍內，生產各種零件或做多樣功能的組合。但是這些變體仍然是同等領域的一部分：僅是差異性被增強了。由眾多專業和行業，包括醫生、牙醫、口腔外科醫生、藥劑師、律師和法務、公司顧問等，根據專業的標準實現個性化的卓越服務。

原創性模式和個性化模式是至今較為重要的兩種模式。這兩個模式適用於兩組截然不同的奇點產品，儘管這並不意味著它們彼此為異類，兩者反而可以是混合產品。因此，生產者、消費者、原始財貨和個性化服務皆是不可通約的實體。但是，這種迴圈並不是自發的現實：它是一個集體建構，沒有它，奇點市場就不可能存在。在以審美價值或專業卓越為特徵的產品世界中，也可以找到相同的表徵。而且絕不排除自主的個人判斷。

奇點是多維性的、不確定的且不可通約的；消費者正在尋找「對」或「好」的奇點；品質競爭勝於價格競爭；市場不透明。這些特徵皆處於新古典理論的外部。因此，需要另一種理論來解釋奇點市場的功能和演變。但是在開始這項解釋之前，我們應該試著闡釋為什麼奇點遭到忽略。

三、我們需要另一個市場理論嗎？

　　質疑新古典主義理論的局限性並不新穎，並且這樣做經常被主流經濟學認為是無知或天真的表現。正統經濟學家經常提出兩個論點，以駁斥批評者將模式與現實混淆，並浮泛地使用「新古典理論」（neoclassical theory）這一詞彙，從而證明批評者對複雜而不斷發展的知識體系欠缺理解。在某些情況下，這些反應是合理的，但這不應妨礙我們提出以下問題：什麼樣的差異會使具體、特殊的市場不能適用新古典主義的分析？對於正統經濟學家來說，這個問題從字面上看是毫無意義的，因為每個市場，無論其資訊或競爭可能是「不純粹」抑或是「不完美」，都只能屬於同一個理論框架。距離和奇特性永遠不會被轉化為外部性。[12]

　　這樣的主張源於一項運作，該運作的複雜性與簡單性都不顯著。理論的統一性與現實的統一性之間的密切關係遠遠不是實證的結果，而是一種假設的產物：只有一種市場模式，因此，任何市場現實，無論多麼奇特，都不可能在這個現實之外。這種觀點可以解釋奇特嗎？要能合理解釋，則必須將新古典理論這個過於普遍的詞彙分為兩類：主流經濟學（mainstream economics）和一九七〇年代問世的新經濟學（New Economics）。如此一來，一般性問題維持不變，然而對於每種經濟學形式之討論則不相同。

（一）什麼是主流經濟學家可能忽視的？

　　無數對新古典主義理論的定義僅在一些次要的問題特徵上有所不同，而構成要素始終是相同的：理性的行為人具有穩定、有序的偏好，並且完全以利潤或效用最大化為導向。透過價格變動來調節供需；並且由競爭條件決定市場均衡狀態。該理論的一般性意味純粹和完美競爭的條件會隨著一種連續體而變化：無論它們偏離模式的程度如何，市場現實都無法完全擺脫它。由於理論模式要求財貨同質，因此消費者的選擇完全基於一個差異特徵：價格。[13] 因此，這種推論在產品中出現一個例外，因為它們可能是同質的或不是同質的。

　　當財貨不同質時會發生什麼？愛德華·錢柏林（Edward Chamberlin）在1933年出版的《壟斷性競爭理論》（*The Theory of Monopolistic Competition*）指出，對於差異

化財貨(經由差異性體現市場競爭優勢的財貨)以及同質財貨,價格理論保持其統一性和普遍有效性。[14] 錢柏林並不是第一個注意到新競爭形態擴大的人,這種競爭形態表明,公司先於其他競爭者生產新商品(壟斷性租金來源)的相對能力。但是他是第一個解決自己所提出問題的人:我們如何解釋一種既需要競爭又要壟斷的經濟鬥爭型態?

解決方案是將每個差異化財貨視為與特定市場相關聯的「同質產品」(因此有多少差異化的財貨就有多少的市場存在),然後來分析每個「同質市場」的定價,透過價格鏈接市場,並辨識產品種類對價格的影響。因此,透過這種將差異化財貨轉換為同質財貨,解決了理論上的難題。知名學者哈洛·霍特林的模型(Harold Hotelling's model),其基本假設與論證證實了差異化商品屬於等價系統。[15] 此外,由於差異化和標準化的財貨皆已在市場上做資訊化的陳述,並且消費者於購買前便已知悉,因此產品異質性的問題就消失了,市場理論可以繼續與價格理論保持一致。

雖然壟斷性競爭理論常被比擬為一場革命,因為它結合了兩個不僅是分立而且是相互對立的術語,儘管作者本人將他的方法視為一種新的創見——一種新的「經濟觀點」,一種新的世界觀(Weltanschauung)——由差異化所引燃的改變,發生在已存在的知識體系中,且未產生任何激烈的衝突,因此這種新創見在納入差異化財貨之後,成為新古典理論中不可或缺的成分,並使新古典理論獲得更廣泛的適用性。

在此理論中,奇點不能作為奇點存在。奇點若要被納入考量,則必須放棄品質、不確定性和不可通約性,這樣做意味著要經歷有系統的「去資格化」(dequalification)的過程,該過程將使他們轉變為差異化財貨;否則,奇點必須保持未經解釋的狀態。奇點經濟學不能以任何方式與主流經濟學相混淆。

(二)什麼是「新經濟學家」選擇忽視的?

一九七○年代,不確定性出現在經濟理論中,逐漸取得重要的位置,並對價格、產品、經濟協調和市場均衡的分析產生重大影響。不完美的資訊取代完美資訊,有限理性取代全知理性。以品質不確定性為特徵的產品變成種種承諾,他們的評估被推遲到購買之後,定價與承諾可信度則成了待解課題。[16]

新經濟學一詞被用於新的分析，這個分析是一種以資訊為基礎的「不確定性觀點」，該觀點既應用於策略不確定性，也被用於品質不確定性。[17] 在同一時期，品質問題也透過多維性理論得到解決。因此，新經濟學整合了多維性、品質不確定性，甚至（在較小程度上）不可通約性。

這一成就引發了兩個問題，但實際上只有一個問題：即使不使用奇點這個詞彙，有沒有可能，奇點依舊不屬於任何一種新經濟學構建的產品類別？如果不是這樣，我們如何解釋奇點產品被忽視的情況？第一個問題成為對多維性、品質不確定性和不可通約性，這三個術語進行比較研究的正當理由；而第二個問題則在檢視自開始就存在於新經濟學理論中的衝突時找到了答案。

1. 多維性

為了解釋價格差異與財貨品質之間的關係，通常的解決方案是（現在仍然是）選擇一種品質作為單一維度，然後將其作為排名系統的話語。通常會選擇的維度，例如可靠性、保固、功能、價格等，作為品質指標，而最常見的是聲譽。此過程將多維性產品納入廣義等價範圍，從而進入新古典框架。但是最後，這些方法都沒有達到廣泛的主體間互共識。沒有一種方法可以聲稱具有普遍的效力。

解決方案來自凱文・蘭卡斯特（Kelvin Lancaster）。他的理論是基於一個簡單的假設：消費者對財貨不感興趣，但對其基本組成部分感興趣，即「特徵」（characteristics）。這些是效用的來源，而且它們是不可變的、彼此獨立，且可以相互組合。它們是個人有序偏好的目標，並且因為每個人都分享此主體相互的共識，所以它們是「客觀的」。每個財貨的特徵列表必須徹底詳盡，但可以簡化。它們的相對價值由完全競爭市場決定，且無論體現此特徵的財貨是什麼，其相對價值均保持不變。因此，一項產品即是一項「特徵包」（bundle of characteristics），其全球價格是其所有特徵價格的總和。這個理論是一般性的；而且，它可以透過特徵價格法（hedonic method）輕鬆地應用於現實。蘭卡斯特似乎成功地解開了這個難題：他將一維財貨轉化為多維財貨，並透過其「特徵」價格總和解釋了其全球價格。自此之後，具體的研究大量增加，但沒有一個研究對這套理論的效能與局限做出具體的論證。然而事實上局限是存在的，因此對於奇點經濟學來說，識別局

限至關重要。[18]

　　我將比較兩項特徵研究:一項關於住房,另一項關於葡萄名酒。研究使用計量經濟學方法計算「影子價格」(特徵價格),也就是說,每個特徵對產品總價格的相對貢獻。兩項研究得出相似的正面結果,但它們的意義完全不同。

　　住房研究使用的大型數據庫分列了十七種不同特徵,用戶可以了解不同特徵元素(諸如額外的房間、車庫、附家具的廚房、有陽台或花園)對總體價格的貢獻。[19] 從形式上講,葡萄酒的研究結果沒有什麼不同。葡萄酒的特徵包括感官品質和印記在瓶身標籤的客觀訊息:酒類、名稱(受保護的地理標誌)、酒精濃度和年分等。如果酒類和年分對總體價格的相對貢獻排在第一位,則「每個感官特徵個別來看對價格的影響就很小」。[20] 因此,口感特徵對總體價格僅產生很小的影響,而標籤上的資訊則相反。這種觀察的結果至關重要,因為資訊標籤不是口感特徵:它們是產品的指標,這是完全不同的現實。這一差異很容易解釋,因為事實上絕大多數非專業買家對葡萄酒產品太不了解,以致無法認知感官層面。但是,購買者也並不是真正無知到,一種感官品質是不能與另一種感官品質分開來的這個事實。其實是,口感品質是相互依存的:每種品質都取決於其他品質,並且不能分離。因此,葡萄酒的特徵研究沒有解釋任何問題。房屋和美酒之間的區別是,財貨的可分割和不可分割。蘭卡斯特在一個不顯眼的論述中,預見了他的理論的局限性,對於不可分割和不可組合的產品,他指出「我們陷入了真正的麻煩,因為真實的影子價格可能不會以任何形式表現出來」。[21]

　　房屋和美酒之間的區別與汽車和電影之間的區別相同,更一般地說,是差異化財貨和奇點財貨之間的區別:它們都是多維度的,但前者是特徵的聚合體(aggregates),後者是特徵的組構體(structures)。多維性對於所有財貨和服務的意義並不相同。因此,儘管蘭卡斯特的理論具有獨創性,但它並不具普遍的詮釋性:至少對奇點無效。

2. 不確定性

　　在一九七〇年代的某個時間點,品質不確定性成為新產品分類的標準。這是一項重大的變化,但若是要真實地一窺其全貌,我們應該考慮一些詞彙,這些詞彙有

時候被視為革命歷史的一部分：消費者的無知成為其行為的解釋變量，他們的行動被認為是一項或多或少昂貴的「搜尋」，並且可以將諸如朋友和廣告之類的異質實體結合起來，以解釋可用資訊中的變化。[22] 消費者行為已成為研究的核心對象。

核心問題在於品質不確定性的概念。關於它的不同概念已經出現，並且可能會延續下去。這些辯論自過去至今相當複雜。在此提出的論點以識別兩個普遍對立的論點，用於解釋它們如何在新經濟學中造成張弛的情勢，以及在其中一方勝過另一方所產生的後果。呈現此辯論的最簡單方法是針對兩種論點進行比較，其中一方是菲利普・尼爾森（Phillip Nelson）、麥克・達比（Michael Darby）和埃迪・卡尼（Edi Karni），另一方則是奈特和阿克洛夫。

尼爾森區分搜尋財和經驗財，達比和卡尼則在其中添加了信譽財，並就這些詞彙做了一般性的定義：「搜尋品質〔……〕其在購買前已經知曉，經驗品質〔……〕僅在購買後才能知悉，信譽品質〔……〕其於購買後也難以評斷。」[23] 他們的研究受到兩個主要問題的導引：當資訊不確定時，消費者如何做出合情理的選擇？當交易涉及經驗財，或者交易不確定性更高的財貨，例如信譽財，消費者如何保護自己免受賣方詐欺？

尼爾森透過比較財貨（經驗財和搜尋財），諮詢來源（朋友或個人經歷）和廣告類型的不同組合，為消費者研究開闢了道路。[24] 達比和卡尼則以維修服務為例，證明在信譽財的交易中，賣方可以透過多種方式增加利潤，但服務品質卻不保證提升。[25] 這聽起來像是純真年代的終結。奧利佛・威廉森（Oliver E. Williamson）也很快表明，「以詭計謀取私利」的機會主義，是籠罩在不確定的市場之上無處不在的威脅，並將研究為防止「市場失靈」而可能採取的手段。[26] 許多經濟學家也紛紛評估現有保護手段的有效性：契約、保固、品牌、廣告、公共標準、重複購買和賣方聲譽。[27]

所有這些問題、概念和分析都基於共同的不確定性概念。而阿克洛夫發表當時著名的文章時，也讓另一個不確定性概念浮出水面。以「檸檬市場」（lemon market）——也就是二手車市場——為例，他證明了品質不確定性與資訊不對稱的相結合必然導致市場的自我毀滅。[28][ii] 防止這種結果的唯一方法是仰賴「對應機制」（counter-institutions）的措施：擔保、品牌、證明書、文件憑證、專業認證、公部

門和私人機構的涉入，當然還有信用機制。若在沒有此種調節的方式下運作，市場勢必會崩潰。因此，在一定條件下，自由競爭會導致市場自我毀滅，而市場持續性則需要對競爭進行調節。總而言之，由於品質不確定性，市場持續性和自由競爭是相互矛盾的：這就破壞了新古典理論的重要基調。

在此我們有兩組分歧的不確定性概念。對於尼爾森、達比、卡尼以及絕大多數經濟學家來說，不確定性是適度的（moderate），多少取決於我們是在處理經驗財或是信譽財；而對於阿克洛夫來說，不確定性是激進的（radical）。這種差異可以由他們就不確定性導致市場結果的研究看出端倪：一邊是認為「低效率的市場均衡」，另一邊則是「市場的自我崩滅」；至於要如何規避掉這些結果，一邊提出施行與自由競爭相容的各種措施，而另一邊則訴諸如專業認證或國家介入等機制，當然還有信任。

在一項學說中被排除的概念，在另一項學說中卻變成寶典。前者所遵循的禁令，後者卻大暢其行。儘管阿克洛夫沒有明確提及此事，但他與二十年前奈特提出的概念很接近，此概念將可概率性（因此可計算），與不確定性和不可概率性（或極端不確定性）進行了區分。前者稱為風險，後者稱為不確定性。[29] 在新經濟學中，盛行的概念是持續、某種程度的不確定性，它存在風險，卻保有可計算性，以維持最理性決策的可能。這種可能性已不再具有極端不確定性。從這個意義上講，奇點承襲了奈特與阿克洛夫的概念。

風險和不確定性不僅是兩個相異的概念，而且還是兩個相互比拚的概念。在過去，絕大多數經濟學家急欲排除品質不確定性的極端概念。[30] 我將簡要介紹三項致力於這種排除的運作。

首先，對奈特理論的反覆批評讓風險與不確定性之間矛盾的平息成為可能，這促使新經濟學的世界變成了風險的帝國。[31] 第二，對阿克洛夫的論著提出廣泛的重新解釋，導致品質不確定性被資訊不對稱所取代。後者之概念與道德風險和逆向選擇相關，從而占據了理論的核心地位。但是資訊不對稱並不是品質不確定性產生影響的必要條件。而且阿克洛夫對市場連續性與自由競爭之間的反比關係的論證仍然相當窘迫。第三，拒絕品質不確定性可以使用極端的掩飾形式。在阿克洛夫文章的某些闡述裡，該概念在沉默中被簡單地帶過。這些文章的讀者一定

想知道是什麼反常行為導致這位諾貝爾獎得主將這個詞列入他的文章標題中。而事實是，藉由「拋棄它讓它不存在」的做法，讓這種以不確定性為特徵的現實徹底消逝於無。換句話說，奇點不可以而且也不可能存在。[32]

不會有毫無驚喜的歷史。伴隨品質不確定性所發生的情形，解釋了三個相互聲援的結果。首先，奈特和凱恩斯學派（Keynesian school）中的一些經濟學家擁護極端不確定性的概念。[33] 第二，極端不確定性的復興出乎意料地來自異質經濟學，特別是習慣經濟學，[34] 以及部分社會學家的論述。[35] 第三，一些實證研究的經濟學家和社會學家證明了極端不確定性的概念是正確的。理查·凱夫斯（Richard Caves）就是這樣，他圍繞「沒有人知道」的特性規則組織了他的研究。他的意思是沒有辦法預測文化產業中產品的成功與否。於是，他將創意產品視為「經驗財」，它不依賴於資訊不對稱性，而是基於「無知的對稱性」（the symmetry of ignorance）。[36] 在電影產業上，亞瑟·德·瓦尼（Arthur De Vany）的論點則更為堅定：「實際上，沒有任何東西可以預測得到，成本不行、映演價值不行，收益回報更是不行」；一遍又一遍：「電影、颶風、地震、洪水、股利回報、創新和專利，以及在人類許多重要的事務中，幾乎都是無法預測的……正如沒有所謂典型（typical）的颶風或地震一樣，也沒有所謂典型的電影。」[37]

奇點的交易與極端不確定性有關；所以，任何知識、計算或契約都無法消除極端不確定：除非添加某個東西，那就是信任。因為奇點的世界是由極端不確定性來定義的。

3. 不可通約性

雖然不可通約性在邏輯上不可能存在於廣義等價的世界中，但它在新經濟學中絕對存在。更一般而言，沒有任何規定禁止將其添加到「主觀偏好」中。因此，不可通約性參與了「神奇」運作，雖然它呈現在個人行為的層面，但消失於供需形成的過程中（該過程出現在集體層面），即在價格形成的完全客觀性中消失。為了避免不可通約性被抹除，奇點經濟學必須證明，例如，定價如何與品質競爭產生顯著的關聯。

經由上述這三個概念的比較，表明了多維性、品質不確定性、不可通約性在

新經濟學和奇點經濟學中的意義皆不相同，因此不能將奇點產品與經驗財、信譽財或差異化財貨相混淆。奇點產品是不可簡化的現實。奇點不是意外掉到地球上的怪異流星。我提出的解釋表明，新經濟學的歷史是建立在創造與排它之間的張力之上，後者可能是前者所必需的。反對品質不確定性觀點的那些學者，同樣將奇點由他們的視野中刪除。只有從不同觀點才能「發現」它們，命名它們並進行分析。如果我們說蘭卡斯特的產品概念不適用於奇點財貨，我們就必須論證出某些具有共同特徵的財貨和服務不適用新古典理論。以下用兩個例子──繪畫和電影──來應證這一點。

　　繪畫的比較中讓我們知道，即使長期以來最為社會廣泛推崇的作品，其藝術價值也不能任意由大眾群體的主觀意念做論斷，因為畫作品質不確定性的關係，這很容易讓它們的藝術價值隨著大眾品味的飄忽而產生起伏變化。這個比較也表明，畫作的不可通約性不能淪為由多重客觀特徵組構成的聚合體（像前面分析的房屋案例），這些畫作，每一幅都是獨特的整體，組構體（像前面論及的葡萄酒），根本無法將它的構成特徵拆解分類，嘗試做客觀的研析。但是當有人就某項特徵元素（例如印象派畫作的筆法、光影、顏色等）做客觀的分類評析，並於社會廣泛的分享並獲得一致的認同，那這個認定就不是某單項特徵的成效，而是整體畫作價值的表徵。因此，不可通約性並非不能予以評析或論辯，但是卻無法對它們提呈一套通用的基礎理論，因為通用理論會將畫作化約為一種通約的等值實體，而這就等於要欣賞者忽略畫作最為人渴望的美學表徵。最後，這個比較分析表明，藝術品的競爭從根本上取決於「審美品質」，因為購買者正在尋找「美麗的」畫作，無論他們使用何種具體詞語形容想找的圖畫。除了投機者之外，價格不是藝術愛好者選擇的基本條件。

　　相同的分析也適用於平日可以輕鬆體驗的電影。首先，每部電影代表一種特定的「品質」組構，組構特徵包括演員、劇本、音樂、節奏、作品的結構、角色發展、娛樂價值、形而上的深度、座位舒適度、複製品的品質、門票價格以及電影拍攝風格等。這些組構特徵是不可通約的。它們是意義的世界，不斷接受觀眾體驗賞析與評價，而這些組構特徵的美學感知對所有人來說都是顯而易見。觀眾去看一部「好」電影，無論其所指含義為何，通常甚至都不太清楚各家電影院的門票

價格。結果，品質競爭勝於價格競爭。儘管電影公司都會傾力宣傳，但映演的成敗仍然無法預測。

四、奇點財貨的判斷與決策

讓我們暫時同意，決策和判斷是兩種相異的經濟選擇方式，前者主要基於計算，後者主要基於質性標準（這並不表示量化計算就不能被考慮進去）。讓我們暫時也同意，決策（或選擇、決定）涉及差異化／同質財貨、單一的評估標準（利潤或效用）、資訊和普遍真理，而與判斷相關的是奇點財貨、複數的評估標準、知識和一般性真理。這種對比顯現出兩種經濟選擇的行動框架。但是，這並不代表一個是一般共通的，而另一個是具體特定的，或者一個是理性的，而另一個是非理性的。儘管它們是兩種不同處理方式的結果，但這些選擇仍然是同等理性的，或者是合情理的。

（一）經濟分析可否忽略資訊？

在新古典主義理論中，交易的存在僅歸咎於具有超凡特性的媒介：接觸的一切事物都立即可見、零成本且無處不在。它建立了一個全人類共同生活的單一世界。這種稱為資訊的自然實體屬於非物質且具同質性。它創造了關於現實的客觀知識，從而創造了理性選擇的適用性。然而，資訊的確切範疇依舊神祕。試圖定義它的人在新聞、數據、自然狀態或傳輸的技術之間搖擺不定。但是，這種模糊性並沒有阻止我們將這種中介想像為「一種注入到引擎以保持運轉順暢的潤滑劑」，[38] 也沒有妨礙我們觀察到締約各方達成協議所需的資訊有其限制，[39] 以及讓我們注意到經濟學家和行為人都從高處看待現實：一個能夠確保視角寬廣的位置。

奇點市場較忽略資訊（information），因為產品和行為人同時屬於多個世界。資訊作為一種「自然的」現實，被知識（knowledge）取代。這個詞彙既指日常知識，也指學術知識，在此兩種情況下都是經過特定結構組成的結果。[40] 知識必須經過生產，需要技能和時間，而且成本昂貴。它是一種詮釋，而且本身也受詮釋的限制。[41] 知識的效益性有多種局限，並且它可能誤導我們。因此，知識與資訊兩者相差甚

遠。在一個異質的世界中,眾多的知識來源消散了不透明性。知識使我們不至於身處世界之外,也不會遭到精神主義的桎梏。我們與各種詮釋和邏輯的組合、價值和認知的組合一起運作。在奇點市場中,知識是採取合情理行動的必要資源。

(二)決策與判斷

作為成本與價格之構成和比較,經濟決策通常意指計算(calculation)。當這種情形被認為是理所當然的時候,就很難去認知到另一種選擇形式的存在,即使該選擇形式不完全依賴計算,卻同樣是理性的。這種選擇形式即是判斷(judgement)。許多學者主張此類論點,有些人無意間表明了經濟計算的領域有其限制,有的則認為判斷可以表現為一般性、合情理的命題形式。

威廉森在探討有關信任的文章中,甚至更進一步主張對世界的解釋(除了「家庭、朋友、戀人」之間的關係外)嚴格來說都屬於經濟學問題。[42] 該論證的演繹接近三段論:由於社會和經濟世界受計算性所限制,並由於行為人是理性和自利的,同時使用計算機做出選擇,因此,經濟學是一門計算科學,是唯一可以實現普遍真理的社會科學。

威廉森為證明對信任的解釋應該用計算推理代替的論點,他檢視了一些寓言故事。為了進一步討論,我僅保留其中最奇怪的例子:「被性侵的女孩」。有一個漂亮的女孩,但她很少被邀請出遊。在一個午後,一名她幾乎不認識的年輕人,似乎對她感興趣,主動提出要陪她走回家。她接受了提議。當他們邊走路邊聊天時,他建議他們穿過樹林走捷徑,在樹林裡他突然提出自己想與她發生性關係。她立即拒絕且試圖逃跑。於是他追趕她,女孩摔倒卻傷到腿;他趁機攻擊她,強暴她,隨後逃跑。她在經過許久之後才講出所遭遇的事件。[43]

我們如何解釋年輕女子同意男人陪同走回家的決定?對於建立在錯誤信賴基礎上的詮釋,威廉森用其他可能情境替代,所有情境最終都假設:錯誤的決定是錯誤計算的結果。他將自己的論點推向極致,進一步提出,如果事先將選擇權交給女孩,經濟計算將毫無疑問地證明,這樣同行回家只會產生負面收益。在這種情況下,唯一理性的解決方案應該是:「不要與陌生人一起走進樹林。」因此,即使選擇步行同伴,也有可能計算出最理性的解決方案。

「不要與陌生人進入樹林」：這種理性的格言與某些社會知識密不可分。但是新聞經常提醒我們，對於兒童和年輕人來說，最危險的不是陌生人，而是朋友，甚至是自己家庭的成員。此一觀察結果揭示出社會知識不是一致且無可置疑的，而是多元且可爭議的。每一個觀點不同的詮釋版本都可以用來構建「最理性的」格言，例如：「不要在樹林裡走路」、「不要與男人同行」、「走路時要攜帶武器」、「不要與家人一起散步」、「不要與密友一起散步」。這些格言都可以預防「錯誤的」決定，各自結合了評估準則和事實，並且都涉及不同的社會觀念。在此多元性中，「最理性」決定的計算變得毫無意義。格言的相對價值取決於，無法透過計算進行決策的比較，而只能透過討論和說服的過程來決策。威廉森的證明失敗了。但是與此相反，它表明了他的論辯可能正確的條件：一般的計算性，其意味著獨特的評估標準和廣義等值性。為了使經濟學的主張合理，行為人不僅須理性且自私，還必須共存於同一世界。這是因資訊所導致的條件，卻又被知識排除。但是，多元化的世界是否意味唯我論是不可避免的？

這是漢娜‧鄂蘭（Hannah Arendt）在建構判斷的理論時所闡述的議題。品味是該議題的出發點。它定義了好與壞、美與醜的領域，而且它不在計算的範圍內。但這是一種普遍的思維方式：「每個人似乎都能在藝術問題上辨別是與非。」[44] 任何人都可以決定自己喜歡還是不喜歡某樣東西。這種識別能力是特定的；它適用於特定的情況，並由特別的觀點所支撐。面對舞台或世界的奇觀，以及天才的作品，觀眾「藉由簡單的事實」成為特別的實體，該事實是每個人都占據著自己的位置，他們從中觀察和判斷世界，藉由他們觀察並評估特定事件和對象的這個簡單事實，共同構成了世界的「多元性」。[45]

味覺和嗅覺與其他三種知覺截然不同，因為它們的內在感受是完全私密和無法言喻的，[46] 因為它們涉及自身的特殊性，並且是獨一無二的，從而會使任何討論變得毫無意義：「那是他個人的事。」這句話的真諦似乎是不證自明的：品味是自身的特性，因此沒有論據可以證明，品味存有任何的優越性，就像沒有論據可以強迫某人喜歡他們自身不喜歡的東西一樣。在這一點上，主觀性似乎無法被抑制。鄂蘭正是以此內心聖殿為跳板，主張判斷源於品味。但是，判斷與品味的不同之處在於，判斷與對象，以及這個判斷對其他判斷的參照。像品味一樣，經由

判斷做選擇；但是與品味不同，選擇不僅是基於「我喜歡」或「我不喜歡」，同時也基於對特定產品的表徵，即時體驗或體驗之後而萌生的愉悅。判斷是反身的。

判斷與其他特徵也不可分離。無論是身心感覺中的主觀性，還是行為人的特殊性，與判斷並非同一回事：判斷是存在於世界之中。因為它體現出一種規範，故而它與所有其他判斷都密不可分。因為它植根於社會性，它參與在關係網絡之中，因此具有「交流性」；判斷是公共空間的一部分。判斷具有既特殊又公眾的特徵。我藉由判斷可以說出「我喜歡」或「我不喜歡」，讓我可以在兩個無法相比的實體之間進行選擇。由於判斷是反身的，因此選擇可能是合情理的，於是使人感到滿意。儘管其效應無法達到普遍性，但根據判斷是否多少可以被共享，使其或多或少具有共通性。

當產品為奇點時，當行為人對品質的重視程度大於對價格的重視程度，當他們的選擇以異質的評估標準為導向時，總而言之，當市場涵蓋了人類作品的品質多樣性和評估標準的品質多樣性，選擇以判斷的形式呈現。

(三)何謂判斷？

在一個以品味多元化的社會中，從一維計算得出的「決策」無法幫助我們辨別好餐廳、好酒、好的舞台劇、好的古典音樂演奏、好的高傳真音響系統、好醫生、好的諮詢顧問等等。不過判斷卻可以做到。而我們應當如何定義這個奇點市場的一般性操作者呢？

判斷主要是質性的選擇，而決策則基於邏輯和計算。無論是局部的還是普遍的，不尋常的或是常規的，判斷都表達了一種特殊的觀點。它在相對權重可變的評估標準與情況的表述方式（即事實的組織）之間建立了適當的關係。[47] 判斷結合了價值和知識。它將標準和世界的異質性整合到一個綜合決策中。判斷所依據的是不可通約性的比較。決策和判斷是兩種不同的選擇方式和兩種不同的行動框架。決策是由擁有客觀資訊，並與社會共同分享的經濟代理人（agent）所做出，而判斷則是由特定行為人形成，這些行為人的知識與外在社會的共通性，僅局限在持有相同觀點的人。決策存在於等價系統中，出於這個原因，它可以利用計算能力得出客觀或普遍的解決方案，然而判斷的一般性則受到特定觀點的多重性限制。

相同的比較可以用另一種形式進行。首先，在決策的情況下，偏好適用於產品，且價格是主要的標準（最低價格或最佳品質價格比），而在判斷的情況下，偏好是首要的標準。其次，對決策而言，不同的選擇方案，由利潤或效用最大化所導引，解放了計算空間，並有可能確立行動的合理性程度；對判斷而言，目標是不穩定的，從而使它們與選擇方案的關係不能限於一般形式。此外，計算只能在相同判斷標準的領域內使用。最後，儘管對於決策而言，原則上應用合理性的概念在沒有困難，但若用於判斷就成為問題。是什麼使我們能夠確定，由不同評估標準所決定的行動，是高度合理的？

　　無論「決策」和判斷之間有什麼區別，它都不會採取計算與非計算的對立形式。計算影響每個判斷或每個評估標準。因此，質性分析與量化分析之間所謂的對立，成為各種討論或爭執中受歡迎的話題之一，但實際上這種爭執是荒謬的。真正的區別在於控制使用計算的條件。每當僅使用一個評估標準時，市場即是基於廣義等價系統，且此時世界是同質的。因此導致計算模式數不勝數，並且計算領域沒有任何限制。但是，當有多重評估標準時，即會存在眾多的等價系統，而世界變得異質：於是計算在多重評估標準所定義的各個領域中進行。換句話說，主流經濟學由一般計算空間定義，奇點經濟學由多個（或多或少）受限制的計算空間定義。進一步補充，由於多重判斷標準的數量和內容隨多種獨特觀點而變化，這種視角讓我們能從有限的分析轉向更廣泛的分析。

　　綜上所述：判斷是一種綜合行為，它整合了多個異質且權重可變的標準。正是這種特殊觀點，允許異質標準統合為一，從而比較不可通約的產品。它允許選擇基於奇點產品的直接比較，基於評斷機制提供的知識比較，以及基於知識與直接體驗產品所產生的詮釋交互作用。它可能是框限於相關領域裡行動邏輯的計算。

　　判斷看起來很複雜。但在此之前，判斷是一種實行的藝術（an art of doing），是一種實踐。[48] 因此，它是奇點經濟學的基礎。但是，為了使一項判斷有效，它必須彙集充分的現實知識。不管他們各自的能力如何，行為人們通常不能滿足這一要求。因此，判斷的相關性不能與外部實體（評斷機制）分開，沒有該外部實體，奇點市場就不可能存在。以知識替代資訊和以判斷取代決策是在奇點市場中做出合情理選擇的條件。但是判斷與知識之間的關係需要一個「整備齊全」的市場。

【附記】

原文譯自 Lucien Karpik 的專書 *Valuing the Unique: The Economics of Singularities* (Princeton: Princeton University Press, 2007)，本章由該書的前四章摘選而成。

註釋

1   Lucien Karpik, "L'économie de la qualité," *Revue française de sociologie* 30(2), 1989: 187-210; French Lawyers, *A Study in Collective Action 1274-1994*, trans. Nora Scott (Oxford: Oxford University Press, 1999) 157-190.

2   Frank H. Knight, *Risk, Uncertainty and Profit* (Boston: Houghton Mifflin, 1921, 1956); George A. Akerlof, "The Market for Lemons: Quality Uncertainty and the Market Mechanism," *Quarterly Journal of Economics* 84, 1970: 488-500.

3   Igor Kopytoff, "The Cultural Biography of Things: Commoditization as Process," in Arjun Appadurai, ed., *The Social Life of Things: Commodities in Cultural Perspective* (Cambridge: Cambridge University Press, 1986) 64-91.

4   「去資格化」意味著「品質下降」。該過程可能適用於所有類型的產品，但是在奇點的情況下，它可能具有「失去獨特性，成為平凡的財貨或服務」的極端含義。在這種情況下，有時也會使用「去奇點化」（desingularization）一詞。

5   由於人們對於不可通約性概念的各種含義幾乎沒有共識，這種情況引發了諸多的辯論。參見：Ruth R. Chang, ed., *Incommensurability, Incomparability, and Practical Reason* (Cambridge, MA: Harvard University Press 1997); Wendy N. Espeland and Mitchell L. Stevens, "Commensuration as a social process," *Annual Review of Sociology* 24, 1998: 313-343; Elizabeth Povinelli, "Radical Worlds: The Anthropology of Incommensurability and Inconceivability," *Annual Review Anthropology* 30, 2001: 319-334.

6   Walter Benjamin, "The Work of Art in the Age of Mechanical Reproduction," UCLA School of Theater, Film, and Television; transcribed by Andy Blunden 1998; proofed and corrected Feb. 2005, [on line] http://www.marxists.org/reference/subject/philosophy/works/ge/benjamin.htm

7   Svetlana Alpers, *Rembrandt's Enterprise: The Studio and the Market* (Chicago: University of Chicago Press, 1988) 86-87, 101, 102.

8   Svetlana Alpers, 102.

9   Jean Gadrey and Jacques De Bandt, "De l'économie des services à l'économie des relations de service," and J. Gadrey, "Les relations de service dans le secteur marchande," in Jacques De Bandt and Jean Gadrey eds., *Relations de service, marchés de services* (Paris: Editions du CNRS, 1994) 17 and 11-41.

10 Nicolas Dodier, *L'expertise medicate: Essai de sociologie sur l'exercice du jugement* (Paris: Métailié, 1993); "Expert medical Decision in Occupational Medicine: A Sociological Analysis of Medical Judgment," *Sociology of Health and Illness* 16(4), 1994: 489-514.

11　Michael Piore and Charles F. Sabel, *The Second Industrial Divide: Possibilities for Prosperity* (New York: Basic Books, 1984); Wolfgang Streeck, "On the Institutional Conditions of Diversified Quality Production," in Egon Matzner and Wolfgang Streeck eds., *Beyond Keynesianism: The Socio-Economics of Production and Full Employment* (Brookfield, VT: Edward Elgar, 1991).

12　「當然，我們的理論涵蓋所有此類特殊情況。市場的一般規則應適用於鑽石市場、拉斐爾（Raffaello）繪畫的市場以及男高音和女高音的市場。這些規則甚至應適用於德‧昆西（De Quincey）所設想的市場：在該市場中，只有一個買方，一個賣方，一種商品，並且只有一分鐘的時間進行交易。」參見：Leon Walras, *Elements of Pure Economics: Or, the Theory of Social Wealth* (London: Routledge, 1988[2003]) 86.

13　傳統的競爭經濟理論始於以下價格假設：公司和消費者在定義明確的市場上交易同質商品〔……〕這是「單一價格法則」的條件。參見：Joseph Stiglitz, "The Cause and Consequence of the Dependence of Quality on Price," *Journal of Economic Literature* 25, 1987: 2.

14　Edward H. Chamberlin, *The Theory of Monopolistic Competition: A Re-orientation of the Theory of Value* (Cambridge, MA: Harvard University Press, 1933[1969]) 56.

15　Harold Hotelling, "Stability in competition," *Economic Journal* 39, 1929: 41-57.

16　Joseph Stiglitz, "The Contributions of the Economics of Information to Twentieth Century Economics," *The Quarterly Journal of Economics* 115(4), Nov. 2000: 1461.

17　Oliver. E. Williamson, "The Economics of Organization: The Transaction Cost Approach," *American Journal of Sociology* 87, 1981: 548-577.

18　Kelvin Lancaster, "A New Approach to Consumer Theory," *Journal of Political Economy* 74, 1966: 132-157; Kelvin Lancaster ed., *Modern Consumer Theory* (Aldershot, UK: Edward Elgar, 1990).

19　Nicolas Gravel, Michel Martinez and Alain Trannoy, "Une approche hédonique du marché des logements," *Études foncières* 74, 1997: 16-20; "L'approche hédonique du marché immobilier," *Études foncières* 78, 1998: 14-18.

20　Pierre Combris, Sebastein Lecocq and Michael Visser, "Estimation of a Hedonic Price Equation for Bordeaux Wine: Does Quality Matter?" *Economic Journal* 107, 1997: 390-402.

21　Kelvin Lancaster, ed., *Modern Consumer Theory*, 97.

22　George Stigler, "The Economics of Information," *Journal of Political Economy* 69, 1961: 213-225.

23　Michael Darby and Edi Karni, "Free Competition and the Optimal Amount of Fraud," *Journal of Law and Economics* 16, 1973: 69.

24　Phillip Nelson, "Information and Consumer Behaviour," *Journal of Political Economy* 78(2), 1970: 311-329; "Advertising as Information," Journal of Political Economy 81, 1974: 729-754; "Comments on 'The Economics of Consumer Information Acquisition'," *The Journal of Business* 53, 1980: 164-165.

25　Michael Darby and Edi Karni, "Free Competition and the Optimal Amount of Fraud," 69.

26　Oliver E. Williamson, "The Economics of Organization: The Transaction Cost Approach," 554.

27　Jean Tirole, *The Theory of Industrial Organization* (Cambridge, MA: MIT Press, 1988) 106-113.

28　George. A. Akerlof, 488-500.

29　Frank Knight, *Risk, Uncertainty and Profit* (Boston: Houghton Mifflin, 1956).

30　「儘管在文獻中經常可以見到如此定義風險與不確定性之間的區別，但直到最近其角色才被簡化為儀式性的作用：經濟學家，尤其是從事新古典主義傳統的經濟學家，援引該區別之目的僅為了排除不確定性。」參見：Stephen LeRoy and Larry D. Singell, "Knight on Risk and Uncertainty," *The Journal of Political Economy* 95(2), 1987: 394-406.

31　Jack Hirshleifer and John G. Riley, "The Analytics of Uncertainty and Information: An Expository Survey," *Journal of Economic Literature* 17(4), 1979: 1375-1421.

32　我們對於奇點所做的慣常決策而做出的自發解釋，通常與現實大幅脫節。我們如此強烈地想要結合新古典主義主要的框架和原則，以致它們成為我們思維方式的成分，因此對現實世界的解釋變得格格不入。即使對於那些了解真正支配他們選擇邏輯的人來說，盲點仍然存在。儘管我們能很好地觀察並理解電影或小說之間的競爭如何進行，但是似乎很難接受品質競爭勝於價格競爭的觀點。

33　Nathalie Moureau and Dorothee Rivaud-Danset, *L'incertitude dans les théories économiques* (Paris: La Découverte, 2004) 112.

34　Jean-Pierre Dupuy, Francois Eymard-Duvernay, Oliver Favereau, Andre Orléan, Robert Salais, and Laurent Thévenot, "L'économie des conventions," *Revue économique* (2 May 1989); Jean Gadrey, "Dix thèses pour une socio-économie de la qualité des produits," *Sociologie du travail* 44, 2002: 272-277.

35　Jens Beckert, "What is Sociological about Economic Sociology? Uncertainty and the Embeddedness of Economic Action," *Theory and Society* 25, 1996: 803-840; Lucien Karpik, "L'économie de la qualité," *Revue française de sociologie* 30(2), 1989: 187-210; Harrison C. White, *Markets from Networks* (Princeton: Princeton University Press, 2001) 6-9.

36　Richard Caves, *Creative Industries: Contracts between Art and Commerce* (Cambridge, MA: Harvard University Press, 2001) 3.

37　Arthur De Vany, *Hollywood Economics: How Extreme Uncertainty Shapes the Film Industry* (London: Routledge, 2004) 206.

38　Patrick Chaskiel, "Commentaires et débat," in Pascal Petit, ed., *L'économie de l'information: Les enseignements des theories économiques* (Paris: Editions La Découverte, 1998) 69.

39　Alan Kirman, "Information and Price," in Pascal Petit, ed., *Economics and Information* (Dordrecht: Kluwer Academic Publishers, 2001) 61-82.

40　Domimique Foray, *The Economics of Knowledge* (Cambridge, MA: MIT Press, 2001) 3-5; Armand Hatchuel, "De l'information à la connaissance," in Pascal Petit ed., *L'économie de l'information: Les enseignements des theories économiques* (Dordrecht: Kluwer Academic Publishers, 2001) 396-400.

41　Jens Beckert, "Economic Sociology and Embeddedness: How Shall We Conceptualize Economic Action?" *Journal of Economic Issues* 37(3), 2003: 769-787.

42　Oliver E. Williamson, "Calculativeness, Trust and Economic Organization," *Journal of Law & Economics* 36, 1993: 474.

43　Oliver E. Williamson, "Calculativeness, Trust and Economic Organization," 464.

44　Hannah Arendt, *Lectures on Kant's Political Philosophy*, ed. Ronald Beiner (Chicago: University of Chicago Press, 1982) 65.

45　Hannah Arendt, 105.

46　Hannah Arendt, 64.

47　Erving Goffman, *Frame Analysis: An Essay on the Organization of Experience* (New York: Harper & Row, 1974).

48　Michel de Certeau, *L'invention du quotidien, vol. 1: Arts de faire*, Series 10/18 (Paris: Union Générale d'Éditions, c1980) 15. 對於作者而言，該術語繞過了描述和理論化，使我們有可能將實踐視為「一種納入行為方式的思維方式」。

譯註

i　飛地是指某個國家境內有一處隸屬於他國管轄的地理區域，作者用飛地一詞形容科普托夫認為文化（奇點）與貨品處於對立地位，文化處於受到國家保護的領域中，當經過「去資格化」的過程則成為可供交易的貨品。

ii　在二手車市場中，（以檸檬譬喻）車輛的品質參差不齊，賣方因為知悉車輛的缺陷（而可能隱匿資訊不告知），或是考量存在隱藏的缺陷風險，而採用較低的平均價格出售。對於潛在買方而言，因為資訊不對稱，不確定車輛品質，只願意以低價購買。然而優質汽車的賣方不願意以低價出售，所以難以成交。此種情況造成「劣勝優汰」的現象，二手車市場逐漸充斥劣質車輛，買方越來越難買到品質良好的二手車，而降低購買意願，最終導致市場「崩潰」。

參考書目

Akerlof, George A. "The Market for Lemons: Quality Uncertainty and the Market Mechanism." *Quarterly Journal of Economics* 84, 1970: 488-500.

Alpers, Svetlana. *Rembrandt's Enterprise: The Studio and the Market*. Chicago: University of Chicago Press, 1988.

Arendt, Hannah. *Lectures on Kant's Political Philosophy*. Ronald Beiner, ed. Chicago: University of Chicago Press, 1982.

Beckert, Jens. "Economic Sociology and Embeddedness: How Shall We Conceptualize Economic Action?" *Journal of Economic Issues* 37(3), 2003: 769-787.

Beckert, Jens. "What is Sociological about Economic Sociology? Uncertainty and the Embeddedness of Economic Action." *Theory and Society* 25, 1996: 803-840.

Benjamin, Walter. "The Work of Art in the Age of Mechanical Reproduction." UCLA School of Theater, Film, and Television; transcribed by Andy Blunden 1998; proofed and corrected Feb. 2005. [on line] http://www.marxists.org/reference/subject/philosophy/works/ge/benjamin.htm.

Bessy, Christian and Francis Chateauraynaud. *Experts et faussaires: Pour une sociologie de la perception.* Paris: Métailié, 1995.

Caves, Richard. *Creative Industries: Contracts between Art and Commerce.* Cambridge, MA: Harvard University Press, 2001.

Chamberlin, Edward H. *The Theory of Monopolistic Competition: A Re-orientation of the Theory of Value.* Cambridge, MA: Harvard University Press, 1933[1969].

Chandler, Alfred D. *Strategy and Structure.* Cambridge, MA: MIT Press, 1962.

Chandler, Alfred D. *The Invisible Hand: The Managerial Revolution in American Business.* Cambridge, MA: Harvard University Press, 1977.

Chang, E. Ruth, ed. *Incommensurability, Incomparability, and Practical Reason.* Cambridge, MA: Harvard University Press 1997.

Combris, Pierre, Sebastein Lecocq and Michael Visser. "Estimation of a Hedonic Price Equation for Burgundy Wine." *Applied Economics* 32, 2000: 961-967.

Darby, Michael and Edi Karni. "Free Competition and the Optimal Amount of Fraud." *Journal of Law and Economics* 16, 1973: 69.

De Bandt, Jacques and Jean Gadrey, eds. *Relations de service, marches de services.* Paris: Editions du CNRS, 1994. 17, 11-41.

De Certeau, Michel. *L'invention au quotidien, vol. 1, Arts de faire*, Series 10/18. Paris: Union Générale d'Éditions, c1980.

De Vany, Arthur. *Hollywood Economics: How Extreme Uncertainty Shapes the Film Industry.* London: Routledge, 2004.

Dray, Dominique. *Une nouvelle figure de la pénalité: La décision correctionelle en temps réelle.* Paris: Mission de la recherche, 2000.

Dubuisson-Quellier, Sophie and Jean Philippe Neuville, eds. *Juger pour échanger: La construction sociale de l'accord sur la qualité dans une économie des jugements individuals.* Paris: Editions de la Maison des Sciences de l'Homme & INRA, 2003.

Dupuy, Jean Pierre, Francois Eymard-Duvernay, Oliver Favereau, Andre Orléan, Robert Salais, and Laurent Thévenot. "L'économie des conventions." *Revue économique* (2 May 1989).

Espeland, Wendy N. and Mitchell L. Stevens. "Commensuration as a Social Process." *Annual Review of*

Sociology 24, 1998: 313-343.

Foray, Dominique. *The Economics of Knowledge*. Cambridge, MA: MIT Press, 2001.

Goffman, Erving. *Frame Analysis: An Essay on the Organization of Experience*. New York: Harper & Row, 1974.

Gravel, Nicolas, Michael Martinez, and Alain Trannoy. "L'approche hédonique du marché immobilier." *Études foncières* 78, 1998: 14-18.

Gravel, Nicolas, Michael Martinez, and Alain Trannoy. "Une approche hédonique du marché des logements." *Études foncières* 74, 1997: 16-20.

Hirshleifer, Jack and John G. Riley. "The Analytics of Uncertainty and Information: An Expository Survey." *Journal of Economic Literature* 17(4), 1979: 1375-1421.

Hotelling, Harold. "Stability in Competition." *Economic Journal* 39, 1929: 41-57.

Karpik, Lucien. *French Lawyers: A Study in Collective Action 1274-1994*, trans. Nora Scott. Oxford: Oxford University Press, 1999.

Karpik, Lucien. "L'économie de la qualité." *Revue française de sociologie* 30(2), 1989: 187-210.

Karpik, Lucien. "La confiance: réalité ou illusion. Examen critique d'une analyse de Williamson." *Revue économique* 1, 1997: 1043-1056.

Knight, Frank H. *Risk, Uncertainty and Profit*. Boston: Houghton Mifflin, 1921, 1956.

Kopytoff, Igor. "The Cultural Biography of Things: Commoditization as Process." In Arjun Appadurai, ed. *The Social Life of Things: Commodities in Cultural Perspective*. Cambridge: Cambridge University Press, 1986. 64-91.

Lancaster, Kelvin. "A New Approach to Consumer Theory." *Journal of Political Economy* 74, 1966: 132-157.

Lancaster, Kelvin. ed. *Modern Consumer Theory*. Aldershot, UK: Edward Elgar, 1990.

LeRoy, Stephen and Larry D. Singell. "Knight on Risk and Uncertainty." *The Journal of Political Economy* 95(2), 1987: 394-406.

Marx, Karl. *The Poverty of Philosophy*, trans. Institute of Marxism Leninism. Moscow: Progress Publishers, 1955, [on line] http://www.marxists.org/archive/marx/works/1847/povertyphilosophy/index.htm

Marx, Karl. "Money, or the Circulation of Commodities," chap. 3 in *Capital*, vol. 1, trans. S. Moore and E. Aveling, ed. F. Engels. Moscow: Progress Publishers, n.d., Marx and Engels Internet Archive, [on line] http://www.marxists.org/archive/marx/works/1867-c1/ch03.htm

Moine, Isabelle. *Les choses hors commerce*. Paris: LGDJ, 1997.

Moulin, Raymonde. *The French Art Market: A Sociological Perspective*. New Brunswick, NJ: Rutgers University Press, 1988.

Moureau, Nathalie and Dorothee Rivaud-Danset. *L'incertitude dans les théories économiques*. Paris: La Découverte, 2004.

Nelson, Phillip. "Comments on the Economics of Consumer Information Acquisition." *The Journal of*

Business 53, 1980: 164-165.

Nelson, Phillip. "Information and Consumer Behaviour." *Journal of Political Economy* 78(2) 1970: 311-329; "Advertising as Information." *Journal of Political Economy* 81, 1974: 729-754.

Perleman, Chaim. *Logique juridique: Nouvelle rhétorique.* Paris: Dalloz, 1976.

Petit, Pascal, ed. *Economics and Information.* Dordrecht: Kluwer Academic Publishers, 2001.

Petit, Pascal, ed. *L'économie de l'information: Les enseignements des theories économiques.* Paris: Editions La Découverte, 1998.

Piore, Michael and Charles F. Sabel. *The Second Industrial Divide: Possibilities for Prosperity.* New York: Basic Books, 1984.

Polanyi, Karl, Conard Arensberg, and Harry W. Pearson, eds. *Trade and Market in the Early Empires.* New York: Free Press, 1957.

Porter, Theodore M. *Trust in Numbers: The Pursuit of Objectivity in Science and Public Life.* Princeton: Princeton University Press, 1995.

Povinelli, Elizabeth A. "Radical Worlds: The Anthropology of Incommensurability and Inconceivability." *Annual Review Anthropology* 30, 2001: 319-334.

Simmel, Georg. *The Philosophy of Money*, 3rd Edition. New York: Routledge, 2004.

Stigler, George. "The Economics of Information," *Journal of Political Economy* 69, 1961: 213-225.

Stiglitz, Joseph. "The Contributions of the Economics of Information to Twentieth Century Economics." *The Quarterly Journal of Economics* 115(4), Nov. 2000: 1461.

Stiglitz, Joseph. "The Cause and Consequence of the Dependence of Quality on Price." *Journal of Economic Literature* 25, 1987: 2.

Streeck, Wolfgang. "On the Institutional Conditions of Diversified Quality Production." In Egon Matzner and Wolfgang Streeck, eds. *Beyond Keynesianism: The Socioeconomics of Production and Full Employment.* Brookfield, VT: Edward Elgar, 1991.

Tirole, Jean. *The Theory of Industrial Organization.* Cambridge, MA: MIT Press, 1988.

Walras, Leon. *Elements of Pure Economics: Or, the Theory of Social Wealth.* London: Routledge, 1988, 2003.

Walzer, Michael. *Spheres of Justice: A Defense of Pluralism and Equality.* New York: Basic Books, 1983.

Weber, Max. *The Protestant Ethic and the Spirit of Capitalism*, trans. P. Baehr and G. C. Wells. London: Penguin Books, 2002.

White, Harrison C. *Markets from Networks.* Princeton: Princeton University Press, 2001.

Williamson, Oliver E. "Calculativeness, Trust and Economic Organization." *Journal of Law & Economics* 36, Apr. 1993: 453- 486.

Williamson, Oliver E. "The Economics of Organization: The Transaction Cost Approach." *American Journal of Sociology* 87, 1981: 554.

CHAPTER 2

商品意義與市場
品質不確定性與價值構建的主體間性

Jens Beckert　著
劉義菡　譯

一、前言

　　現今有的許多商品，細究其品質，往往不是由產品固有的內在屬性或意涵，而是由人對他人意圖的推測與判定的主體間性決定的。這給市場理論研究提出了一道重要而有趣的難題。對品質主體間性判斷的認知，可以增進我們對市場偏好走向和價格形成的理解，也可以解釋市場上可觀察到的一些重要的制度與成規。

　　在許多市場中，價格的形成幾乎都不是基於產品固有的內在品質。例如，葡萄美酒、流行時尚、文化創意、體育賽事或觀光旅遊等，這樣的消費市場，對價值的判斷很大程度上取決於其蘊含的象徵性的寓意。還有其他領域，如：名牌汽車、智慧手機或房地產等市場則更為複雜，因為產品的價值固然體現在材料的質地上，但在很大程度上，更體現在表徵意涵上。如果不能從產品構成的物質性（materiality）來理解品質，那麼無論是賣方還是買方，都不能藉由審視產品的「固有特性」（intrinsic characteristic），並拿這些特性來與其他同類產品進行比較，以做最終的價格論定。然而，這類象徵性商品在市場上銷售的價格普遍要高，甚至它們與一些實質性訴求的商品比較起來，在構成材料方面非常近似，但價格卻高出一大截。還有其他的一些市場領域，產品價值取決於未來的發展。但未來的發展是個充滿不確定的未知數，眼前根本無從判斷產品價值。這適用於所有資本操作和金融市場領域，儘管未來的投資結果存在不確定性，但參與者仍需要在當下做出決策。

　　如果商品的固有特性是確定其價值的唯一方法，那這些市場中的不確定性就會高漲，從而導致市場需求降低或者需求的隨機性提升。因此，會導致這些產品

的市場表現不佳，因為將無法對價格差異進行明確的計算，不確定性也將處於超載的狀態。為了解這些產品的價格，我們必須看市場行為人（actor）或是參與者，是如何評估它們的品質的。我認為，市場參與者對品質的評估是社會性的：這個評估是在參與者主體間互動的過程中形成的，並且在形成的過程中伴隨發展出對應的社會典章成規。我將這稱之為「意義中的市場」（markets from meaning）模型（以下簡稱「意義市場」）。

本文的目的在於：論證價值與價格理論的社會學貢獻。藝術市場通常是被用來驗證這些論述範式的絕佳領域。選擇這個市場並不是因為它的經濟重要性，而是因為它具備了許多鮮明的運作機制。在文章的後半部分，本文將焦點轉到資本投資和金融市場上的運作，這些運作將未來可能引發的不確定性帶入我們關注的視野中。

二、藝術作為模型的範例

（一）藝術市場

2004年，倫敦的薩奇藝廊（Saatchi Gallery）向一位藝術收藏家出售了一隻保存在甲醛中的虎鯊，市場估價為八百萬美元。購買這件由英國藝術家達米恩・赫斯特（Damien Hirst）於1991年創作的作品，這只是市場上眾多價格高昂的藝術品的一個例子。很明顯，八百萬美元的價格並不是以這件作品的製作成本來制定的，藝術家估計這件藝術品的製作成本僅為五萬美元。[1]

藝術品市場並不是一個由資訊不對稱而造成品質不確定性的案例。在喬治・阿克洛夫提出的「檸檬市場」（market for lemons）模型中，關於產品內在品質的資訊不對稱分布導致了市場的失靈，因為購買者只願意為一般水準（平均品質）的商品買單，導致銷售商將超乎一般水準（高於平均水準品質）的產品撤出市場，從而造成市場裡產品品質的螺旋式惡化。[2] 在檸檬市場，產品品質可以進行客觀地評價和判斷，因為品質是商品的固有屬性（固有特質）；但不確定性是一個涉及到資訊透明與分享的問題。在一些其他的市場當中也一樣，例如生活用品、電腦硬體、建築材料，以及更廣泛的市場領域：以技術性能或功能實效為價值的產品市場，

可以透過精密科學的手段來客觀地檢驗，並建立起一套具公信力的認定。這種區分是一種分析性的區分。在許多市場中，表徵符號品質和固有的物質產品品質在價值評估中結合在一起。一個例子是汽車市場，品牌不僅因其技術上優越的品質而受到重視，也因其表徵而受到重視。品牌的形象是市場參與者對產品進行主體間意見構成的結果。專家通常對實際物質差異有更好的理解，使消費者容易受到基於符號價值的行銷策略的影響。然而，藝術品市場的不確定性是不同的。賣家和買家可能已經掌握了有關這件作品所有內在品質的全部資訊，包括尺寸、所用材料、製作時間、描述、修復狀態和藝術家的評述等等，然而他們可能還是無法去評估這件藝術品的價值，或是說「所值」。

　　因此，藝術品市場的不確定性，藝術品價值的驗定與其本身內在屬性，可以說是相對分立的兩回事。[3] 這種現象源於品質的非物質性，並且，我們可以假設，這也是公眾輿論對赫斯特鯊魚（Hirst's Shark）交易感到困惑甚至不滿的根源。對任何局外人來說，藝術品市場的價格是完全不透明的。如此高的價格，或者說藝術市場上對任意藝術品的出價，他們的根據到底是什麼呢？

　　試想一下，你在一家專營不同藝術作品的拍賣行，我們假設拍賣行不會提供藝術品的估價訊息。你得找機會去對每件排定標售的藝術品仔細檢驗，之後，你要對它們一一出價。在這種情況下，任何這一領域的非專業人士都全然不知所措：如果真的出價，與那些高價競拍賣出的藝術品比較起來，通常來說價格是隨機且較低的。[4] 如果只考慮藝術品的內在特質，那麼某些特有藝術品的高價，和眾多藝術家的作品價格在市場上有著巨大差異，都是不合理的。不確定性在這裡的作用是巨大的。若只考慮藝術品的內在特質，那麼藝術品市場將會失靈，它目前創造的驚人收益將會消失。

（二）市場領域

　　在藝術市場中，品質的屬性是一種主體間相互的判斷和認知，它是伴隨市場中的行為人對藝術作品的驗證而生的，不是獨立存在的。市場行為人之間的互動使得藝術家及其創作的美學意義得到彰顯，其作品的價值得到廣泛的驗定。並且這種彰顯與驗定的結果也為價格的合理性提供了保障。[5]

品質是市場上各方參與者對藝術作品間互驗定的結果。這些眾多的參與者，不僅僅是買家（博物館機構、私人收藏家、投機掮客）和賣家（藝術家、藝廊、拍賣商），還包括中間人，尤其是展覽策展人、教育機構、投資顧問、藝術史學家、獎酬評審、媒體記者和保護已故藝術家作品的基金會。任何在市場上被認為與藝術品質判斷相關的參與者都可以加入到這個名單中。這些源自各方的參與者將他們的行動導向彼此，交織成一個通稱的「場域」（field）。[6]

在這個場域中，各方參與者透過話語、文字和行動來驗定藝術家，並用這種方式為藝術作品，還有他們自己爭取一席（權力）之地：評論藝術家、購買藝術品、為藝術品定價、將它們納入私藏中、企畫專題展出、向潛在買家兜售、在媒體上宣傳、在藝術史的脈絡下為藝術品定位、授予藝術家文憑或獎賞等等。藝術的場域是由一個敘事組成的網絡（narrative web），這個網絡匯聚了四面八方、觀點紛雜的論斷說詞。

市場參與者會相互觀察對方的論斷說詞。觀察的考量是基於藝術品的美學價值、欣賞價值、升值潛能，這三個面向。藝術收藏家、藝廊畫商、展覽策展人、藝評記者等，都是透過觀察該領域其他參與者的判斷，來形成他們自己的價值觀。該模型假設了一個過程，在這個過程中，品質驗定會受到他人論斷結果的影響，即受「二次度觀察」的影響。[7] 收藏家通常會觀察其他收藏家和展覽策展人的舉措，同時持續關注特定藝術作品的價格走勢，已出版上市的有關書籍，以及涉及到相關藝術家的文章和報導。藝廊畫商則通常會緊盯藝術作品風格與主題的演化，關注其他畫廊、媒體對藝術活動的報導與拍賣表現，博物館和收藏家對特定藝術家的興趣程度，藝術博覽會上的關注程度與討論頻率、拍賣成績等。這些評估反過來又有助於其他市場參與者的論斷。評估品質在這個「領域」裡進行的是一個「反射鏡的遊戲」（a game of reflecting mirrors）。[8] 這與約翰・戴維斯（John Davis）提出的「間互主體性」（intersubjectivity）概念很接近。[9]

並非所有參與者在「領域」裡都擁有同樣的權重或分量。正在進行的評估或多或少地都會影響其他參與者的判斷，但這取決於發聲者的可信程度（credibility）。發聲者的可信程度是建立在其名譽（地位）和社經權力基礎上的。權力將領域進行了結構化的等級劃分。因此，品質評估也取決於做出相應判斷的參與者的地位等

級。而參與者的地位是從他在過往歷史「正確判斷」的實證中積累的，這實際上也對他人的判斷形成了一定的影響。

在講求權力競逐的藝術領域中，地位這個角色是很容易識別和確定的：在當地一個不知名畫廊展出的作品，與入選在德國卡塞爾當代藝術展（Kassel Documenta, Germany）或義大利威尼斯雙年展（Venice Biennale, Italy）上展出的藝術品相比較，兩者給予市場大眾的信號強度是不一樣的。由一個基本上不知名的畫廊代理，和由像賴瑞‧高古軒（Larry Gagosian）這樣的國際知名畫廊代理，這在藝術領域引起的關注是不能等同並論的。被一個不知名的收藏家收購的作品，和被一個著名美術館典藏的作品，這引起的輿論迴響也有天壤之別。地位的奠定源於早期在市場上的參與程度，可以看作是一種以積澱為基礎的制度化形式。地位反映了象徵性的資本。從行為學的角度來看，地位可以被解釋為是一種啟發式的（heuristic），[10] 即是處理藝術品的不確定性，參與者是基於他們對發聲者（訊息來源）的地位高低；也可以說，這些地位被市場參與者視為是論斷品質可信的資訊。

金錢的權力和力量也與該領域的評估有關。有能力並且有意願以給定的價格購買一件特定的藝術品，也為藝術品從先前「宣稱的價值」轉化為「市場具體價格」提供了實證。較高的銷售價格其本身就被視為是高品質的表徵和信號，繼而進一步回饋到價值評估當中。金錢的權力和力量通常是其背後經濟資本的一種反射。

在這個領域裡，一個參與者的品質評議是由觀察到的其他參與者的論斷（包括話語和討論），以及這些參與者的地位和權力所傳達的權重來決定的。從這個意義上說，對品質評估也反映了藝術領域的層次結構。[11]

基於對判斷和認定的交互觀察，參與者在對藝術家的評價中，由多元分歧逐漸鑄融出一些特定的趨同認知。因為這些評估在藝術領域裡都是作為一種「敘事」（narrative）來分享的，因此融合的美學共識就出現了。賀伯特‧布魯默（Herbert Blumer）在談到時尚時說道：「由於對這個世界具有強烈的沉浸感，購買者們逐漸形成了近似敏感度和鑑賞力。」[12] 於是這些購買者（經濟行動者）形成了共同感知，一種「集體信念」。參照路德維克‧弗萊克（Ludwik Fleck）關於集體性思想的概念，我們可以說「集體驗定」正是透過（部分）趨同認知，降低了品質不確定性，並產生了購買行動。[13] 逐漸形成的共識可以被視為一種「中觀層次的社會秩序」（meso-level social order），在這種秩序中，參與者（可以是個人或集體）就涉入藝術領域的目的，與領域內其他人的關係（包括誰擁有權利以及為什麼擁有權利），和對領域內成規法則等等，有著共通理解（但不是協商一致）的基礎上，彼此參照和互動。[14]

但並非所有參與者的認定都能達成一致。事實上，這種對藝術價值形成完全共識的情況是非常特殊的，在藝術市場上，只有少數藝術家可以達到，例如卡拉瓦喬（Michelangelo Merisi da Caravaggio）、畢卡索（Pablo Ruiz Picasso）、杜尚（Marcel Duchamp）、馬諦斯（Henri Matisse）等等，已經完全融入了藝術史的經典行列之中。即使在這種情況下，對藝術品的論斷也常有隨著時間推移而改變的，像在藝術史發展過程中，對卡拉瓦喬作品的認定起伏就可說明這一點。

鑑於評估品質沒有客觀的依據，在藝術領域中的意見無法達成完全的一致也就不足為奇了。但降低不確定性其實只需一些參與者（主要的行動者），相互就品質的論斷達成共識即可。每個節點（藝術家）由不同的參與者進行觀察，他們各自在這一領域中盤據著不同的位置。這些參與者的評估也反映了他們在市場中的地位；他們的興趣、價值觀和品味；以及他們關注的內容等等。這種論斷的差異是對藝術品質和市場動態產生新穎看法的可能基礎。正是透過這些差異，新的觀點才得以出現。[15] 評估是具有偶然性的、有爭議性的和有變異性的。從投資的角度來看，品質論斷過程中的不同意見也是市場利潤的必要條件：如果每個人都對特定產品價值持有相同的認定和意見，則買家將會陷入「贏家的詛咒」（winner's curse），並且購買後也賺不到什麼利潤。[16]

由於對品質的評斷是有差異性和多元性的，個體在論斷作品的藝術價值或投資價值時，需要形成一個獨特自主的立場。這個立場與藝術領域中進行的藝術品估價與品質驗定是遙相呼應的，並且隨著那些驗定進展而調整改變。因此，儘管大部分藝術品是被個人收藏或持有，但對藝術價值的驗定從來都不是一件個人主義的事情。在任意領域中對產品的品質評估發生變化，在其他條件相同的情況下（至少在總體上是這樣的），市場的偏好也會相應發生變化，藝術品的價格也是如此。作品被高社經地位的權貴收藏，獲邀在知名的美術館展出，受媒體關注度的增加，或是作品在拍賣會上開出了天價等等，都是可能導致藝術品價值驗定產生變化的事例。這些事例都被拿來推定，某件藝術品價值高於市場其他作品的指

標性信號。與此同時，藝術家們在該領域的地位需要不斷地被重新確認，否則，藝術家在該領域的地位就會下降。偏好的變化是透過主體間對品質的評估而內生的，而這種評估的獲得得益於參與者之間的相互觀察。

參與者作為一個行動者，對藝術家做出的論斷，自己在領域內地位的起伏，都有賴自己在領域中競逐爭取。參與者也以競爭的姿態試圖影響其他參與大眾信服自己的論定，能否成功，這關係著自己未來的地位分量與金錢收益。在藝術領域中，參與者所處的位階高低的不同，對其影響力變化的配比也不盡相同。隨著新的創作者和新的藝術風潮的產生、新進收藏家的進入以及仲介機構（如藝廊畫商、藝術評論家）的退出等等，促使領域內的「液態流動性」（fluidity）應運而生，這不僅為新的行動者進入這一領域提供了空間，也為新的位階層級轉變創造了機會。透過這些事件，市場正在不斷地發生變化，這也符合市場的一般運作模式（modus operandi）。

（三）意義市場模型

參與者主體間的論述實踐，以及敘事描述為藝術作品注入了意義分享的論見，這些論見不僅減少了作品在市場中的不確定性，還形塑了一種對作品共享的認知。這種感知反映了藝術作品所擁有的欣賞價值。價值反映的是對市場上流傳有關作品品質的主體間的解讀；它是指市場參與大眾對特定藝術品的品質評定，以及他們願意為藝術作品支付一定數額金錢的意願（即使他們沒有實際購買）。價格是市場運作的產物，它是在品質評估、價值分配、購買力、交易成本和市場競爭結構等，各種市場因素的交織影響下產生的。（見圖2-1）

藝術家在市場上的地位高低，是就其所有創作產出，統整評斷而定的。市場參與者透過不同形式的溝通，參照各方的觀點而做出的認定，並且將這個認定納編到自己的世界觀裡。每個市場參與者認定的權重取決於他與所擁有的權力資源。與檸檬市場模型不同，最終構成藝術品品質的不是其所具有的內在特徵，相反，品質在這裡具有一定的歸因屬性。品質論斷的任何變化都會強化或削弱藝術家在該領域的地位。從實用主義的角度來看，對藝術家的總體評價就是「廣義的他者」（generalized other）[17]，它決定了藝術品的終極品質與藝術家的身價。

市場中對品質的評估體現了市場參與者對藝術品的個人論斷和價值賦予。支

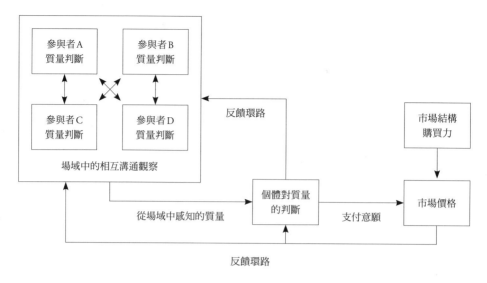

圖2-1　意義中的市場模型與價格形成

付意願也會隨著品質評估的變化而變化。藝術品最終的價格會透過市場機制，結合當下的評價、市場競爭結構與購買力等等因素，共同決定。當市場價格被視為是品質高低的判斷標準時，也會反過來對品質的評估判斷產生影響（回饋環路）。因此，品質、價值和價格是「互動中的自我」（selves in interaction）的產物。[18]

　　對於品質並不取決於內在特徵的產品來說，品質評估過程與內生偏好（endogenous preferences）有關。內生偏好意味著偏好不是外部給予的和穩定的，而是會受到政策或制度的影響。[19] 雖然內生偏好理論側重於制度和文化語境，但在這裡我們更多關注的是，透過藝術領域中主體間意見和論述參與實現意義語境的創造。個人的意圖的形成受其所屬群體的集體意圖的影響。意義市場模型也涉及相互依存的效用函數的概念。[20] 然而，它並沒有強調商品分配對個體效用的影響，像地位性財貨（positional goods）那樣，而是強調商品品質評估的相互依存關係。

三、機構與制度化的機制

　　在意義市場模型中，就像在檸檬市場一樣，品質評估是透過制度和機制來穩

定的。但這些制度往往是不盡相同的。正如阿克洛夫所說，由協力廠商施行的制度和機制可以抑制由資訊不對稱導致的市場失靈。在消費市場當中，產品的保修是最為突出的例子。這些制度和機制的作用是建立信任，也就是說，獲取資訊較少的一方相信不會被資訊較多的一方欺騙。[21]

從意義市場模型來看，這些制度和機制在市場中的作用其實是有限的。它們對於解決市場上的資訊問題非常重要，在藝術品市場上，涉及到資訊問題是出售的藝術品的真實性。買家必須要能夠相信藝術品是正品而非贗品才會購買。這種信任是在制度完善的基礎上產生的，比如說，買家會透過藝術領域內公認的權威機構的專業報告，和公開透明的血緣認證（provenance）來驗證藝術品。這些專家通常會使用統一的制度化的範式。如果一件藝術品不是正品，即不是賣家聲稱的藝術家的原作，買家可以在法律制度中進行訴訟。信任機制保護買家免受欺矇。真實性（authenticity）確實是一個資訊問題，但這類問題並不足以解釋為什麼那些已經被確認為藝術正品，他們相互之間會有這麼巨大的價格差異。

從意義市場模型來看，市場中的制度和機制主要不是為了產生信任，而是為了產生信心。信心是對所謂產品品質描述的可信度的信任程度。透過建立對眾多市場參與者的信心，「敘事」就成了一種慣例。從這個意義上說，藝術家的聲譽其實是制度化的。像卡塞爾這樣著名的當代藝術展，儘管並沒有任何法律條文規定，一件藝術品受邀在這裡展出就會有如何的光環加持，然而如今這個盛會在藝術領域展現的聲譽，可以說是一種域內俗成的、制度化了的。雖然隨著時間的推移，該盛會的聲譽可能會有起伏，但目前市場參與者評斷一位藝術家的創作品質時，對他的「作品曾入選卡塞爾當代藝術展」這個信號，是毫不質疑採信的。博物館也是如此，例如紐約現代美術館（Museum of Modern Art, MoMa）；畫廊，例如白立方（White Cube）；藝術評獎，例如透納獎（Turner Prize）；藝評家，例如克萊門特‧格林伯格（Clement Greenberg）等等，都是如此。這些「評價機制」（judgement devices）是根深蒂固的。這種根深蒂固源於時日歲月的積澱，並在積澱過程中產生了對品質評估的信心，繼而在降低了不確定性的同時，還增加了買家的購買意願。不過這也表明，藝術作品的品質問題是無法進行法律框定的。這種慣例的影響是透過行為的錨定效應（anchoring）來實現的。[22]

信心增強的制度化也是透過構成「如何去做」的規則慣例來實現的。例如，在初級藝術市場，藝術家作品的價格會隨著作品的大小和類型（如繪畫、雕塑）而變化，較大的作品價格更高，油畫的價格也比普通素描和繪畫的價格高。這個儘管個別作品之間存在品質差異，但這些制度化慣例確實減少了市場中的不確定性。[23]

　　品質評估的進一步制度化是透過估算手段來實現的。像「Artprice」這樣的資料庫（artprice.com），允許大家觀察藝術家拍賣價格的發展，並以此對藝術家進行排名，這些排名可以識別「被低估」和「被高估」的藝術家，從而基於以往交易情況為未來的購買決策提供指引。這些市場上傳統使用的估算機制，通常用來判斷藝術品的市場價格，並為特定交易價格的合法性提供信心或者對不合理的價格進行批判。

四、在投資市場上的應用

　　像當代藝術市場這樣的研究範例可以很容易地延伸其他的市場分析中，尤其是那些產品價值以審美或道德標準為衡量基準的市場，例如葡萄酒市場、時尚市場、古董市場、咖啡市場、清真食品市場（halal food）、公平貿易產品市場（free trade products）和旅遊目的地市場等。如果我們將這些市場理解為消費者導向的，那麼它的價值並非取決於它在未來能創造多少預期的利潤，而是它能夠滿足消費者什麼樣程度的需求。有時候，不確定性並非是源於資訊的不對稱，而是源於沒有對品質的概念進行明確定義。

　　這些市場與藝術品市場的相似之處在這裡將不再描述，本文接下來的部分將重點關注資本投資和金融市場，以表明該模型在分析品質不確定性方面的相關性遠遠超出了審美和道德的判斷範疇。

　　與評估審美或道德品質的案例類似，投資和金融投機具有品質不確定性的特點，這一點在阿克洛夫模型中沒有被涵蓋到。然而，與上述消費市場相比，這種不確定性的來源有所不同。造成這種情況的原因不是由是否對品質進行明確定義和判斷引起的，而是根本不可能清晰地知道投資之後的盈利能力。因此，不確定性在這裡和開放性以及未來不可預測性有關。

（一）資本投資

通常來說，對公司和金融資產的投資是以保值和增價為目的的。這是所有投資決策行為在不同程度上所固有的屬性，風險投資可以很好地說明這一點。許多尋求風險投資的公司通常沒有開發出完整的產品，由於產品所具有的新穎性和獨特性，產品的發展前景和市場接受程度都是無法預測的。儘管風險投資者盡可能精確地計算投資結果（未來回報），以確定該投資行為的盈利能力，但這些數字受個人假設和判斷的限制，因此具有較強的內在主觀性。投資之後對現金流產生的影響和產品未來具有的風險也無從可知。由於無法精準的計算未來收益（即投資品質），因此很難確定投資決策在未來可以帶來多少價值。因此，決策在這裡更加依賴於個人的認定或想法，更準確地說，取決於對該認定或想法的信任程度。從凱恩斯學派（Keynesian）的角度來看，資本資產的價格隨著投資者樂觀或悲觀的心態而變化。價格來源於「心理預期的變化，透過市場對現有資產的貨幣價格不斷重估而產生的價格」。[24] 然而，這些心理預期不是個體行為，而是由領域內各主體間意見的互動創造的，因此具有社會屬性。心理預期值的主體間互建構過程（品質評估）可以用「意義上的市場」模型來描述。

儘管風險投資公司承認大多數投資行為都會失敗，但他們仍然試圖找出那些能夠獲取利潤的投資機會。他們通常不會隨意地採取投資行為。那麼他們如何評價投資的品質呢？

企業家們會向潛在的投資者展示他們的商業計畫和公司願景，並且接受潛在投資者的回饋和質疑。他們透過令人信服的系列敘事來呈現公司未來可觀的盈利能力。這一系列敘事體現在他們提供的商業計畫書中，並佐以詳盡未來能夠獲利回報的資料，加上數字精算來證明投資的盈利可能。然而，鑑於未來結果的不確定性，他們所顯示的數字其實是在對未來狀況不可證實的假設上提出的。它們的作用是，藉由在企業家和投資者群體中，通用信實的精算工具來建立投資者對專案計畫的信心。然而，數字本身並不能促使投資者立刻做出決策。此外，企業家對投資計畫描述的可信度，還取決於企業家在描述過程中展現的個人魅力和激情，以及良好的人際社交關係。對一項投資計畫預期回報的評估以「嵌入式敘事」（narrative embedding）為基礎，[25] 其中包括數字、預期前景，以及對該領域內其他

參與者反應的觀察。其他潛在投資者會觀察到一些事件，比如某個高地位對沖基金的投資行為，或者某位有影響力的分析師發表了投資報告，這些事件在投資敘事當中都被視為一種品質信號，給予投資者做出投資決策的信心。

從更廣泛的角度來看，一項投資的盈利能力是透過包括顧問、科學家、會計師、媒體、經濟學家、分析師、投資銀行家、經理、企業家和資本客戶等，在內的參與者匯聚而成的。這些參與者經由將計畫案未來發展的預期折現為現值來評估投資的價值。品質評估在結合數學計算、會計準則和實證資料的基礎上，從虛構的變為一種敘事。與藝術市場一樣，評估在市場中不斷地上下浮動，參與者也會在反射鏡系統中不停地相互觀察。

在這些主體間意見形成的過程中，參與者透過對他人的評述進行分析，並根據自己的想法調整自己的期望，從而對自己設想中未來的收益充滿信心。在實際過程中，品質，換言之，是透過對預期收益和相關風險的評述而構成的。與藝術品市場一樣，參與者們對某個特定投資機會的盈利能力的看法並不完全一致。因此，評估也不盡相同。造成這種情況的原因主要源於資訊的零碎分散。這種對未來機會評估的差異是投資市場發揮作用的先決條件：如果所有投資者都看到同樣的前景，可獲利的空間就會非常狹小。

投資專案的評估也是社會關係的結果，因為評估取決於該領域的權力結構，即取決於不同參與者相對的社經地位。風險投資機構會相互觀察該領域內其他公司的任何舉動，一個具有較高地位的投資公司的投資行動會被其他公司視為可以跟進的信號。因為對於投資盈利能力的設想具有分配效應，因此，對這個專案感興趣的參與者可能會試圖在特定的設想中動員其他有意者參與其中，或者甩開其他同道獨自行動。這些投資公司所具有的象徵性和經濟資本決定了他們在投資決策方面的有效性與影響力。

商業計畫、資本預算和周詳的調查驗證等，這些慣常程序是用來建立對投資商品預期成效的信心。它們之所以相關，不是因為它們可以預見未來的投資結果，而是因為它們是投資的專業群體中的共同遵循的制度化工具，有助於應對未來的不確定性，也有助於建立投資信心。

(二)金融投機

　　與藝術品市場和資本投資一樣，金融市場的特點是產品品質的不確定性。在金融市場中，金融產品的品質取決於未來的收入流、波動性和投資期結束時的證券市場價格。因此，決定金融產品品質的要素在這裡是有著明確定義的，金融產品的價值和價格也直接隨著市場對產品的感知而波動。然而，與資本投資一樣，其所具有的未來可能性也使得投資者無法提前預知哪種金融產品最有投資價值。

　　儘管資本投資與金融市場在對未來價值的不可預測性方面有相似之處，但他們之間仍存在著不少差異，這使得金融投機成為「意義中的市場」模型的第三個例證。資本投資是凱恩斯所謂的「企業」（enterprise）的案例；相比之下，大多數金融市場交易是他所認為「投機」（speculation）的案例。[26] 在第一種情況下，市場參與者試圖預測，參與一項投資的計畫，在總體結案後可獲得的利益有多少。他們主要感興趣的專案計畫的基本價值。在第二種情況下，市場參與者對短期收益更感興趣，並試圖以此為目的來預測市場的心理活動。

　　凱恩斯用著名的選美比賽來比喻「預測市場心理」。他提到，選美比賽的任務其實不在於選出最漂亮的臉蛋，而在於預測哪個是其他競爭者認為最漂亮的臉蛋。這個比喻放在金融投機領域當中就是，作為一種獲利的投資專案，其品質就是安全，這並不取決於專案的基本價值，而取決於市場的意見。「市場」認為越安全，其價格就越高。這意味著，即使個人投資者認為某一證券的基本面價格過高，但只要他們相信其他投機者也會這麼做，他們就會理性地繼續購買該證券。[27]

　　這是進一步研究主體間性對品質和價值結構構建的一個有趣的案例。產品品質的不確定性的降低通常是因為市場裡評估意見的趨同（至少部分），而較非肇因於產品內在品質認定的共識形成。這一主張與有效市場假說相矛盾，有效市場假說認為，金融資產其本身具有基本價值或者內在價值，金融市場的價格圍繞這一基本價值波動。[28]

　　意義市場模型遵循了一個相反的建議，即「放棄價值具有某種特殊客觀性的觀點」，並認為市場價格取決於投資者對其他市場參與者的意見或看法。[29] 與藝術品市場一樣，對作為保值的金融證券，其品質的評估取決於市場主體間形成的集

體信念。因此，資產的價值並不取決於某一客觀給定的基本價值，而是取決於交易者的理性評估和他們的相互參照。隱含波動率是確定結構性金融衍生品價值的一項重要指標，它代表著行動者（經營者）對未來市場走勢的預估。[30] 因此，它反映了市場參與者對其他市場同道的看法，即市場情緒。這不是對衍生品未來實際波動性的評估，而是對這種波動性的集體信念的評估。這表明金融市場「本質上是故事中的市場」，[31] 投機性投資是對這些故事是否有信心的問題，投資行為通常在主流觀點和交易個體觀點，對證券估值存在差異的情況下產生。

與藝術品市場一樣，品質不確定性會隨著市場參與者的相互觀察和部分共識的形成逐漸降低。市場的流動變異性取決於參與者在市場中形成的集體信念，這種信念又植根於整個金融社群的信念之上。[32] 和藝術品市場一樣，金融市場對品質的評估不是透過促生信任的制度來穩定的，而是透過制度來催生信心，這些制度包括一些金融模型。例如，有效市場假說是評估「如何」形成價格的制度。市場交易者將基礎價值的計算和對實際市場價格差異的認知作為一種啟發工具，使他們能夠做出特定的套利的決定。[33] 評估的「正確價值」要麼是對實際市場價格的否定，要麼是對實際市場價格的確認。基於有效市場假說的數學模型允許交易者在未來不確定的情況下找到明確的交易方向。金融市場中其他制度化行為的例子：基於大眾集體智慧做出的假設，遵循市場趨勢；相信分析師和信用評級機構報告的權威性；相信主導性敘述（例如新經濟、亞洲四小龍，金磚四國等）。這樣的「驗定成規」讓產品的評估精算，因為未來開放性而無法做到應有的客觀，現在變成可能。[34] 只要市場選擇集體相信這些「驗定成規」，那麼對品質的評估就會有穩定的信心。

五、結論

本文藉由檢視市場中如何評估產品品質，來更深一層地理解價值和價格。在市場中，買方只有在能夠確定所提供產品的品質時才願意進行交易。如果品質與產品的內在特性有關，則可以客觀地對品質進行確定，例如在二手車市場或標準化商品市場。在這些市場中，參與者可能會面臨資訊不對稱的問題。

然而，在許多重要的市場中，品質不是產品的固有特徵，或者有賴未來的發展來論定，眼前還無法確定產品價值。在這些情況下，對產品的論斷則會參照市場中其他參與者片段零散的解說。可以區分出以下兩種情況：一種是品質是不確定的，因為沒有對品質進行定義，所以沒有客觀的衡量標準；另一種是產品的品質當前不可知，只有在未來才能得以體現。

　　這些導致品質評估不確定性的特徵，在非常多的市場中都有相似的地方：尤其在那些以美學、道德或象徵意義為產品的市場中。我們在這裡討論的藝術市場只是一個例子。從經濟學角度來說，更加重要的是那些更廣泛的消費品市場。在這些市場中，產品的價值不僅在於其功能效益，而是（有時幾乎完全是）在於其象徵意義。例如汽車市場、消費資訊科技市場、時尚市場和旅遊市場等。在這些市場中，對品質的判斷是透過市場參與者主體間的敘事和描述來建立的，是透過眾多參與者的觀察、產品廣告和品牌，以及消費者對產品的使用經驗而形成的。對於後一種情況，本文分析了資本投資和金融投機，即在投資市場中，品質評估也是主體間意見匯聚的結果。智慧財產權市場和勞動力市場也具有與未來相關的品質不確定性的類似特徵。

　　如果市場大眾對這些透過主體間性匯聚的論述沒有信心，那麼市場就會失靈：需求將會不穩定，價格也將較低。意義市場模型認為，在這些市場中，不確定性將透過市場眾多參與者的敘述逐漸減少，並在對產品品質的驗定形成認知共識。信心是透過對品質的有效說明來建立（和破壞）的，而對品質高低判斷的正確與否，是由市場大眾或未來發生的事件來證實或質疑的。一些機構與制度化的成規，還有精算工具也可以降低品質的不確定性，因為這些通常可以推定出大眾能夠普遍信服的品質認定。在這一過程中，象徵性資本和經濟資本反映了權力的差異，這種差異為身處在市場不同位階的參與大眾提供了不同的機會。不僅作為市場行動者的買方和賣方對品質的評估做出貢獻，作為市場裡的中間人也發揮著同樣的功能。因此，對市場的研究和分析最好將其視為一個整體領域來進行。

　　本文闡明，價值和偏好不是外生的，也不只是個人品味和喜好的反映，而是市場內外運轉的結果，是由整個社會共同塑造而成的。市場是由「行動中的自我」（selves in action）所創造的，即，由市場參與者們匯聚的主體間的推測和判斷而產

生的。如果品質不確定性能夠得到充分的探究，而不僅僅被視為一個資訊不對稱的問題，那麼它將為研究經濟價值和價格的社會學範式提供有利的視角。

【附記】

原文譯自 Jens Beckert 應本書邀約提供之電子版文稿，原文題為"Markets from Meaning: Quality Uncertainty and the Intersubjective Construction of Value"，該文後刊載於 *Cambridge Journal of Economics* 44 (2020: 285-301)，內容與本章稍有不同。

註釋

1   Don Thompson, *The $12 Million Stuffed Shark: The Curious Economics of Contemporary Art* (London: Aurum, 2008).

2   George A. Akerlof, "The Market for Lemons: Quality Uncertainty and the Market Mechanism," *Quarterly Journal of Economics* 84, 1970: 488-500.

3   有人可能會不同意這個說法，而爭辯說：藝術品的價值並非完全與內在屬性無關。像有些可驗證的品質或昂貴的創作材料，以致於影響到價格的構成。又像一件藝術作品的本真性（authenticity），其實就是固有的品質的首要，是作品價值的根本。

4   英國街頭藝術家班克斯（Banksy）於2014年對此進行了一次隨興的實驗。他在紐約中央公園（Central Park）的人行道上紀念品販售區設置了一個臨時攤位，以平均60美元的價格出售他的創作正品——這些正品在知名代理的畫廊中每件價格可以上看數萬美元。儘管價格便宜，但他賣出的卻只有寥寥幾件。

5   Luc Boltanski and Arnaud Esquerre, "L'énigmatique Réalité des Prix," *Sociologie* 7, 2016: 41-58.

6   Pierre Bourdieu, *The Rules of Art, Genesis and Structure of the Literary Field* (Stanford, CA: Stanford University Press, 1996); Paul J. DiMaggio and Walter W. Powell, "The Iron Cage Revisited: Institutional Isomorphism and Collective Rationality in Organizational Fields," *American Sociological Review* 48, 1983: 147-160.

7   Niklas Luhmann, *Social Systems* (Stanford: Stanford University Press, 1995).

8   Raymonde Moulin, "Le Marché et le Musée. La Constitution des Valeurs Artistiques Contemporaines," *Revue Française de Sociologie* 27, 1986: 369-395.

9   John Davis, "Collective Intentionality and Individual Behavior," in Edward Fullbrock, ed., *Intersubjectivity in Economics Agents and Structures* (London: Routledge, 2002) 11-28. 根據戴維斯的觀點，個人的意圖是透過他們對集體意圖的歸因來調節的。筆者在本文的論述是站在實用主義的傳統基礎上，強調個人與他人的接觸不是作為一個同質化的集體，而是作為一個多元的個體，需要綜合他們的不同反應來形成自己的身分。

10   是指依據不完整的資訊或有限的線索，在短時間構思出問題解決方案的一種智能。

11 Pierre Bourdieu, *The Rules of Art, Genesis and Structure of the Literary Field*.

12 Herber Blumer, "Fashion: From Class Differentiation to Collective Selection," *The Sociological Quarterly* 10, 1969: 279.

13 Ludwik Fleck, *The Genesis and Development of a Scientific Fact* (Chicago: University of Chicago Press, 1979).

14 Neil Fligstein and Doug McAdam, *A Theory of Fields* (Oxford: Oxford University Press, 2012).

15 David Stark, *The Sense of Dissonance: Accounts of Worth in Economic Life* (Princeton, NJ: Princeton University Press, 2009).

16 Richard Thaler, *The Winner's Curse: Paradoxes and Anomalies of Economic Life* (Princeton, NJ: Princeton University Press, 1994).

〔編按：「贏家詛咒」的簡單精義，即在競價拍賣會場中，主要是由出價最高的人得標，而贏家之所以願意出這麼高的價錢，主要是由於其預計這個物品能帶來更高的價值；在此情況下，會讓出價最高的贏家受到詛咒。而其主要的原因或可能發生的情形有兩種：一是贏家所出的價錢超過這個物品所能帶來的價值，其結果可能是「得不償失」；另一種情形是這個物品所帶來的價值並不如當初他所預期的那麼高的價值，其結果可能是「期望過高」，惟在此種情形下，贏家可能還是賺錢的，但因利潤不如預期，故仍難免失望。而不論是得不償失還是期望過高，都是「贏家的詛咒」的主要意涵。參見：謝明瑞，〈贏家詛咒〉（2008年2月26日），國家政策研究基金會，網址：https://www.npf.org.tw/1/3929〕

17 George H. Mead, *Mind, Self and Society: From the Standpoint of a Social Behaviorist* (Chicago: The University of Chicago Press, 1967).

18 Ibid.

19 Samuel Bowles, "Endogenous Preferences: The Cultural Consequences of Markets and Other Economic Institutions," *Journal of Economic Literature* 36, 1998: 75.

20 John Komlos and Peter Salamon, "The Poverty of Growth with Interdependent Utility Functions," *CESIFO Working Paper* no. 1470, 2005.

21 George A. Akerlof, "The Market for Lemons: Quality Uncertainty and the Market Mechanism."

22 Daniel Kahneman, *Thinking, Fast and Slow* (New York: Farrar, Straus and Giroux, 2011).

23 Olav Velthuis, *Talking Prices: Symbolic Meanings of Prices on the Market for Contemporary Art* (Princeton: Princeton University Press, 2005).

24 Hugh Townshend, "Liquidity-Premium and the Theory of Value," *The Economic Journal* 47, 1937: 165.

25 David A. Lane and Robert R. Maxfield, "Ontological Uncertainty and Innovation," *Journal of Evolutionary Economics* 15, 2005: 3-50.

26 John Maynard Keynes, *Allgemeine Theorie der Beschäftigung, des Zinses und des Geldes*, 11th Edition (Berlin: Duncker & Humblot, 2006) 158.

27 Andre Orléan, *The Empire of Value: A New Foundation for Economics* (Cambridge, MA: MIT Press, 2014).

28 Eugene F. Fama, "The Behavior of Stock-Market Prices," *The Journal of Business* 38, 1965: 34-105.

29 Andre Orléan, 189.

30 Elena Esposito, "Predicted Uncertainty: Volatility Calculus and the Indeterminacy of the Future," in Jen Beckert and R. Bronk, eds., *Uncertain Futures: Imaginaries, Narratives, and Calculation in the Economy* (Oxford: Oxford University Press, 2018) 225.

31 David Tuckett, "Financial Markets are Markets in Stories: Some Possible Advantages of Using Interviews to Supplement Existing Economic Data Sources," *Journal of Economic Dynamics & Control* 36, 2012: 21.

32 Andre Orléan, 209.

33 Hirokazu Miyazaki, "The Temporalities of the Market," *American Anthropologist* 105, 2003: 255-265.

34 Andre Orléan, 234.

參考書目

Akerlof, George A. "The Market for Lemons: Quality Uncertainty and the Market Mechanism." *Quarterly Journal of Economics* 84, 1970: 488-500.

Ariely, Dan. *Predictably Irrational: The Hidden Forces that Shape Our Decisions*. London: Harper, 2008.

Aspers, Patrik. *Markets in Fashion: A Phenomenological Approach*. London: Routledge, 2006.

Aspers, Patrik. "Knowledge and Valuation in Markets." *Theory and Society* 39, 2009: 111-131.

Bandelj, Nina and Frederick F. Wherry, eds. *The Cultural Wealth of Nations*. Stanford, CA: Stanford University Press, 2011.

Bartley, Tim, et al. *Looking Behind the Label: Global Industries and the Conscientious Consumer*. Bloomington: Indiana University Press, 2015.

Beckert, Jens. "How do Fields Change? The Interrelations of Institutions, Networks, and Cognition in the Dynamics of Markets." *Organization Studies* 31, 2010: 605-627.

Beckert, Jens and Christine C. Musselin, eds. *Constructing Quality: The Classification of Goods in the Economy*. Oxford: Oxford University Press, 2013.

Beckert, Jens and Jorg Rössel. "The Price of Art: Uncertainty and Reputation in the Art Field." *European Societies* 15, 2013: 178-195.

Beckert, Jens and Patrik Aspers. eds. *The Worth of Goods: Valuation and Pricing in the Economy*. Oxford: Oxford University Press, 2011.

Beckert, Jens and Richard Bronk, eds. *Uncertain Futures: Imaginaries, Narratives, and Calculation in the Economy*. Oxford: Oxford University Press, 2018.

Blumer, Herbert. "Fashion: From Class Differentiation to Collective Selection." *The Sociological Quarterly* 10, 1969: 279.

Boltanski Luc and Arnaud Esquerre, "L'énigmatique Réalité des Prix." *Sociologie* 7, 2016: 41-58.

Bourdieu, Pierre. *The Rules of Art, Genesis and Structure of the Literary Field*. Stanford, CA: Stanford University Press, 1996.

Bowles, Samuel. "Endogenous Preferences: the Cultural Consequences of Markets and Other Economic Institutions." *Journal of Economic Literature* 36, 1998: 75-111.

Bronk, Richard. "Reflexivity Unpacked: Performativity, Uncertainty and Analytical Monocultures." *Journal of Economic Methodology* 20, 2013: 343-349.

Davis, John. "Collective Intentionality and Individual Behavior." In Edward Fullbrock, ed. *Intersubjectivity in Economics: Agents and Structures*. London: Routledge, 2002. 11-28.

DiMaggio, Paul J. and Walter W. Powell. "The Iron Cage Revisited: Institutional Isomorphism and Collective Rationality in Organizational Fields." *American Sociological Review* 48, 1983: 147-160.

Durkheim, Emile. *Sociology and Philosophy*. New York: The Free Press, 1974.

Durkheim, Emile. *The Elementary Forms of the Religious Life*. Translated by Joseph Ward Swain. New York: The Free Press, 1965.

Fama, Eugene F. "The Behavior of Stock-Market Prices." *The Journal of Business* 38, 1965: 34-105.

Fischer, Edward F. *Quality and Inequality: Taste, Value, and Power in the Third Wave Coffee Market*. Discussion Paper 17/4. Köln: Max-Planck-Institutifür Gesellschaftsforschung, 2017.

Fleck, Ludwik. *The Genesis and Development of a Scientific Fact*. Chicago, IL: University of Chicago Press, 1979.

Fligstein, Neil and Doug McAdam. *A Theory of Fields*. Oxford: Oxford University Press, 2012.

Fullbrock, Edward, ed. *Intersubjectivity in Economics Agents and Structures*. London: Routledge, 2002.

Heiner, Ronald. "The Origin of Predictable Behavior." *American Economic Review* 73, 1983: 560-595.

Johnson, Joseph, Gerard Tellis, and Deborah J. Macinnis. "Losers, Winners, and Biased Trades." *Journal of Consumer Research* 32, 2005: 324-329.

Kahneman, Daniel. *Thinking, Fast and Slow*. New York: Farrar, Straus and Giroux, 2011.

Karpik, Lucien. *Valuing the Unique: The Economics of Singularities*. Princeton, NJ: Princeton University Press, 2010.

Keynes, John Maynard. *Allgemeine Theorie der Beschäftigung, des Zinses und des Geldes*, 11th Edition. Berlin: Duncker & Humblot, 2016.

Knight, Frank. H. *Risk, Uncertainty, and Profit*. Mineola, NY: Dover Publications, 2006.

Komlos, John and Peter Salamon. "The Poverty of Growth with Interdependent Utility Functions." *CESIFO Working Paper* no. 1470, 2005.

Lane, David A. and Robert Maxfield. "Ontological Uncertainty and Innovation." *Journal of Evolutionary Economics* 15, 2005: 3-50.

Leibenstein, Harvey. "Bandwagon, Snob, and Veblen Effects in the Theory of Consumers' Demand."

Quarterly Journal of Economics 64, 1950: 183-207.

Luhmann, Niklas. *Social Systems*. Stanford, CA: Stanford University Press, 1995.

Mead, George H. *Mind, Self and Society: From the Standpoint of a Social Behaviorist*. Chicago, IL: The University of Chicago Press, 1967.

Miyazaki, Hirokazu. "The Temporalities of the Market." *American Anthropologist* 105, 2003: 55-65.

Moulin, Raymonde. "Le Marché et le Musée. La Constitution des Valeurs Artistiques Contemporaines." *Revue Française de Sociologie* 27, 1986: 369-395.

Orléan, Andre. *The Empire of Value: A New Foundation for Economics*. Cambridge, MA: MIT Press, 2014.

Ortiz, Horacio. "The limits of Financial Imagination: Free Investors, Efficient Markets, and Crisis." *American Anthropologist* 116, 2014: 38-50.

Podolny, Joel M. "Market Uncertainty and the Social Character of Economic Exchange." *Administrative Science Quarterly* 39, 1994: 458-483.

Richardson, G. B. *Information and Investment: A Study in the Working of the Competitive Economy*. Oxford: Oxford University Press, 1960.

Shackle, G. L. S. *Epistemics & Economics: A Critique of Economic Doctrines*. Cambridge: Cambridge University Press, 1973.

Shapin, Steven. *The Scientific Life: A Moral History of a Late Modern Vocation*. Chicago, IL: The University of Chicago Press, 2008.

Stark, David. *The Sense of Dissonance: Accounts of Worth in Economic Life*. Princeton, NJ: Princeton University Press, 2009.

Stiglitz, Joseph. "The Causes and Consequences of the Dependence of Quality on Price." *Journal of Economic Literature* 25, 1987: 1-48.

Thaler, Richard. *The Winner's Curse: Paradoxes and Anomalies of Economic Life*. Princeton, NJ: Princeton University Press, 1994.

Thompson, Don. *The $12 Million Stuffed Shark: The Curious Economics of Contemporary Art*. London: Aurum, 2008.

Thompson, Michael. *Rubbish Theory: The Creation and Destruction of Value*. Oxford: Oxford University Press, 1979.

Townshend, Hugh. "Liquidity-Premium and the Theory of Value." *The Economic Journal* 47, 1937: 157-169.

Tuckett, David. "Financial Markets are Markets in Stories: Some Possible Advantages of Using Interviews to Supplement Existing Economic Data Sources." *Journal of Economic Dynamics & Control* 36, 2012: 1077-1087.

Velthuis, Olav. *Talking Prices: Symbolic Meanings of Prices on the Market for Contemporary Art*. Princeton, NJ: Princeton University Press, 2005.

CHAPTER 3

以範例作為文化商品的評斷機制

Erwin Dekker　著

徐玉瓊　譯

一、前言：範例與模範商品

　　我們經常從一個特定的實例推理到另一個特定的實例，從特殊事例中一一推敲。勒布朗・詹姆斯（Lebron James）是一位出色的籃球運動員，但卻不如籃球之神——麥可・喬丹（Michael Jordon）。伍迪・艾倫（Woody Allen）近年來的電影很不錯，但又不如他早年執導的作品《安妮霍爾》（*Annie Hall*）和《曼哈頓》（*Manhattan*）。財富不均的現象在歐洲的「美好年代」（Belle Epoque）[i] 達到最高峰。這種型態的推理不僅對日常生活的言論很重要，而當我們進行商業模式分析時，也經常會運用這些模範案例。同樣地，在科學領域中，特定的範例對於啟發與引導了解「何謂好的科學」亦很重要。一位經濟學人會想成為像亞當・斯密（Adam Smith）或保羅・薩穆森（Paul Samuelson）這般的經濟學家嗎？同理，一位社會學者會想成為如馬克斯・韋伯（Max Wber）或托卡・帕森斯（Talcott Parsons）這等的社會學家嗎？本文的論點，範例（exemplar）是市場裡「奇點財貨」（singular goods）的重要評斷機制，這些模範商品非一般普通商品、亦非廣泛多元性商品的代表，但它們確實能夠捕捉到這些商品的典型特徵。

　　傳統上，一般認為市場協調運作可藉由價格和數量的變化來達成。知名經濟學家佛烈德利赫・海耶克（Friedrich A. Hayek）系列的論文說明，市場力量的展現是透過市場上的量價來協調各種個體經濟計畫運作的過程，這有賴於以供給與需求之間的動態為核心，[1] 而該核心的主軸為「在整個社會擴散的知識運用」。然而，海耶克及其後來的經濟學家，普遍都忽略在市場協調的機制裡，品質認定是如何產生的。近來，經濟社會學者盧西安・卡皮克（Lucien Karpik）開始承接此研

究課題，提出奇點財貨的概念——意指商品之間質性互異，例如：電影、醫療服務或餐飲體驗等，透過價格與數量來進行協調，其成效非常有限。他認為，品質協調在此類市場中非常重要。為了研究品質的認定，卡皮克發展出四個經濟協調的系統，作為建構奇點財貨在不同市場中知識擴散的體制運作。[2] 在這些經濟協調的系統中，他提出不同的判斷機制，可作為消費者指引。卡皮克廣泛地運用廣告宣傳、評論系統、排行告示榜與各種網絡關係等，來說明這個機制概念。有時這些判斷機制是由生產者或消費者共同發展出來，但通常中介者是協調過程中的重要角色。本文的重點不在於挑戰卡皮克判斷機制的重要性，而是聚焦於另一種類型的判斷機制，即模範商品。模範商品是市場裡一種卓越的商品，它可作為參考或聚焦點，提供消費者辨識特殊類型商品的相關品質。

為了發展範例與模範商品的概念，本文的論述將立基於漢娜・鄂蘭的判斷理論（Theory of Judgement）。如同卡皮克，鄂蘭的理論也涉及一般性與特殊性之間的張力，卡皮克用「奇點」（singularity）這一詞來稱述這些非凡商品，以強調它們的獨特性，但是他也認為要理解這些商品，它們必須與現有相稱的商品做比較。鄂蘭認為，當我們根據一般性來判斷特定事物，同時又不想放棄特定事物的獨特性，這時模範性推理模式就具有特別重要的意義。在法國文化社會學家娜塔莉・海尼希（Nathalie Heinich）諸多的研究文獻中已經證明文化商品為此典型例子。[3]

所以當產品是獨特的，事實上，它們會被用來比較、對照與用以理解這些範例。例如：如果你喜歡《白宮風雲》（West-Wing）電視影集，你也會喜歡《紙牌屋》（The House of Cards）。這可能會導致某些矛盾的主張。我們將證明，在市場上買賣的文化創意商品，經常在「通約化」（commensuration）與「奇點化」（singularization）兩個極端之間搖擺。

我們強調範例的另一個面向是，它們能賦予品質多元的意涵，在任何類別商品中，我們都能找到多個範例，它們能表徵商品各自不同的特殊性，或是蘊含的慾望。傳統經濟研究商品價格差異化（以及驗定價值）的方法是，探究商品個別特徵組構而成的影子價格（預測價格）。但是如卡皮克所主張，像波爾多葡萄酒這類體驗性商品的品質驗價就無法適用這種個別特徵組構方法，因為其構成品質的個別特徵關係是相互依存的。[4] 若要將產品的多樣特徵分開檢視，可能較適用於在汽

車上添加安全氣囊，或是配裝導航系統這樣的例子。但要在葡萄酒中注入某項風味成分，或是在某幅繪畫中添加幾筆，以提升它們的價值，都不是一件輕而易舉的事。事實上，此類商品可以在多個相互依存的維度中展現出特色，卡皮克稱此為商品的「多維性」（multidimensionality）。〔編按：請參見本書第一章〕他認為這將導致多元紛歧的評估認定，但是他後續論點卻沒有針對這個紛歧提出進一步的處理之道，他所引用的判斷工具（例如排名或排行榜），根本上都是基於單一品質的認定，這也與他提出以「本真性」（authenticity）為依歸的判斷工具有所不同，像標籤（labels）、名稱（appellations）或表徵符號（signifiers）等。另一方面，範例透過品質的特徵組構提供了一種維護品質多樣性的標準方法，而一般的判斷工具則難以做到。

最後一點是，範例如何在不同的經濟協調機制中運用。它們在等級類別的結構中扮演非常重要的參考點角色。等級類別（gradedness of categories）意味著，某個物種或類種的樣本比其他更能具體表徵該物種或類種。例如：相較於鴿子或鴕鳥，知更鳥是更典型的鳥。模範商品能被精準地辨識，正是因為它們非常優異（或者說是最好的）。它們體現了特徵組構的品質，這些組構可能很難明確表述，但卻可以從這些模範商品的詮釋中發現。

二、範例的效用

儘管範例具有悠久的傳統，例如在基督教傳統中將聖徒的生活描繪為基督徒的典範生活，然而範例在價值驗定的相關研究中卻很少受到關注。鄂蘭的判斷理論是例外。在該理論中，範例具有舉足輕重的地位。她的巨著分為上、下兩冊，是一部關於心靈生活的曠世巨作。她透過心靈生活的兩大面向，思考與意志（thinking and willing），來發展其判斷理論中範例的有效性。鄂蘭始終認為判斷是最接近「行動的生活」（vita active）[ii]，其實判斷根本就是生活的一部分。她在關於康德哲學（Kant's Philsophy）的演講中指出，做出一個判斷最困難之處在於：「思考特殊事物的能力」。純粹的思考是一般性思考，是一種規則、律法與規律性思考。另一方面，判斷是根據普遍性的角度去思考事物的特殊之處，並將這些特殊謹記

為獨特（uniqueness），這就顯得更為困難。她在此引述康德（Immanuel Kant）的說法：「在探索一般性的歷程中賦予事物特殊意義」。因此，當我們在處理獨特的事件，例如歷史上的事件，則必須根據一般性來考量這些事件，但必須謹記，個人事件永遠無法完全地被納入任何普遍性中。在很多情況下，尚未找到通則性，在這種情況下，我們僅能根據定義，將特定事物與另一特定事物做比較。[5]

在這種情況下，所需的推理類型不同於其他兩種眾所周知的推理模式。演繹（deductive）型態的推理始於普遍性定律，然後隨著時間的檢驗，再去推論出特定事物的真實情況。例如，所有人都會死（凡人），蘇格拉底是人，所以蘇格拉底會死（凡人）。另一種推理（inferential）類型——推論式推理，在社會科學中顯得非常重要，它透過觀察許多特殊事物來得出「經驗規律性」（empirical regularities），在某些階段能更適切地形成普遍性通則。在過去一個半世紀，推論式推理隨著統計學的發展而日趨成熟，而演繹式推理也在公理數學推理的協助下，發展地更完善，但範例式（exemplary）推理卻經常被當作三人成虎般的「傳聞證據」（anecdotal evidence）而被忽略不用。

鄂蘭舉一張桌子的例子來解釋何謂範例式推理。我們可以在心中列出符合一張桌子的特徵列表，每張桌子必須符合這些品質特徵才能稱之為桌子。然後當我們看到一個物體，我們可以此判斷它是否符合這些條件：一個平坦表面放置在數個桌腳上（演繹法），然後我們就可以將這個特殊物件與其他許多生平所見的桌子相比較，之後藉由推論判斷來決定它是否也是一張桌子。或是如鄂蘭所主張：「可以將某桌子視為桌子實際應有的範例：一張模範桌子。這個範例仍將保留其特殊性，其特質能展現出尚未被定義的一般性。」[6]

範例式推理讓我們能兼具奇點性與一般性。透過範例，我們能理解當中代表美麗、扣人心弦的品質或特性。或如鄂蘭所說：「範例是一個其本質上應具有或包含一般性概念的特殊事物……如果我們說某人是好人，這就讓我們想起如聖方濟或拿撒勒的耶穌之類的範例。」[7]她更進一步地說，通常很難詳盡說明這些範例中所「包含」的一般性規則為何。

鄂蘭在其理論中補充另一個重要的見解，她認為範例唯有在特定的群體中被廣為人知時，才能具有體現良善或勇敢的模範意涵。事實上，這就是她對拿破

崙‧波拿巴（Napoleon Bonaparte），人稱法蘭西人的皇帝拿破崙一世的表述：

> 在法國的歷史脈絡中，我可以說拿破崙‧波拿巴是一個特殊人物。但當我談論「拿破崙主義」那一刻，我就是以他為範例。這例子的有效性將僅限那些擁有拿破崙的特殊經驗的人，無論是與他同時代的人，還是承繼這種特殊歷史傳統的人。[8]

因此，拿破崙一世統治的歷史事件代表了一個更為普遍、卻難以概括性地去描述或定義的一般性。鄂蘭認為，歷史和政治學中大多數概念（或加上社會學）都具有範例的本質，無法窮舉定義或限定它們，但可以從特定例子或範例中得出其意義。

就這點而言，鄂蘭與韋伯的「理想類型」（ideal type）的理論觀點是相似的。[iii]藉由以拿破崙一世為特殊的尺規，轉移到以拿破崙主義為理想類型的標準，以韋伯的話來說，鄂蘭強調某些典型的特徵。如同韋伯所言：「我們建構城市經濟的概念，並非在所有能觀察到的城市中，將其視為一個經濟結構的平均值，而是作為一種理想類型。」[9]藉此我們能建構實際上無法觀察到的「完美典型」或「心理形象」。然而，這並非本文所採用的典範概念，對我們來說，它仍然是一個具體的特殊實例，儘管對此實例的詮釋將只突顯它的某些特徵。

心理學文獻中也可見強調特殊性的範例。在心理學中，範例的概念一直被用來研究認知形成的類型，因此與鄂蘭所強調概念特徵的學習直接相關。該主題最獨特的貢獻在於，它強調範例的啟發式本質，能最小化認知所費的心力，兼而最大化認知理解的內容。

本文最為強而有力的一項論證支撐是，類別具有等級的結構（graded structure）。這意味著在特定類別中，並非每個例子都是最佳範例，某些例子被視為該類別的典型或模範，最具代表性例子便是知更鳥。一直以來，知更鳥都被視為是一種典型的鳥，但鴿子就遠不如知更鳥，這樣的範例能使兒童快速地學習，並在鳥的類別構成上扮演關鍵性角色，一般認為範例具有這樣的功能，因為它們代表「集中趨勢」（central tendency）。而近來的研究已能區別出典型例子與模範例子的差異。有

時候這兩者會重疊。此一發現與下一節中我們對文化商品品質的討論尤為相關。這些研究進一步證明，當專業知識涉入時，範例將更接近某種完美典型，這是另一個與文化產品密切相關的議題。

鄂蘭對範例的描述亦強調學習和內隱知識（tacit knowledge），在湯瑪士·孔恩（Thomas Kuhn）的著作中亦可見此主題討論。孔恩認為範例對學習一個典範（paradigm）的構成有著關鍵效用，對於理解科學亦至關重要，他建議透過範例的使用，我們能學習那些無法被簡化的一般性知識。儘管鄂蘭的分析僅限於人文科學，但孔恩的論點明確地驗證了，範例對於理解自然科學是同等重要。[10]

三、範例作為判斷工具

經濟社會學家很早就意識到，商品的分類（classification）與合格化（qualification）的重要性，是評估商品的核心所在，例如米歇爾·卡隆（Michel Callon）等學者談到品質經濟時主張：「所有的品質都會在合格化的過程中取得，而所有合格化的目的在於確立匯聚於產品上的一系列特性，並將其轉化為市場上可交易的商品。」[11]但是有時這樣的合格化驗定很困難，抑或是商品的類別分級被複雜化。在這種情況下，合格化往往是很模稜兩可，或者只是品質評估的第一步，這時候其他判斷工具就可能會出現。

尤其是在奇點市場，意指商品在市場中皆以非凡方式展現其獨特性，我們期望出現各種判斷工具，以協助價值的驗定。這種市場的特點是商品「種類繁多」，例如書籍或電影。人們對於這些類型的商品幾乎都會去質疑其品質的構成特徵。以康德的觀點來表達，即是這些特殊商品尚未找到通則性。即使找到了通則性，例如我們認為角色發展對小說很重要，但我們希望看到什麼樣，或哪種類型的角色發展，這是有爭議的且不易達成共識的。更重要的是，由於這種開放性的角色概念，說明哪些角色發展重要與否的努力注定會失敗。正如卡皮克所指出，這些商品的品質組構是相互依存的，因此，除了優秀的角色發展之外，其他方面卻一無是處的小說終將是毫無價值。這就是範例的重要之處。他們提供了特定的例子，我們可從中發現角色發展應具備的品質，並結合「緊湊的情節」或「模範例證」

等其他品質元素。

判斷工具的概念強調協調的過程。生產者和消費者之間不會自發性地進行交換，或找到彼此的存在。奇點商品以及許多標準化商品的市場，到處可見能促進這種交換的媒介、中介商、判斷機制和規範。模範商品就是這種調解過程的例子。傳統的經濟模式很少關注這種協調和中介調解的過程。然而，海耶克是最具代表性的學者，他認為協調過程始終是焦點所在，必須找到相關性的知識。對於能進行市場估算的價格而言，這當然是正確的，而對於判斷而言，海耶克所謂的時間和地點的知識，亦是如此。[12] 這意味著構成市場競爭過程的重要一環是知識的發現和運用：「競爭在本質上是形成見解的過程：透過訊息的擴散，我們預想的一個具備內聚統合張力的經濟體系，也就是我們認為的市場，得以成形。」[13] 在此一觀點上，卡隆和卡皮克的經濟社會學與海耶克的經濟學是一致的。

現有的模範商品可協助我們詮釋市場上出現的新商品。從這個意義上來說，範例可以幫助協調市場。在經濟理論中，意義（meaning）是經常或者應該說是理所當然地被忽略的類別，但是範例及其被認可的解釋已成為詮釋新商品的指南。在文化經濟學以及更廣泛的經濟學文獻中，已經發展了經驗和信譽財（credence goods）[iv] 的概念，這兩者都專注於消費差異性商品的不確定性。解決此問題的傳統方法是強化訊息的作用，而非詮釋（和評價）的作用。近期在彼得．厄爾和傑生．波茲（Peter Earl and Jason Potts）發表的一篇論文中，探討消費能力和「新事物」鑑賞力的概念。他們指出先前參考點的重要性，以及新產品與現有消費能力（亦即先前消費的結果）之間的關係。[14] 然而，他們接受以現代微觀經濟學理論為基礎的「訊息和模式識別」（pattern recognition）的框架，而非如鄂蘭理論的範例有效性和卡皮克理論的判斷工具，強調詮釋的重要性。

鄂蘭和卡皮克都認為新商品（或新情況）需與其他特殊商品的關係來進行詮釋。這沒有普遍適用的規則，因此，對新的產品進行評估始終是一種詮釋性的行動，其需要做出判斷。特別是需要判斷此商品與其他獨特產品所共有的共通性。因此，還要先判斷何謂相關性的比較。我們可能會很容易地認同《哈利波特》（Harry Potter）小說在市場上取得了巨大的成功，但為了引導未來在市場上的行動，必須進一步詮釋它們。這些書成功的因素為何？哪些價值是為消費者所重

視？或者說，這些書的模範是什麼？

有時，這種判斷對消費者而言是相當被動的，因為正如芭芭拉‧史密斯（Barbara H. Smith）的觀察：我們對於所遭遇的事物，某種程度上，不僅會以特定的文化和語言先予以詮釋和分類，也會進行預先評估，此評估會受到先前同業評價的影響。她進一步說明：

> 實際上，預先分類本身就是預先評估的一種形式，正如先前所建議，對於將我們所遭遇的事物加上標籤或給予類別名稱，不僅會突顯其某些可能的功能，而且還能成為某種信號——事實上如同一種文化認可的保證，他們或多或少能有效地達到這些作用。[15]

就範例而言，生產者可能會用「來自某製造商」的慣用語來引導消費者。這些預先分類、標籤，類別名稱和評估是卡皮克所稱之為判斷機制的一部分。

卡皮克在其區分四個經濟協作機制時特別指出，在許多情況下，判斷的過程將更加積極主動。在某些制度下，大多數協作工作是在產品上市之前就已經完成，並且消費者的中介機構的效力相當有限。而在其他制度下，絕大部分必須由消費者來加以詮釋。卡皮克對葡萄酒詳細的研究就是一個絕佳例子，其中既有預先分類，又有提供消費者獨立判斷的空間。如許多其他學者一樣，史密斯和卡皮克都對商品前一階的分類和資格認證系統相當感興趣。[16] 但他們不太關注商品之間的關係。

在「判斷機制」（judgement device）的定義中，它們與生俱來就是「區辨產品質量的工具」。因此嚴格來說，人們可能會認為範例不可能是這樣的「工具」。[17] 但是，如果我們想到特定的類別，我們很快就意識到，它們通常是由該類別中的一些模範商品來定義的。想一想近來諸如平板電腦或智慧型手機之類的新產品，都是由模範模型來定義的，或是仍以第一個範例商品的名稱來分類。更重要的是，我們通常會發現一種能為多數人了解的範例詮釋將會出現。因此，它們變得更具有普遍性，而不僅僅只是一種特殊商品。實際上，範例是一種判斷工具，在某種意義上來說，在設計最終成品的草稿、原型或其他想法的過程中，通常會根據當

時的模範產品來判斷對比，這有助於形塑消費者和供應商的期望，包括對新產品的期望或新產品成功的機會有多少？哈里森・懷特（Harrison White）陳述了作為生產者所為之努力奮鬥的目標：「每一次操作都是為了能與其他行動者更加相仿，相仿到足可視之為夥伴。」[18] 然而，如懷特所指出，生產者同時也想保有自己的獨特性。這其間的張力與上述討論的張力非常相似，在維持獨特性的同時亦能被完全理解與辨識。這就是為什麼懷特談到市場是網絡的原因。在這些網絡中，可以將範例視為聚焦點（focal point）。

在現代微觀經濟學理論中，我們可以找到不少方法來討論這種「聚焦點」、產業標準或主導設計的重要性，範例可為此無窮多樣的世界提供指引。聚焦點的概念是由賽局理論（Game Theory）中發展出來的，特別在湯瑪斯・謝林（Thomas C. Schelling）關於策略互動的著作中尤為顯見；而羅伯・薩格登（Robert Sugden）更進一步擴展此概念並指出，聚焦點對尋求協調行為的個人來說很有幫助，他們將仰賴「顯著的」或「突出的」特殊協調點。

但正如薩格登所承認的，我們很難將標籤或範例納入賽局理論，因為賽局理論視所有策略在形式上是完全相同的（僅以數字區分，例如策略1、2等）。然而，謝林最初提供的例子卻是不同的，例如，如果您同意在紐約見面，但沒有同意特定地點，像是這類在哪裡見面的協調問題。這個問題是文化協調問題，其答案取決於文化習俗（在車站？在市政廳前？在主要街道？）。這些解決方案取決於謝林所說的「顯著」或「引人注目」的程度，或者後來稱之為「顯而易見的程度」。卓越的範例正是這類突出或顯而易見的參考點。

當我們面對種類繁多的小說或電影時，我們同樣面臨著類似的問題——協調交會點。因此，只能期待聚焦點出現。這樣的聚焦點代表了一個類型或子類型，它們為類型的對話、詮釋和評估提供一個共享的起點。例如，如果您想研究科幻電影，您應該從《E.T. 外星人》（*E.T. the Extra-Terrestrial*）、《2001太空漫遊記》（*2001: A Space Odyssey*），或《星際大戰》（*Star Wars*）等電影開始。近來，一群以研究「慣例經濟學」著稱的法國經濟社會學家們已開始分析，如何在市場或組織內建立某些標準或慣例。正如薛瑞・李維（Thierry Levy）所解釋，與賽局理論專家相反，他們確實會針對現有市場的慣例進行詮釋，以及這些慣例如何形成對他人行為的

相互期望。[19] 這種方法的一個核心問題在於這些慣例是如何產生以及如何保持不變。人們會期望一個良好的、特定的早期範例，這將有助於形塑這樣的慣例。

範例受到關注的最後一個領域是市場行銷與經濟學之間的邊界。市場行銷學者和經濟社會學家皆指出商品的分類和合格化的重要性。部分學者指出範例在形成新市場類別的重要性。[20] 其他人已經證明，難以與範例進行分類的產品或組織，亦或是與範例相比較後產生「不合慣例的低估」（illegitimacy discount），都將導致商品價值的降低。[21]

我們將用兩個案例來說明以範例作為判斷工具的作用，目的不在彰顯其本身的重要性影響，而是作為驗證模範商品概念之有用性的例證。它們展現如何操作實證此一概念，以及幫助我們理解範例成為聚焦點的方式，並塑造消費者與生產者之間相互協調的過程。

四、行銷被遺忘的經典著作

《紐約書評》（*New York Review of Book*，簡稱 *NYRB*）雜誌自1999年以來，一直以「NYRB Classics」為名出版一系列書籍。與該雜誌一樣，該系列鎖定的讀者群為當代重要的領袖級人物與個人，這些讀者不僅博覽群書，亦了解自己所喜歡的文學類型，並且對探索世界文學感興趣。該系列主要由尚未翻譯成英文的書籍所組成。大部分書籍最初是在20世紀出版的（85%），另外10%是在19世紀出版的。在「NYRB Classics」網站上所提供的344本書籍的介紹，我們分析其中使用範例的程度。包括兩部分資料：經典系列的編輯者所提供的書籍介紹；以及摘錄三至五個由外部人士所撰寫的書評集。

有人可能會爭辯說，這種資料完全不客觀，因為只是為了促銷這本書而非以評估為目的。的確，資料並非客觀中立，毫無疑問地，書評的摘錄是為了使書看起來更吸引人。然而，這並非本文的目的，因為使用範例的根本原因在於協調生產者（在本案例意指出版商）和消費者的期望。網站上提供的介紹是綜合有關這本書的資訊和對該書的讚譽（描述性和評述性的綜合）。出版商要求作者（或其代理商）將其作品與市場上其他相似作品置放在一起的作法並不罕見。因此，當考量此

類書籍時，該資料非常適合用於了解此類書籍有哪些為人所讚譽的品質。

　　該系列的書籍種類繁多，從小說到短篇故事，從科學、歷史到雜文和評論。人們期望在這些體裁中出現不同的範例，因此在這裡我們將主要限定於小說和短篇故事，因為我們能有效地觀察這些小說和短篇小說的類別。符合以下情況的作品將被定義為「範例」：當描述某本書或某位作者是與NYRB系列書籍或作者來進行比較或對比時；或當該作者被喻為NYRB系列書籍作者的文學接班人。未包含那些推薦書籍並在書籍介紹中被提及的著名評論家（通常是作者），例如「湯瑪斯・曼（Thomas Mann）喜歡這些故事」。

　　首先，值得我們關注的是在344本書中運用許多各式各樣的範例。其中至少有339個模範作者或他們的作品被用來比較和對比這些書（這當中有108個範例至少在兩本不同的書籍介紹中被提及）。除了與其他作者的作品進行比較之外，我們發現有34本書籍介紹引用同一個作者的作品（占10%）。另外，44本書籍介紹（占13%）引用非文學大家的作品，從迪士尼（Disney）到史蒂芬・史匹柏（Steven Spielberg），從愛德華・霍普（Edward Hopper）、保羅・克利（Paul Klee），再到貝多芬（Beethoven）、邁爾斯・戴維斯（Miles Davis）。

　　然而相較之下，某些明確的聚焦點就是頻繁引用的參考點。在表3-1中，彙整在該系列出版書籍的獨特介紹中，至少被提及五次的作者。這必須排除引用作者本人畢生之作的作品，因為某些作家作品經常被選為NYRB經典著作出版，特別是金斯利・艾米斯（Kingsley Amis），喬治・西默農（Georges Simenon）和派翠克・弗莫（Patrick Leigh Fermor），這會使結果產生偏差。亨利・詹姆斯（Henry James）顯然是模範作家。在該系列的小說和短篇小說集的介紹中，有6.1%引用他的作品。表3-1列出NYRB Classics的總數以及僅限於小說和短篇著作的總數。結果清楚地顯示，在小說和短篇著作的介紹中，絕大多數（90%）是引用這些作者（莎士比亞除外），而這些類型的作者表現相當出色。（見表3-1）

　　從這些基本發現中，我們可以開始提出更複雜的問題：能夠滿足範例的決定因素為何？範例的運用是當文化差異較大或較小時？女性作家在她們的作品中是否引用更多女性範例？在此，我們的目的僅是為了證明範例普遍的重要性，但很明確的是，這些例證的結果可以很容易地擴展應用。

表3-1　紐約書評經典書籍介紹最常被提及的作者

作者	所有書籍		小說與短篇著作	
亨利‧詹姆斯（Henry James）	16	5%	15	6%
列夫‧托爾斯泰（Leo Tolstoy）	11	3%	8	3%
查爾斯‧狄更斯（Charles Dickens）	10	3%	9	4%
費奧多爾‧杜斯妥也夫斯基（Fyodor Dostoyevsky）	9	3%	8	3%
安東‧契可夫（Anton Chekhov）	8	2%	8	3%
法蘭茲‧卡夫卡（Franz Kafka）	8	2%	8	3%
湯瑪斯‧曼（Thomas Mann）	8	2%	7	3%
弗拉基米爾‧納博科夫（Vladimir Nabokov）	8	2%	8	3%
派翠西亞‧海史密斯（Patricia Highsmith）	7	2%	7	3%
詹姆斯‧喬伊斯（James Joyce）	7	2%	7	3%
加布列‧賈西亞‧馬奎斯（Gabriel Garcia Marquez）	6	2%	6	3%
珍‧奧斯丁（Jane Austen）	5	2%	4	2%
薩繆爾‧貝克特（Samuel Beckett）	5	2%	5	2%
豪爾赫‧路易斯‧波赫士（Jorge Luis Borges）	5	2%	5	2%
愛倫‧坡（Edgar Allan Poe）	5	2%	5	2%
馬塞爾‧普魯斯特（Marcel Proust）	5	2%	3	1%
威廉‧莎士比亞（William Shakespeare）	5	2%	4	2%
亞歷山大‧索忍尼辛（Alexander Solzhenitsyn）	5	2%	4	2%
馬克‧吐溫（Mark Twain）	5	2%	3	1%
伊夫林‧沃（Evelyn Waugh）	5	2%	5	2%

註：本表列出「提及」的次數與提及作者的書籍介紹所占百分比，由本章作者自行計算。

　　我們也能分析這些範例的運用方式，做更進一步的質性分析。書評人是使用範例來讚揚某些特質，還是將書籍的整體性做比較？範例是主要用於找出相似事物之間差異性的對比，還是找出看似不同事物之間相似性的比較？與特定範例相關的特性為何？有否有負面範例？

　　我們將在文後進行質性分析，但是在此我們將展現一些使用這些範例的方法。我們將有引用杜斯妥也夫斯基作品的評論來作為例子（共八個出處），其分

別是：「約翰‧卡本特（John Carpenter）在描繪絕望時，甚至超過了馬克希姆‧高爾基（Maxim Gorki）和杜斯妥也夫斯基」；「如杜斯妥也夫斯基的《罪與罰》（*Crime and Punishement*）的故事，以及對難以捉摸的救贖之追求」；「從歐諾黑‧巴爾扎克（Honoré Balzac）的許多文學承繼者當中，如杜斯妥也夫斯基、亨利‧詹姆斯（Henry James）到馬塞爾‧普魯斯特（Marcel Proust）」；「少數作家運用銘刻於杜斯妥也夫斯基、索忍尼辛和尚‧紀涅（Jean Genet）等作品中令人難以忘懷的真實性，來描繪監獄生活中的人們」；「自杜斯妥也夫斯基以來，沒有人能將監獄生活描寫的那麼好」；「像杜斯妥也夫斯基一樣，喬治‧貝爾納諾斯（Gerorges Bernanos）有著一種感覺主義者的靈性」；「如一種源於母系關係的《地下室手記》（*Notes from the Underground*）[v]」；「一種自我意識邏輯的詳盡闡述，可以追溯到杜斯妥也夫斯基、西默農」。最後在此我們更為廣泛地引用參考如下：

> 這些故事由克斯札諾夫斯基（Krzhizhanovsky）撰寫，[vi] 代表了兩種不同的俄羅斯文學傳統的強項：首先是一種錯亂的、狂熱的、實驗性的世界……其次，像杜斯妥也夫斯基般的深沉悲傷，表達了一個被意識形態撕裂的冰凍國家所呈現出的身體創傷。

這些參考資料顯示，杜斯妥也夫斯基不僅被提及，而且他的作品也經常在書籍介紹與評論中被引用。他們顯現出其作品不同面向的品質：真實性、對監獄生活的描繪、對救贖的追求、對個人自我的探索以及對意識形態的分析。在最後引用中，杜斯妥也夫斯基的作品被稱為更普遍性的東西，就像是一種傳統。然後才成為一種別具特色的模範。

為了評估一本書的品質，書評人和書籍介紹均借鑑了許多存在於西方悠久傳統中用以表達品質的方法。無疑地，本微型研究的結果不僅受到文學領域本身廣闊性的影響，亦受到書籍介紹主要是針對文學圈內的閱聽眾而撰寫的影響。然而，亦沒有必然理由去期望，其他領域的專業消費者亦能理解如此多面向的品質概念。

這種通約性與不可通約性，或共通性與獨特性之間的張力反覆地呈現。以下

面兩個參考為例：在久洛‧克魯迪（Gyula Krúdy）的《向日葵》（*Napraforgo*）的介紹中，作者被稱譽為「像羅伯特‧瓦爾澤（Robert Walser），布魯諾‧舒爾茨（Bruno Schulz）或約瑟夫‧羅斯（Joseph Roth）一樣的非凡天才」，而法瑞爾（J. G. Farrell）的小說《圍城》（*The Siege of Krishnapur*）在評論摘錄中被描述：如同吉塞普‧蘭佩杜薩（Guiseppe Lampedusa）的小說《豹》（*Leopard*）或佩內洛普‧菲茲傑拉德（Penelope Fitzgerald）的小說《藍花》（*The Blue Flower*）一般，皆是「無法歸類的傑作」。這些小說的獨特性似乎本身就存在著一種優異的品質，但很諷刺地，這種獨特性，是以能與其他高度原創的小說相稱的方式烘托出來的。另一個引人注目的例子是約翰‧威廉斯（John Williams），在隨後的暢銷書《斯托納》（*Stoner*）的介紹中，書評摘錄將其形容為「反蓋斯比」（Anti-Gatsby）。[vii] 在此我們主要比較兩件事，首先將史考特‧費茲傑羅（Scott K. Fitzgerald）經典的誘惑力對比《斯托納》的克制力，其次是將這兩本書放在同一個類別中。

很顯然地，本系列的編輯運用範例來塑造潛在消費者的期望。它們為新進市場的商品品質提供了易於理解的詮釋（至少對於專業消費者而言）。範例是參考點，新商品以這些參考點來進行市場定位，以降低體驗商品相關品質的不確定性。如同市場裡的奇點商品一般，如果商品沒有被反覆地消費（儘管有可能多次閱讀同一本小說），這種不確定性將會持續存在。

然而，本個案研究中較不明確的地方在於，相較於坊間讀者熟知的商品之間的關係，出版商是基於何種程度考量來選擇這些為「經典書籍」。不難想像，選擇過程涉及將這些被遺忘的書與廣為人知的範例相比來進行定位，並且編輯是基於這些書籍與範例之間的關係來進行評價。這將進一步證明範例在品質協調過程中所產生的作用。

五、經典饒舌專輯的製作：*Illmatic*

在本節中，我們將討論重點聚焦於經典嘻哈專輯的構成要素。在肯卓克‧拉瑪（Kendrick Lamar）廣受好評的創作專輯《好孩子‧瘋狂城市》（*good kid, m.A.A.d. city*）發行之後，有關如何使嘻哈專輯成為經典的爭論驟然火熱起來。在他眾多廣

受讚譽的作品中，此專輯在享有盛譽的「Pitchfork」音樂網站上被評選為2012年度最佳專輯。有關拉瑪新專輯經典地位的爭論，饒舌評論家安德魯・諾斯尼斯基（Andrew Nosnitsky）提出相當具說服力的分析。他總結自己的論點如下：「當許多人稱 *good kid, m.A.A.d. city* 這張專輯是經典之作，他們潛意識裡用以衡量的標準就是它的屌學感（Illmatic-ness）。」[viii]

《毀壞機制》（*Illmatic*）是1994年嘻哈歌手納斯（Nas）職業生涯代表性的專輯作品。據說，這張專輯能捕捉到一九九〇年代初紐約街頭的核心精神所表徵的聲音，其中包括納斯生動的隱喻和一些當時最好的嘻哈音樂製作人所作的精彩歌曲，伴隨著沉重的節奏所帶來的內省歌詞，《毀壞機制》整個專輯的音樂時間不到四十分鐘，只有十首歌曲（如果不包括前奏，則只有九首歌曲），但因其風格統一而廣受讚譽。諾斯尼斯基指出：「納斯做了一些特別的事情，使得唱片幾近於完美，同時技巧地迴避了很多嘻哈音樂可以做和已經做的事情。」[22] 換句話說，諾斯尼斯基認為在某種程度上，《毀壞機制》是一張非典型的嘻哈專輯。

嘻哈音樂是一種出現在一九七〇年代末和一九八〇年代初的類型音樂，最初主要是派對音樂形式。早期非法竊取路燈的電力來進行街頭聚會。DJ（disc jockey 之簡稱，播放音樂的人）是主要的靈魂關鍵，其次是MC（microphone controller 之簡稱，今意指饒舌歌手〔rapper〕）。[xi] 最初，這些DJ仰賴迪斯可樂曲的特定部分——間奏（the breaks）[x]，但後來也發行自己的歌曲。這意味著單曲比專輯重要得多。在一九八〇年代初，嘻哈音樂剛嶄露頭角時，它完全由單曲所主導，而那個時期許多主要歌手甚至都沒有發行過任何一張專輯。後來這種情況逐漸改變，當時唱片公司在尋找具有暢銷潛力的產品，而音樂中所傳遞的訊息就變得更加重要。當 Run-DMC、Public Enemy 和 Boogie Down Productions 等歌手開始發行專輯時，他們都是收錄主要的單曲（經常是以前發行過的重要曲目），而專輯的其餘部分則是以DJ歌曲或大型合輯組曲。這種情況在1990年左右又產生變化，當時歌手和音樂團體開始有意識地製作風格更為一致的專輯，這種專輯的音樂壽命通常比單曲更長，單曲音樂通常在廣播電台不再點播之後就消失了。

諸如 De La Soul 和 A Tribe Called Quest 之類的樂團所製作的專輯，顯然是打算以專輯為整體來進行銷售，所以這種專輯有時缺乏可以讓廣播電台作為單曲播放

主打的曲目。諾斯尼斯基認為這種趨勢：

> 在納斯1994年所發行的首張專輯《毀壞機制》中，這趨勢就非常顯而易見。如果它不是第一個經典設計，那麼也肯定是最引人注目的，而且現在可能依然是如此。納斯是一位最具話題性、嚴肅而誠摯的年輕嘻哈歌手，他為自己認真看待的世界製作了一張非常嚴謹的專輯。[23]

當嘻哈的評價標準開始發生變化。典型化的演出形式不是以DJ和他的MC組合為主，而有越來越多情況是個別的嘻哈歌手，加上背後一群音樂演奏團隊的形式。這種情況在某些關鍵專業術語（例如MC）的討論中非常明顯，正如某位歌手在一九八〇年代讚揚MC精髓在於「鼓動群眾」（強調現場的元素）。在一九九〇年代，MC成為饒舌歌手代名詞，其最重要的資產在於作品中日益複雜的歌詞和饒舌技巧的流暢性（有節奏地傳遞韻律的方式），納斯可以說是此一發展的極致。*The Source*是最受尊崇的嘻哈音樂雜誌，該雜誌在《毀壞機制》發行之時，稱它為「有史以來最好的嘻哈音樂專輯之一，並給予該專輯五個麥克風（mic）的音樂最高等級評價」。同一期雜誌中的一篇評論文章，裡面詳細介紹了「打造嘻哈經典」的故事，並將納斯稱為「基督再臨」（the second coming）。在此過程中，《毀壞機制》逐漸成為衡量未來嘻哈專輯的範例，或者如諾斯尼斯基所說：從那以後，《毀壞機制》的傳奇如滾雪球般席捲，它不再只是嘻哈經典，而是用以衡量所有嘻哈經典中的經典。

在針對拉瑪專輯的回應之外，諾斯尼斯基提出更進一步的觀點。他將分析延伸到《毀壞機制》如何能成為製作出色嘻哈專輯的模範典型。他主張許多嘻哈歌手逐漸地從專輯中刪除單曲或更多有趣的曲目，以便能更貼近納斯的經典嘻哈專輯。諾斯尼斯基認為，這種趨勢在傑斯（Jay-Z，原名Shawn Carter）的歌手生涯中最為明顯：

> 傑斯被公認為最嚴謹的嘻哈經典代表作《合理懷疑》（*Reasonable Doubt*）和《藍圖》（*The Blueprint*），絕對是精心設計的經典之作，其敏感、憂鬱、專注且

「誠實」，但這些特質與傑斯風格類型格格不入。傑斯是比納斯適應力更強的饒舌歌手，因此這種特殊性未必最適合他。當然這並非從商業角度來看，在一些廣受好評但卻漫無目的似、更像單曲的曲目中，例如《III·卡特的生活與時代》(Vol 3... Life and Times of S. Carter) 或《藍圖III》(The Blueprint 3)，這些相較於傑斯其他權威性的經典歌曲，反而在商業上獲得更大的成功。[24]

　　至此《毀壞機制》成為嘻哈專輯的模範。嘻哈評論家艾略特·威爾遜(Elliot Wilson)以《毀壞機制》來評估拉瑪的專輯：「這是一個完整的作品，而不僅僅只是一堆拼湊的聲音紀錄。」[25]諾斯尼斯基亦承認，拉瑪的專輯與納斯的經典專輯之間存在相似之處：「沉重的意象，成長過程的內省。」但他也認為，以《毀壞機制》為範例來衡量作品的經典地位是狹隘的：「《毀壞機制》幾乎沒有任何樂趣或搞笑，而且是個性化更多於政治化。它在當時並沒有造成轟動，也沒有成為暢銷金曲，而現今的聽眾根本不熟悉這些歌曲，以至於它們在許多派對聚會都無法成為開場曲目。」這並不是說幽默、政治和派對音樂不該是嘻哈類型的一部分，實際上，後兩者或多或少被認為是一九八〇年代的音樂的特色，但如果要被視為經典嘻哈專輯，不論是政治或派對音樂成分都不應該太過頭了。因此，諾斯尼斯基的觀點可從兩方面看。一方面，針對隨後嘻哈音樂專輯品質的評估、詮釋與評價上，他展現了《毀壞機制》作為範例的有效性。另一方面，他希望透過提供其他範例來挑戰此一狹隘標準：一九八〇年代初期的派對導向音樂、一九八〇年代後期的政治性音樂，以及一些較缺乏一致性、卻更為短暫性的混音合輯等，都成為今日網路時代嘻哈這類音樂的主流。

　　這種趨勢尤其明顯，當嘻哈音樂人反覆嘗試著與一個(或數個)製作人協作一張風格統合的專輯，而非仰賴廣泛的製作人與變化多樣音樂曲風這種較為常見的方式。

　　你可以說這種模式更適合某些歌手。但對某些人而言，卻感覺是一種約束，這就是諾斯尼斯基所強調的《毀壞機制》的影響。然而，還有另一種效果，因為範例能幫助形塑未來專輯的製作。換句話說，它們可以影響也能約束那些想要製作(經典)嘻哈專輯的歌手。這些約束和可能性從來都不是絕對的。諾斯尼斯基可能

誇大《毀壞機制》作為範例的力量，因為沒有任何一種藝術或娛樂的形式可以完全由一個範例來支配主導。能與之抗衡的嘻哈音樂範例在各區域崛起，例如：德瑞博士（Dr. Dre）的專輯奠定其美國西岸音樂的代表性地位，而 Geto Boys、流浪者合唱團（Outkast）和地下之王（UGK）的專輯則為南部嘻哈音樂樹立了模範標準。另一個常被提及的是歌手50美分（50 Cent）和阿姆（Eminem）以單曲為主導的音樂專輯，都能在商業上的成功與獲得好評之間取得平衡。從這意義上來說，儘管拉瑪的專輯是來自美國西海岸，但的確以納斯的範例來比較是最好。與納斯的模範專輯一樣，它們的音樂皆具風格的統合性、嚴肅的內省以及缺乏跨界混合的曲目。

不可否認地，本研究主要仰賴於一位具洞察力的評論學者分析，但考量到範例的質性研究所必須做的，以及對新產品產製與市場反應的洞見，這些考量因素都是越來越明晰。正如瑞克・奧特曼（Rick Altman）所描述，《毀壞機制》作為經典嘻哈專輯將影響未來的嘻哈音樂的製作，而它崛起的故事也如同傳記類型電影，兩者間有著驚人的相似之處。它展現一種電影的特殊詮釋，一種透過後續電影發行的典範再詮釋，以此形塑特定型態的電影應有的樣貌。[26] 追溯以往將這稱之為傳記電影，但在取得最初的成功之時，正如奧特曼所表明，造就這部電影成功的元素尚不明確。

六、結論

在本文中我們論證了範例商品是市場上重要卻被忽略的判斷工具。本文提供一種將範例財貨概念化的方法，並展現此概念如何進行實證性操作，以深入了解其意義是如何在市場協調中產生的。以範例財貨作為判斷工具的有利之處在於，它們能夠調節一般商品和特殊商品之間的張力。範例是特殊財貨，但它們被認為是具備多元品質的組合體，從而使我們對某類型商品所應具備的品質能有所了解並產生慾望。而同一類型的其他商品與這些範例財貨進行關聯性比較，這些範例財貨可被視為協調意義和品質的聚焦點。

這些說明性的案例研究突顯了範例運用的重要性。首先，他們展現了將新進商品對應市場裡既存商品，來進行定位的協調過程。其次，它們證明了在消費者

和生產者之間的調解過程中，運用範例在市場宣傳行銷與中介性評述討論的重要性。書籍行銷的案例研究突顯了範例如何形塑消費者的認知期望，並且在製造者與消費者之間的溝通上扮演聚焦點。而嘻哈的案例研究則展現出，特定的範例可能會顯著地影響市場或音樂類型關於品質的認定，從而進一步影響後續音樂商品製作的走向。本文亦強調詮釋範例的評論家所扮演的重要調解角色。

此外，本文的案例研究更突顯出，在單個財貨進行評價的過程中，合格化和評等的過程已成為核心關鍵，這是卡皮克所強調，但往往為其他人所遺漏的面向。範例的運用不仰賴於一般性類別或一致性評等，而是在特殊性的比較。它不仰賴一般性類別的合格條件，而是依賴於與特殊財貨的相關性或非相關性。此外，以範例對奇點財貨進行評估時能考量其品質的多樣性，不像評等分級只依賴單一標準。

本文的討論並未觸及某些商品成為典範的方式，然而這是另一個未來可發展的研究問題。本文僅簡單的假設市場中存在幾種或僅一種範例財貨。為了進一步發展範例的概念，實有必要持續探討這一點。一旦確定某些商品為模範，它們可能會影響市場發展的趨向，並創造特定可依賴的發展路徑。

無疑地，從經濟的面向來看，最重要的議題是研究範例之間如何並存和競爭。競爭是一個多面向的過程。當前的學者們可受益於對現有範例的深入了解，以及如何解釋這些範例。新進此領域的研究者可尋求「打破常規」，並嘗試建立可替代的範例。然而，正如前文書籍的案例所建議，各種範例是可以彼此並存，並且可以塑造整體市場的結構或特定的利基（niche）市場。

從社會學的角度來看，我們可能會對不同中介體系選擇和解釋範例財貨品質的方式感興趣。中介體系、營利組織，相關社會機構與公共團體等，可能有權力選擇（或欽定）範例財貨，或以特定方式（重新）解釋範例財貨。我們期望這些問題不會被排除在原有的學科領域之外，因為它們都是市場產品驗定和定價方法的一部分。

【附記】

原文譯自 Erwin Dekker, "Exemplary Goods: Exemplars as Judgment Devices," *Valuation Studies*

4(2), 2016: 103-124.

註釋

1   Friedrich A. Hayek, "Economics and Knowledge," *Economica* 4(13), 1937: 33-54; "The Use of Knowledge in Society," *The American Economic Review* 35(4), 1945: 519-530.

2   Lucien Karpik, *Valuing the Unique: The Economics of Singularities* (Princeton, NJ: Princeton University Press, 2010).

3   Nathalie Heinich, *L'élite Artiste: Excellence et Singularité en Régime Démocratique* (Paris: Editions Gallimard, 2005).

4   Lucien Karpik, 22-24.

5   Hannah Arendt, *Lectures on Kant's Political Philosophy* (Chicago, IL: University of Chicago Press, 1982) 76.

6   Hannah Arendt, 77.

7   Hannah Arendt, 76.

8   Hannah Arendt, 84-85.

9   Max Weber, *The Methodology of the Social Sciences*, in Edward A. Shills and Henry A. Finch, eds. (Glencoe, IL: The Free Press, 1949) 90.

10 Thomas S. Kuhn, *The Structure of Scientific Revolutions*, 2nd Edition. (Chicago, IL: University of Chicago Press, 1970) 174-210.

11 Michel Callon, Cécile Méadel, and Vololona Rabeharisoa, "The Economy of Qualities," *Economy and Society* 31(2), 2002: 199.

12 Friedrich A. Hayek, "The Use of Knowledge in Society," 519-530.

13 Friedrich A. Hayek, "The Meaning of Competition," *Individualism and Economic Order* (Chicago, IL: University of Chicago Press, 1948) 106.

14 Peter E. Earl and Jason Potts, "The Creative Instability Hypothesis," *Journal of Cultural Economics* 37(2), 2013: 153-173.

15 Barbara H. Smith, "Contingencies of Value," *Critical Inquiry* 10(1), 1983: 23.

16 Jens Beckert and Christine Musselin, *Constructing Quality: The Classification of Goods in Markets* (Oxford: Oxford University Press, 2013).

17 Beckert, Jens. "The 'Social Order of Markets' Approach: A Reply to Kurtulus Gemici." *Theory and Society* 41(1), 2012: 122.

18 Harrison C. White, *Markets from Networks: Socioeconomic Models of Production* (Princeton, NJ: Princeton University Press, 2002) 79.

19 Thierry Levy, "The Theory of Conventions and a New Theory of the Firm," in Edward Fullbrook,

ed., *Intersubjectivity in Economics: Agents and Structures* (London: Routledge, 2002) 254-272.

20 José Antonio Rosa, et al, "Sociocognitive Dynamics in a Product Market," *Journal of Marketing* 63, 1999: 64-77; Chad Navis and Mary Ann Glynn, "How New Market Categories Emerge: Temporal Dynamics of Legitimacy, Identity, and Entrepreneur-ship in Satellite Radio 1990-2005," *Administrative Science Quarterly* 55(3), 2010: 439-471; Candace Jones, et al, "Rebels with a Cause: Formation, Contestation, and Expansion of the De Novo Category 'Modern Architecture,' 1870-1975," *Organization Science* 23(6), 2012: 1523-1545.

21 Ezra W. Zuckerman, "The Categorical Imperative: Securities Analysts and the Illegitimacy Discount," *American Journal of Sociology* 104(5), 1999: 1398-1438.

22 Andrew Nosnitsky, "Classic Material," *Pitchfork*, retrieved on June 8, 2016, [on line] http://pitchfork.com/features/hall-of-game/8997-classic-material/

23 Andrew Nosnitsky, "Classic Material."

24 Ibid.

25 Elliott Wilson, "Believe The Kendrick Lamar Hype?" *Life and Times*, retrieved on June 8, 2016, [on line] http://lifeandtimes.com/believe-the-kendrick-lamar-hype

26 Rick Altman, *Film/Genre* (London: British Film Institute, 1999) 44.

譯註

i 「美好年代」（法語：Belle Époque）是歐洲社會史上的一段時期，從19世紀末開始至第一次世界大戰爆發而結束。這個時期被上流階級認為是一個「黃金時代」，此時的歐洲隨著資本主義及工業革命的發展，科學技術日新月異，歐洲的文化、藝術及生活方式等都在這個時期發展日臻成熟。然而富人與窮人的財富與生活方式落差卻急遽加大，財富不均現象在當時達到最高峰。

ii 1959年4月，漢娜‧鄂蘭以「行動的生活」（Vita Activa）為名的系列講座受邀演講，隨後將內容整理為專書《人的條件》（*The Human Condition*），成為其最重要的著作。本書的核心命題，主要探討三種人類最根本的活動：勞動（Labor）、工作（Work）與行動（Action）。

iii 「理想類型」（ideal type），韋伯提出的一個重要方法論原則，它是一種概念工具，來自於研究物件，但又不包含研究物件的具體特徵，而是體現出一般的共性與規律性。意指藉由篩選出某個現象的某些基本或核心特徵，則其他的特徵都將被摒棄或忽視。

iv 信譽財，亦稱信任品，指一些即使在使用後也難以確定其品質成效的產品，例如醫療、法律服務等。

v 《地下室手記》（*Notes from the Underground*）是杜斯妥也夫斯基創作上的轉捩點。

vi 西吉茲蒙‧克斯札諾夫斯基（Sigizmund Krzhizhanovsky）是俄羅斯和蘇聯的作家、劇作家、哲學家和歷史學家，「以名不見經傳」而自稱。他一生中只發表了幾篇故事和論文，大部分都是

在過世後出版的。

vii 約翰‧威廉斯（John Williams）的暢銷書《斯托納》（*Stoner*）描述主人翁威廉‧斯托納如何從貧農變成大學教授，他不圓滿的婚姻與家庭，無疾而終的婚外情，面對婚姻職場上的橫逆欺壓甚至掠奪，他卻如頑石般地逆來順受而從不抵抗，因而造就了他平淡無奇的平凡一生，卻是生命中最真實的樣貌，其代表著一種「去」英雄、「去」美國夢的平凡美國人哀歌，具備許多美國人的典型元素；然而，史考特‧費茲傑羅的《大亨小傳》（*The Great Gatsby*）中的主人翁蓋斯比（Gatsby）則象徵著偉大的美國夢的追逐者，亦是那個時代在荒原上馳騁的荒原英雄的寫照。因此兩相對比之下，才有書評摘錄將《斯托納》形容為「反蓋斯比」的涵義在此展露無遺。

viii 「Illmatic」指的是「非常屌，屌到像門學問一樣」。所以可以稱之為「屌學」！事實上，「Illlmatic」的確受到學術界的重視。不僅有兩篇主流學術期刊的文章是以「Illmatic」為主題，知名社會學家麥可‧艾瑞克‧戴森（Michael Eric Dyson）更於 2010 年編輯了一本分析「Illmatic」的論文專書（*Born to Use Mics: Reading Nas's Illmatic*），其中由十名學者、評論家分別討論專輯中的十首歌曲。

xi 在嘻哈音樂的定義中，MC 是 microphone controller 的縮寫，意為「麥克風的掌控者」，也就是指「饒舌歌手」（rapper）。

x 間奏（Break），指在節奏中的停頓和休息。這個字最早是爵士樂的名詞，指音樂主旋律暫時退下，只剩鼓和貝斯作些變化較大的節奏轉折，然後進入下一段，意思近似於玩音樂的人都知道的名詞「過門」。

參考書目

Altman, Rick. *Film/Genre*. London: British Film Institute, 1999.

Arendt, Hannah. *Lectures on Kant's Political Philosophy*. Chicago, IL: University of Chicago Press, 1982.

Barsalou, Lawrence W. "Ideals, Central Tendency, and Frequency of Instantiation as Determinants of Graded Structure in Categories." *Journal of Experimental Psychology* 11(4), 1985: 629-654.

Beckert, Jens. "The 'Social Order of Markets' Approach: A Reply to Kurtulus Gemici." *Theory and Society* 41(1), 2012: 119-125.

Beckert, Jens, and Christine Musselin. *Constructing Quality: The Classification of Goods in Markets*. Oxford: Oxford University Press, 2013.

Burnett, Russell C., et al. "Ideal is Typical." *Canadian Journal of Experimental Psychology* 59(1), 2005: 3-10.

Callon, Michel, Cécile Méadel, and Vololona Rabeharisoa. "The Economy of Qualities." *Economy and Society* 31(2), 2002: 194-217.

Carroll, Glenn R., and Anand Swaminathan. "Why the Microbrewery Movement? Organizational Dynamics of Resource Partitioning in the U.S. Brewing Industry." *American Journal of Sociology* 106(3), 2000: 715-762.

Caves, Richard. *Creative Industries: Contracts between Art and Commerce*. Cambridge, MA: Harvard University Press, 2000.

Danko, Dagmar. "Nathalie Heinich's Sociology of Art and Sociology from Art." *Cultural Sociology* 2, 2008: 242-256.

Earl, Peter E., and Jason Potts. "The Creative Instability Hypothesis." *Journal of Cultural Economics* 37(2), 2013: 153-173.

Hayek, Friedrich A. "Economics and Knowledge." *Economica* 4(13), 1937: 33-54.

Hayek, Friedrich A. "The Meaning of Competition." In *Individualism and Economic Order*. Chicago, IL: University of Chicago Press, 1948.

Hayek, Friedrich A. "The Use of Knowledge in Society." *The American Economic Review* 35(4), 1945: 519-530.

Heinich, Nathalie. *L'élite artiste: Excellence et singularité en régime démocratique*. Paris: Editions Gallimard, 2005.

Hutter, Michael. "Infinite Surprises: On the Stabilization of Value in the Creative Industries." In Jens Beckert and Patrik Aspers, eds. *The Worth of Goods*. Oxford: Oxford University Press, 2011. 201-222.

Jones, Candace, et al. "Rebels with a Cause: Formation, Contestation, and Expansion of the De Novo Category Modern Architecture, 1870-1975." *Organization Science* 23(6), 2012: 1523-1545.

Karpik, Lucien. *Valuing the Unique: The Economics of Singularities*. Princeton, NJ: Princeton University Press, 2010.

Kjellberg, Hans, et al. "Valuation Studies? Our Collective Two Cents." *Valuation Studies* 1(1), 2013: 51-81.

Kopytoff, Igor. "The Cultural Biography of Things: Commoditization as a Process." In Arjun Appadurai, ed. *The Social Life of Things*. Cambridge: Cambridge University Press, 1986. 64-91.

Kuhn, Thomas S. "Postscript." In *The Structure of Scientific Revolutions*, 2nd Edition. Chicago, IL: University of Chicago Press, 1970. 174-210.

Levy, Thierry. "The Theory of Conventions and a New Theory of the Firm." In Edward Fullbrook, ed. *Intersubjectivity in Economics: Agents and Structures*. London: Routledge, 2002. 254-272.

Lynch, Elizabeth B., John D. Coley, and Douglas L. Medin. "Tall is Typical: Central Tendency, Ideal Dimensions, and Graded Category Structure among Tree Experts and Novices." *Memory & Cognition* 28(1), 2000: 41-50.

Mervis, Carolyn B. and Eleanor Rosch. "Categorization of Natural Objects." *Annual Review of Psychology* 32, 1981: 89-115.

Musselin, Christine, and Catherine Paradeise. "Quality: A Debate." *Sociologie du travail* 47, 2005: 89-123.

Navis, Chad, and Mary Ann Glynn. "How New Market Categories Emerge: Temporal Dynamics of Legitimacy, Identity, and Entrepreneurship in Satellite Radio 1990-2005." *Administrative Science Quarterly* 55(3), 2010: 439-471.

Nosnitsky, Andrew. 2012. "Classic Material." Pitchfork, [on line] http://pitchfork.com/features/hall-of-game/8997-classic-material/

Rosa, José Antonio, et al. "Sociocognitive Dynamics in a Product Market." *Journal of Marketing* 63, 1999: 64-77.

Rosch, Eleanor. 1978. "Principles of Categorization." In Eleanor Rosch and Barbara B. Lloyd, eds. *Cognition and Categorization*. Hillsdale, NJ: Lawrence Erlbaum Associates 1978. 27-48.

Rosch, Eleanor, and Carolyn B. Mervis. "Family Resemblances: Studies in the Internal Structure of Categories." *Cognitive Psychology* 7, 1975: 573-605.

Schelling, Thomas C. *The Strategy of Conflict*. Cambridge, MA: Harvard University Press 1969.

Smith, Barbara Herrnstein. "Contingencies of Value." *Critical Inquiry* 10(1), 1983: 1-35.

Sugden, Robert. "A Theory of Focal Points." *The Economic Journal* 105(430), 1995: 533-550.

Weber, Max. *The Methodology of the Social Sciences*. Edward A. Shills and Henry A. Finch, eds. Glencoe, IL: The Free Press, 1904 [1949].

White, Harrison C. *Markets from Networks: Socioeconomic Models of Production*. Princeton, NJ: Princeton University Press, 2002.

Zuckerman, Ezra W. "The Categorical Imperative: Securities Analysts and the Illegitimacy Discount." *American Journal of Sociology* 104(5), 1999: 1398-1438.

CHAPTER 4

文學作為一種文化產業

Sarah Brouillette, Christopher Doody　著

成伶俐　譯

在文化產業的研究中，圖書出版常常是被忽視且相當粗略的一環。很少有針對出版業的研究，就算是有些研究將出版作為課題，卻也不會費心去著墨什麼樣的特質促使某些特定文學作品的生產、流通與接收。乍看，我們可以把這種空白解釋為一種「學科」（disciplines）的問題。文化產業研究的學者，其學術背景主要是源於社會學、文化以及媒體研究等領域，而那些關注文學著作特異性的人，則多匯聚於英美語文與文學的學門。在本章我們將對這一分立的情勢提出質疑。

在本章第一部分中，我們聚焦於皮耶・布迪厄（Pierre Bourdieu）和狄奧多・阿多諾（Theodor Adorno）的作品中，文學和文化產業之間相互關聯的論述。阿多諾毫不保留地批判了大眾文化裡的鈍化效應，並堅信文學仍舊有可能是一個獨立的空間，在此空間裡，自主的藝文性活動能孵化，進一步促成社會與政治的變革。而在布迪厄的著作中有一種近似的願想，就是反對將所有的文學約化為一種他所稱「異質場域」（heteronomous field）的文化表現形式。在這個場域裡，經濟利益與受眾極大化勝過所有的運作考量。

遺憾的是，他們的作品往往被解讀為立論是互異，而非相互關聯的。文學界的人士普遍接受了阿多諾的美學論點，然而文化產業研究的學者則傾向於批判阿多諾的總體基調，認為它是一種菁英主義的，且充滿矛盾的。反過來，文化產業研究陣營則在布迪厄的論著中受益良多，因為他把所有的文化都看作是獲取和控制特定資本的手段，而文學研究之所以接受布迪厄的觀點，是因為他把文學尊奉為一種「自主場域」（autonomous field）的核心支柱，在那裡，價值和財富是由諸多行動者自主生產而積累起來的。

在本章的第二部分中，我們強調，這種分立的論點比起以往任何時候都沒

有意義。當今大多數主要的出版商都納編在少數的跨國媒體集團之下，他們渴望看到文學被無休止地創製生產與再生產。對他們來說，文學不一定是滿滿一架子的厚書，儘管這樣的形象有其用處。相反地，文學是一套關於文化價值的觀念——意義與中介因子、搜索與探尋、自我發現和多元詮釋等等，它們的流通傳布遠遠超出了出版業，滲透到了電影、電視、廣播和數位媒體中。文學越來越多地被視為一系列生成性價值（generative values）和經驗的簡稱，而這些價值和經驗一被生產就能夠穿越多重媒體範疇。只有把文學當成一種文化產業來思考，我們才能跨越其表面上的特質與意涵，而進入到它深層的寓意與潛存的市場性（marketability）。

第一部分

雖然文學研究領域的人很少關注文化產業這個議題，但一段時間以來，他們已經意識到文學是有一套產業脈絡與維度的，[1] 以至於最近有評論家感歎文學研究中「社會學的成分越來越多了」。現在已經很難找到一個文學學者會堅持，文學只是一個純粹的想像、表達、創造和感受的超然空間（transcendent space），存活於媒體集團的掌控之外。現在他們更多的人願意關注圖書生產、發行和消費的物質現實對我們閱讀內容和方式的影響。

布迪厄著作中關於「自主性的或菁英主義式的作品」與「異質性的或流行式的生產」，兩者之間拉鋸關係的討論，尤其具有影響力。布迪厄有時被譏諷為，堅信所有的文化表述都可以被解釋為：一個高度結構化場域的產物；或是被看成一種人們相互競逐，獲取自身利益，確保文化、社會、經濟等資本的遊戲（game）。但我們應注意到，在他那撼動人心的文章〈文化資本的場域〉（The Field of Cultural Capital）中，文學恰恰代表了文化經濟中不能完全歸結為經濟誘因（economic incentive）的那一部分。這種鼓吹文化自主性的趨向與思想在他的後期作品中才更加突顯出來。

在布迪厄的作品中，文學始終有其框限，同時又有十足的自主動力，這使得新的思維與形式能在場域中萌芽，並且逐漸掙脫原有的窠臼與預設。他認為，文

學或藝術的存在的場域是一種權力的場域，也是帶動自身持續存菁蛻變的競逐場域。他將文學設想為，能夠在身處的場域從事權力競逐的主要表達形式。對布迪厄來說，文學甚至可以被定義為潛藏在任何權力競逐場域中，促動變革的潛在驅力。他寫道：「當一個新的文學或藝術行動者在文藝生產過程裡嶄露頭角並引起群體的側目時，這整個情勢就轉化了，因為這個行動者的出現，帶來了差異性，催化了遞變與可能的替代選擇。」[2] 這不是一個僵化的模型，它假設了一個動態的、具有永久衝突的系統，從而永久地變化成為一種常態。他寫道：「這個系統生成性、統一性的原則是鬥爭。」[3] 文學在這個令人生厭的場域中被賦予了戰鬥者的特權角色。

布迪厄理論中一個關鍵論點在於他堅持認為，文學與藝術場域的客觀條件（包括我們的主觀信念），即文化在我們所處的場域裡，是獨一無二的，是值得頌揚的，是優於其他種類文化的。他把這些信念稱為「欺騙的確定性」（deceptive certainties），但同時告誡說，在稱其為欺騙性的同時，我們必須認識到，堅持這些信念是當前客觀現實的一個重要組成部分。[4] 這並不是布迪厄自己不想耐心地闡明物質因素的確定性——他一直不懈地探索社會學的反身性（reflexive）。他並非置身於體系之外。他也投身於一種超越表達的境界，這種表達境界可以改變現有的場域框限。

布迪厄宣稱，對獨特審美價值的崇敬是商業文化興起的產物，伴隨這種興起的是一種將文藝生產剝離於市場考量的意識形態。這種意識形態促成了文藝創製急切地投身於大規模的營運生產，以企求在大市場中達成資本的積累。可以肯定的是，布迪厄對藝術自主發展信念的分析，在某種意義上否定了文藝超然於經濟利益的概念，並表明，試圖從社會經濟網絡中抽離出來的人，事實上正是社會經濟糾葛網絡的產物。然而，布迪厄對文化的企業化（corporatization）感到憂慮，他看到菁英與大眾生產之間的分界消失了。他認為這威脅到了自主化在創意表述方面所取得的成就：即為「每個場域所保有的完整創作過程」，以及對支配體系將絕對的經濟盤算凌駕於文化表述之上的專斷準則的抵抗。[5] 因此，布迪厄對自主性所採取的形式進行了批判性的歷史描述，同時強調這種自主性是有值得維護的積極層面。尤其是，知識分子在公眾政治領域的涉入，還有對群體社會價值信念的驗

證，將持續依賴超然無涉利害關係的專業人士。[6]

　　布迪厄很少有對大規模的商業文化生產的評述，除了當這種運作影響到創作領域內成員的想像表述的時候：他認為，創作者是高度自主的，而商業文化則是錯雜異質的；創作者體現的意象是自身智能激盪的產物，而不是對自主思維之外需求的回應。在他的整個作品中，文學作為最典型的例證，體現了他的自主性理論所依賴的顛倒經濟世界，在這個世界裡，存在著一種無關利害的利益（an interest in distinterestedness），而創作領域內的參與者只有在不刻意企求的情境下，才能自在地邁向超凡入聖之域（consecration）。

　　〈文化資本的場域〉文章的最後討論了19世紀法國詩人、文學評論家斯特凡·馬拉美（Stéphane Mallarmé）的一些論點。在馬拉美的一些著作中，他似乎把美（beauty）簡化為「不過是把文學日常生活中所缺乏的東西，投射到一個形而上的境地」。[7] 根據布迪厄的論點，馬拉美將美呈現為一種幻想，掩蓋了日常生活爭鬥的醜陋。布迪厄在這裡引用這個觀點，因為它將暗示，就像他自己的分析一樣：生活中有許多不盡如意，欲求無從滿足的事，然而世上沒有一個真正至真善美的幸福是能超脫這些缺憾而憑空獲得的。這一點已經很清楚了。然後，他接著表示，如果對藝術熱愛的快樂源自於不覺，那麼可以理解的是，人們有可能會擱置對事物質疑探索的本能，轉而追崇那些在規模企畫下，訴諸需求滿足的產品。這種近乎戀癖的拜物情結（fetish），弱化了人們本應具備的自主意識，而喪失了所謂的「批判的清醒」（critical lucidity）。[8] 我們在這裡找到了布迪厄對文化經濟認知的一個很好的總結。批判的清醒意味著對美的追求必須揚棄脆弱戀癖情結；然而當我們知道對美感追求的樂趣可能與自身對文化的產業面向缺乏認識有關，我們就不會再嘲笑那些不認同我們高明見解的言論。相反地，我們可以將自己的存疑暫時擱置，而選擇涉入那些追崇愉悅的藝術作品。因此，訴諸愉悅的藝術並不能歸結於它的經濟糾葛（economic entanglements）。可以用它與經濟糾葛的關係來描述其藝術質性，卻不能以此決定它的價值。以一種辯證的方式來看，一項藝術對攻訐的抗拒，正是它優越性之所在。

　　阿多諾的美學觀點卻有著不同的曲折變化。布迪厄認為，階級的區別在文化消費中體現，並被文化消費所固化，而阿多諾則傾向於強調，階級關係偽裝在一

種虛構的民主選擇中，透過大眾文化而擴散。在霍克海默（Max Horkheimer）和阿多諾關於文化產業的著作中，他們把文化產業設想成一個大規模標準化生產的「鋼鐵系統」（iron system）。他們認為，大型文化企業的擴張和鞏固取決於這樣一種想法：為了滿足市場中為數龐大的消費者需求，產品的標準化是有需要的。[9] 結果這導致一種「偽個性」（pseudo individuality）的出現：人們樂於藉由消費制式化的大眾商品，來表達自身表面上看起來獨特有型的個性與價值觀。他們寫道，在文化產業中，「不僅熱門流行歌曲、明星和肥皂劇都符合週期性重複出現的、僵化不變的類型（types），而且許多產品的內容看似有突創的成分注入，實則不過是內容細節間相互調換，類型內部因襲循環」。[10]

那些以菁英主義指控這篇著作的人，認為它的主要目標是那些被動地沉溺於「不合格文化」（substandard culture）中的消費者。但這不是事實。他們倆人所抨擊的是這樣一種觀點，即文化產業只是高級科技系統的成果，作用於監控和回應消費者需求的。文化產業推定它知曉受眾，並辯解它的天職就是回應受眾的需求，而讓他們倆感到困擾的是，文化產業的控制權其實掌握在經濟菁英手中。這群菁英致力於讓大眾認可他們的營運努力，並聲稱他們有效地駕馭科技的生產要素，來合理化自身的統治地位。

這篇文章也不是對「純粹表達」（pure expression）這個理想消逝的哀悼（lament）。事實上這種哀悼是有問題的。阿多諾和霍克海默關於純粹表達的說法，與布迪厄所引述的馬拉美的觀點不謀而合：對純粹性的迷戀反映了一種特權階層的慾望，即超脫那些平日服膺於他們為生活而奔走的庶民大眾社經條件相對弱勢的群體。所以不管怎麼說，如果一個人深信藝術可以被劃分為菁英信念的「純粹表達」，和對立於此站隊亦是社會最弱勢群體的「真正普遍性」（real universality），那他就很難抹去被冠上「菁英主義」的控訴。用他們的話說：雖然文化產業企畫生產出所有的需求，以滿足萬般大眾，但這些需求都是預先設定好的，以至於每個個體終究是市場裡的消費者，文化產業的目標對象，只能藉由消費這些來驗證自己。[11] 這裡並沒有高傲輕蔑的意思，而是針對娛樂產業「假裝」能夠為大眾排傷解憂的這個事實。休閒，以及作為休閒一部分的文化消費，變得像流水線工作一樣常規化、機械化。休閒並沒有真正帶來超脫，只是透過暫時的愉悅來轉移人們

的心緒，沒有一種對心靈自由缺失的救濟。

在〈承諾〉（Commitment）這篇文章中，阿多諾預想了文化產業的對策。他讚揚那些在形式上創新的藝術作品，那些作品觸動了潛存於觀眾內心追求改變的慾望，而這些作品在產業體制下卻無法實現。他有一句名言：「藝術的意義不在於突顯一種可替代的選擇性，而在於以其形式來抵制世界的進程，因為世界的進程永久地把手槍頂在人們的頭上。」[12]像社會現實主義這樣致力於批判的運動，有可能成為體制納編，成為一種有利可圖的苦難題材。原本立意要表達的道德譴責就這樣「溜進了它的反面的深淵」，[13]不道德地成為對他人的艱難承受的消費。事實上，在藝術中表現某種意念的純粹行為，有可能使其變得更平易近人、更有意義，但意義本身可能就是我們意欲隱藏的一種質性（property）。他寫道：「就連絕望的聲音都也會向驚駭的恐怖致敬。」[14]

因此，最高層級的文學作品捨棄了寫作應致力於實證經驗的要求，指向一種實踐路線：創造一種公正的生活。他們承諾一個更美好的世界，他們不以取悅讀者為職志，也拒絕為艱難的生存現實提供任何調解與慰藉。儘管讀者不見得會涉略到，但這種優質的藝術是站在受壓迫的一邊，因為其可以刺激，而不是直接表陳社會的變革。

現在回到與布迪厄的比較，我們看到，文化產業的立意是讓我們默認或是忽視現實世界的偏失，但是阿多諾欣賞的藝術優越性正是與文化產業的偏失存有一股辯證的連結。他寫道，每個內容細節和每一種文學形式都是由實證的現實情境中掙脫出來的。[15]文學產業和文化產業之間沒有純粹的區別。它們的存在交互纏結，它們的發展是一脈相承的。阿多諾在《美學理論》（*Aesthetic Theory*）這本著作中用最多的篇幅提出了這一觀點。藝術實現其自主地位，不是透過否認自己與文化產業有任何關係，而是透過在自身內部（在形式技術層面）與自身作為商品的屬性，兩者之間的矛盾辯證而生的。

第二部分

過去幾年，從文化研究的角度來看，學術領域有越來越多的研究，嚴肅地將

文學認定為一個重要的文化產業形式。這些眾多的論述，儘管出發點與目的不盡相同，卻不約而同地都採用阿多諾的觀點，聚焦於文學義理表達和工業生產之間矛盾的探索。[16] 從整體上看，這些作品驗證了，為什麼現在比以往任何時候都有必要，對文學和其他文化產業形式作交互參照的比對。將文學從其他文化產業形式中分離出來的願望或衝動，並不是文化研究領域所獨有的。就如泰德・史特萊法斯（Ted Striphas）所言：

> 圖書屬於經濟必需品的概念是當代出版文化中最根深蒂固的一項神話〔……〕人們一直在買賣書籍〔……〕不過，傳統的智慧認為，書籍還有更多的意義，它與燈泡、DVD、汽車，還有人們花錢購買的許多大眾商品不同。人們為之付出大量金錢，是什麼讓一本「好」書變得好，或者說，一本「好」書變得好，是因為它為了更崇高的目標而超越庸俗的經濟利益框限。[17]

史特萊法斯認為，這一神話的存在，部分原因是由於圖書的「日常性」，圖書的大規模生產、展示與販售已經是社會裡再自然不過的經濟現實，以至於今天被完全忽視。[18] 他的工作是試圖打破這種神話，企圖藉由探索圖書出版與消費資本主義的錯綜複雜關聯，來了解文學產業的運作邏輯。

史特萊法斯的著作探討了當代出版文化的五個獨特方面：電子書、大賣場、網路書店、美國脫口秀節目主持人歐普拉・溫芙瑞（Oprah Winfrey）的《歐普拉讀書俱樂部》（Oprah's Book Club），還有《哈利波特》現象等。他認為要理解這些現象，我們需要回溯它們的特殊歷史源流，以及洞穿圖書出版與消費資本主義更深層的依存關係。例如，在關於電子書的章節中，史特萊法斯將當前出版產業運作中的商品所有權和發行問題，追溯到一九三〇年代。當時出版界對許多讀者轉售或分享購入書籍的舉措，有著驚恐的戒懼，這對整體營收的影響甚鉅。因此出版商發明了「偷書」（book sneak）一詞，以貶抑那些只借書光看書卻不買書的人，並稱他們為掠奪作者版稅收入的可憐蟲。[19] 這種恐懼在一九八〇年代隨著影印機的普及又重新出現。今日，出版商試圖用數位加密技術「鎖住」電子書，就是這些擔憂的簡單延伸。史特萊法斯指出，電子出版科技是五十多年來，出版業界對人們

積累與流通圖書資訊，獲取其他大規模生產的商品，還有一連串諸多問題的最終結果。[20] 他的其他著作也遵循類似的模式，從實證出發，解釋為了要正確理解文學產業，就必須將圖書視為大規模生產的商品，與其他文化商品形式一樣具有類似的經濟、社會和政治的運作邏輯與限制。雖然他極具說服力地，否定了文學產業是獨立於經濟利益之外的神話，但他並沒有對文學生產與其他文化產業類目的扣連關係，做更深一層的探究。

西蒙‧莫瑞（Simone Murray）關於文學改編產業的研究確實觀照了這一重點。莫瑞認為，由於缺乏對改編產業的了解，評論家們對改編產業的運作有一種扭曲的理解。將文學生產與其他文化產業隔離開來，實際上阻礙了改編研究作為一種場域的發展。解決之道在於消除評論家所持有的一些迷思，其中之一就是聲稱「圖書是個人化的、孤立的作者創作的產物，而電影和電視則是協作的、產業化過程的結果」。[21] 出版史的研究者已經表明，文學的生產是一個社會過程，在這個過程中，許多代理人在政治、社會和經濟問題的牽引下，努力生產一本特定的書。把文學出版視為獨立的產業來對待，就是忽略了其當代生產運作的基本特質。例如，莫瑞指出，在複雜的文學體系下將作品改編成銀幕劇本並不僅僅是經濟效益上的一種附加或衍生，而更是從最初的創作階段就構思涵納，並是為整體出版計畫的一環。改編研究，以及由此延伸的其他文化領域的研究，只有在將圖書和銀幕媒體概念化為一體，並將其融入全球娛樂產業時，才能完全領會這個研究課題意涵的深度與廣度。[22]

莫瑞的一個主要興趣是文藝創作者在她所稱的「改編經濟」（adaptation economy）中的角色變化。改編經濟是當代資本生產體系的產物。在這個時代，許多出版公司被納編在少數壟斷的媒體集團旗下，或是成為多角化營運的跨國媒體企業的一支。這些龐大的機構擁有各種生產文化內容的部門：出版社、報紙、電視節目、電影片廠、廣播節目、數位平台等。因此，它們對那些可以重複創製再創製的文化產品自然就非常熱衷。在這種改編經濟中，書本的形式越來越多地被設想為一個液態流動（liquid）內容的暫時（非終極）容器，這些內容可以透過集團的營運予以拆解與重裝。莫瑞在此隱喻性所稱的流動體，指的就是文學，它本身就是一種財貨，是一種創造性的商品，只要經濟允許，它就可以以不同的身分形

式現身於市場。

　　莫瑞認為，當代作者已經很清楚自己產品的可變性（mutability），也已做出相應的反應：21世紀創作者的角色身分已不再是專屬於特定媒體形式的「作者」。[23] 這個角色的變化對整個文化產業造成了深遠的影響。她認為：

> 從創作的初始階段，作者就得設想如何將內容在多重媒體形式上呈現，接著面臨的壓力是，媒體集團旗下的出版公司對優先使用權的爭購，隨後合約鉅細靡遺的規範作者與出版商，就作品內容在任何可意想到形式的運用，各自擁有的權限與義務。更重要的是，作者還得配合經紀代理擬定的整體商業策略。[24]

　　作者本人也意識到文學作品可以透過多種形式改編和販售，開始將自己的作品理解為一種品牌資產，他們的合約也朝著這個趨向議定。當作者伴隨著更廣泛的文學產業一起發生變化，溶入改編經濟這種互存相生的關係網絡時，實際上改編產業本身也因為社會對文學領域創作自主的認知而獲利良多。以原創作者出席改編電影首映會為例，莫瑞解釋了改編產業是如何依賴原文學作者的文化資本。值得注意的是，像馬修‧阿諾德（Matthew Arnold）、弗蘭克‧利維斯（Frank R. Leavis）等學派，還有新批評（New Critical）風潮等引領的知名文學批評路線與教學導向，卻深深地基植於（儘管往往是隱晦的）浪漫主義遵奉的「作者即是天才」概念之上，並且近乎無知的忽視圖書生產與交易的經濟現實。[25] 她認為這些批評路線終究還會回頭來為產業服務的。除了作為對改編作品的「原創認可和本尊加持」之外，還能如何解釋原作者在改編電影首映會上的儀式性亮相？[26] 即使原創作者的形象對改編後的作品沒有任何影響，但是他們的加持還是會為改編作品添上一層文學光暈。這個儀式之所以有效（或有必要），是因社會普遍存有一個認知：文學作者是超然於紛雜世俗與經濟算計，是高度社會自主自持的。因此，莫瑞指出，矛盾的是，浪漫主義式的批評理念看似與文化產業化的發展趨勢格格不入，但當前促成文學作者神格復興的（或從未被完全消除），正是先前這股浪漫思潮。[27] 這個例子表明，文學產業與其他文化產業之間的關係遠比平常想像的要複雜。雖然跨國媒體集團的營運促使文學必然與其他所有文化產業形式交織在一起，但這些

產業也會在不同程度上，從浪漫主義式的文學自主性概念中獲益，因為這種（虛假的）分立，正是文學的所在價值。

理查・奈許（Richard Nash）最近討論了出版商如何尋找新的方法，以從這種價值中獲得收益。他認為，將文化聲譽轉化為商業價值的「文學的生意」，其本身並不限於出版業，文學的生意是製造文化的生意，而不僅僅是製造裝訂書本的生意。[28] 和莫瑞一樣，奈許也承認，當代文學產業越來越多是依靠文學的價值來賺取利潤，而不是實際的物質書本銷售。在精彩豐富的文化情境，探尋創作題材，並將其成書傳銷到社會分享，這早已不是一本書（不論是紙本或是數位的）營銷獲利的唯一來源。例如：

美國幾家較大的出版商現在會提供「聽講會」（speakers bureau）服務，對於一些文藝詩人或是管理類的諮詢顧問來說，這些服務的報酬要遠遠高於書本的販售。儘管每一本出版的書是這種講座活動的聲譽基礎，但它卻不是實際賺進金流的泉源。出版電子書的歐萊禮媒體（O'Reilly Media）從其策劃的聽講會獲得的收入比例要遠遠高於企業營運的其他類項。當然這樣的講座活動之所以能運作，全都得仰仗它過往在出版界的銷售績效與專業聲譽。[29]

伴隨著文學開始與其他文化產業的經濟漸次融合，這類由出版商策劃的非典型出版活動將會變得更加普遍。奈許只是略帶詼諧地想像了一些可能性：

如果路易・威登（Louis Vuitton）的前創意總監馬克・雅各布斯（Marc Jacobs）都能出書，為什麼出版商不能反過來與時尚設計界合作，推出某款受特定人物啟發的鞋子？出版商可以與葡萄酒商合作，開辦品酒俱樂部；它也可以與知名餐飲業合作，企劃文學主題的精美菜餚；它更可以與精品旅行社合作，開發文學經典之旅。[30]

雖然目前還沒有發展到這一步，但有許多出版商已經開始針對有關的文化產業類目構思可能的協作方案。

孔書玉（Shuyu Kong）談到近代中國文學發展時解釋道，自一九九○年代以來，中國的文學產業就不得不與其他文化產業形式，特別是電視和電影的發展進行協作。許多文學作家開始編寫電視和電影劇本，因為報酬較高，而且比寫短篇題材或小說所需的工作量少。然而，中國的文學產業並沒有被競爭性的新媒體消滅，而是學會了利用這些新媒體來達到自己的目的，即推廣和行銷文學。出版商之所以成功，是因為他們開始將自己的產出視為多維度的文學商品，並接受了「一部作品可以重新包裝或改寫，再經由不同的媒體通路，進入各種可能市場的」現實。[31]

　　莫瑞所描述的改編經濟中發生的事情，在孔書玉看來，在中國是司空見慣的。文學作品在其他媒體上的迴圈使用是如此的普遍，以至於產生了一種新的類型影視文學。這是由出版商專門為這些視覺媒體訂製的名詞，以方便包裝行銷與宣傳推廣。[32] 這些中國的出版商，以及莫瑞和奈許都明白，文學不再只框限於文學產業，把它從現在整個文化產業匯流的情境剝離出來，其實沒有多大的意義。正如孔書玉所寫的那樣，文學作品不再是獨立存在的實體，現在的寫作和閱讀只是多媒體和多維生產過程中的一個部分或階段。[33] 那麼，我們看到，文學意欲自主於世俗經濟體系的宏願，如今已被品牌化與市場化的洪流徹底地腐蝕，將文學與更廣泛的文化經濟擁抱在一起的認知，在現在比以往任何時候都更為迫切。布迪厄和阿多諾各自堅持的兩部分，對藝術作品的自主限制性生產的信仰，和對大眾的文化異質性消費與生產的關注，必然要相互碰撞，而自主藝術作品的理想更多是一種可銷售的反自主（anti-autonomous）意象，而不是實質性的現實。然而，應該保留的是，藝術與商業，或者說自由與市場，其間歷史性地不斷變化，但又持續存在的分野，這是文學恆常表徵的。

【附記】

原文譯自 Sarah Brouillette 與 Christopher Doody 應本書邀約提供之電子版文稿，原文題為 "The Literary as a Cultural Industry"。

註釋

1　James English and Rita Felski, eds. "New Sociologies of Literature," Special Issue of *New Literary*

History 41(2), 2010.

2   Pierre Bourdieu, "The Field of Cultural Capital," *Poetics* 12, 1983: 314.

3   Pierre Bourdieu, "The Field of Cultural Capital," 316.

4   Pierre Bourdieu, "The Field of Cultural Capital," 317.

5   Rodney Benson, "Field Theory in Comparative Context: A New Paradigm for Media Studies," *Theory and Society* 28, 1999: 465.

6   Pierre Bourdieu, *The Rules of Art: Genesis and Structure of the Literary Field* (Stanford, CA: Stanford University Press, 1996) 340.

7   Pierre Bourdieu, "The Field of Cultural Capital," 354.

8   Ibid.

9   Max Horkheimer and Theodor Adorno, *Dialectic of Enlightenment: Philosophical Fragments*. G. S. Noerr, ed., E. Jephcott, trans. (Stanford, CA: Stanford University Press, 2007) 95.

10   Max Horkheimer and Theodor Adorno, 98.

11   Max Horkheimer and Theodor Adorno, 113.

12   Max Horkheimer and Theodor Adorno, 78.

13   Max Horkheimer and Theodor Adorno, 85

14   Ibid.

15   Max Horkheimer and Theodor Adorno, 86

16   這些作品包括：Simone Murray, *The Adaptation Industry: The Cultural Economy of Contemporary Literary Adaptation* (New York: Routledge, 2012); Ted Striphas, *The Late Age of Print: Everyday Book Culture from Consumerism to Control* (New York: Columbia University Press, 2009); Shuyu Kong, *Consuming Literature: Best Sellers and the Commercialization of Literary Production in Contemporary China* (Stanford: Stanford University Press, 2005); Jim Collins, *Bring on the Books for Everybody: How Literary Culture Became Popular Culture* (Durham: Duke University Press).

17   Ted Striphas, *The Late Age of Print: Everyday Book Culture from Consumerism to Control* (New York: Columbia University Press, 2009) 6.

18   Ibid.

19   Ted Striphas, 35.

20   Ted Striphas, 45.

21   Simone Murray, *The Adaptation Industry: The Cultural Economy of Contemporary Literary Adaptation* (New York: Routledge, 2012) 12.

22   Simone Murray, 13-14.

23   Simone Murray, 41.

24   Simone Murray, 36.

25 Simone Murray, 27.

26 Ibid.

27 Simone Murray, 28.

28 Richard Nash, "What is the Business of Literature?" *Virginia Quarterly Review* 89(2), 2013: n.p. [on line] www.vqronline.org/articles/2013/spring/nash-business literature/

29 Ibid.

30 Ibid.

31 Shuyu Kong, *Consuming Literature: Best Sellers and the Commercialization of Literary Production in Contemporary China* (Stanford: Stanford University Press, 2005) 171.

32 Shuyu Kong, 175.

33 Shuyu Kong, 182-83.

參考書目

Adorno, Theodor. *Aesthetic Theory*. Gretel Adorno, ed. and Rolf Tiedemann, trans. New York: Routledge and Kegan Paul, 1984.

Adorno, Theodor. "Commitment." *New Left Review* I, 1974: 87-88, 75-89.

Benson, Rodney. "Field Theory in Comparative Context: A New Paradigm for Media Studies." *Theory and Society* 28, 1999: 463-98.

Bourdieu, Pierre. "The Field of Cultural Capital." *Poetics* 12, 1983: 311-356.

Bourdieu, Pierre. *The Rules of Art: Genesis and Structure of the Literary Field*. Stanford, CA: Stanford University Press, 1996.

Collins, Jim. *Bring on the Books for Everybody: How Literary Culture Became Popular Culture*. Durham: Duke University Press, 2010.

English, James and Rita Felski, eds. "New Sociologies of Literature." Special Issue of *New Literary History* 41(2), 2010.

Horkheimer, Max and Theodor Adorno. *Dialectic of Enlightenment: Philosophical Fragments*. G.S. Noerr, ed. E. Jephcott, trans. Stanford, CA: Stanford University Press, 2007.

Kong, Shuyu. *Consuming Literature: Best Sellers and the Commercialization of Literary Production in Contemporary China*. Stanford: Stanford University Press, 2005.

Murray, Simone. *The Adaptation Industry: The Cultural Economy of Contemporary Literary Adaptation*. New York: Routledge, 2012.

N+1 Editors. "Too Much Sociology," *N+1*, 8 April, 2013. [on line] Available at: nplusonemag. com/too-much-sociology.

Nash, Richard. "What is the Business of Literature?" *Virginia Quarterly Review* 89(2), 2013: n.p. [on line]

www.vqronline.org/articles/2013/spring/nash-business-literature/

Striphas, Ted. *The Late Age of Print: Everyday Book Culture from Consumerism to Control*. New York: Columbia University Press, 2009.

創意／管理／實踐

CHAPTER 5

創意管理與象徵經濟的辯證思維

林立敏、李天鐸　著

　　文創產業的產出多牽涉到美學品味與象徵體驗等抽象變因，很難用實證量化的方法獲得科學的驗證，來樹立一個有創見性與適宜性的範式。本文藉由文創產業的象徵性財貨特性，並以出版產業、影視業、劇場產業的二次商品化，試圖勾勒文創商品本身及銷售環境，不僅需要體驗性以形成象徵價值的積累，更需要構建一套外延意義言說引發群體預期，以證明文創產業的研究固然需要參照既成管理學門的準則，更需要一套周延的文化社會學思維。

　　進入 21 世紀，文化產業或創意產業（簡稱文創產業）已變成許多國家發展的重點工程，藉由政治性的宣示與社會動員，並被視為強化區域特色發展、都會城鎮更新再造、提高自身能見度以及厚植競爭力的良方，甚至是振興國家總體經濟、達成社會財貨積累的不二法門。但由於文創產業發展急速，吸引了民間各行各業爭相貼上「文創產業」的標籤，趁勢分食這塊熱門風潮中的社經資源，再加上「文化」與「創意」這兩個名詞抽象的定義和浮泛的論述言說，掏空了這個產業發展原有的美學與經濟意涵，也模糊了大眾對其作為國家政策的認知，而使得在運作實踐上顯得浮躁，充滿著投機的意味。

　　事實上，文創產業的發展如同其他產業一般，需要一套周延且適切的管理思維與經營作為，但其難處在於，這類產業的產出類目包含甚廣，往往橫跨多個產業類別，又因為其實踐運作常常為了因應各國各地的社經情境而有不同的形貌，使其很難像傳統製造業或科技服務業般，被定義出清晰明確的範疇。聯合國貿易暨發展會議（United Nations Conference on Trade and Development，簡稱 UNCTAD）在 2010 年出版的《2010 年創意經濟報告》（*Creative Economy Report 2010*）裡試著指出三個制定推廣創意產業發展政策的必須信息：（1）要系統化理解創意經濟的體

系構造，並清楚知道產權所有者是誰，以及其中產業彼此關聯；（2）要能深入分析創意產業如何運作，以及對經濟、社會、文化方面帶來的貢獻；（3）質化創意產業對產出、雇用、貿易、經濟成長方面的貢獻。[1] 然而，這當中牽涉極為複雜的各項分析，主要聚焦於生產體系與產出後造成的影響。而到了2018年，聯合國貿易暨發展會議再次出版的創意經濟報告，乾脆放棄了前次的架構與基礎，只在報告開頭自行對文創產品和文創服務進行了大略分類，之後的報告以年代和各國政策為主，因此每個章節就是一個國家的文產政策與產業消長的數據整理。[2] 聯合國貿易暨發展會議面對文產的態度以及分析方式的轉變，正反映出各地論斷文創產業概念範式以及其經營發展模式的論述雖然數量龐大，但說詞紛歧不一，難有定見。

除此以外，文創產業既然稱作「產業」，顧名思義與創製活動、營銷獲利有關，因此許多學者喜歡「借用」，或直接套用既成的商業管理學門的理論概念，來檢視這項以生產象徵、創造體驗的非實體產業。然而，這種「挪用」（appropriation）終究有其限制。聯合國貿易暨發展會議的報告裡同樣提到，一般最常使用的理論有：基本的企業組織理論、價值鏈分析、產業間互聯動分析、地緣與生產關係、智慧財產權以及契約理論。[3] 雖然這些理論被引用的相當廣泛，但是都不足以周全地詮釋文創產業內部的運作型態，例如新變形蟲組織（new adhocracy）、產業中複雜的經驗積累、弱連結式（weak tie）的人際關係網絡等。

文創產業是透過其特有系統化組織運作的生產模式，形成一種生產並傳布商品符號與積累資本的過程。不同於一般功能性的商品追求實用效益，其產出追求的是象徵意義與體驗服務，追求某種經驗和特殊而強烈的激情。也就是美國學者艾倫‧史考特（Allen Scott）指稱的：一群相關的生產部門產出的財貨與服務，其寓意與符號價值遠比其自身的實用功能要來得顯著。[4] 本文即在這個特性現實上，藉由檢視當代商業管理學、文化經濟學、文化社會學等相關理念與法則，來討論它們應用在文創產業運作上的適切性與不足，並嘗試勾勒出作為生產象徵性財貨的產業應有且不同於傳統製造與科技服務產業的自主範式。

一、產業的生產實踐：價值鏈

　　要了解一個產業，首先就必須理解產業實踐生產中，各個功能部門有效聯動的過程，而在分析產業的結構與運作時，最廣為引用的論述版本是美國學者麥可‧波特（Michael Porter）在1985年出版的《競爭優勢》（*Competitive Advantage: Creating and Sustaining Superior Performance*）裡提出的價值鏈（value chain）分析。[5]就如英國學者克里斯‧比爾頓（Chris Bilton）所說：「任何一個管理系學生，面對一家企業會問的第一個問題都是：『它位於價值鏈裡的哪一個環節？』藉由這個提問，便可以研判來自眼前敵手與上下游廠商的競爭威脅。」[6]波特的價值鏈（Value chain）是將一個企業提供的產品或服務看成一連串活動組合起來所產生的。以一個企業為例（見圖5-1），可以看到企業本身的支援活動（support activities）包括基礎組織結構功能、人力資源、技術研發和採購管控等，透過這些支援與進貨物流、製造生產、出貨物流、市場行銷與銷售和售後服務等主要活動（primary activities）結合起來，進而產生利潤。波特提出的這套理念在應用上可大可小，並且互相關聯：可將企業看成一條價值鏈，這條價值鏈又一頭連接著該企業的供給商的價值鏈，另一頭連著消費者的價值鏈；而若要放大來看，可將一個產業甚至更擴大至一區的經濟體，都可看成價值鏈結成的網絡系統。

圖5-1　麥可‧波特的價值鏈模型

波特的理論很受世界各國政府在政策制定上的青睞，甚至各級都會城市在發展策略擬定上都常引用參考，然而要實際應用在文創產業上卻顯得捉襟見肘，尤其波特的立論是以嚴謹的企業分析為出發點，以企業內外上下游部門間的「鏈結」關係為主軸，卻無法觀照文創產業中「水平互聯」的現實。文創產業的一項特色就在於「消失的中段」（missing middle），也就是這個產業的組織特色，在西方通常為幾個具備跨國經略能力的巨型機構，與許多質能專精的微型企業或個人工作室「扁平式」的彈性合作，很少在傳統製造業裡常見的垂直分工運作。這種共生相棲的彈性模式帶來的競爭優勢在於：獨特原創的開發以及能夠機動的呈現多層次、多樣性的產品，通常由組織規模較小，靈活度高、敏銳度較強的創製群體負責產品的製作生產，由科層規模龐大的企業型組織，藉由智慧產權的管控，負責發行宣傳、市場行銷與通路配售。而在許多新興市場當中，例如台灣，文創產業環境裡甚至連一個規模健全的大型企業都沒有，全然由為數龐雜的個人工作室或自營單位做支撐，而呈現一種通稱的「零散型」（fragmented）的運作形貌。

　　為了因應文創產業中「消失的中段」這個特殊現象與波特價值鏈理論的不足，許多學者紛紛提出修正的看法，其中最廣受引用的為英國學者安迪·培瑞特（Andy C. Pratt）的創意產業價值鏈版本。在這個版本中，第一階段是創意素材與智慧資產最初的發想與出產，包含一切創意的形式，從書本到舞蹈、建築到時尚設計、數位藝術到傳統繪畫、音樂編曲到數位內容的開發，甚至智慧產權的商業授權均包含在內。第二階段重點在於原創概念、原稿作品的創製成形或可供日後複製的模組，也指在文化產業內部創製生產中所需的特別原物料、素材，或者相關基礎機件等。第三階段指的是一系列旨在將創意產品與服務透過適當管道輸送到消費者端的活動；此階段主要還是著重於對原創載體的大量複製以及行銷，自然也包含新數位形式的複製與發行。最後一個階段在於透過展演或功能性的場域、實體場館或虛擬通路，或者將作品以特定商品形式（例如書籍與影音光碟等）上市販售。[7] 如〈文化／創意產業的媒體經濟觀〉一文中以影音產業為例，在高美學素質、系統化且追求經濟效益的命題下，這四階段具體的鏈結運作關鍵在於內容創製掌握一條以「原創構思／作品創製／行銷發行／映演販售／社會附加」緊扣而成的結構鏈。這個結構鏈強調在構思的研發階段，廣泛地與相關社會

文化資源結合（文學、戲劇、音樂、歷史、視覺藝術等），運用科技技術與整合專業團隊創製出「原稿作品」後，進行量化複製，透過行銷發行體系將其「商品化」（commodification），在多元型態的市場、各種地理的區間，開發綿延不絕的經濟利益，並藉由產業外部資源水平性整合誘發出社會性的外溢效果，以帶動相關文化活動、匯聚人才與資源，進而開創經濟發展。[8]

　　然而，雖然培瑞特的價值鏈簡潔扼要地勾勒了文創產業各環節分工聯動的景況，但卻無法觀照到該產業常態性生產實踐時，產業內（垂直）外（水平）各個環節聯動的細微動能與成規。比爾頓在其〈創意產業：管理的文化與文化的管理〉中歸結文化經營的三個面向：自營管理與經營、價值鏈的重組以及非商業價值的影響，[9] 驗證了一般在研究文創產業常態性的運作模式時，很容易因為文創的特性導致過於瑣碎的論斷。比爾頓所謂的自我管理與經營涵蓋了文創產業以「專案」（project）為主的人際網絡，工作的高流動性與組織的微型化均是典型特徵。企畫專案形式被視為是組織內部的運作策略，也就是將一個專案交付給為此特別成立的小組，案子與小組都有時效性與期限。專案運作的形式也因此成為常被討論的議題，例如其彈性與效率，以及它如何對勞動力市場與學習產生影響等等。

　　電影創製就是專案模式運作最好的例子。往往一位製片人或一名導演即可成立一間專責的製片公司（production company）來與具備規模的片商（通常是大型片廠，studio）合作，為一部構想中的電影募集資金與爭取發行映演的機會。當企畫逐漸成熟的時候，公司就會從少數人擴增到數十、數百人（好萊塢的製作有時候甚至會多達數千人），但是當電影拍完後，整個團隊就會解散，公司也就「憑空蒸發」。一般而言，除了少數的大廠牌（majors），文創產業的組織規模普遍較小，且職能專一。而文化商品的創製，即是大小組織機動性地藉由企畫案串組而成。由於每個案子的屬性差異，每次人員的組合、分工模式，甚至矛盾挫折，都不盡相同，每一次都充滿著新的變數。這是文創產業不同於一般製造業的地方，這也是此產業最脆弱的環結。這種模式造成了價值鏈重組，因為「文化經營者並不『位於』價值鏈的特定部分，而是分布在鏈結上的各個環節，其產品的生產與發行過程可能重疊並互相牽連」。[10]

　　最後一個面向，非商業價值的影響，則標示了文創產業的高風險性。如同比

爾頓所說，「一件原本不經意、毫無商業企圖的作品，最終卻可能會帶來豐厚的收益」，而反之亦然。[11] 比爾頓歸納出此三面向，並對這三個面向各自論述然後提出可能的解決之道，然而他將檢視對象統定為創意產業，顯得範圍過於廣大，且三個面向下的解決之道也過於龐雜。

二、行銷策略：需求滿足與體驗渴望的落差

如前所提，由於商業與營利特性，許多學者偏好「挪用」管理學門的理論來檢視文創產業。除了前面提到的價值鏈模式，管理學中的營銷組合的四個因素（簡稱4P）及其相關衍生概說，也常常是討論文化商品行銷時挪用的要項。然而行銷學者也指出，因為4P本身作為理論上的不足以及狹隘性，才會因應實際需要以及時代和產業類別的改變而不斷進行補充，至今不斷有6P、7P，甚至12P的出現。而在消費自主意識抬頭後，一九九○年代又開始有了4C的討論，這套體系不再將出發點放在推銷企業生產的商品給消費者，而是從消費者的需要出發，並努力滿足這些需要。[12] 雖然4C開始改變了從產品供應端發想的模式，但運作仍舊是以滿足消費者的需求（needs）為主軸，而這與文創商品講究的象徵意義與體驗渴望（desire）有所不同。在4C後，又有更多類似的理論爭相出現，例如4R或4S（見圖5-2）。4R強調的是市場反應，也就是透過監測市場，可以針對瞬息萬變的市場需

4P	→ 7P	→ 4C	→ 4R	→ 4S
產品 Product	產品 Product	顧客 Consumer	相關性 Relativity	感知 Sense
價格 Price	價格 Price	成本 Cost	回應 Reaction	服務 Service
通路 Place	通路 Place	便利 Convenience	關係 Relation	速度 Speed
促銷 Promotion	促銷 Promotion	溝通 Communication	回報 Retribution	社群網絡 Social Network
	步驟 Process			
	人 People			
	實體環境 Physical Environment			

圖 5-2　行銷策略的多重模式

求立刻做出反應。[13] 藉由滿足顧客需求與改善缺陷，4R強調與顧客培養長期友好的關係（relation），而這種關係與文創經濟中的渴望以及消費者認同感是不同的。圖表最後提到的4S雖然開始講求感識（sense），但其他如同速度（speed）等均為針對網絡行銷特性而設計，並不適用於網絡以外領域的運作。[14]

　　總而言之，這些轉變無不是以「創造自身商品的銷售」為出發，然後逐漸以「消費者需求」作為修正的主軸。這種重視消費者感受、注重企業形象，以及建立品牌的策略，即是當今企業經管與產品營銷奉行的至高準則，而這促使許多人認為這種至高準則似乎必然也適用於同樣講求市場行銷和經濟效益的文創產業。然而，隨著文創產業的突變性發展，浮泛的「文化」與「創意」社會言說，造成其概念範疇籠統不明，在社會動員與運作實踐上也產生極度的混淆。如今倘若7P或4C、4R，甚至4S都不足以周全解釋一般傳統製造與新興科技產業的營運實作時，那麼這些行銷學的界說又何以能適切地觀照文創產業與一般企業均不同的營運模式、核心概念、產品屬性等。畢竟這個產業需要的策略不是針對需求層面，而是象徵與體驗的渴望。

三、價值的積累：場域邏輯與資本

　　相對於培瑞特和比爾頓甚至其他行銷概念的直接挪用，英國學者約翰・湯普森（John B. Thompson）將研究的對象鎖定為出版產業，經由與供給鏈（supply chain）一詞的比對，首先討論價值鏈的概念。湯普森的供給鏈（見圖5-3）指的是，

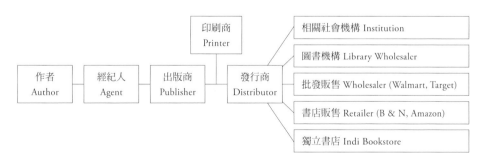

圖5-3　湯普森的出版產業供給鏈

以書本（紙材或電子）這項文化產品而言，從原創構思到印製配銷，最後展現在消費者眼前的一系列的「組織性鏈結」（organizational link）。更具體地說，它是從原創（作者）開始，連接經紀人、出版商、印刷廠，然後由發行商鋪貨到各類販售場所，例如大型賣場、圖書館、複合書城、獨立書店等等，最後到讀者手上，是書本由紙本簿冊轉化為象徵財貨（symbolic goods）的「商品化」過程。[15]

若由產業內部經管的角度來看，這樣的供給鏈其實就等同於價值鏈（見圖5-4），因為每一個環節（例如創意構思的簽署、頁面的排版校訂、美化詮釋的插圖設計等）都為最終的商品添加了新的價值，但是由文創產業的觀點來看，價值鏈應與供應鏈有些不同，價值鏈的概念不應該僅只是「價值累進的流程」。對消費者而言，一本書，如果由物質構面來看，只是印有文字、裝訂成冊的紙本，其實沒有多大的意義，而有意義的是，附載於紙本之上的高思維想像與美學化的形式外觀

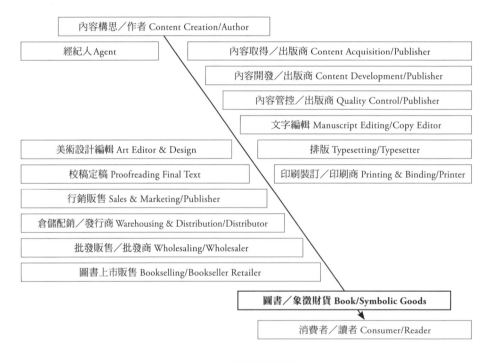

圖5-4　出版產業價值鏈
（李天鐸繪製）

（包含內容、排版設計、美編插畫、精裝版本等）。因此，一項文化商品從原創構思到創製生產，必須投入巨額資金，一旦作品完成後，再製成本卻相當低，並可以非常大量。文化商品的價值不在於物質的載體，而是於載體其上的符號系統。為了能系統化地觀察出版產業的運作，首先，湯普森指出「市場」（market）一詞的概念範疇過於狹隘，應該將出版產業看作多個世界，亦即多個「場域」（fields）。所謂的場域援引自法國學者皮耶‧布迪厄的概念，描述的是一個由社會地位組成的空間，裡面散布著行動者（agent）與組織（organization），而這些行動者與組織的位置即由他們所擁有，或能掌控的各種種類與數量的資源所決定，這種資源稱為「資本」。[16] 布迪厄提出場域的概念用來解釋各行各業中，甚至某一限定的時空、社會中，行動者與組織間複雜並流動的相互性，描繪彼此合作、競爭與依賴的關係，還可將原本全然抽象的品味與行動者間的關係更清楚地描繪與歸類。依循這樣的概念，湯普森指出場域描繪的是流動、相對的關係，與用來分析垂直分工的傳統產業理論相比，它更符合文創產業的特性。再者，湯普森提到，不該只用市場來考慮出版產業，市場儘管對其中的某些場域非常重要，但是場域涵蓋的範圍較市場來得更寬廣。因為在出版產業裡有著不只一個場域，而當中不管是個人或組織，這些行動者擁有的或可操控的資本，同樣會決定他們在場域中所處的位置。

　　針對符號意義系統的生產與流通，湯普森再歸結出「場域邏輯」（logic of field）的概念，釐清在這一連串複雜的關係中，出版產業能夠運作甚至成功，需要依賴的內部動能即是其「資本」（capital）。不同於較為單純的傳統製造產業牽涉的資本，文創產業因為與象徵意義有關，而象徵意義的經濟效益則與品味、認同、美學、體驗相關，這些因素要比單純的金融資本來得抽象許多。湯普森就英美的出版產業（以小說與非小說類為主，不包含學術教學類）為對象（見圖5-5），提出在這樣的產業當中，有幾項主要的資本，分別為：經濟資本（economic capital）、人才資本（human capital）、智慧資本（intellectual capital）、社會資本（social capital）與象徵資本（symbolic capital）。[17] 首先，任何一個產業要能運作，首要就是經濟資本；而人才資本不僅指原創作者，也包含經紀人、編輯、企畫、文案、插畫家等人力資源，而掌握這些人力資源靠的是社會資本，也就是社會網絡（social network）裡

社會資本 Social Capital　　　　　　　　　場域 FIELD

經濟資本 Economic Capital

象徵資本 Symbolic Capital　　　　　市場 MARKET

智慧資本 Intellectual Capital

人力資本 Human Capital

圖5-5　出版產業場域與市場
（李天鐸繪製）

的人脈關係。此外，絕大多文創產業營運最重要的一環：知識產權資本，亦即知識產權的掌控，因為原創構思即為文創商品的根本。最後，象徵資本代表的是業內的行動者或組織的品味和聲譽，通常象徵資本越多，能掌握其他資本的可能性也會越高。而作家、經紀人、編輯、美術設計、出版商、印刷廠、發行商等行動者，就依據其擁有的資本，彼此連結出複雜的關係，在產業中交互作用，而這些行動者擁有的資本也影響了產品的價值與市場利益。湯普森的歸納雖然看似全面，但其實細究，也有部分分類界線模糊，例如社會資本和象徵資本，象徵資本代表越有口碑者能動用的資源和人力越多，但這和經濟資本以及社會資本似乎都有重疊。

　　儘管湯普森本身的分類似乎有所缺陷，但是沿用這個概念來觀察其他產業，可以驗證此種援引還是較傳統商管理論來得適切。以現場表演藝術產業為例，其生產實踐率涉環節的複雜性絕非傳統商管營銷理論或價值鏈可詮釋的。就從發展成熟的商業劇場產業紐約百老匯來看，一齣劇碼的創製，從一開始的前製階段（pre-production stage）就牽涉到製作人、管理人員、設計人員（服裝道具等）、製作

組裝人員、藝術家（演員、樂隊等）、協力廠商以及行銷人員（supporting trades）。除了一般較為熟悉的導演與演員，到了實際製作階段（production stage），通常又可分為：布景、燈光、道具、音效以及服裝。許多百老匯的劇碼為了創新，更會分設許多因應高科技運作的部門，例如影像（包括螢幕監控）、自動化、特效、傀儡以及飛行（flying）等。除此之外，在整個創製流程中還需有人員負責公關聯絡，洽定表演場地，並聯絡物流運送布景、道具、戲服等，演出結束後同樣需要拆卸布景，撤離劇院。倘若一齣戲要巡迴演出，那牽涉的人員就更廣泛複雜了。

　　以美國紐約的百老匯區為例，姑且不論其劇場業實際產值數據，其表演產業所形成的體驗區域，及其帶來的外部效益相當可觀。學者伊莉莎白·柯瑞德（Elizabeth Currid）在她的著作《安迪·沃荷經濟學》（*The Warhol Economy*）裡提到，一般人聯想到紐約時，總認為紐約是金融與商業中心，但實際上，根據數據統計，真正在紐約從事金融行業的人員，以及紐約的金融商業數據，都低於美國其他大都會城市，例如芝加哥、洛杉磯。紐約實際上真正最具活力的，其實是它的文創產業。[18] 它的表演產業不僅局限於百老匯的劇院區，除了外百老匯（Off-Broadway）以及外外百老匯（Off-Off Broadway），其範圍已擴及皇后區（Queens）。每年無數的作品在此地緣內公演，而數量驚人的創意工作者在紐約市裡的劇碼間穿梭流動。除了這些創意工作者，大量的觀光遊客湧入紐約市，並將觀賞戲劇表演列為首要行程。當他們前往觀賞戲劇表演時，通常不會只看演出旋即離去，而會有一套環繞著演出的行程，如此一來，他們不僅體驗戲劇演出及其周邊活動，還在紐約市裡消費紀念品、餐飲、交通、住宿等，大量的外部效益圍繞著表演產業而產生。在這樣的循環下，紐約的百老匯區，甚至紐約本身，都累積了可觀的象徵資本，使得「去紐約百老匯看戲」本身就是一種渴望、一種時尚風潮、一種值得細細品味的體驗。

　　在這樣的生產實踐中，可以歸納出百老匯需要的資本有：經濟資本、人才資本、社會資本、知識產權資本、（不同於湯普森的）象徵資本，還應加上地緣資本。經濟資本不言而明，是龐大的資金，而出資者有時是企業，有時是製作人，但多半是採融資的策略才能籌募到一齣百老匯劇碼的成本。人才資本代表所有參與其中的專業人員，而能讓眾多職能專一的人員可以彼此合作，依賴的是人際關

係網絡，也就是社會資本。此外，與絕大多文創產業一樣，還有原創構思與創製展演的知識產權的掌控；較為不同的是，雖然知識產權重要，但是百老匯可說是改編經濟的始祖，原創的程度很少，加之《蜘蛛人》（*Spider-Man*）等知名失敗案例，所以百老匯對知識產權的取得較為保守，需要一再驗證其市場成功的可能性後才可能購入並投資。而這當中不同於出版產業的為地緣資本，因為出版產業在完成「書本」這項產品後，利用各種通路將產品送至目標消費群；不同於這種可以仰賴大量複製以及物流的產業，一齣劇作演出需要觀眾主動前來體驗，於是地緣資本也就占了一席之地。換言之，要有觀眾的環境（或觀眾願意前來的環境）以及觀眾願意消費劇場的環境，這些均是因為現場表演產業這種無法大量複製以及搬遷的特性，需要眾多互補性產業在一地聚集。當許多劇作推出獲得輿論的肯定，並廣受觀眾喜愛後，也就逐漸累積了象徵資本，包括各個從業人員個人在產業中的聲譽、一齣劇碼的流行度、劇院的口碑，甚至到最後像百老匯一樣，整個地區累積了相當驚人的象徵資本。總體而言，若以紐約的商業劇場產業為例，這幾種資本影響並決定其在社會空間的位置，構成了其場域的邏輯。

從商品本身需要象徵價值的積累，延伸到商品進入市場的銷售環境也需要情境化成為一種體驗的場域，並形成外部效益，一如今的書店已不再是單純賣書買書的店舖，電影院總是與百貨商城構連在一起，劇院是都會觀光旅遊的必定行程，因為這些已不是管理行銷學門所稱的「配銷通路」或「販售窗口」，而是多元象徵體驗的複合場域。而這些場域不斷向外擴展，進而積累成一個具有雄厚象徵資本的地緣性網絡、區域，甚至一個城市。約翰・漢尼根（John Hannigan）曾在《夢幻之城》（*Fantasy City: Pleasure and Profit in the Postmodern Metropolis*）裡提到幾種結合娛樂、觀光與體驗的常見經濟型態：購物娛樂（shopertainment）、飲食娛樂（eatertainment）及教育娛樂（edutainment）。[19] 漢尼根舉出這種複合型態，不論是購物、飲食或教育（例如參觀展覽、博物館），都無法再以單一服務型態吸引消費者，而需要多方面與娛樂結合、打造出體驗的時機。

湯普森就出版產業的研究而歸結出來的整套理念，應用在更廣的文創產業上，彌補了「消失的中段」在一般管理學說無法有效觀照的盲點，還更能詮釋文創產業運作的實際動態本質與所需的有形與無形抽象的資本。

四、商品價值：高感體驗與預期渴望

　　儘管文創產業的範疇缺乏明確的界定，其產品價值均在於高思維的象徵意涵與體驗渴望，產出項目更是紛雜多樣，商品形式不只是實體的（embodied），還包含非形體的（disembodied），但依照商品屬性可以概歸為兩端分立的光譜：一端是「產品趨向觀眾」（bringing content to audiences），另一端則是「觀眾趨向產品」（bringing audiences to content）。[20] 前者的代表項目有出版、電影、電視、廣播、電玩遊戲、流行音樂、資訊商品等，其特徵為：高資本密集，並且仰賴發行體系的高行銷手段與知識產權管理，將產品傳送到消費者的生活領域；後者的代表則有表演藝術、藝術畫廊、博物館、節慶盛會、觀光旅遊等，其特徵是高勞力密集、講求「此刻此地」的活動，仰賴高行銷手段以創造社會預期渴望，將消費者吸引到特定的時空情境。

　　儘管這兩個面向分立異端，且各自有各自的「場域邏輯」，但他們卻有一個共通的要點：高體驗性的行銷。換句話說，文化商品必須透過行銷發行，建立一種神話（myth）的價值體系，亦即一種文化外延意義的言說（connotative speech）。[21] 透過該體系，消費者對產品萌生一股社會性的群體預期（anticipations），從而產生焦慮性渴望（wants）。以前面湯普森討論過的出版產業運營作為「觀眾趨向產品」的例子，其供給鏈與價值鏈末端標出了幾種通路，像大型商場、圖書館藏機構、實體書商（Barnes & Noble）、網路書商（Amazon）、獨立書店等。這些銷售地點的確是現今美國出版業最慣常的幾種通路，然而單單指出這幾種通路，並無法闡明「書本」作為文創產品的獲利模式。有些人提出，大賣場的書價折扣較為實惠，或連鎖商店有較優惠的搭售方案，但這些都只是「促銷」手段，對於一部作品如何成功的累積經濟資本與風靡的象徵資本，其實並非絕對首要。

　　如前所提，書本的價值在於超凡的美學素質，其物質製造與再製成本非常低廉，而湯普森歸納出的場域的邏輯，其實間接揭示了出版產業成功營銷的法則，亦即綜合運用各種資本，使某一部作品在結構化的社會情境脈絡中，彰顯一種價值信念、一股品味風潮，創造社會預期渴望。出版業為定價機制，在大型商場、連鎖書店、網路書城、獨立書屋，其價格差異都不會太大；與時尚精品不同，書

本不能因為品牌或流行就任意提高售價。在這個情況下，其經濟效益固然來自於帶動風潮後的銷售量，但更龐大的是，在知識產權管理下衍生的「二次商品化」（second commercialization）活動。這也解釋了現在的出版業與影視業息息相關的原因：消費者常常會因為一部議題性的暢銷書而去看改編的電影，或因為電影的轟動而回溯去看原著，例如上映前即討論度極高的漫威電影系列、轟動一時的《飢餓遊戲》（*Hunger Games*）、已然成為青少年愛情經典的《暮光之城》（*The Twilight Series*）、以漫威宇宙為目標的《盜墓筆記》[22] 等等；或者像沉寂多時的偵探推理小說《福爾摩斯》（*Sherlock Holmes*）系列，因為BBC和好萊塢的翻拍熱賣，而又再現銷售佳績；尤其，上世紀初法國古典俠盜冒險小說《亞森羅蘋》（*Arsen Lupin*）於2020年由Netflix改編成串流劇集造成轟動，引發全球各式媒體（動畫、電視劇、電影）搶拍熱潮。這便是所謂的「巨文本現象」（mega-text）。這個現象是文創產業為了因應風險並建立觀眾的認同與預期，而使用越來越多來自大眾熟悉的社會議題，或取材自其他媒體形式既成的作品，或依循成功的前例進行再創製。

再看「觀眾趨向產品」的表演藝術，社會性的群體預期渴望同樣是其營收成敗的關鍵。一齣劇作演出一般來說也有其定價，例如百老匯的全票約為130美金左右，而外百老匯則約在100美元以下，只有在少數特殊情況，否則票價大致不會高過這個行情。但是要完成一齣劇作，卻需要投注大量的金錢與人力物力，還有時間（小則以數月，長則以年計）。而這耗費投注的最終產出，是表演者「此時此地」的演出（live performance），是沒有形體的象徵體驗，並且表演結束就消失，沒有辦法以實體財貨形式將其擁有。因此，倘若沒有高體驗性的言說建構，一切的投入將難以回收。台灣曾有一個表演團體「嵐創作體」標榜以「原汁原味」複製百老匯知名音樂劇為宗旨，強調所有的布景、道具、服裝等等均與百老匯製作完全相同。劇團投注了幾百萬製作費用，但僅在台灣上演五天就結束。這種失衡的模式，演出前沒有高體驗性的言說建構，演出後也沒有周延的「二次商品化」的布局，最終導致劇團走向倒閉解散一途。[23] 與此相對，嵐創作體僅有理想，並沒有考慮到美國百老匯原來就是高度改編其他作品的產業。而在當前的中國商業劇場產業，也逐漸利用其他媒體，為原創的內容進行鋪墊，例如開心麻花將劇作《夏洛特煩惱》以及《驢得水》等翻拍成電影，在電影於市場和口碑都取得成功後，又順

勢將舞台劇再推廣出去。此外，在日本，有些電視電影演員、偶像藝人會憑藉著自己的人氣參與舞台劇演出，而電視節目《聲入人心》則反向操作，先利用電視節目打開知名度、創造明星，再為之後的劇目打開市場。

在現今高度全球化的時代下，如果一個文化商品的使用價值只是「嘔心瀝血精心企製的好作品」是不夠的，它沒有足夠的能量驅動消費者的渴望，從而讓消費者意欲「放下手頭的工作、挪出生活中的時間、付出相當的金額」（交換價值），將其編採到自身生命的洪流中，因為市場裡可供消費者選擇的好作品比比皆是。

五、結論

文創產業的定義之所以模糊，是因為它常常必須因地制宜而有不同的發展形貌，此外它的產出類目包含的範圍甚廣，往往橫跨多個產業類別，並且這些產出又多牽涉到美學品味與象徵體驗等抽象變因，很難用實證量化的方法獲得科學的驗證。藉由傳統商業管理學類的理論或分析概念，或許可以提供文創產業一些運作實踐的參照，但卻難以全然觀照這類產業的法則與當中的邏輯。在生產層面，從援引波特的價值鏈開始，許多學者不斷辯證，試著找出更適合描繪文創產業生產模式的界說。培瑞特提出的價值鏈模式已經開始因應文創產業的水平合作、複雜的人際網絡做出詮釋，隨後湯普森則提出供給鏈與價值鏈結合的概念，並借用布迪厄的場域和資本等概念歸納出出版產業營運的場域邏輯，嘗試提出一個具有一定創見性與適宜性的文創產業運作範式（paradigm）。

這個範式提醒了我們，只要一談到文創產業的運作，習慣由各家價值鏈學說著手已是一種制約化的反應。的確，在文創產業裡，由生產到消費是個一體的、歷時性的（diachronical）過程，這很自然地讓我們認定這個過程是一種線性的、單向的，而這其實是一種辨認上的混淆，忽略了其間的因果關係。文創產業的運作是，在社會的創意網絡裡，不同的階段，規模不一、專業分殊的組織，相互依賴彼此的生產線，對不同創意與執行，提出各自的服務與貢獻，以降低產品的投資風險，也能使新創作品與市場眾多商品做區別。創意網絡是一種以專業技藝、經管人員與高機動性企業交織互動的「場域」。湯普森的研究明白地驗證這種交織互

動是有其歷時性的，但更是高度共時性的（synchronical）。所以說，檢視文創產業的價值「鏈」，倒不如說是審視文創產業的價值「網」，要更為來得貼切。

再看文化商品的營銷，過去的商管行銷操作著重在生產端，並以實證性的行銷手段，例如價格優惠、便利服務、顧客互動等，達成利潤的積累。儘管這些行銷策略也隨著時代改變，而有諸多的修正，但仍不足以解釋文創產業以符號意義系統為內容，以體驗渴望為訴求的產銷模式。這種模式並不因為文創產業的多樣類目而有所改變，其成功之道均在於複合性體驗場域的打造。除了產品本身，此種打造更需要積累為象徵資本，進而將能量轉化到相關消費與體驗的場域。

文創產業產出的商品，是一種符號化的意義系統，一種象徵性財貨。這種財貨的生產，是以絕對的「人為想像」為主軸，以結構化、具有空間和時間特殊性的社會情境網絡為互動的「場域」，尋求原創題材、商品流通的創新知識與各種資本的動員。對文創產業而言，在社會網絡裡的文化歷史與藝術資產就是原物料，社會網絡裡的生活方式與價值品味就是創製生產的參照指標，社會脈絡裡的萬千成員就是象徵體驗的市場。一切的創、產、製、銷活動與經驗的萃取，就在這變異多端的社會網絡中。因此，文創產業的研究固然需要參照既成商業管理學門的準則，但它尤其更需要一套周延的文化社會學思維。這即是本文的目的。

【附記】

本文英文初稿曾提報於2013年日本文化經濟學會主辦的「第二屆亞洲文化經濟工作坊」（The Second Asian Workshop on Cultural Economics, organized by Japan Association for Cultural Economics, Takamatsu and Naoshima, Japan, September 17-21, 2013）；增修訂稿正式刊載於：LIN, Li-Min and Tain-Dow LEE, "Symbolic Economy and Creative Management: Cultural and Creative Industries Urging for New Approaches." *ENCATC Journal of Cultural Management and Policy* 4(1), 2015: 57-67. 本文中文翻譯版並獲得2019年中國藝術學理論學會藝術管理專業委員會於南京藝術學院舉行的「中國藝術學理論學會藝術管理專業委員會第八屆年會」論文一等獎，今定稿收入本書。

註釋

1   UNCTAD, *Creative Economy Report 2010* (Geneva: UNCTAD, 2010) 73.

2   UNCTAD, *Creative Economy Outlook & Country Profiles* (Geneva: United Nations, 2018).

3　UNCTAD, *Creative Economy Report 2010*, 77.

4　Allen J. Scott, *The Cultural Economy of Cities* (London: Sage, 2000) 2-4.

5　Michael Porter, *Competitive Advantage: Creating and Sustaining Superior Performance* (New York: Free Press, 1998).

6　Chris Bilton著，姜冬仁、楊皓鈞譯，〈創意產業：管理的文化與文化的管理〉，李天鐸編，《文化創意產業讀本：創意管理與文化經濟》（台北：遠流，2011）148。

7　Andy Pratt著，陳映蓉、黃仁義譯，〈文化創意產業的經濟地理觀〉，李天鐸編，《文化創意產業讀本：創意管理與文化經濟》（台北：遠流，2011）64-65。

8　李天鐸，〈文化／創意產業的媒體經濟觀〉，李天鐸編，《文化創意產業讀本：創意管理與文化經濟》（台北：遠流，2011）84。

9　Chris Bilton著，姜冬仁、楊皓鈞譯，頁143。

10　Chris Bilton著，姜冬仁、楊皓鈞譯，頁148。

11　Chris Bilton著，姜冬仁、楊皓鈞譯，頁151。

12　Elliot Ettenberg, *The Next Economy: Will You Know Where Your Customers Are?* (New York: McGraw-Hill, 2001).

13　曹雨，〈營銷發展史之二｜工具時代：1990-1999〉，新營銷，網址：https://news.shangjijiaoyi.com/information/37763.html（最後瀏覽日期：2022年3月1日）。

14　Efthymios Constantinides, "The 4S Web-Marketing Mix model," *Electronic Commerce Research and Applications* 1, 2002: 57-76.

15　John Thompson, *Merchants of Culture: The Publishing Business in the Twenty-First Century*, 2nd Edition (Cambridge: Polity, 2012).

16　Pierre Bourdieu, *The Field of Cultural Production: Essays on Art and Literature*, Randal Johnson, ed. (Cambridge: Polity, 1993).

17　John Thompson, 5.

18　Elizabeth Currid, *The Warhol Economy: How Fashion, Art and Music Drive New York City?* (Princeton, NJ: Princeton University, 2002).

19　John Hannigan, *Fantasy City: Pleasure and Profit in the Postmodern Metropolis* (New York: Routledge, 1998) 76-95.

20　Centre for Urban & Regional Development Study, *Culture Cluster Mapping and Analysis: Final Report to ONE North East* (Newcastle: University of Newcastle Upon Tyne, 2011) 18.

21　李天鐸，頁93。

22　楊文山，〈收回版權後，南派三叔能把《盜墓筆記》做成「漫威宇宙」嗎？〉（2019年6月12日），影藝獨舌，網址：https://www.luoow.com/dc_hk/200849041（最後瀏覽日期：2022年3月1日）。

23　台灣劇團嵐創作體，2006年搬演百老匯名劇《拜訪森林》（*Into the Woods*），2008年宣布解散，

當時負債700多萬台幣。陳建豪，〈七年級生的百老匯級舞台劇：嵐創作體賠掉700萬後的奇蹟〉（2008年5月1日），《遠見雜誌》，網址：http://www.gvm.com.tw/Boardcontent_14160_1. html（最後瀏覽日期：2022年3月1日）。

參考書目

李天鐸編，《文化創意產業讀本：創意管理與文化經濟》，台北：遠流，2011。

Anheier, Helmut and Yudhishthir Raj Isar, eds. *The Cultural Economy*. London: Sage, 2008.

Ball, Rick and Andy C. Pratt, eds. *Industrial Property: Policy and Economic Development*. New York: Routledge, 2018.

Beck, Andrew, ed. *Cultural Work: Understanding the Cultural Industries*. London: Sage, 2003.

Bilton, Chris. *Management and Creativity: From Creative Industries to Creative Management*. Oxford: Blackwell Publishing, 2007.

Bilton, Chris. *The Disappearing Product: Marketing and Markets in the Creative Industries*. London: Edward Elgar Pub., 2017.

Bourdieu, Pierre. *The Field of Cultural Production: Essays on Art and Literature*. Randal Johnson, ed. Cambridge: Polity Press, 1993.

Currid, Elizabeth. *The Warhol Economy: How Fashion, Art and Music Drive New York City?* Princeton, NJ: Princeton University, 2002.

Ettenberg, Elliot. *The Next Economy: Will You Know Where Your Customers Are?* New York: McGraw-Hill, 2001.

Gander, Jonathan. *Strategic Analysis: A Creative and Cultural Industries Perspective*. New York: Routledge, 2017.

Hannigan, John. *Fantasy City: Pleasure and Profit in the Postmodern Metropolis*. New York: Routledge, 1998.

Harvard Business Review. *On Strategy, Vol. 2*. Boston: Harvard Business Review Press, 2020.

Hesmondhalgh, David. *The Cultural Industries*, 2nd Edition. London: Sage, 2007.

Hoffman, K. Douglas and John E. G. Bateson, *Services Marketing: Concepts, Strategies, and Cases*. Mason: South Western College Pub, 2011.

Khaire, Mukti. *Culture and Commerce: The Value of Entrepreneurship in Creative Industries*. Stanford: Stanford University Press, 2017.

Palmatier, Robert W. and Lena Steinhoff, *Relationship Marketing in the Digital Age*. New York: Routledge, 2019.

Porter, Michael. *Competitive Advantage: Creating and Sustaining Superior Performance*. New York: Free Press, 1998.

Pratt, Andy and Paul Jeffcutt. *Creativity, Innovation and the Cultural Economy*. New York: Routledge, 2009.

Ritzer, George. *Enchanting A Disenchanted World*. London: Sage, 2010.

Ryan, Bill. *Making Capital from Culture*. New York: Walter de Gruyter, 1991.

Scott, Allen. *The Cultural Economy of Cities*. London: Sage, 2000.

Scott, Allen and Dominic Power. *Cultural Industries and the Production of Culture*. New York: Routledge, 2004.

Singh, Saurabh and Saurabh Kumar. *Marketing, Mutual Funds and Booms-Bitner's Extended M M Model: People, Process and Physical Evidence*. Saarbrücken: VDM Verlag Dr. Müller, 2011.

Stoneman, Paul. *Soft Innovation: Economics, Design, and the Creative Industries*. Oxford: Oxford University Press, 2010.

Thompson, John. *Merchants of Culture: The Publishing Business in the Twenty-First Century*, 2nd Edition. Cambridge: Polity, 2012.

Towse, Ruth. *A Textbook of Cultural Economics*. 2nd Edition. Cambridge: Cambridge University Press, 2019.

CHAPTER 6

文化創意產業的策略與基模

Jonathan Gander　著

程雨萍　譯

　　為了研究需要，我們專程訪問了一家企業的經理人。在談到他們企業在特定市場營運的一席話，讓我們印象深刻。他說道，他並不太擔心這個行業裡其他對手的威脅，因為他的企業在市場的競爭中具備了「不公平的優勢」（unfair advantage）。當然，這並非說他使出了不道德或非法的手段，他的意思是，其他對手基本上無法與他們競爭，因為那些對手沒有自身企業所擁有的關係網絡和資源。其中所謂「不公平」部分，是指其他同業沒有的機會與條件。

　　另一種讓其他同業很難或無法與自己競爭的方法，就是尋求策略優勢。透過這種方式，策略就是創造有利於自身營運的競爭條件，並為組織積累超越競爭對手的種種不公平優勢。因此，在文化創意產業營運中的任務，不絕對是研究如何在競爭中獲勝，而是如何防止其他人具備獨特的效能而與自己一較高下，雖然那只是微妙的差異，但非常重要。

　　本文將透過闡述策略的意涵，討論策略在文化創意產業中的重要性，還有確認哪些因素會妨礙企業在競爭過程裡取得不公平優勢。主要探討競爭的關鍵態度。在最後本文將提出一種基模，將文化創意產業各行業劃分為三類分析模組。這不僅可以界定每一類的公司所面臨的各種挑戰，且將有助於在這些公司所面臨的競爭壓力之間建立聯繫，並揭示如何將一個領域或組織的經驗轉移到另一個領域或組織。

一、究竟什麼是策略？

　　在競爭策略上，要求管理者規劃組織的運作，以極盡效能的方式生產出客戶

所重視的事物，整體目標就是要讓足夠的客戶願意以理想中的價格來購買自身的產品和服務，因此所賺來的利潤又可重複地投資於組織發展，並報償所有利益相關者（包括客戶）。這就是一系列有計畫性的決策——為組織目標和策略做出選擇。這些決策是基於組織的資源、組織擁有的資產和人員的效能（capability）、組織所經營的領域、極力爭取的客戶，以及供應商與合作夥伴、當地政府機構的關係等。[1] 我們需要有哪些效能呢？我們的行動是否需要機動性、時效、漸進或穩妥？無論是在例行工作、專業職能、專案項目或是科層制度上，我們應該如何整備動員組織中的成員？我們能為客戶提供哪些絕佳的產品或服務？我們要以什麼價格來滿足什麼樣的需求？我們應該瞄準哪些客戶，或是我們要進入或退出哪些市場？

以上問題之所以複雜，並不是因為它們特別困難或是涉及繁瑣的分析。這些問題可能會讓你覺得是，管理者在研判如何應對競爭時必然要面對的標準問題。回答這些問題的困難之處在於，從制定策略開始，思緒就涉及什麼不要做，以及要做什麼。[2] 如果議定的企畫方案不夠清晰明確，那麼這個它很可能被稱為「蘋果派策略」（apple pie strategy）——它是很難被評論，並且是不痛不癢的。這樣的策略充滿了陳詞濫調，只不過是一系列顯而易見的陳述，具體說明了企業希望實現的美好事物。有一種方法可以快速發現一個組織是否有策略，就是檢視該組織曾拒絕過哪些機會，哪些市場區塊是他們不會去競爭的，哪些效能是不會開發的，哪些產品或服務是不會提供的。

因此，制定策略往往也意味著決定停止做某些事。這些事可以是組織正在進行的一項行動，一個具備獨特性能的產品或服務、在既定市場中運作的合作夥伴關係。要放棄某些事，或決定不做某些事是很困難的，因為這意味著拒絕了可能的收入，尤其是停止那些自身專注已久的事，那就更難了。實際上，對策略做出抉擇時，也可能意味著需要停止自己擅長的事，而開始去從事那些對你而言是新的、非擅長的事。

擅長於某件事本身並不足於作為持續投注的理由，這種能力也是導致許多組織失敗的陷阱。換言之，儘管有其他公司做得比自己更好，又或者客戶不再重視自己專注的領域，但組織仍繼續執行自己所做的事情。[3] 從這角度來看，是否繼續

做某件事的決定因素，有時候是自己是否能比別人做得更好或與眾不同，或者能不能簡單地被複製；也就是說，組織必須是持續性做得更好。此外，組織正在創造的事物，必須能被越來越多人所重視。這並非意味著就可以忽略創意活動及文化產品價值的高度不確定性。產品、體驗或服務的需求與價值，總是帶有高度不確定性。從策略上，競爭重點是考量組織目前如何創造這些產品和服務；評估其作用以及原因，以確保它不只是照本宣科，而且是對如何動員和運用哪些效能做出選擇。文化產品內容必然是動態的，它有時令人出乎意料地驚喜，有時是莫名其妙地叫人失望。如何生產、流通、詮釋及體驗等議題，是管理者可以分析和試驗的策略問題，也是他們要做出的決策。

這種策略競爭本質觀點如圖6-1所示。「位置4」是處於最糟的狀態，這意味著組織推動的相關項目不再被客戶青睞。可能原因是他們一直都在執行這些事情，也許是組織認為這些是自己必須要做的，但實際上這些已不再是消費者或觀眾所重視的事情。在這種情況下，這樣的執行存著浪費金錢的風險，並使產品或服務更昂貴且獲利不易，這取決於提高價格的難易程度。

「位置1」是處於競爭張力最緊繃的狀態，因此存在獲利的風險。除非是極具規模、擁有豐富資源的企業，否則處在這個區位的經略，意味著是硬碰硬的競爭，且往往是代價高昂的血拚。如果企業間的競爭導因於近似的獲利模式、配銷

圖6-1　策略甜蜜點（Strategy Sweet Spot）[4]

管道、消費訴求，那麼除非需求量龐大，且新競爭者的進入受到某種程度的限制，否則價格很可能會成為唯一差異化的來源。如果價格是差異化的來源，那麼營運就會陷入價格戰，進而互相破壞雙方淨利率。除非企業確信能夠打贏這場戰爭，逼使競爭對手退場，並將新進者拒之門外，否則這種經略是不明智的。

「位置3」可能是最敵對的區位，因為企業得要學習如何克服一些其他公司已經擅長的事情。這種涉入競爭只有在一種情況下是明智的，那就是：企業認為現階段市場裡的經營者在商品性能與消費服務等方面，表現得並不夠好，而自己的涉入絕對有可能超越既有的在位者。

從策略觀點來看，最好的局勢是處在「位置2」。在這裡，企業握有的效能是競爭對手無法匹敵的，並且受到客戶的重視。這個位置就是所稱的「策略甜蜜點」（Strategy Sweet Spot），它使我們有機會創造有價值的產品與服務，並可持續性的生產與獲取利潤。從概念上看似簡單，但實際上，組織需要能夠看到別人沒發現的事物，不僅需要創新，也需要與眾不同。探索這種概念，在市場上結構化的方法有許多，但處在「位置2」中的競爭，最具有挑戰性的面向就是要打破遊戲規則，跨越既有框架，並承擔不同的風險。文化創意產業中的經營者都熟知其產品的風險，但要成為有策略的組織，就必須把這種態度貫徹到組織本身的設計和營運上。

文化創意產業中的一些企業會去追尋消費者珍視的價值，並建構有別於其他競爭對手的空間。在接下來的節次中，我們將針對這個部分來闡明企業如何做出抉擇和開發潛能，以便創造出自己的策略。然而，對於部分經管人員和他們所屬的組織而言，這種深思熟慮的組織運作和發展布局常被認為是不適用於創意經濟的。這樣的觀點係指，當在做任何決策來進行特定的活動時，是否可獲利並不重要。無論是歌曲、電影、表演或是時尚設計，企業的重點必須放在產品或服務的品質上。當然，獲利是必要的，但它是次要的。獲利是藝術技能和創造力的副產品，在創意實踐中往往不會將獲利考量在其中。其實在文化創意產業中的策略競爭，不管是明示或默示，都必須規避這種觀點，而應將創意發想與商業報酬之間任何的張弛關係都視為經管的當然要務。因為無論如何，這種觀點都是不必要的簡化。少數人會認同這樣極端的想法，認為創意就是對組織資源擁有全然自主

的近用權，也有少數人認為商業實踐涉及到營運估量和系統管控，而這些估量與管控，基本上與產品本身的內涵意義和特質並無直接的關聯。在成熟的創意企業中，美學創意和商業價值不是相互敵對的，就像英國皇家藝術協會（The Royal Society of the Arts）首席執行長馬修・泰勒（Matthew Taylor）所指出的，「最頂尖的藝術機構、最富傳承性的組織，往往都是具有高度企業家精神的」。[5]

總而言之，策略思維涉及到如何對組織的治理、資源和競爭條件等，一連串事項所做的抉擇和具體的實踐。策略是要解決企業的管理與架構方式、效能與資產的開發、產品和服務的提供，以及市場競爭等問題。這些範疇寬廣的事務，要能透過管理以達成預期績效，並能與競爭者一較高下，這就有賴精確的策略研判與執行措施貫徹。然而，策略一詞經常沒有被這樣認定。到底什麼是策略、哪些事涉及到策略等問題，存在著很大的混淆。[6]如果我們要驗證在創意和文化領域的營運中，運用嚴謹策略的價值，那麼就必須在現階段解決其中的一些誤解。策略意涵的真諦在於「決定不要做什麼」，[7]本文就遵循這個思路來思辨：策略究竟「不是什麼」。

當一個企業希望能具備更圓熟的策略思維，通常面臨的首要問題是，人們普遍認為策略與計畫是相同的。[8]對持有這觀點的人來說，週期性年度計畫的擬定、相關預算的編列，以及目標的執行設定等，這些就是組織的策略。顯然，為了讓工作能在有條不紊的情況下推展，組織需要制定一套綱領和計畫，而這些綱領和計畫可根據目標設定，並獲得財務和其他資源決策者的支持。結果，正如許多商業策略觀察家指出，這不是策略，而是一種類似財務預算的工作執行的細目，主要對未來將要發生的情況做出規範性的解釋。策略的核心就是要為組織創造持續性的優勢，從而削弱競爭者的力道，而企業最常出現的問題就在處理大量且繁雜的程序細節中迷失了方向，失去了策略。要維護策略初衷的一種做法，例如，在集思如何爭取特定客戶，或是討論該動員哪些資源去對應競爭者等這些議題時，[9]限制與會成員議事紀錄的紙張數量，在五頁之內或根本只能用一張，[10]此做法能濾掉那些七嘴八舌的倡議，浮泛的數據，讓原本組織策略擬訂的根據與源由能更清晰地浮現，有利於團隊聚焦在強化競爭能力的決策，然後就依這些決策再做規劃，而不是先規劃再討論策略。

除了上述策略與計畫的異議外，還有另一個原則上的異議。由於計畫在某種程度上是由我們已知所構成，結果和變量是可衡量和可操控的，因為它們已經過確認和測試，換言之，計畫是一個非常局限性且短效期的過程。不同於科技產業或機械製造業是一個完全理性的過程，文化創意產業的新知識創造、洞見、新產品和服務，經常涉及到好奇心和遊戲性。由於制定策略並對績效保持開放的態度，需要產生新知識以應對文化市場的高度不確定性，因此策略比企畫來得更為重要。[11] 策略是需要心智練習，涉身探索，反思所發生的事情，進行調整和發現。[12] 像在投入資源之前一樣，預先估量行動失敗的後果才是明智的。策略制定的一項重點，就是在合理範圍內，盡情地嘗試、建立對事物的理解，而不是用既定的理解去導引行動。把順序顛倒過來，策略的制定也許可以是「準備、射擊、瞄準」的步驟，而不是慣常熟悉的「準備、瞄準、射擊」[13]。

在與許多企業執行長討論組織策略後得知，他們經常會在辦公室裡花很多時間檢閱部門主管或高階經理所呈送的最新策略文件。這不應該是策略最重要的事情，策略不是一份文件。雖然我們可以同意在限定頁數上記錄的那些用來凝聚管理階層、組織成員之間共識的要項，但它不能只停留在這裡。成為一個有策略的組織，需要團隊可以對競爭進行分析、評估未來的價值來源，並做出決策以外，它還需要內部成員能夠交流對話。策略是行動指南，是一套指導行為和形塑態度的原則。除非在整個組織內訊息可以暢通傳達，否則策略將無法實現，就只留存在文件上。策略或多或少地像是一種評訴性的預算，而且策略涉及到在實際運作中，體察到原先我們不知道的事物，發展出我們認知範圍之外的新見解，因此，絕不能把策略視為計畫的代名詞。

第二件事，同樣令人不安：策略不等於追求利潤。策略是透過組織本身開發的特殊效能來創造有利的競爭條件。然而，這不僅是為了實現利益極大化，同時也是策略性抉擇組織獲利的合理程度。出奇的利潤，可能會讓組織執迷於眼前，偏廢必要的創新嘗試，而鈍化了新合作夥伴的探尋與新市場的開展。策略涉及的是一個理想的獲利程度，不是尋求利潤極大化的論點，而這有效地體現在所謂「探索與盡用」（Exploration and Exploitation）決策中。[14] 一般公認可持續發展的組織是建立在兩種活動基礎上：首先，利用組織現有的效能和資產來有效地創造客戶所

重視的產品與服務；其次，探索新的經管方式和執行新的活動，這可能是未來最終獲利的來源。組織若要應對社會、技術和經濟改變，則需要確保組織在開發和盡用之間取得適當的平衡。成功的組織可說是雙刃劍，因為他們不但要能夠努力改善既定成效，也要能夠創造新價值。[15] 因此，制定策略是涉及掌理這兩項必要條件，並選擇何時該專注其中某最迫切的一項。當我們考慮到這可能意味著必須中斷眼前順手的事情，以便將時間和資源用於開發新的事情時，這又合乎常理。我們因此可以體會到，制定策略需要克服一些重大障礙。

最後，策略不等同於擁有一套目標。為企業樹立理想是必要的，但這不足以使其成為一項策略。作為最受青睞的首選、最受肯定的供應商、市場排名第一的品牌等，在短期內可能會起到激勵作用，但無助於解釋組織將如何面對未來的競爭。同樣的情況也適用於投資報酬、收入或利潤等更多涉及數字的目標。這些目標並不能導引企業在追求某種不公平競爭優勢時，應做出何種抉擇。它們是策略成功後才會發生的事情；它們不是策略。總而言之，策略不是計劃、不是追求利潤或是設定目標。而是為創造效能和資產而做出的選擇，使組織能夠因應競爭對手的挑戰。

二、何謂文化創意產業？

回答這個問題的一種方法就是問：什麼不是？有哪些產業不涉及創造力呢？在一系列組織關係中，生產、員工、產品與服務、消費者等，有哪些不涉及文化的？所有的組織活動都導源於人類行為和相互理解的模式，影響著生活裡的態度、信仰和價值觀的生成；換言之，文化是一種理解和學習行為的系統，這些行為塑造了我們的生活方式和對經驗的認識。在生產實踐的過程中，組織不能置身於文化之外，呈現出的產品和服務同樣是透過消費者自身的文化欲求和信念來使用和體驗。同樣的，無論是解決問題的創意思維、產品生產流程、市場布局、新客群建立，還是組織結構或管理方式，很少有罔顧創造力就可以成功的。創意行為、新思維的應用，或將觀念從一個領域轉移到另一個領域，以產生其他人所重視的事物，都是人類和組織生活的一部分。

鑑於文化、創造力與任何營運活動都是密不可分，因此，將某些特定的企業群體稱為創意產業或文化產業（以下簡稱文創產業），必然存在問題。從最基本的層面來看，定義文化和創意產業的特徵，在於我們對產品和服務的價值詮釋，以及創意的產生和執行對營運實踐的重要性。其實這並無特別明顯的特徵。然而，不是因文化和創造力的存在就將組織歸類為文創產業；應該是指文化和創造力在支配生產、流通及消費的程度。文創產業可以藉由產品蘊含的象徵性價值多寡來辨識。這多寡怎麼認定，雖然是主觀的，但很重要，因為許多商品的確是以象徵意義為主要的價值訴求。例如，汽車是社會注目度很高的象徵性物件，其購買者看重的是這個物件給他們帶來的感受，以及這個物件能幫助他們向社會傳達什麼訊息。但至關重要的是，它們主要還包含了一系列安全、舒適和操控等，有關功能性和可以客觀評量的品質。然而，作為一個文創產業，其歸因主要是，企業的產出主要是由象徵性價值所構成。一支舞蹈、一首歌曲或一頂設計師的帽子的價值，與什麼性能指標和科學檢測標準沒有太大的關係，儘管有些基本的品質確實需要驗證。帽子的價值在於它所代表的意義，帽子給配戴者和其他看到他配戴帽子的人傳遞了什麼訊息。

　　要區分哪些行業是隸屬於文創產業，哪些則不是，可以從他們生產與決策過程有關創造力的應用來認定。這裡所稱的創造力運用不是關於程度問題，而是法律形式問題。創造力可以作為界定文創產業成員資格的指標，透過創造力生產的許多產品可以被賦予獨特的法律地位，作為一種知識產權，可受到保護，且不能被擅自複製。許多創意商品，像電影配樂、歌曲錄音、建築設計藍圖或數位遊戲等，被授予特定效期的獨占版權，擁有者能控制作品的複製或使用而從中受益。這一點很重要，因為文化和創意產品通常被視為「公共財貨」（public goods）。聽音樂、看電影、閱讀書籍或欣賞一幅畫，對作品主體本身沒有任何影響，這些觀賞使用在某種程度上並不會「耗損」或「磨盡」作品主體。這意味著很多人都可以近用這些作品，但每個單獨個體的美感體驗，並不會因眾人的分享而減少。與私人財貨（private Goods）不同，文化產品的公共性是指，對它們的使用和流傳分享幾乎沒有任何限制。在這種情況下，創作者可能無法藉由適當的機制對自己作品的流通和近用徵收合理的費用，因為不存在消費成本。因此，版權是一種加諸在創意

作品之上的人工裝置，一種近用公共財貨的限制。

版權系統是否真確地保護和支持創意文化商品的作者，是一個備受爭議的問題。[16] 解決這個問題的障礙就是，沒有足夠的數據可供對比。儘管形式不同，效期長短各異，版權或多或少是一種全球性的制度，因此想要在複雜的創意經濟裡，獲得在沒有版權保護，或是在不同的組織以不同的方式運作下所發生情況的統整數據，是非常困難的。我們可以看到，創作者如何放棄作品的所有權以換取創製所需的投資，這種行為受益最大的並不是創作者，而是將相當程度的報酬轉移給資本擁有者。另外，我們也得承認那些不支付使用版稅的對等式交換網站（peer-to-peer website）對音樂產業收益的影響。然而，認識一個系統的缺失是一回事，創建一個更臻完善的替代品則需要強大的既得利益者（出版商和媒體娛樂公司）的支持、需要國際協議，更重要的是需要想像力。很明顯的是，數位複製和傳播技術的使用越來越頻繁，這意味著版權在文創產業營運中的壓力將越來越大，因為在數位複製和消費的條件下，版權不再能發揮其初衷——鼓勵創造力。這個質疑越來越受到重視。一項運動，「創用CC」（Creative Commons），正試圖提出一種更靈活的版權保護和使用方法來應對這些問題。

創用CC是一套可以依不同程度用於作品保護或利用的授權許可。依據原作者的觀點，只要不是涉及商業利益，就可授予不受限制的使用許可。要做到這一點，思維必須要轉變，從「它被複製了嗎？」轉變為「它為什麼被複製了？」勞倫斯·雷席格（Lawrence Lessig），這位對創意CC倡議的支持者認為，這使業餘或新銳藝術家不再被視為犯罪，這也鼓勵了創造力，因為它使藝術家（和消費者）能夠使用他人的作品，進行實驗和探索新的組合，而不必擔心被起訴。[17]

對作品應用的選擇性許可授權也與數位傳播時代、特定創意作品或藝術家的價值驗定方式不謀而合。由於網路使作品數位化及作品圖象化複製成為可能，導致現在作品全球流通成本幾乎是零。流通的便利性是指，如果一位藝術家的作品只要透過社群媒體網絡分享，就有可能被數百萬人觀看。鑑於許多文化產品的價值和品質是由他人的評斷所驗定的，無論他們是朋友、知識淵博的評論員、受人尊敬的知名人物，或是趨勢領袖，那麼，為什麼要冒著降低作品傳播曝光的風險，而決定去收費？為何不嘗試透過自由流通的方式來建立這種價值，從而增加

他人關注和評價的機會，以便能夠從日後更廣泛的發行販售獲取更高的利潤呢？對版權的應用採取交錯的方法，容許新進入者在將作品商業化之前，可先嘗試建立他們的市場知名度和社會參與度。

理解上述情況後，我們可以開始就經濟中存在的一個獨特組織群體——文創產業——做例證性分析。文創產業的組織群體具備三項廣泛的構成要素：象徵價值、創造力、知識產權；也就是，象徵價值是運用創造力產出產品的特徵，並體現為某種形式的知識產權。[18]

一篇經常被稱為文化產業研究起源的文章，〈文化工業：作為大眾欺騙的啟蒙〉（The Culture Industry: Enlightenment as Mass Deception），由阿多諾和霍克海默所著。這篇頗具影響力、極具爭議性的文章，及其後續著作〈再論文化工業〉（Culture Industry Reconsidered），[19] 描述了20世紀初大眾傳播和再生產技術的發展，使得資本家和國家統治者能夠將文化工業化生產，從而控制了社會詮釋以及規範體系的自主運作。對他們而言，觀眾整天被餵食非關切身自主需求的娛樂，這種娛樂並不能豐富人類的性靈，反而是被一系列模擬的慾望和虛假的價值觀所牽引。於一九六〇年代，新媒體科技更是超速躍進，流行文化面貌的多樣性與形式的突變更是蓬勃發展，這讓人們意識到文化生成與商業運作之間的關係，是一個需要用創新觀點來再檢視的新課題，於是人們對「文化產業」的關注，開始取代了阿多諾和霍克海默的「文化工業」論述。

文化產業是一群涉及象徵性財貨創製、商業化運作、科技化發行配銷的行業，它們不是以一種單一的形式存在，而是涉及不同生產運營和消費訴求的各種組織。近期許多研究者對新科技如何影響文化商品生產多抱持著更樂觀且較少批判的態度，認為文化產業是一種充滿活力、涉及價值信念、創造力和商業營運，有時備受爭議的活動紐帶，而不是一個被操控屈服的紐帶。文化產業是由一系列組織所構成，這些組織在產製銷的方式和產品或服務的樣式上存在差異，但透過一個核心認知讓他們緊緊地鏈結在一起：產品和服務的創意與流通，其價值不在於物質構成，而是來自它們的表徵，這個表徵對消費觀賞和社會集體的意義。

自從重新審視後，出現許多不同的詞彙來描述文化產業各類成員的屬性，並強調他們的生產方式、供應鏈和消費訴求等面向的差異性。例如，有些人提出

「休閒產業」這一詞，將體育和旅遊也含納其中。其他，報章輿論，常用「娛樂產業」作為標籤，來概述相關傳播媒體行業，這也常以「媒體產業」一詞來替代。當使用「資訊產業」這個術語時，它的啟發源自於日益重要的知識經濟，強調的是文化產品的訊息要素而非物質構面。有時，這些標籤用於識別特定的產業群體，例如「藝術產業」，關注視覺展映與表演藝術；在其他時候，它們描述的是一個非常廣泛的產業集合體，例如創意產業，其中涵蓋軟體設計與開發。如果我們由前述三項廣泛的構成要素來看：象徵價值構成的產品、具有創意特性的生產方式，以及產出具有某種形式的知識產權，那麼體育和軟體開發等產業就不包含在內。諸如「媒體」和「娛樂產業」等標籤，排除了重要的文化體驗活動，例如博物館和藝術展覽，而「藝術產業」則將許多流行時尚行設計遺漏在外，就不是很妥當。但是林林總總，只要能與阿多諾和霍克海默的「文化工業」有明確區別，都是很好的。然而，有許多政府和國際機構較偏好使用「創意產業」的標籤來取代文化產業。一個越來越常見的簡單折衷辦法就是用一個複合詞——文化創意產業。這種複合詞彙依舊強調產品的重要文化表徵層面，同時也闡明產品象徵或體驗的價值，在很大程度上取決於生產組織的創造力，並確保新近發展的，如數位遊戲和較早的古典音樂等一起納入。

三、文化與創意組織營運的挑戰

文化創意產業一個很明顯的特徵就是高度不確定性（uncertainty），這個特徵滲透在產品生產，創、製、銷的每個階段，整個產業的運籌決策幾乎都圍繞著它做因應。在投入階段的高度不確定性（或稱未知性），比如僱用哪些人，使用哪些技能，以及動用哪些資源在產品的創製層面向。如何創製和花多久時間來創製，在進入實際的生產階段，還有完成後市場配銷的階段也存在同樣的困擾。哪些產品或服務受到消費者的青睞？完成的產品會引起多大的迴響？不確定性是文化創意產業經營管理的夢魘。正如電影劇作家威廉・高汀（William Golding）的名言「無人知曉」（Nobody knows nothing）。一部電影的象徵性品質即意味著一個不確定的炸彈存在。[20] 賦予一個作品象徵意義、美學品質和表徵訊息，總有無止無盡

的工作要傷腦筋，這些工作既耗時費力又昂貴，即便做了，也不敢保證成效一定是正面的。

不確定性使得文化創意產業成為一個風險非常高的產業，因為生產成本與銷售收入之間的正比關係不明確，這意味著很難預測淨利率，且可能造成巨大損失，再加上銷售獲利分布往往畸形地集中於少數產品，這使得情況更加惡化。這就是創意和文化產業「贏者通吃」（winner-takes-all）的特徵，亦如管理學所論說的，當兩個產品相比，它們在認知上的品質差距，與其中成功產品所獲得的收益，兩者不成正比。[21] 這主要與文化商品價值驗定的社會中介本質有關。就一部最新推出的遊戲、一項展覽、一本小說的論斷，只要透過行銷管道與社群網路，很快就能得出「必看佳作」和「庸俗次貨」的認定。這常常會出現所謂的「樂隊花車效應」（bandwagon effect），也就是從眾跟風現象。大眾往往只因為某些評價的導引，和為了加入某個熱門話題，便不由自主地去消費某些商品。[22] 導致文化產品銷售畸形分布的另一個原因，是那些為出版、音樂、電影和遊戲等，設計的銷售排行榜與各類評斷獎項。[23] 經由這些機制宣揚市場上普受歡迎的，還有獲得專業體系肯定的作品，有助於降低消費者在產品選擇的不確定感，以強化他們的消費意願。雖然如此，這些機制卻也拉大市場裡商品之間的銷售差距。面對生產成本與銷售獲利之間搖擺不定的關係，以及那些被視為熱門，與那些被評為失敗的產品之間的巨大銷售落差，有一項對策就是在商品進入市場銷售之前，利用所謂的文化中介機構、專家學者、評論體系和社會名流等，來先賦予特定意義的認定。[24] 這些評論與意見有時會以粗略的星級系統來呈現，有時則以授予特殊成就獎項方式表示。透過這種方式，我們可以看到文化創意產業中的營運普遍都涉及了阿君·阿帕度萊（Arjun Appadurai）所提的「錦標賽經濟」（tournament economy）——即透過競爭和比較來決定價值並向市場公告的評斷系統，[25] 例如英國針對年度新小說的曼布克獎（Man Booker Prize），或音樂頒獎典禮，或電影節。[26] 這些在競賽中名列前茅或是獲頒金獎的品質認定，嫁接到產品之上後，增加了社會關注和消費需求，從而促使它們進入銷售排行榜。這些銷售排名進一步提高了知名度，此時再輔以額外宣傳推廣，這些作品開始向銷售更高的銷售排行攀升。這風險既是個人的，也是組織的。由於對作品或藝術家的未來價值的不確定，一個創

意或人才（技能）的潛在價值很容易被忽視。這些創意或人才，可能後來被另一個組織網羅，並且大放異彩，這又增加了偵測者（星探）或管理者的聲譽風險。在大量新銳藝術家或新作品出現時，這種情況會更加嚴重。由於創意的行業進入門檻較低（很多人都可以是創作者），而且每個創作者早早潛存的內在動機都很強，因此發掘適切的人才是一項艱鉅且關鍵的任務。因為這樣，偵測者及其組織可能採取謹慎的態度，這往往會導致行事上彼此相互複製觀望。當「無人知曉」時，明智的做法就是先了解已知的事物，哪些事物在市場上起作用，然後複製它們。在短期內，這可能是正向的，因為這樣做可以產生趨勢，一群藝術家、表演風格或創作表現技法等，可以跨組織地參照和共享，以降低營運的不確定性，使產品和體驗更具有可比性，因此更容易產製。然而，這種趨勢的生命週期當然是很難預測，這就像是引入了一種「傳遞包裹」的遊戲，因為各個機構都在觀望，等待誰創製了最後一個進入市場就不再靈光的昂貴產品。

　　這種一方面仿效或分享市場既存作品，另一方面參照當下文化社會的思潮、引入新進人才的前衛嘗試，交匯成一種存在於文化創意產業中的特殊情境——「古怪的攪拌」（curious bind）。[27] 這需要創製實踐，既要含有其他相關作品清晰可見的構成因子，來增加市場對作品的先入理解，同時也要融入不同面向的新穎性和差異性來刺激消費者的觀賞欲念。要達到這種在獨特與同質、熟悉與新穎之間的平衡是相當棘手的，如果稍有不當，產品就可能被認定為沒有價值的複製品，如果太新穎，則可能會沒有一個概念框架讓文化中介機構及市場來判讀。相同與不同之間的拿捏是文化創意產業運作的一項嚴峻挑戰。廣告、設計、展覽、出版或電影都是對當前成規因襲與前衛思維進行調和探索的結果。然而，文化創意產品的意義與價值在於社會廣泛的認同，這就必須獲得成功的論斷詮釋，也需要圓熟的美學技法。

　　文化創意產業的另一個特徵是，產品的創製和發行配銷必然會涉及具備不同技能、知識、經驗及態度等各樣的人才。理查·凱夫斯（Richard E. Caves）將這種情況稱之為「混雜團隊」（motley crew）。[28] 正是這種由多元人才組成的混合體，決定了文化創意產業管理者的成敗。雖然一幅畫可能是畫家獨立創作的成果，但其他創意商品，如電影、電視、時尚設計或數位遊戲，則需要龐雜的專業人員通力

合作。除了美學構思活動外，我們還應該將作品推向市場時所需要的營銷技能、行政動員和商業活動，甚至包括協作人員的態度、興趣、語言、習性等等，都納入考量。組織活動和相關人員的溝通，調和各方紛歧的觀點是一項複雜的工作。事實上，方方面面的事物需要做決策，加上成員文化背景的差異，產品的不確定本質，都導致文化創意產業營運的另外一個現象：「人人都有理」。這指的是，由於生產過程是開放的，對新產品決策的論斷是全然主觀的，這意味著很難將決策局限於特定的幾個人。參與創意過程的每個成員都有自己的觀點，這使得達成一致的共識成為一項耗費精力的任務，況且一旦達成協議，又可能會被決策議事過程之外但在組織中職位更高的領導階層意外地批駁掉。

　　在這點上，有必要談談創意工作者的動機。創意工作者的脾性與特質，不同於一般製造、發行和商務等部門的人。與製造系統和行配銷部門相比，創意工作者較多樣隨性、更難以捉摸、更複雜。辨識這兩類人的不同，往往陷入一種粗略的「西裝與創意」、「他們與我們」劃分，認定創意者是一群從事美學思辨，並受內在動機驅動的藝術家，而另一類則是致力於目標達成，以經濟報酬為誘因的實踐者。換句話說，在博物館工作的人通常與在銀行工作的人不太一樣。各行各類的企業以什麼標準來獎酬所屬成員、以哪些價值觀來衡量決策和目標，都大不相同，而決策者和工作人員都在此種情境下，既受到相互的制約，卻也相互形塑了體制。談到創意工作者的行為與態度，為了避免籠統泛論，審視一下皮耶‧布迪厄有關資本形式的觀點，是有必要的。[29]

　　資本是一種生產資源，能夠積累和調配，並且可以循環再生創造利潤。布迪厄提出，資本不只是純粹的經濟項目（金融資源），它以多種形式出現，可以相互結合與轉化，其中包括社會資本、文化資本以及象徵性資本。[30] 社會資本是源自人際關係網絡的資源，透過在這個網絡中互動獲取特定效能，取決於成員的構成規模與品質。文化資本係指人的知識和技能，這主要是導源於個人受的教育、歷練和社會反思。象徵性資本係指人的聲譽，他們的社會地位如何，又具備些什麼指標性的威望。社會、文化、象徵性資本和經濟資本一起構成了文化創意產業營運的資源和範疇目標。例如，組織可能決定動用經濟資源，將現金和借貸設施用來創造象徵資本，而不是企求更多的經濟利益回報；它也可能投資生產商品或服

務，卻並非以賺錢為目的，而是為了創造聲譽資源，或是能入圍競賽提名、獲得幾項大獎，以稱傲於同業。無論在任何情況下，經濟方面的考量絕對不容忽視。重點是，經濟資本不是創意工作者唯一企求的獎酬，也不是唯一的生產資源。布迪厄提出，在許多時候，對經濟報酬不甚計較的姿態反而能開創意想不到的象徵資本。當產業內的同業意識到這個組織似乎並非一切作為都是為了錢，這會是一種難能可貴的聲譽。這種無關利害的姿態並不需要太久，卻往往能在某些節點發展出可觀的經濟能量。藉由此種聲譽往往可以爭取到關鍵人士的支持，獲得傑出奇才的鼎力相助，或是進入難以開拓的市場。

社會資本對於理解文化創意產業非常重要，因為這個產業在屬性上代表了一個參與文化發展、並引領社會價值遞變的創製群體。他們的運作依賴各種技能與創新思維，也與不同類型的組織合作，以便將富有美學意義的作品商品化並推向市場。擁有社會資本可以催化這些運作活動的開展並擴展組織的關係網絡，為創意群體的工作投入和競爭意志提供了重要的驅力。

這些不同的生產資源、不同資本形式的運作，有助於理解為什麼創意工作者經常將自己與創製出的作品緊密聯繫在一起，並極度關切作品的品質和社會接受度。這是因為，如果創意工作者想持續地在這個行業發展下去，就得動用他們累積的象徵資本及社會資本。如果組織的行為、產品的品質導致這些資本形式受損，那麼創意工作者在這個行業的工作聲譽也可能受到影響。從這角度來看，對經常認定商業與創意之間存在著根本衝突的說詞，有了一個稍微不同的見解。可能創意工作者真的醉心於象徵資本的追求，而這確實會與經濟利潤的積累背道而馳。不過，也有可能創意工作者渴望在創造利潤的同時，組織不會壓縮他們創作所需的資源。與其說在商業與創造力之間，在經濟與社會、象徵、文化資本之間，存在著某種先天矛盾，倒不如認為，這是一種非常理性的立場，將創意工作者的欲念與經管階層商業導向的利益縫合在一起，而不是一種對立。因此，相較於經濟上常提及的利己模式，這個多元資本形式結合的論點，能夠更社會化及複合化的解釋人類的行為與動機。布迪厄的觀點顯然更適合分析文化創意產業裡行動與酬賞之間變化不定的關係，並能對這個產業混合商業利益與藝術價值、配銷實務和想像品質，以及文化意義的社會流通等現實面向做出貼切的詮釋。

在許多層面，「混雜團隊」在組織運作與人員管理上，以及組織內部的決策過程中，產生了特殊的挑戰。這種團隊的存在也與文化商品變異多端的本質有關。文化價值在新思維的衍發和對社會既存意義的論斷，有著決定性的影響力。因此，文化創意組織必須要與那些社會脈絡裡的運動思潮與生活信念，保持著相當的互動關聯。為此，許多企業往往會將營運的重心設置在那些文化底蘊豐富、創意活動蓬勃的地區。[31] 這一方面，讓組織直接浸淫在這樣的環境，有助於成員與新興趨勢接觸，以保持「混雜團隊」的能量；另一方面，這些熱點能讓組織乘地利之便徵募到各樣的人才，並找到異質互補的合作夥伴。[32] 不斷變動的社會價值觀、創作過程所需的各種技能、將文化產品推向市場所涉及的手段，這些都意味著文化創意組織是由一套流動的、彈性的雇傭關係所組成。因為經常需要在特殊的時間點僱用特定專業人才來參與特定的專案計畫，所以能夠掌握多樣人才的流動趨向並保持緊密的聯繫，這也是一種優勢——不公平優勢。[33] 緊密關係的保持聯繫，對創意人才也具有好處，這會創造一種雙重動能，強化了常常所稱的文化或創意集群的重要性。[34] 電影製作重鎮，如美國的好萊塢、印度的寶萊塢和奈及利亞的諾萊塢（Nollywood），米蘭和巴黎的時尚設計區域，瑞典和倫敦的流行音樂，都是眾人皆知的這種動態性群聚的案例。

建立了創意和文化產業的特徵後，我們現在可以進一步闡述如何將這行業細分為同樣面臨著相似的挑戰及關鍵成功因素的組織群體。

四、文化與創意產業架構

如前言所述，我們將創意和文化經濟中的不同項目的產業安排在兩條交叉的軸線上：第一條縱軸線，從短暫的（ephemeral）延伸到到持久的（enduring），從抽象性體驗到有形的實體；另一條橫軸線，則是從一次性的（one-off），一個難以複製或重複單一的作品，到可複製的（reproducible），具有可擴展性以及能再生產的作品（見圖6-2）。借鑑自英國國家科學技術藝術基金會（National Endowment for Science, Technology and Arts，簡稱NESTA）[35] 的創意經濟部門分類模型，將創意經濟諸多的企業組織劃分為三類：提供短暫體驗的商品或服務、提供一次性不可擴

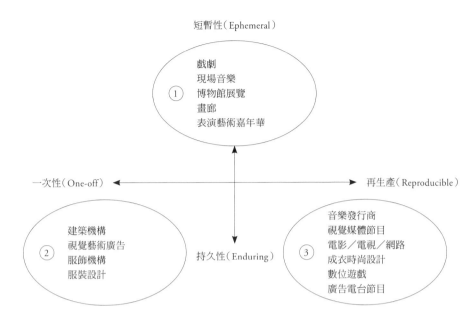

圖6-2　文化與創意產業的基模[36]

展的產品或服務，以及創造可持久複製的產品或服務。儘管每組中的領域有所不同，但它們都面臨著相似的挑戰，並且它們成功地取決於質性相近的資源和競爭條件。這樣的分類有助於我們釐清各類商品的關鍵屬性，以及這些屬性如何影響它們的美感創製、市場流通及體驗消費。

（一）短暫性體驗

　　這一類型活動項目，如表演藝術、舞蹈和芭蕾舞、古典音樂演奏會和流行音樂現場演唱會、戲劇演出，各種音樂季、電影節或文學展，以及在博物館和美術館舉辦的特展等等，其競爭在於，在特定的時間或在有限期間內，吸引特定的受眾到指定的地點。這意味著地理位置與實體空間，以及提供服務過程的策畫（策展）與氛圍設計，是經營活動的關鍵要素。內容的選擇和設計需要美學技巧和文化判斷，行銷溝通技巧和公關資源則是引起人們對活動的興趣，以及理解其文化意涵的必要手段。

(二)一次性不可擴展

　　這一類型創意營運項目，包括高級訂製時尚及珠寶藝術的設計與生產、視覺藝術、客製化設計諮詢代理服務（如建築和廣告）、工藝品（如訂製家具、裝飾品及手工藝品）。這類型營運又可細分為兩部分。首先，在這類型中有些組織的產出是較為物質實體的，且在相當程度上屬於單一的作品。這些創作的價值在於它們的奇點性（singularity），它們的靈光源自於產品的原創性，以及它們極度抗拒批量複製。如果這些創作被複製，那麼它們將會是運用不同材料、不同元素物件，或者是應用在不同的媒介的變調品。高級訂製禮服、藝術真品、珠寶或建築設計等，就是這種狀況。這些活動的成功關鍵在於作品的新穎性，如何將其推向市場並展示，以及文化中介者的論斷評價。

　　其次，有些組織提供的是創意導向和設計諮詢代理服務，例如建築、網站設計或廣告行銷活動等。這是因為這些服務多為單一實體，而這些實體也多為一次性購買。服務的價值也在初始交換中實現。交換僅限於創作者和客戶之間進行原件轉讓，而不是透過大量複製、發行和購買副本來達成。與藝術品和高級訂製時裝設計一樣，實體的新穎性和文化相關意涵是成功的重要關鍵。然而設計服務，像全訂製西服（bespoke）或服飾縫製、視覺藝術品或工藝品的生產，其間仍存在細微差別。為建築物、網站或服裝的設計行為屬於訂製的，需要與客戶進行緊密的關係管理。藝術與工藝的情況並非總是如此。

(三)持久性再生產

　　這一類型項目包括電視、電影和廣播的製作與發行、數位遊戲的設計和開發、音樂的企畫與錄製、出版編輯與推廣、高端時尚的設計與零售、珠寶和其他配飾以及攝影作品。這類型組織營運的焦點多數著重於規模市場的競爭。主體是準備大規模發行配銷的商品，為達成這個目標，組織必須能掌握各樣的人才與技能，並在營運過程裡發展與經銷體系的關係，以確保商品能順利地推向市場。文化創意產業是處在一種高度競爭的動態環境，產品的生命週期普遍很短，市場推廣期也很急促，通常在產品一上市便能即刻獲得消費者的廣泛青睞，否則很快就會被後續不斷湧進的新產品擠出市場。科技的創新提升了產品的品質，帶動了新

型商品的問世，卻也增加了生產的成本。但在發行配銷方面科技創新卻起了相反作用，以較低的成本方式接觸大量的潛在客戶，從而為產品實現成功的銷售業績。然而，科技在另一方面是雙面刃，像大量未經授權的電影、服飾、歌曲和遊戲等等，可以輕易地被創製和流通，從而掠奪了產業體系投注後續創意的資源與資本。

【附記】

原文譯自 Jonathan Gander 的專書 *Competing in the Creative and Cultural Industries: The Strategic Way* (New York: Routledge, 2017)，本章由作者摘選增訂自該書而成。

註釋

1　Robert M. Grant, "The Resource-Based Theory of Competitive Advantage: Implications for Strategy Formulation," *California Management Review* 33(3), 1991: 114-135.

2　Michael E. Porter, "What is Strategy?" *Harvard Business Review* 74(6), 1996: 61-78.

3　Dorothy Leonard-Barton, "Core Capabilities and Core Rigidities: A paradox in Managing New Product Development," *Strategic Management Journal* 13, 1992: 111-112; Barbara Levitt and James G. March, "Organizational Learning," *Annual Review of Sociology* 14, 1988: 319-340.

4　David J. Collis and Michael G. Rukstad, "Can You Say What Your Strategy is?" *Harvard Business Review* 86(4), 2008: 89.

5　Matthew Taylor, "Nicholas Hytner's National Theatre Offers a Template for British Business," *The Guardian*, April 7, 2013.

6　Costas Markides, "What is Strategy and How Do You Know If You Have One?" *Business Strategy Review* 15(2), 2004: 5-12.

7　Michael E. Porter, 61-78.

8　Henry Mintzberg, "The Rise and Fall of Strategic Planning," *Harvard Business Review* 72(1), 1994: 107-114.

9　Michael C. Mankins and Richard Steele, "Stop Making Plans Start Making Decisions," *Harvard Business Review* 84(1), 2006: 76-84.

10　John Shook, "Toyota's Secret," *MIT Sloan Management Review* 50(4), 2009: 30-33.

11　Roger L. Martin, "The Big Lie of Strategic Planning," *Harvard Business Review* 92(1/2), 2014: 79-84.

12　Paula Jarzabkowski, Julia Balogun, and David Seidl, "Strategizing: The Challenges of a Practice Perspective," *Human Relations* 60(1), 2007: 5-27.

13　Michael Masterson, *Ready, Fire, Aim: Zero to $100 Million in No Time Flat* (Hoboken, NJ: John Wiley and Sons, Inc., 2007).

14 James G. March, "Exploration and Exploitation in Organizational Learning," *Organization Science* 2(1), 1991: 71-87.

15 Sebastian Raisch, at el, "Organizational Ambidexterity: Balancing Exploitation and Exploration for Sustained Performance," *Organization Science* 20(4), 2009: 685-695.

16 Ruth Towse, *Creativity, Incentive and Reward: An Economic Analysis of Copyright and Culture in the Information Age* (Cheltenham: Edward Elgar, 2001); Ruth Towse, "Creativity, Copyright and the Creative Industries Paradigm," *Kyklos* 63(3), 2010: 461-478.

17 Lawrence Lessig, *Remix: Making Art and Commerce Thrive in the Hybrid Economy* (London: Bloomsbury, 2008).

18 David Throsby, *Economics and Culture* (Cambridge: Cambridge University Press, 2004).

19 Theodor Adorno, "Culture Industry Reconsidered," in J. M. Bernstein, ed., *The Culture Industry: Selected Essays on Mass Culture* (London: Routledge, 1975) 98-106.

20 Richard Caves, *Creative Industries: Contracts between Commerce and Creativity* (Cambridge, MA: Harvard University Press, 2000) 3.

21 Sherwin Rosen, "The Economics of Superstars," *American Economic Review* 71, December, 1981: 845-858; Robert H. Frank and Philip J. Cook, "Winner Take All Markets," *Journal of Microeconomics* 1(1), 2012: 152-184.

22 Martin Kretschmer, et al, "Increasing Returns and Social Contagion in Cultural Industries," *British Journal of Management* 10, 1999: 61-72.

23 James J. English, *The Economy of Prestige: Prizes, Awards and the Circulation of Cultural Value* (Cambridge, MA: Harvard University Press, 2005).

24 David Hesmondhalgh, "Bourdieu, the Media and Cultural Production," *Media, Culture & Society* 28(2), 2006: 211-231; Keith K. Negus, "The Work of Cultural Intermediaries and the Enduring Distance between Production and Consumption," *Cultural Studies* 16(4), 2002: 443-464.

25 Arjun Appadurai, *The Social Life of Things: Commodities in Cultural Perspective* (Cambridge: Cambridge University Press, 1986) 21.

26 Narinder Anand and Brittany Jones, "Tournament Rituals, Category Dynamics, and Field Configuration: The Case of Booker Prize," *Journal of Management Studies* 45(6), 2008: 1036-1060; Stephen S. Mezias, et. al., "Transforming Film Product Identities: The Status Effects of European Premier Festivals, 1996-2005," in Brian Moeran and Jesper S. Pederen, eds., *Negotiating Values in the Creative Industries: Fairs, Festivals and Competitive Events* (Cambridge: Cambridge University Press, 2011).

27 Thomas Schatz, *Hollywood Genres: Formulas, Filmmaking and the Studio System* (London: McGraw-Hill, 1981).

28 Richard Caves, 177.

29 Pierre Bourdieu, *The Field of Cultural Production: Essays on Art and Literature* (Cambridge: Polity Press, 1993).

30 Pierre Bourdieu, "The Forms of Capital," in J. E. Richardson, ed., *Handbook of Theory of Research for the Sociology of Education* (New York: Greenword Press, 1986) 46-58.

31 Gernt Grabher, "Ecologies of Creativity: The Village, the Group, and the Heterarchic Organisation of the British Advertising Industry," *Environment and Planning A: Economy and Space* 33(2), 2001: 351-374.

32 Michael Storper and Anthony J. Venables, "Buzz: Face-to-face Contact and the Urban Economy," *Journal of Economic Geography* 4(4), August 2004: 351-37; Andy C. Pratt, "Hot Jobs in Cool Places. The Material Cultures of New Media Product Spaces: The Case of South of the Market, San Francisco," *Information, Communication and Society* 5(1), 2001: 27-50.

33 Gernot Grabher, "The Project Ecology of Advertising: Tasks, Talents and Teams," *Regional Studies* 36(3), 2002: 245-262.

34 Andy C. Pratt, "Creative Clusters: Towards the Governance of the Creative Industries Production System?" *Media International Australia* 112(1), 2004: 50-66.

35 "Creating Growth: How the UK Can Invest in Creative Businesses," National Endowment for Science, Technology and the Arts (NESTA), London, 2006.

36 這個基本模型是筆者與艾莉森‧瑞伯教授（Alison Rieple）合作創建，在此對她表示誠摯的感謝。

參考書目

Appadurai, Arjun. *The Social Life of Things: Commodities in Cultural Perspective*. Cambridge: Cambridge University Press, 1986.

Bourdieu, Pierre. *The Field of Cultural Production: Essays on Art and Literature*. Cambridge: Polity Press, 1993.

Caves, Richard. *Creative Industries: Contracts between Commerce and Creativity*. Cambridge, MA: Harvard University Press, 2000.

Colin, David J. and Michael G. Rukstad. "Can You Say What Your Strategy is?" *Harvard Business Review* 86(4), 2008: 89.

English, James J. *The Economy of Prestige: Prizes, Awards and the Circulation of Cultural Value*. Cambridge, MA: Harvard University Press, 2005.

Frank, Robert H. and Philip J. Cook, "Winner Take All Markets," *Journal of Microeconomics* 1(1), 2012: 152-184.

Grabher, Gernot. "The Project Ecology of Advertising: Tasks, Talents and Teams." *Regional Studies* 36(3),

2002: 245-262.

Grant, Robert M. "The Resource-Based Theory of Competitive Advantage: Implications for Strategy Formulation." *California Management Review* 33(3), 1991: 114-135.

Jarzabkowski, Paula, Julia Balogun, and David Seidl. "Strategizing: The Challenges of a Practice Perspective." *Human Relations* 60(1), 2007: 5-27.

Kretschmer, Martin, et al. "Increasing Returns and Social Contagion in Cultural Industries." *British Journal of Management* 10, 1999: 61-72.

Leonard-Barton, Dorothy. "Core Capabilities and Core Rigidities: A paradox in Managing New Product Development." *Strategic Management Journal* 13, 1992: 111-112.

Levitt, Barbara and James G. March. "Organizational Learning." *Annual Review of Sociology* 14, 1988: 319-340.

Lessig, Lawrence. *Remix: Making Art and Commerce Thrive in the Hybrid Economy*. London: Bloomsbury, 2008.

Mankins, Michael C. and Richard Steele, "Stop Making Plans Start Making Decisions." *Harvard Business Review* 84(1), 2006: 76-84.

Martin, Roger L. "The Big Lie of Strategic Planning." *Harvard Business Review* 92(1/2), 2014: 79-84.

Masterson, Michael. *Ready, Fire, Aim: Zero to $100 Million in No Time Flat*. Hoboken, NJ: John Wiley and Sons, Inc., 2007.

March, James G. "Exploration and Exploitation in Organizational Learning." *Organization Science* 2(1), 1991: 71-87.

Mintzberg, Henry. "The Rise and Fall of Strategic Planning." *Harvard Business Review* 72(1), 1994: 107-114.

Porter, Michael E. "What is strategy?" *Harvard Business Review* 74(6), 1996: 61-78.

Pratt, Andy C. "Creative Clusters: Towards the Governance of the Creative Industries Production System?" *Media International Australia* 112(1), 2004: 50-66.

Raisch, Sebastian, at el. "Organizational Ambidexterity: Balancing Exploitation and Exploration for Sustained Performance." *Organization Science* 20(4), 2009: 685-695.

Rosen, Sherwin. "The Economics of Superstars." *American Economic Review* 71, December 1981: 845-858.

Schatz, Thomas. *Hollywood Genres: Formulas, Filmmaking and the Studio System*. London: McGraw-Hill, 1981.

Storper, Michael and Anthony J. Venables. "Buzz: Face-to-face Contact and the Urban Economy." *Journal of Economic Geography* 4(4), August 2004: 351-337.

Shook, John. "Toyota's Secret." *MIT Sloan Management Review* 50(4), 2009: 30-33.

Throsby, David. *Economics and Culture*. Cambridge: Cambridge University Press, 2004.

Towse, Ruth. *Creativity, Incentive and Reward: An Economic Analysis of Copyright and Culture in the Information Age*. Cheltenham: Edward Elgar, 2001.

CHAPTER 7

特許經營的社會性結構與文化產品關係

Derek Johnson　著
范虹　譯

一、前言

　　本文試圖就文化產業中持續衍發的產品和智慧財產，來為「媒體特許經營」（media franchising）這個產業詞彙做文化社會性的界定。這個界定將包括近期倍數再製的或重塑的智慧財產，例如《007詹姆士‧龐德》（*James Bond*）、《星際迷航記》（*Star Trek*）、《星際大戰》（*Star Wars*）、《魔戒》（*The Lord of the Rings*）、《復仇者聯盟》（*The Avengers*）、《CSI犯罪現場》（*CSI*）、《駭客任務》（*The Matrix*）、《神奇寶貝寶可夢》（*Pokémon*）、《X戰警》（*X-Men*）、《蝙蝠俠》（*Batman*）、《少年狼》（*Teen Wolf*）、《蜘蛛人》（*Spider-Man*）、《哈利波特》（*Harry Potter*）、《暮光之城》（*Twilight*）、《鋼鐵人》（*Iron Man*），以及《變形金剛》（*Transformers*）等等。本文的目的不是要按照產品清單來定義特許經營，而是要考慮形塑、想像和結構化特許經營的經濟和文化力量，以及特許經營反過來催化的產業結構、社會關係和文化想像。因此，我們必須更進一步地思考，如何透過特許經營的方式來理解媒體，如何根據特定制度性、文化性的條件與挑戰來發展這種想像，以及這種想像如何使這些條件和挑戰被有意義地理解。特許經營已成為一種流動的、難以應對的、歷史偶然的現象。因此，媒體特許經營將無法簡化為一種統整的普遍定義。在廣泛的層面上，我們首先得將特許經營構想為一種透過產業關係網絡，進行文化資源交換流通的經濟系統，但我們也必須認識到，特許經營作為一種流動的結構關係以及想像框架，它為媒體組織的運作、產業的交易與文化再生產，賦予了多重意義。

　　為了尋求這種理解，本文將探究特許經營的社會關係，以及這個關係形塑的

產業結構，並且由歷史角度出發，來分析在「特許經營」這個概念下媒體的產出所展現的文化論述意涵。這需要一種超越傳統媒體研究的思維，來將特許經營的發展與一般零售行業運作的商業模式做並置觀察。20世紀後期的媒體特許經營起源，與一九五〇年代和一九六〇年代出現的麥當勞（McDonald's）、通用連鎖（GM Goodwrench）和必勝客（Pizza Hut）等商業體系一樣。它們的運作，仰賴的不僅是經濟性的結構，而且更依託於廣泛的社會文化關係之上。有了這層理解，我們可以探尋它們相似之處，即特許經營關係如何結構和促進媒體行業的交互生產。儘管零售特許經營並不能完美地映射到媒體生產中，但是兩者共通具備的社會關係特徵，使我們能夠更清晰地觀察媒體特許經營所促進的行業匯流。然而，本文並沒有將這種借來的特許邏輯強加於媒體生產，以追求一種新的立論說詞，而是試圖研究經營者、評論家和消費者如何對媒體產品進行學理化，以及將其概念化為所謂的「特許經營」。特許經營是如何作為一種文化邏輯，來解釋20世紀後期媒體產業中的這些關係和交流的？這種想像對文化生產的組織和意義產生了什麼影響？根據這些，本文認為，特許經營商品可以組織文化產業的生產實踐，並賦予其意義。

二、超越跨媒體的特許經營

2007年8月，《歌舞青春2》（*High School Musical 2*）在迪士尼頻道的首映吸引了約1,720萬觀眾，刷新了美國有線電視收視率的紀錄。然而，這部關於青少年歌舞的電視電影，其影響力遠遠超出了電視螢幕的框架。作為迪士尼擁有的智慧財產，《歌舞青春》衍生出電影續集、冰上表演、巡迴音樂會、角色玩偶、青少年服裝，以及隨唱CD和DVD。對於所有這些產品，《紐約時報》（*New York Times*）將《歌舞青春》簡單粗略地描述為「新興特許經營」，可與米奇老鼠（Mickey Mouse）相抗衡。[1] 事實上，這是單個媒體平台無法比擬的，這些智慧財產的延展，更容易被理解為一個協作的系統，在該系統中，多個利益中心都在一個共用的品牌概念下運作。就像麥當勞的特許經營，一個標準化企業綜合體，以更高效、更流暢的運作，將不同地區的漢堡店聯合起來。《紐約時報》沒有向讀者解釋這個隱喻，而是

將媒體特許經營理解為文化生產跨越不同媒體和行業而延展的文化景觀。

任何與特許經營有關的文化生產研究都必然會想到亨利・詹金斯（Henry Jenkins）構建的跨媒體敘事理論，因為他對不同媒體文本之間的形式和實踐關係有著敏銳的觀察。詹金斯在談到「匯流文化」（convergence culture）時將媒體特許經營理解為「跨媒體敘事的體現〔……〕隨著媒體的融合出現的一種新美學，這種美學的構成，建基於消費者的新型需求，並有賴於知識社群的積極參與」。[2] 跨媒體敘事創造出虛構的「世界」，例如《駭客任務》和《哈利波特》，消費者則將這些專業創製展示在各個媒體平台上的敘事資料交織拼湊起來，成為意義化的經驗。然而，跨媒體敘事作為理解特許經營歷史的、話語的、產業維度的一種範式，仍然具有一定的局限。首先，新美學形式、生產實踐、數位平台上的匯流文化，使我們膠著在跨媒體文本的體驗，而忽略了對特許經營在產業發展的歷史脈絡。其次，雖然詹金斯跨媒體的特徵是連續劇集式的敘事（serialized narratives），其中分散的每個故事情節都扮演著獨特的、不可或缺的角色。但《星際迷航記》、《蝙蝠俠》和《X戰警》等系列影片，也是以劇集式的敘事來鋪陳情節，其展現卻是冗長的、甚至笨拙的，完全不適合這種講求統整連貫的美學範式。跨媒體敘事設想了統合性、連續劇集式、序列化和創作者主控導向的生產模式，但對多元產業匯聚，集體創作導向、段落片集式、非敘事性的生產模式則缺乏洞察。

然而，特許經營的論述既被跨媒體所掩蓋，又被稱為其同義詞。在詹金斯進行匯流文化探究之前，瑪莎・金德（Marsha Kinder）在一九八〇年代後期就將另一系列文本形式的生產和消費實踐稱為「跨媒體」。在探索孩童如何序列式地消費電影、電視和電玩遊戲時，金德觀察到了一種「跨媒體互文性」（transmedia intertextuality），使孩童能夠識別類型、認同角色，並感知到跨媒體系統展現的價值。[3] 金德將這種跨媒體的互文性稱作「娛樂超級系統」（entertainment super systems）：如《忍者龜》（Teenage Mutant Ninja Turtles）和《布偶歷險記》（The Muppets）之類的智慧財產，它們能以一種獨特的方式，藉由不同媒體系統提供文本，來與消費者產生互動。儘管金德的描述與詹金斯的跨媒體敘事有所不同，但我們可以回溯性地假設，娛樂超級系統在十年後為一九八〇年代的孩童準備了像《駭客任務》這樣成人性的特許經營美學，這表明了跨媒體的歷史特徵超越了當代匯流文化。

實際上，邁可‧凱克曼（Michael Kackman）在一九五〇年代關於電視產品授權的歷史研究中，就闡明了跨媒體。凱克曼展示了一系列產業環境和智慧財產的邏輯，如何帶來一種特定文化生產和消費的歷史的形式，這種形式主要由公司之間的授權協議、國際電視貿易的增長以及商標法來定義。[4] 詹金斯、金德與凱克曼都研究了跨媒體文化在不同脈絡的表現形式，確定特許經營可能存在的共同歷史軌跡。

儘管如此，關於特許經營作為一種產業結構、一系列社會關係、一種文化想像的研究，並不能完全將其納入到跨媒體相關的學術論述中。儘管「跨媒體」一詞已廣泛地在產業中使用，美國製片人協會（Producers Guild of America）在2010年的規範中還特別增列了「跨媒體製片人」（transmedia producer）這個職稱，[5] 但當前這種風潮掩蓋了許多其他流行的論述術語和邏輯，這些術語和邏輯提供了智慧財產管理關於創造力的多元想像。他們每一個都有自身的淵源、運作傾向，以及產業意義，這既有「特許經營」，也包括「全商品」（total merchandising）、「搭售潛力媒體」（toyetic media）、「綜效」（synergy）等等。跨媒體論述還簡化了對《星際迷航記》、《法網遊龍》（Law & Order）或《犯罪現場調查》等，這類特許經營的洞察。這些特許經營在諸如電視的媒體中反覆產製，衍生了《銀河飛龍》（Star Trek: The Next Generation）、《銀河前哨》（Star Trek: Deep Space Nine）、《法網遊龍：特案組》（Law & Order: Special Victims Unit）、《CSI犯罪現場：邁阿密》（CSI: Miami）、《CSI犯罪現場：紐約》（CSI: New York）等系列作品。類似的動態結構，如漫威漫畫（Marvel Comics）構成的超級英雄團支撐了半世紀畫刊的發行，票房高達225億美金的電影宇宙系列，還有數不清的電視劇系列；以及像歷久不衰的《最後一戰》（Halo）系列，或《奪魂鋸》（Saw）系列等作品，驅動了無數電影與電玩遊戲的產出。特許經營衍生與再生產的問題並不總是跨媒體的。儘管如此，這兩個術語在當代媒體學界已幾乎不可分割。除了幾個個別的研究專案試圖將兩者聯繫起來的之外，許多學術會議（通常與產業界合作）也都致力於「跨媒體特許經營」探索。[6] 我們過於迷戀跨媒體特許經營的誘惑，以至於對特許經營中所圍繞的文化軌跡和產業型態沒有進行太多的思考。

儘管一些學術研究以自己的話語梳理了特許經營問題，但這些工作並未由更寬廣的層面來闡明整個媒體特許經營的歷史結構、社會關係和文化想像，大多

數學者也沒有企圖去細探媒體文化和特許經營文化之間的互生關聯。萊恩‧克羅瑟（Lane Crothers）在研究美國流行文化的全球影響時，非常適切地闡明了兩者，並藉由參照美國音樂、電影、電視節目的形貌，來追溯麥當勞和可口可樂（Coca-Cola）等全球性特許經營企業發展的歷程。[7] 儘管，克羅瑟透過搭售行銷的策略來詮釋這些零售特許經營與媒體產業之間的協商運作，但這麼做仍然沒有考慮到媒體文化本身──某種程度上，就是特許經營的體現。還有其他學者即便更明確地認識到媒體文化的特許屬性，但卻沒有探索其本質上的意義。《魔戒》三部曲在評論上和商業上的成功是非同尋常的，克里斯汀‧湯普森（Kristin Thompson）隨後在《佛羅多特許經營》（ *The Frodo Franchise* ）中將其作為典範來對待，[8] 雖然這模糊了該系列影片在特許經營發展歷史的特殊性，但這反倒提醒我們應該將這個範例，與其他更多的特許產出做對照觀察。

　　跨媒體敘事的研究著重文化藝術性與參與性，「特許經營」亦是如此，但若不再更進一步關注企業結構與經濟組織裡的生產勞動，那這兩者就沒有什麼區別了。特許經營讓人們連想到像麥當勞這種社會普及但在文化上令人不敢恭維的企業系統，用大量生產的模式，不必追求創新或創造力來生產出大眾熟悉且無差別的同質產品。正如喬治‧雷瑟（George Ritzer）在《社會的麥當勞化》（ *The McDonaldization of Society* ）中的感歎，快餐連鎖店提供了一種看似無法抗拒的、適宜的文化模式，該模式迎合當地條件，以效率、可計算性、可預測性，以及對消費者、勞工和管理者的控制為基礎。[9] 西維奧‧韋斯伯（Silvio Waisbord）在研究全球與在地市場的電視節目格式（format）授權交易時，將《老大哥》（ *Big Brother* ）這真人秀節目系列描述為「麥TV」（McTV），他承認就節目交易而言，特許經營系統面對在地市場所做適宜調整的能力，然而他卻批評這個特許系統整體而言只關注即時商業性的成功，而對創新毫無耐心。[10] 因此，就特許經營而言，架構多元形式相乘的媒體生產，任何的創新舉措或創作嘗試，都必須將產業結構裡可能牽涉到的管理，或支配因素考慮進去。即使是對媒體特許經營的文化性分析，也必須關注到產業運籌的「意欲價值傾向」，因為這本來就是媒體存在的意義與面對社會的角色。藉由評論家、消費者和從業者對產業結構的討論，而不只是在創造性層面，從而深究特許經營在社會文化上應履行的義務。

因此，與其忽視特許經營，我們更應該接受它，用這些話語來解釋企業組織運作而成的當代文化形貌和產業現實。特許經營可以既被理解為一種產業邏輯，又可以被看成是一種文化邏輯，在這些邏輯中，產品創新、決策過程、文化創生等，成為相關權益者進行協商論辯的場域。為了填補特許經營學術研究中的空白，參考先前其他領域有關企業組織的論著，是有必要的。這不僅可以幫助我們洞悉特許經營的結構邏輯，而且還有利於我們理解社會文化的協商邏輯。這也促使我們能夠分享像麥當勞這樣的特許企業與媒體組織，在運籌帷幄之間的差異性與近似性，更可以進一步的挑戰或確認：我們對特許經營作為一種商業實踐的理解，我們的文化與經濟觀點，在媒體文化產業化這個議題上，是否經得起考驗。

三、特許經營的商業與文化

第一次理解特許經營結構性的嘗試，出現在第二次世界大戰之後，當時美國企業管理和組織溝通領域的學者，正努力對新興的美國公司組織進行了解。這些言論中，首先發聲的是來自喬治亞州立大學（Georgia State University）的大衛·施瓦茨（David Schwartz），他 1959 年撰寫了題為〈建立獨立零售銷路的特許經營體系〉（The Franchise System for Establishing Independent Retail Outlets）的研究論文。儘管特許經營體系早於一九五〇年代，但施瓦茨還是將其歸因於戰後一系列希望創造營銷業績增長的零售和服務行業：快餐、洗衣、洗車、酒店，以及會計服務。施瓦茨將特許經營確定為利益相關者之間的協議——開發該系統的特許人（franchisor）和在該系統中獨立投資的專營者（franchisee）：「特許人在全國推動廣告〔……〕並試圖以不同的方式建立對特許經營販售的公眾認可。專營者遵循特許人概述的商品銷售和商業程序，著手將其店鋪作為獨立機構來經營〔……〕發展獨立的商業『鏈』。在理想情況下，特許經營體系既有大型企業也有小型企業的優勢。」[11] 施瓦茨將後來雷瑟對麥當勞龐大而僵化組織的描述擴大，並強調特許經營是一種合作企業。作為特許經營建立全國認可協議的一部分，特許人分配和保護地域區塊，提供商品，創立商標、標牌和徽標，從而將每個專營者認可為其加盟網絡的成員。而這一部分，專營者需支付一定費用來投資該系統，從特許人那

裡購買商品和供應品，並「以規定的方式」使用這些材料。[12]

　　為了使這種關係取得成功，施瓦茨寫道，各方必須有合作的態度。施瓦茨援引一位高階主管的話：「與特許經營的獨立運營商合作時，最大的問題是使他們思考並作為一個群體而不是個人來行動，將他們整合成一個運作良好的團隊。」[13]毫無疑問地，這些系統為每一方都帶來了許多好處：特許人可以開發新產品和新市場，而幾乎沒有資金風險，也沒有那麼多管理的頭痛難題。獨立的專營者獲得了全國的認同與經過驗證的銷售計畫。但至關重要的是，施瓦茨承認特許關係中存有某些內在張力：「為了獲得最大的成功〔……〕專營者必須得犧牲行動的獨立性，並在相當程度上遵循特許人的法則。同樣，特許人必須接受這樣一個事實，即要對特許經營網點完全控制是不可能的，因為其是一個獨立的商業體。」[14]認識到這些不同的目標後，施瓦茨制定了一系列指導方針，以協調各方的期望。即使在起步階段，特許經營也被認為是不同利益者之間進行協商的場域，而不是一個執行公司控管，追求可計算性、效率、可預測性的絕對工具。

　　其他分析跟隨著施瓦茨的足跡。1968年羅伯特·莫克勒（Robert Mockler）和哈里森·伊索普（Harrison Easop）將特許經營的實踐追溯到1898年，當時汽車的製造商簽署了授權本地經銷商作為獨立專賣店的協議。到一九二〇年代，食品雜貨、藥品、五金製品和汽車配件的批發商，已經結成聯盟，形成獨立販售店的網絡，與不斷擴大的全國連鎖店競爭。儘管莫克勒和伊索普並未將其包括在分析中，但廣播網（broadcast networks）和連鎖劇院的出現，也可能被視為這種商業策略轉變的一部分。早期的美國電訊傳播政策將廣播頻譜和城市通訊電纜框定為獨占特許事業，透過特定的審議程序，將特許經營權利授予那些最能實現公共利益的機構，或是俗稱「管家」（steward）。但是這項法規針對的是訊息的發送傳輸，而不是內容的生產，這與媒體特許經營的原意，即多元內容創製與多重媒體系統發行，有很大的出入。

　　然而，在第二次世界大戰之後，社會、心理和經濟的轉變，是特許經營成為企業策略核心的關鍵。郊區化（suburbanization）需要規模較小但數量眾多的零售店，而參與特許經營對地緣因素之外的商家，以及在一九五〇年代由於信貸市場擴大而獲得支持的企業都具有的吸引力，同時也得益於1964年《經濟機會法》

（*Economic Opportunities Act*）第IV條（旨在提供非裔美國人和其他弱勢群體創業支持）。此外，戰後經濟蓬勃發展，對於競爭日益激烈的公司，特許經營提供了成本相對較低的手段，來開發專業的產品，加強分銷和擴大市場範圍。

為使這種特許經營熱潮制度化，國際特許經營協會（International Franchise Association）於1960年成立，「以促進更好的特許經營，保護特許經營的投資者，並透過此項活動對美國消費者提供的銷售商品和服務提供更好的保障」。[15] 自助出版商也透過促進對特許經營店的投資，而促進了這一繁榮的、成真的美國夢。正如羅伯特・梅斯（Robert Metz）在其1969年的著作《特許經營：如何選擇自己的生意》（*Franchising: How to Select a Business of Your Own*）中所寫的那樣，「在這個國家，我們社會擁有如此非凡的特質，社會科學家稱之為向上流動性。希望自己做點什麼的人幾乎沒有障礙。我們的社會可能並不完美，但是有才能、有幹勁、有目標的人可以獲得成功。透過商業成功可以輕鬆克服社會障礙」。[16] 梅斯和許多人想像著向上流動神話般的特許經營。哈瑞・庫許（Harry Kursh）將特許經營熱潮描述為「如果你明智地選擇並準備為此奮鬥，這是一個新的美國機會，來使自己變得更好」。[17] 庫許進一步指出，特許經營不僅是一種商業模式，而且是一種社會現象，取決於文化意義和價值的改變。在解釋該詞源自法語動詞「franchir」（自由）時，庫許指出，在前工業化的脈絡中，「特許經營」通常表示不受束縛，尤其是在政治和政策事務中，它代表至高主權機構授予個人或團體的特權。在對特許經營的文化理解上，庫許認為「特許經營沒有單一的定義」[18]，並且「實際上，任何對特許經營進行定義的嘗試，都無非是一種迂腐的學術練習」[19]。儘管沒有用這種理論語言來表達，但他的論點將特許經營描繪為一種有意義的話語，它將各種實踐結合在一起，成為一種可識別的文化統一體。

特許經營的目的是產生協同一體感和發掘共同利益，其實踐的一項重要做法是，藉由法律效應的合約，明訂相關產品與區域的營運權力，與參與各方的責任與義務。莫克勒和伊索普由一九六〇年代的許多特許經營合同中歸納出四種一般性的合約條款。資訊（Informational）條款，規定了當事雙方之間交易的費用和服務；專營者通常預付基本的特許經營費用，與未來銷售的權利金，而特許人則提供管理、建議和培訓。管理（Regulatory）條款，設置對專營者運作的控制與約

束。程序（Procedural）條款，制定了應對特許關係可能威脅的策略。最後，終止（Termination）條款，為當事雙方提供因應歧見時終結關係的手段。[20] 儘管因應當地市場條件定制特許經營合約，可能有助於雙方利潤的最大化，但大多數現代特許經營協議在實踐中仍然非常統一，以便在整個特許經營體系中更輕鬆地執行。[21]

商標和智慧財產管理實踐也建立了特許經營關係的重要機制。一方面，當事雙方共用商標，為特許人在當地消費市場與專營店的服務提供保障。這不僅迫使專營者屈從於特許系統的身分，而且還減輕了特許人面臨的負擔，即一旦提供了管理諮詢與培訓，實際的運作就由專營者自行處理。1968年，湯姆·阿諾德（Tom Arnold）指出，共用商標是智慧財產保護下的一個「藝術主題」（artistic theme），未經授權不得擅自使用。[22] 不良的專營者也許能夠複製特許人與他協議的操作程序，但它無法重現那些早已為大眾明瞭的商標其背後表徵的商業模式與意義。因此，商標在管理消費市場方面也具有實用性。特別是「那些獨特並已為社會熟悉的商標所表徵的商品，消費者會有更高的意願去購買」。[23] 特許經營體系通常是透過意義化的品牌動員，這些品牌既可以引燃專營者的忠誠度，又可以激發消費者的忠誠度。品牌研究者大衛·艾克（David Aaker）認為，要想發揮作用，品牌識別商標必須在所有銷售點、市場和產品線中都表現出一致的身分，並且「將這個身分組織成具有凝聚力、有意義的群體，也就是賦予它肌理脈絡和完整性」。[24] 然而，這種商標上的完整性也會在特許經營體系內造成一種緊張關係，緊張關係同時也可能促進效率。彼得·伯克蘭（Peter M. Birkeland）強調，每個專營者在實踐中行動都有可能偏離最初特許系統協商的議定，而系統中的每個專營店都「因商標而相互依存」，這又會是將它們導正回原來主軸最有效的驅力。[25] 因此，共用商標會在特許經營的所有成員之間形成一種休戚與共的張力。正如伯克蘭所說，「商標迫使專營者採用標準程序，但這些程序可能與專營者在本地市場的最高效益不符」。[26] 這對特許體系在社會追求的持續穩定構成了挑戰。當專營者相互意識到他們之間出現了致命瑕疵，特許系統中就會出現怨言和競爭，這時候商標變成「一種枷鎖，也是獲利的關鍵」。[27] 特許經營在結構關係上存在著不平衡，但這種關係是建立在利害相關者之間的一種休戚與共的文化意識上，而這種意識的目的在於，想像一種在經濟上不存在的，卻能感知到的協作與團結。

四、蘋果和橘子？

理解媒體特許經營可以由產業結構著手，但是結構中既存的權力關係、利益分配、文化信念等因素，必定使得經營運作變得複雜。然而，考慮零售行業的動態狀況是否真的適合媒體特許經營？一種現象可能具有相似的想像框架，但又保持了自己的社會和文化特色？

例如，在傳統的零售特許經營中，產業運作的核心是集中在配銷與產品銷售上。當然，麥當勞的漢堡必須由各種預先準備的食材和包裝材料組合而成。但是，專營店沒有為漢堡研製新配方的權利，而是經由給付特許商定額的權利金，透過標準化的作業流程、將制式化的食品進行配製。設計和研發無疑是麥當勞漢堡流程中的關鍵，但在整個經濟協作關係中，專營店通常參與的是漢堡產品的販售，而不是產品的研發製成。此外，與一般企業組織擁有的連鎖店不同，特許經營取決於合作各方之間的合同關係。沒有特許人和專營店，就不可能有特許經營。

然而，媒體特許經營經常混淆這種準則。零售特許藉由合同契約來達成生產、配銷、販售的垂直整合連結，而媒體特許經營則是，水平橫向的多重異媒體連結，共享社會熟悉的內容題材，來創製高市場價值的產品，而每個異媒體產製的產品都有各自發行、映演的獨特考慮與消費取向。因此，無論是產品序列化還是多重媒體結盟，媒體特許經營都是依循創製多元化，而非通銷多元化的邏輯來運作。通常特許經營不是智慧財產的持有人，試圖去收購消費者最常惠顧的電影院線，影視網絡和播映窗口，相反地，是要讓產製出來的內容展映場域盡可能地加乘化。並且內容生產在加乘化的同時不斷地進行調整編修。可口可樂和麥當勞漢堡特許商品都是大量生產模式下的產物，生產線生產出來的漢堡，每個都沒什麼差別。但若說特許的媒體內容，其生產則以序列式的（serial）運作來描繪比較貼切。儘管珍妮特・史泰格（Janet Staiger）用「量產」來描述好萊塢（Hollywood）製片廠時代的電影生產，但她強調「電影的批量生產從未達到其他產業那種硬性的線性裝配線。相反地，它仍然是藉由精確的職掌分工，專業的技術人員合作，依線性序列而完成的」。[28] 特許媒體的生產也不例外，就共享且熟悉的題材，在不同媒體形式之間予以差異化。在飲料行業中，如可口可樂這類特許商，研製各種不同口

味的糖漿，然後根據特定配方將其出售給當地分銷商，然後再製成各種類型的飲品上市。在媒體特許經營中，企業確實經常會出售和／或授權所屬的智慧資產用於地區性的製作計畫，但該計畫商品比較是無形的，最終產出的商品質性則是可協調的。儘管它可能會有形式風格、情節走向、發行布局等方面的附帶規約，但是，智慧資產的分享是不可能有完美的規範準則的，因而特許生產者必須在允許的範圍內費盡心思地將題材重新形塑，賦予產品差異性，以期在市場存活。相比之下，飲料產業中，沒有銷售專營店會嘗試去修正特許商研製的配方。因此，零售特許經營創造新的亮點，以將制式標準的產品與本地市場的消費者構聯起來，[29]但在媒體領域，內容（與其他商品）的差異化是獲利的關鍵，而特許經營的重點是運用智慧資產來連結創意人才，將社會熟悉的題材賦予新意。

　　另一個潛在的差異是，媒體企業與外部組織之間對特許經營協議的依賴程度，比起零售特許產業要低得多。例如，在《歌舞青春》的特許案例中，迪士尼集團自己就有足夠的資源承擔絕大部分創製與發行的事宜，而毋需動用約聘手段去尋求組織外部人才的協助。隨著《歌舞青春》的發展由電視體系，進入電影、音樂和電玩遊戲領域，具備水平橫向資源的迪士尼集團可以透過內部相關附屬機構來執行這個擴展行動。如同珍妮特·瓦斯科（Janet Wasko）解釋的那樣，迪士尼的每個部門經常穿梭於旗下各個內容品牌之間，每個內容品牌（智慧財產）都被看成是一個齒輪，而各個附屬機構則處在水平位置，可以有機地利用組織資源組裝出最有利的「製作／發行／映演」的鏈條。[30] 時代華納（Time Warner）等其他集團也沒有什麼不同，它們擁有蝙蝠俠等特許經營的版權和商標，並將它們開發成多元媒體形式的內容：電影，如《蝙蝠俠：開戰時刻》（*Batman Begins*）、《蝙蝠俠：黑暗騎士》（*The Dark Knight*）；電視動畫，如《蝙蝠俠智勇悍將》（*Batman: The Brave and the Bold*）；漫畫出版，如《偵探漫畫》（*Detective Comics*）、《蝙蝠俠4：急凍人》（*Batman and Robin*）等等。儘管迪士尼，時代華納和其他集團驅動的生產，都被想像為特許經營，但乍一看，這裡沒有專營者與特許人進行合同簽定。這些集團巨擘似乎消除了零售特許經營裡那種上下協同的產業關係。

　　但是仔細研究後，這些大集團似乎使特許經營的社會關係複雜化，而不是簡化。如果再深入一點，我們會發現，就連像迪士尼和時代華納這樣的集團也都在

與獨立製作團體或工作室訂立合同協議，尋求互惠互利。迪士尼並沒有隻手打造《歌舞青春》風潮，最終它還是依靠特許夥伴，玩具製造商美泰（Mattel）將市場推展開來。時代華納也與藝電（Electronic Arts）和美泰等專營組織簽約，分別開發蝙蝠俠遊戲和玩具等衍生商品。儘管《財富》（Fortune）雜誌羅列的500強巨擘之間存在的特許生產的夥伴關係，與全國性零售特許商與其家庭型態專營門市之間的關係，明顯不同，但它們卻呈現了一個訊息：特許經營作為一種生產與社會關係，的確存在於各類的產業脈絡裡。維亞康（Viacom）、哥倫比亞廣播公司（CBS）、新聞集團（News Corp）和環球影業（Universal）等媒體集團也已掌握了大量的電影、電視和印刷品的智慧財產，但它們的志趣在於，透過內容品牌和新興數位媒體的特許經營，將它們經略的觸角延伸到過往從未涉略的版圖。西蒙·莫瑞和阿維·桑托（Avi Santo）檢視了當前媒體的發展歷程後發現，這些超級集團並沒有阻礙特許生產的延續。即使時代華納和迪士尼擁有自己的玩具公司，他們也可能更願意將實作性勞動工作彈性地外包給外部夥伴，以求降低投資風險，和省去管理上的麻煩。[31] 這些被許可者（licensee）需要支付初始許可費，並與大集團的許可人（licensor）共享其收入的一部分，這些是生產協力關係而非發行聯盟關係，並且是依專案計畫而定，非固定性的。在這方面，經濟與協力關係的持續穩定是零售特許經營非常熱衷的。還有就是，媒體集團對許可的興趣使我們想起了麥當勞這類特許零售的狀況，它們這些全國性企業或跨國性集團，會在適宜時機與專營通路建立起合作關係，但只要局勢更有利時，它們就會毫不猶豫地併吞專營所有權。

鑑於許可關係持續於集團內部存在，媒體特許經營實際上是由共用資源的管理構成的。就像零售專營者一樣，簽約的媒體夥伴可能會對特許關係的運作感到失望，並採取行動解決這一難題。例如，電玩遊戲發行商動視（Activision）於1998年獲得了一項為期十年的許可協議，該協議允許它享有《星際迷航記》全方位的特許專有權。然而，在建立夥伴關係的五年後，動視控告維亞康特許經營管理不當，並且降低了許可的價值。根據投訴：

電影和電視製作以及相關市場行銷的持續進行，對於基於《星際迷航記》之類的電玩遊戲的成功至關重要〔……〕由於未能履行承諾並拒絕繼續開發和支持

《星際迷航記》特許經營，維亞康大大降低了《星際迷航記》許可的價值，包括動視獲得的權利。此外，維亞康這樣做違反了協議的基本條款〔……〕造成了動視的嚴重損失。[32]

儘管動視只是《星際迷航記》智慧財產使用的其中一個被許可方，或稱「佃戶」（tenant），但它仍可以藉由法律的途徑來爭取更合理的經濟利益。

　　此外，媒體集團運用特許經營，活用手中的智慧財產，進行多元化的生產。這使我們想到，棲息於集團內部各階層的利害關係者，它們之間保持的協作（通常是矛盾的）生產關係。正如安德魯・庫爾拉（Andrew Currah）指出的那樣，企業決策者通常沒有什麼精力去主動追求需要內部協商的倡議。子公司，或是附屬機構（subsidiary）通常被視為小型領地，領導者通常得靠部門具備的實力來賺取社會資本。因此，在同一公司保護下，處於競爭地位的各個決策者在資源共享的關係網絡中，就一些未達成共識的利益進行協商。[33] 所以，跨部門共享內容需要合作，而身處不同位階與利益著眼的關係人，就得進行協商，這又與企業文化中的「分層負責、堅守崗位」的準則背道而馳。此外，企業內部即使在單一主管主導下的特許協商，也無法保證在不同節點工作的人員能合作無間。像《銀河前哨》──即《星際迷航記》系列的第四部劇集──與另兩部系列劇集《銀河飛龍》和《重返地球》同期播出，該劇集執行製片人艾拉・史蒂文・貝爾（Ira Steven Behr）拒絕了企業高層的建議：這部新劇要能在創意理念上與製作執行上，與其他兩部保持共享共用，以期建立一個獨特的市場利基。[34] 因此，如果沒有在統合管理上和創意構思上，進行內部各階層的溝通，那企業組織也無法有效地促成產業創製層面的通力合作。並且，媒體特許經營的條件與零售業的條件不盡相同，但契約在構建這些產業關係，以及確定媒體工作者在集團特許經營生產中所占的比重上，均有舉足輕重的影響。然而雖然媒體許可持有者向智慧財產擁有者支付權利金以取得生產近用的許可，但無論是被許可的創意勞動者，還是直接為智慧財產擁有者聘僱的創意勞動者，均不能因為他們對創製生產付出的貢獻，而享有（或分享）作品的所有權。即使直接被集團僱用，媒體創作者也仍然得按照契約的規範作為「僱用的勞動者」，對他們在勞動過程中使用的資源沒有絕對的權力，他們在其中只持有創意性

的份額。這不僅需要與企業雇主與受雇者進行協商，還需要與所有其他有權使用這些共用資源的工作者進行協商。儘管企業實體擁有商標及內容的智慧財產權，但這些產權經由特許經營的模式再生產，這需要透過契約的規範，讓生產出來的產品在多元媒體的環境裡，為社會大眾分享共用。

　　需要申明的是，媒體特許經營不等於零售特許經營，本文只是提出了產業組織和社會關係的一系列對照。但是，相較於傳統零售意義而言，無論它們有何不同，概念上的比較還是能認識到社會關係對媒體特許經營產業運作的重要性。媒體特許經營類似於社會關係構成的這種理解，實際上可以幫助我們將其特殊性進行概念化，即作為一種生產和複製文化的產業體系，而不是其發行體系。從媒體產業內橫跨社會與勞動關係網絡的文化資源共享，使得生產成倍增長，一個特許經營電視的概念，例如《CSI犯罪現場》系列，可以被理解為一種文化資源，一種「敘事前置」（premise）——高科技犯罪現場調查人員，以快捷俐落的手法解決謎團。這前置於首創作品中呈現，並於接續推出的劇集共享沿用。電視、漫畫，或是片集式的影集與連續式的劇集，都非常適合特許經營這種型態的運作，因為接續推出的劇集或影是由不同的創作者、藝術家和技術人員，在不同的產業脈絡中進行創製，而敘事前置提供了這種多元創製非常清晰的發展走勢。無論是在電視之類的媒體形式，還是橫跨在各式媒體之間，特許經營系統支撐著序列化和系列化的創製，確保了隨著時間的推移，內容情節不斷生成的統合性。內容的目標在於可再生產，而對特許經營產業關係的關注，則使我們注意到了這種持續交易的社會性質。因此，特許的產業運作至少可以透過兩種社會互動模式來區分：產業間（Inter-industrial）特許經營——橫跨多種媒體產業的社會和產業情境下的衍生擴展；產業內部（intra-industrial）特許經營——在單一媒體或機構情境下成倍生產。當然，這兩種模式是有重疊部分的：《CSI犯罪現場》在電視脈絡中急速成長，而電玩遊戲發行商育碧（Ubisoft）已發行了若干以「CSI」為標題的遊戲，包括《CSI：黑暗動機》（*CSI: Dark Motive*），《CSI：3D謀殺案》（*CSI: 3 Dimensions of a Murder*）和《CSI：證據》（*CSI: Hard Evidence*），而漫畫發行商IDW（Idea and Design Works, LLC）為每部電視劇集都至少發行一部迷你漫畫。然而，在這兩種情況下，CSI的特許經營不應理解為品牌甚至是敘事，而應理解為橫跨產業關係網絡的文化資源

成倍增長，並且意義持續的交換。

　　凱蒂・薩倫（Katie Salen）和艾瑞克・齊默爾曼（Eric Zimmerman）將遊戲概念化為一個系統，一旦投入使用，便允許系統用戶開展出不可預測的行為。[35] 並非所有媒體都具有遊戲的所有特質，但用類似的系統概念探究文化生產有一個特定的優點，即是將分析指向複雜的社會網絡中，各個動態環境裡相關生產的投入與產出的互動關係。透過交換產業資源使特許經營系統的參與者處於社會的網絡關係中，媒體特許經營為數位時代的社交網絡和參與式生產模型提供了一個類比的前置。鑑於此，梳理產業內和產業間特許經營的差異尤其適宜──既描述了媒介內部網絡，也描述了跨越機構和文化媒體形式的外部網絡。正如提姆・伯納斯－李（Tim Berners-Lee）和其他人那樣，將全球資訊網（World Wide Web）的介面看作一種在持續卻也分化的結構中，將數據集彼此鏈接的一種工具。[36] 特許經營也在不同機制的時空脈絡中，創建了內容生產之間的鏈接，使他們的節點處於一個共用的、制度化的、有文化意義的結構之中。

　　此外，這種結構的意義是至關重要的因素。透過與傳統零售特許的組織體系和社會關係進行比較，這些討論可能揭示出對媒體產業的一些參照見解，但更重要的是，理解該產業的文化想像製造了連接的事實。由於媒體產業及其評論者在過往都是用這些話語來想像文化生產的，我對隱喻的適宜性不感興趣，而對已踐行的文化生產的隱喻理解，所產生的文化結果感興趣。這促使我們不僅將特許經營理解為一種社會關係和產業結構模式，而且應將其理解為使這些結構有意義的歷史論述。

五、使成倍增長充滿意義

　　儘管固執於一個概念是危險的，但我認為，產業界及其批評者根據特許經營的概念，來想像並運籌媒體的生產是非常重要的。特許經營的論述闡明了文化生產的特定價值和意義，如果我們用其他任何話語來指代這種成倍增長和協同生產，就不會得到這些價值和意義。該話語場域經常使特許經營作為一種狡點的文化邏輯，與任何一種固定的產業策略或生產模式一樣繁複。該論述已被用於

評估花生漫畫（Peanuts comic）及其所有附帶廣告和授權許可的價值，而《廣告時代》（*Advertising Age*）雜誌在2010年發現，「的確，這是一個偉大的特許經營案例——查理・布朗（Charlie Brown）」。[37] 同時，華納兄弟（Warner Bros. Entertainment, Inc.）電視發行部門的行銷人員聲稱，特許經營身分是為了表達他們的一種產業自尊心。在2010年1月《無線及有線電視》（*Broadcasting & Cable*）的雜誌首頁上，裝訂著一張製作昂貴的、四頁蝴蝶折疊拉頁的彩色廣告頁，標題是華納兄弟大聲疾呼：「沒有什麼聲音，比經過驗證的特許經營聲音更洪亮。」緊隨其後的是旗下各個即將推出的情境劇的圖像，例如《人民法庭》（*The People's Court*）、《鐵證懸案》（*Cold Case*）、《泰拉之巔》（*Best of Tyra*）、《人生如戲》（*Curb Your Enthusiasm*）、《艾倫秀》（*Ellen*）、《額外》（*Extra: The Entertainment Magazine*）、《三十英里區域》（*TMZ*）和《結案高手》（*The Closer*）等等。這則廣告以影響深遠的方式確認了特許經營地位，從而將特許經營的多樣性與情境劇製作完全等同。關於特許經營雜亂的話語，確實使人們質疑，其定義似乎僅基於觀察到的產業結構或社會關係網絡。

因此，當請求從業者談論特許經營與自己有相關的主觀經驗時，我發現如果要他們將特許經營進行概念化，結果得到的是無止無盡的實作細節。這些從業者確實運用了富有想像力的特許經營框架，來使這種文化生產系統意義倍增，但是用這種複雜而矛盾的方式，掩飾了文化生產在產業的意義。作為CBS電視節目運營高級執行副總裁，凱利・卡爾（Kelly Kahl）用「數位擴展」（digital extensions）來描述特許經營，重點是擴充電視內容以吸引新興媒體市場觀眾的注意力，從而又將注意力直接轉移回電視上。[38] 同樣地，一位致力於將智慧財產內容從電視擴展到串流影音和遊戲領域的電視高管表示，他對特許經營的興趣在於跨「平台」的內容多元化。[39] 丹尼・比爾森（Danny Bilson），遊戲發行商THQ的執行副總裁，提供了進一步的描述，將特許經營定義為「穩定的引擎」（stable engine），能夠持續「驅動」內容的製作（例如100集的電視劇集或該劇集跨平台的數位擴展）。「重複的經驗是什麼？」比爾森問，「演出的特許經營是什麼？」[40] 福斯（Fox）節目主管埃德・斯科拉羅斯（Ed Skolarus）回應了這種邏輯，他尋求「特許經營節目〔……〕即每年你可以製作30集的節目〔……〕你正在尋找可重複性」。[41] 在這些從業者的概念中，特許經營是為媒體產業提供資源以系統性地生產更多內容。

然而，許多專業人士也以否認或逃避的方式回答有關特許經營的問題。一位許可執行官聲稱，在與我會談之前，她從未在每天協商許可的過程中聽過這個詞。在她個人親身的經驗中，特許經營這個特殊的詞彙顯然並沒有解釋性的位置。[42]同時，更熟悉特許經營概念的創意人員認為，從表面看來，這個詞彙與他們的日常工作沒什麼關聯。曾從事電視節目《私人診所》（*Private Practice*）和《天使》（*Angel*）衍生品的作家瑪蒂・諾克森（Marti Noxon）解釋：「事實是，我與『特許經營』的關係不大〔……〕我們要做的就是嘗試將創意事業擴展到新世界。」[43]雖然她將自己工作特徵界定為從現有資源中獲得創造性延伸，而這與其他從業者提供的「成倍增長」的定義相符，但諾克森並不期望特許經營的話語能為她的創造性實踐賦予意義。特許經營經濟的內涵應聚焦於創意事業，以更符合她職業身分（professional identity）的訴求。在質疑特許經營方面，諾克森並不是唯一一個不喜歡用這一詞來建構自己職業身分的人。

　　即使在這種消極否定的態勢中，特許經營已變成媒體從業者的產業想像，以界定自己與工作實踐的關聯，或是對工作實踐的反思，尤其是隨著其他從業者和大型媒體機構越來越把它當成一種經濟的邏輯與工作意義的根源。莎士比亞劇出身的演員派崔克・史都華（Patrick Stewart）根據他在《星際迷航記》和《X戰警》中的演出經歷告訴記者：「我沒有電影生涯〔……〕我只有特許經營的生涯。」[44]在某些情況下，特許經營甚至已經成為產業自我反思的「後設評述」（meta-commentary）對象。例如，在DC漫畫（DC Comics, Inc.）多年，擔任旗艦品牌蝙蝠俠開發的作家葛蘭・莫瑞森（Grant Morrison），於2010年推出了一個新系列「蝙蝠俠群英會」（Batman Incorporated）。在這個系列裡，蝙蝠俠的本尊，布魯斯・韋恩（Bruce Wayne），不再是主要的行動者，反而當起特許經理人，將自己擁有的裝備資源、商標圖案、角色裝束、甚至頭套面罩等等，授權給全球各地的英雄豪傑，一起擴大打擊犯罪的行動。這個漫畫系列充分反映了蝙蝠俠的產業本質：試圖在延續英雄神話的創作歷程，為這個特許品牌開啟新的篇章；這個系列也符合特許實踐的準則：運用創造力，在創意的規範下，讓它變成新的主題。

　　這種特許經營的想像也在社會普遍領域內發酵。2002年《新聞週刊》（*Newsweek*）聲稱好萊塢陷入「特許經營狂潮」，批評續集延展和商品衍生做法，並指控「特許

經營電影的典型操作，就是從快樂套餐（Happy Meal）到情節都是在倒退」。[45] 這種流行的話語常常將快餐文化與媒體特許做想像聯結，來貶抑產業多元文化生產的策略，同時代的書籍如《快餐帝國》（*Fast Food Nation*）以及《麥胖報告》（*Super Size Me*）之類的電影，甚至在「麥當勞大富翁」（mcvideogame.com）上的激進遊戲，都影射了麥當勞組織在工作條件和環境方面的負面作用。就連非營利外交智庫的美國外交關係協會（Council of Foreign Relations）主席理查・哈斯（Richard Haass）在2011年也引用了這種快餐特許的隱喻，將「蓋達組織」（Al Qaeda）描述為「恐怖的金拱門」[46]（麥當勞商標為黃色字母M）。因此，在賦予媒體製作意義時，這種特許經營想像並不是文化中性的。雖然一些人接受它，將其視為媒體創製和職業身分合宜的邏輯，但另一些人則將它借來對產業的策略做尖銳的批評。無論哪種情況，特許經營仍然是理解和想像媒體產業運作價值的有力手段。

六、特許經營話語建構的歷程

特許經營是什麼時候在媒體產業中成為特定指涉的話語？並且，藉由特許經營來想像和建構媒體文化的歷史過程，實際上是什麼時候開始的呢？這些文化層面問題的答案與特許經營的歷史不同，因為特許經營的歷史往往被認為只是一組穩定的生產實踐、經濟動員和敘事策略。為了追溯特許經營基於複製和再生產的生產邏輯的發衍，大膽激進一點看，也許我們可以將基督教《聖經》（*Bible*）看作是逐漸形成的特許經營，它由數世紀不同社會文化情境中的故事交融而成，不僅有文字記載，有翻譯版本，還有無數的繪畫雕刻和圖騰聖像將故事反覆重述。我們可能會對這些故事超越歷史的生產，其背後的產業性質表示懷疑（通常是由宗教機構而不是商業機構主導）。然而，隨著大眾媒體的興起，這種再生產就變成了絕對的產業化，聖經故事分別於1923、1956、2007年數次被改編成電影《十誡》（*The Ten Commandments*）。更為合適的案例是，交互問世的小說和電影系列《末日迷蹤》（*Left Behind*），即誇張地取材自《啟示錄》（*The Book Of Revelation*）。它的末日敘事以一種內容流的型態不斷流動於各種媒體形式之間。

這種對聖經再生產的異端描述，缺點是將特許經營置於一種非歷史的，無所

不在的陰影之中，然而，我們也可以透過20世紀上半葉，大眾文化的產業化找到更多具體的例子。正如羅傑‧哈格多恩（Roger Hagedorn）所論證的那樣，許多新興的媒體產業，包括報紙，廣播，電影和電視，在戰後嬰兒潮時期就採用了連續的、系列化的文化生產形式，以此來激發觀眾的興趣和忠誠度。[47]芭芭拉‧塞爾茲尼克（Barbara Selznick）類似地揭示了這種方式，即連續性允許新興媒體產業之間相互作用，如《凱瑟琳歷險記》（*The Adventures of Kathlyn*）這樣的連續劇目既在報紙上持續連載，又成為1913年的電影系列，交叉推廣以增強大眾對這兩個產業的興趣。[48]並且，如果這種連續性的發展預示了產業間特許經營的跨媒體敘事，那麼早期電影續集（甚至是轉型）的興起，就意味著產業內倍增的先例。在環球影業，1931年至製片廠時代結束之間，怪物概念在許多電影作品中都成為主題，被複製和交互挪用，諸如《科學怪人》（*Frankenstein*）、《吸血鬼德古拉》（*Dracula*）和《神鬼傳奇》（*The Mummy*）等。像「阿爾伯特和科斯特洛」（Abbott & Costello）這樣的喜劇團隊，為環球公司在一九四〇年代和一九五〇年代的數十部電影提供了類似的再生產的契機，隨著1948年跨界電影（crossover film）——《兩傻大戰科學怪人》（*Abbott and Costello Meet Frankenstein*）的製作，這種持續的產業交換超出了最初的類型形式。在產業關係之內和之間，許多類似生產的增長可以得到確認。作為成倍的生產，以及橫跨產業生產情境的一種模式，特許經營有一段頗長的歷史。

但是，特許經營作為這些生產的文化想像，是有時序規限的。2002年，《新聞週刊》認為環球影業的《神鬼傳奇》是一部源自1932年的特許經營產物。[49]然而，在1932年，並沒有任何有關特許經營的話語存在。要記住，儘管存在著被稱為特許經營的經濟實踐和社會關係，但特許經營的語言直到1959年才在零售行業中廣為應用。因此，《新聞週刊》將這部《神鬼傳奇》貼上特許經營的標籤，將它與過往產業發展歷程中特定的創製策略作聯結，為作品增添一層文化歷史的意涵。作為一種話語，特許經營是一種近期衍生的現象，可以重新構築歷史實踐的意義。回顧諸如《孤女安妮》（*Little Orphan Annie*）這樣的歷史文本，橫跨廣播、漫畫和商品內容，而現在我們將它稱為特許經營的產物，這是一種時空誤植，文化邏輯錯亂的解讀。此外，我們當然可以將聖經描述為特許經營，但這種說詞可能會遭受質疑，一部分是因為社會主流文化意義，與聖書作品被賦予的價值（永恆的、

不言而喻的、本真的），兩者之間是有落差的；另一部分是，特許經營（時序的、生產的、複製的）的價值是對應市場而不斷調整的。特許經營不僅組織了系統的結構和社會關係；作為一種話語，它還帶著想像的意義、價值和歷史。

　　基於詹金斯對媒體的分析，他似乎同意媒體特許經營在1991年左右已經是產業界普遍應用的話語，在某種程度上消費者也意識到了這一點。一九八〇年代末，在他正在進行的《星際迷航記》系列的粉都（fandom，即粉絲文化，或稱迷文化）研究中，他注意到極少粉絲將這一系列作品想像為特許經營的產物，儘管實際上《星際迷航記》已經擴張到電影、出版和其他商品領域。詹金斯回憶說，直到系列創作者金・羅登貝瑞（Gene Roddenberry）於1991年去世後，版權持有者派拉蒙（Paramount）既擁有經濟實力，又具有創意敘事與系列發展趨向的主導權，便開始將《星際迷航記》系列稱為特許經營，而這也讓那些不喜歡制式量產的粉絲頗為不悅。[50] 然而隨著時間的流逝，這種特許經營的邏輯被粉絲們廣泛接受甚至讚揚。例如，在有關電玩遊戲文化的線上討論中，一位當代粉絲寫道：「出於對特許經營的喜愛，我可以欣然接受連續劇《Lost檔案》（*Lost*）和任何《印第安納・瓊斯》（*Indiana Jones*）的遊戲。」[51] 在2007年，對電影《變形金剛》一篇正面評價的同時，一位粉絲以尖銳的口吻寫道：「你們對導演麥可・貝（Michael Bay）如此強暴了這麼好的特許系列，都毫不假思索地予以讚美，你們這就像一九八〇年代對待《變形金剛》電視影集那般，愚蠢而無知。」[52] 特許經營發揮著想像的作用，透過情感的板塊化（compartmentalization），使媒體產業正在不斷進行的文化再生產變得有意義。

　　特許經營是一種將媒體物質化的生產，增添文化意涵的工具。他逐漸在產業環境盤據主導性的地位，這能夠從關於好萊塢動態報導的出版品中，特許經營這個詞彙出現的頻率變化得到驗證。首先，起源於1914年彙整有關電影評述的商業出版物，《綜藝評論資料庫》（*Variety Review Database*）指出，直到一九九〇年代初，很少有人會從特許經營的角度來理解電影的生產。《綜藝》（*Variety*）雜誌的評論者將1992年的迪士尼冒險喜劇片《親愛的，我把孩子放大了》（*Honey, I Blew Up the Kid*），稱為第一部特許經營的電影，它是1989年的《親愛的，我把孩子縮小了》（*Honey, I Shrunk the Kids*）的續集：如評論報導所言，「迪士尼當代的特

許經營《親愛的》，與一九六〇年代成功的喜劇一樣，以弗萊德・麥克莫瑞（Fred MacMurray）飾演的心不在焉的教授（absentminded professor）為核心」。[53] 這表明，至少對於商業評論報導而言，儘管與早期好萊塢製作模式有形式的「等同性」，特許經營話語只是在一九九〇年代初才開始形成。《綜藝》和《好萊塢報導》（ The Hollywood Reporter）是兩個最具影響力的商業刊，常常對電影、電視、衛星與有線電視，還有電玩遊戲等，行業內及行業間的動態有權威性的分析。根據它們刊載的文件所做的第二次調查也發現，在上世紀最後十年，這種新興的特許經營話語已被廣泛使用。從1991至2008年，對它們所有刊載的文件進行檢索，以「特許經營」為論述主題的文章共計18,079篇，其中《綜藝》有8,111篇，《好萊塢報導》有9,968篇。例如，在1991年總共有93篇，而《好萊塢報導》則只有28篇提到媒體內容的多元化生產，例如《忍者龜》、《救命下課鈴》（Saved By the Bell）、《歡笑一籮筐》（America's Funniest Home Videos）和《蝙蝠俠》等系列。其餘的則大多是產業運籌方面的即時性新聞，諸如特許經營在內容發行的最新策略、有線電視營運的新規範、百視達（Blockbuster）特許經營業績的成長，或是媒體機構與零售連鎖體系達成特許經營策略聯盟的協議等等。

然而，從1992年開始，特許經營的話語開始以可觀的速度增長，到1993年，話語焦點由過往特許經營規範管理，或是利基市場開發認定等此類的議題，開始更多地集中在內容的創製上，例如《星際迷航記》、《魔鬼終結者》（The Terminator）、《豆豆先生》（Mr. Bean）、《看誰在說話》（Look Who's Talking）、《虎父虎女》（Matlock）、《蜘蛛人》、《今夜娛樂》（Entertainment Tonight）、《NBC晚間新聞》（NBC Nightly News）、超級盃足球大賽（Super Bowl）等，並且對特許經營在內容跨越敘事類型範疇，與生產實踐橫跨多元媒體情境的議題上，也有相當篇幅的論述。1992年，《綜藝》和《好萊塢報導》兩個出版物共有157個關於媒體特許經營的討論，但在1993年激增至532個，到2000年達到了1,000個。以特許經營的模式來實現內容多元化生產的現象，也許在先前就已存在，但是它話語迅猛地增長，這顯示在一九九〇年代，特許經營在整個媒體產業環境中，已是一個主導性的運籌思維。因此，我們今日可以看到《復仇者聯盟》、《哈利波特》、《星際大戰》之類的系列，並將其視為特許經營的範例，甚至可以追溯到一九六〇年代和一九七〇

年代去發現它的起源，但直到一九九〇年代這個話語才開始廣泛地流行，使得這個話語蘊含的原理在媒體產業領域和社會流行文化中廣為大眾知曉。

七、結論

特許經營作為組織文化生產，及在媒體產業內再生產關係的一種主要機制，那麼成為意識形態再生產的重要紐帶就不足為奇。正如本文所表明的那樣，特許經營的文化意義已經從組織和想像的框架中擴展出來，構成了橫跨整個產業的多元化生產和資源交換。考慮到這一點，媒體和文化研究在將來應該更多的涉獵媒體特許經營，改變過去僅僅將它看作企業合併與品牌協同下，同質化生產的粗淺評論，而去理解特許文化的經營生產與再生產，作為一個權利、意義和價值碰撞的動態的場域。

作為這種動態的一部分，特許經營的經濟和文化關係一直處於重新想像的狀態。詹金斯巧妙地將特許經營與許多其他產業力量聯繫起來：「產業內部人士使用『擴展』一詞來表示，他們努力在不同的展映系統之間轉移內容來擴大潛在的市場；『綜效』（synergy）是他們藉由掌控所有創意內容的能力而展開的經濟的機會；『特許經營』則是指在這些新條件下他們對品牌和市場虛構內容（fictional content）的協調努力。」[54]詹金斯清楚地提出了這些概念上的關係有助於將媒體特許經營想像成一種新的、更切實的存在。這種想像的最好例證也許是詹金斯對「跨媒體敘事」的類似定義，如今，它越來越多地被行業從業者傳播和擴散，並經常被用來理解媒體特許經營實踐。電視製片人傑西·亞歷山大（Jesse Alexander）表示：「跨媒體敘事將敘事擴展到多個平台：電視、電影、手機、網站、玩具、影片遊戲等。吸引新消費者，並使現有粉絲沉浸在他們最喜歡的特許經營世界中。」[55]當詹金斯、亞歷山大和其他人分享這種想像時，有關特許經營是什麼，以及應該是什麼的新知識就產生了。因此，學者概念工具的學理化，不僅是完全客觀的反應，而且越來越成為不斷想像和重新想像的話語領域的一部分，像特許經營這樣的不斷變動的文化邏輯一樣。

因此，我發現自己在本文中的工作處於一個自相矛盾的境地：試圖了解影響

特許經營的結構和歷史話語，並將其想像成經濟和文化存在，同時也不可避免要為特許經營的學理化做補充。在這方面，至關重要的是，要一勞永逸地界定特許經營，並不是本文的目的。但擺在面前更為關鍵的任務，是伴隨著複雜的、不斷變化的經濟結構、社會關係、文化情境，確認我們對特許經營的理解。因此，在尋求了解媒體產業之間的交易和關係（以及與零售行業共用的軌跡）時，我們應該記住——即阿爾伯特・莫蘭（Albert Moran）的表述，他在電視節目格式（format）研究中所提的——「要問的關鍵問題不是『什麼是格式？』，而是『格式允許或促進什麼？』」[56] 同樣地，對媒體特許經營的研究應該減少對特許經營操作的關注，而應更多地關注其所支持的、複雜而不斷變化的經濟關係，還有專業認同、文化交流和有意義的話語。對特許經營進行學理化的目的，不是在於定義現象，而是在於創造一個開放空間，以了解在探索其經濟和創造可能性的過程中，情境和生產文化的碰撞。

【附記】

原文譯自 Derek Johnson 應本書邀約摘選增訂自專書 *Media Franchising: Creative License and Collaboration in the Culture Industries* (New York: New York University Press, 2014)，由於原書出版多年，本章並由作者大幅增訂編修而成。

註釋

1   David Itzkoff, "Move Over Mickey: A New Franchise at Disney," *The New York Times*, August 20, 2007, retrieved on April 9, 2009, [on line] http://www.nytimes.com/2007/08/20/business/media/20disney.html

2   Henry Jenkins, *Convergence Culture: Where Old and New Media Collide* (New York: New York University Press, 2006) 20-21.

3   Marsha Kinder, *Playing with Power in Movies, Television, and Video Games: From Muppet Babies to Teenage Mutant Ninja Turtles* (Berkeley: University of California Press, 1991) 47.

4   Michael Kackman, "Nothing On But Hoppy Badges: Hopalong Cassidy, William Boyd Enterprises, and Emergent Media Globalization," *Cinema Jo1rnal* 47(4), 2008: 76-101.

5   Nikki Finke, "Producers Guild of America Agrees on New Credit: 'Transmedia Producer'," *Deadline: Hollywood*, April 5, 2010, retrieved on November 27, 2010, [on line] http://www.deadline.com/2010/04/producers-guild-of-america-vote-on-creation-of-new-credit-transmedia-producer/.

6   Will Brooker, "All Our Variant Futures: The Many Narratives of Blade Runner: The Final Cut," *Popular Communication* 7(2), 2009: 79-91; Jay Lemke, "Multimodal Genres and Transmedia Traversals: Social Semiotics and the Political Economy of the Sign," *Semiotica* 173, 2009: 283-297.

7   Lane Crothers, *Globalization and American Popular Culture*, 2nd Ediction. (Lanham, MD: Rowan and Littlefield, 2010) 14.

8   Kristin Thompson, *The Frodo Franchise: The Lord of the Rings and Modern Hollywood* (Berkeley: University of California Press, 2007).

9   George Ritzer, *The McDonaldization of Society* (Thousand Oaks, CA: Pine Forge, 2000) 11-12.

10 Silvio Waisbord, "McTV: Understanding the Global Popularity of Television Formats," *Television and New Media* 5(4), 2004: 359-383.

11 David J. Schwartz, *The Franchise System for Establishing Independent Retail Outlets*, Research Paper 14, Bureau of Business and Economic Research, School of Business Administration (Atlanta: George State College of Business Administration, 1959) 3-4.

12 David J. Schwartz, 5.

13 David J. Schwartz, 21.

14 David J. Schwartz, 23.

15 David J. Schwartz, 4.

16 Robert Metz, *Franchising: How to Select a Business of Your Own* (New York: Hawthorn Books, 1969) 15.

17 Harry Kursh, *The Franchise Boom*, revised ed. (Englewood Cliffs, NJ: Prentice Hall, 1968) x.

18 Harry Kursh, 21.

19 Harry Kursh, 25.

20 Robert J. Mockler and Harrison Easop, *Guidelines for More Effective Planning and Management of Franchise Systems*, Research Paper 42, Bureau of Business and Economic Research, School of Business Administration (Atlanta: George State College of Business Administration, 1968) 31.

21 Roger Blair and Francine Lafontaine, *The Economics of Franchising* (New York: Cambridge University Press, 2005) 54-55.

22 Tom Arnold, "Trademark and Unfair Competition Considerations in Franchised Business Operations," in Jim McCord and Ira Cohen, ed, *Business and Legal Problems of the Franchise* (New York: Practicing Law Institute, 1968) 340.

23 Robert Mockler and Harrison Easop, 14.

24 David A. Aaker, *Building Strong Brands* (New York: Free Press, 1996), 68-69, 340.

25 Peter M. Birkeland, *Franchising Dreams: The Lure of Entrepreneurship in America* (Chicago: University of Chicago Press, 2002) 4.

26 Peter M. Birkeland, 24-25.

27 Peter M. Birkeland, 23.

28 Janet Staiger, "The Hollywood Mode of Production: Its Conditions of Existence," in David Bordwell, Janet Staiger, and Kristin Thompson, ed., *The Classical Hollywood Cinema: Film Style and Mode of Production to 1960* (New York: Columbia University Press, 1985) 92.

29 Harry Kursh, 30-31.

30 Janet Wasko, *Understanding Disney: The Manufacture of Fantasy* (Malden, MA: Polity, 2001) 71.

31 Simone Murray, "Brand Loyalties: Rethinking Content within Global Corporate Media," *Media, Culture, & Society* 27(3), 2005: 415-435; Avi Santo, *Selling the Silver Bullet: The Lone Ranger and Cross-Media IP Management, 1933-2008* (Austin: University of Texas Press, 2015); Avi Santo, "Batman versus The Green Hornet: The Merchandisable TV Text and the Paradox of Licensing in the Classical Network Era," *Cinema Journal* 49(2), 2010: 63-85.

32 Quoted in Tom Bramwell, "Activision sues Viacom over lack of decent Star Trek," GamesIndustry. biz, February 7, 2003, retrieved on April 8, 2009, [on line] https://www.gamesindustry.biz/articles/ activision-sues-viacom-over-lack-of-decent-star-trek

33 Andrew Currah, "Hollywood vs. the Internet: Media and Entertainment Industries in a Digital and Networked Economy," *Journal of Economic Geography* 6(4), 2006: 439-468.

34 Terry Erdmann and Paula M. Block, *The Star Trek: Deep Space Nine Companion* (New York: Pocket Books, 2000) 29.

35 Katie Salen and Eric Zimmerman, *Rules of Play: Game Design Fundamentals* (Cambridge: MIT Press, 2004), 50-53.

36 Tim Berners-Lee, *Weaving the Web: The Original Design and Ultimate Destiny of the World Wide Web* (New York: Harper Business, 2000) 4, 18, 36.

37 Beth Bulik, "It's a Great Franchise, Charlie Brown," *Advertising Age*, May 3, 2010.

38 Kelly Kahl, personal interview, August 21, 2007.

39 Anonymous Mobile Content Executive, personal interview, August 24, 2007.

40 Danny Bilson, personal interview, January 17, 2008.

41 Ed Skolarus, personal interview, January 18, 2008.

42 Anonymous Business Affairs Executive, personal interview, August 23, 2007.

43 Marti Noxon, correspondence by email, July 26, 2007.

44 Bryan Appleyard, "Patrick Stewart: Keep on trekkin'," *The Times Online*, November 4, 2007, retrieved on April 8, 2009, [on line] http://entertainment.timesonline.co.uk/tol/arts_and_entertainment/stage/ theatre/article2785374.ece

45 John Horn, "Franchise Fever!" *Newsweek*, April 22, 2002: 58.

46   *The Colbert Report* (Comedy Central), May 2, 2011.

47   Roger Hagedorn, "Doubtless to Be Continued: A Brief History of Serial Narrative," in Robert Allen, ed., *To Be Continued…: Soap Operas Around the World* (London: Routledge, 1995) 27-48.

48   Barbara Selznick, "Flirting with Kathlyn: Creating the Mass Audience," in David Desser and Garth Jowett, ed., *Hollywood Goes Shopping* (Minneapolis: University of Minnesota Press, 2000) 34-56.

49   John Horn, 58.

50   Henry Jenkins, discussion at "Contextualizing Current Changes," roundtable discussion at the Unboxing Television workshop, Cambridge, MA, November 18, 2007.

51   aktick, "Official Xbox 360 Thread - Part IX," DVD Talk.com Video Games Forum, January 1, 2008, retrieved on January 1, 2008, [on line] http://forum.dvdtalk.com/video-game-talk-15/

52   Quoted in IGN Staff, "IGN Mailbag: Transformers Feedback," IGN.com, January 2, 2008, retrieved on February 15, 2009, [on line] http://tv.ign.com/articles/843/843305p1.html

53   Joseph McBride, "Honey, I Blew Up the Kid," Variety Review Database, July 1992, Proquest Research Library, University of Wisconsin-Madison Library, retrieved on January 1, 2008, [on line] http://www.proquestumi.com

54   Henry Jenkins, 19.

55   Jesse Alexander, "What is Transmedia Storytelling?" *The Global Couch*, retrieved on February 15, 2008, [on line] http://globalcouch.blogspot.com/

56   Albert Moran, *Understanding the Global TV Format* (Portland: Intellect Books, 2006) 23.

參考書目

Allen, Robert, ed. *To Be Continued…: Soap Operas Around the World*. New York: Routledge, 1995.

Berners-Lee, Tim. *Weaving the Web: The Original Design and Ultimate Destiny of the World Wide Web*. New York: Harper Business, 2000.

Blaire, Roger and Francine Lafontaine. *The Economics of Franchising*. New York: Cambridge University Press, 2005.

Bordwell, David, Janet Staiger, and Kristin Thompson, ed. *The Classical Hollywood Cinema: Film Style and Mode of Production to 1960*. New York: Columbia University Press, 1985.

Crothers, Lane. *Globalization and American Popular Culture*, 2nd Ediction. Lanham, MD: Rowan and Littlefield, 2010.

Currah, Andrew. "Hollywood vs. the Internet: Media and Entertainment Industries in a Digital and Networked Economy." *Journal of Economic Geography* 6(4), 2006: 439-468.

Erdmann, Terry and Paula M. Block. *The Star Trek: Deep Space Nine Companion*. New York: Pocket Books, 2000.

Jenkins, Henry. *Convergence Culture: Where Old and New Media Collide*. New York: New York University Press, 2006.

Kursh, Harry. *The Franchise Boom*. Revised ed. Englewood Cliffs: NJ: Prentice Hall, 1968.

McCord, Jim and Ira Cohen, ed. *Business and Legal Problems of the Franchise*. New York: Practicing Law Institute, 1968.

Metz, Robert. *Franchising: How to Select a Business of Your Own*. New York: Hawthorn Books, 1969.

Mockler, Robert J. and Harrison Easop. *Guidelines for More Effective Planning and Management of Franchise Systems*. Research Paper 42, Bureau of Business and Economic Research, School of Business Administration. Atlanta: George State College of Business Administration, 1968.

Moran, Albert. *Understanding the Global TV Format*. Portland: Intellect Books, 2006. 23.

Murry, Simone. "Brand Loyalties: Rethinking Content within Global Corporate Media." *Media, Culture, & Society* 27(3), 2005: 415-35.

Ritzer, George. *The McDonaldization of Society*. Thousand Oaks, CA: Pine Forge, 2000.

Santo, Avi. *Selling the Silver Bullet: The Lone Ranger and Cross-Media IP Management, 1933-2008*. Austin: University of Texas Press, 2015.

Santo, Avi. "Batman versus The Green Hornet: The Merchandisable TV Text and the Paradox of Licensing in the Classical Network Era." *Cinema Journal* 49(2), 2010: 63-85.

Schwartz, David J. *The Franchise System for Establishing Independent Retail Outlets*. Research Paper 14, Bureau of Business and Economic Research, School of Business Administration. Atlanta: George State College of Business Administration, 1959.

Thompson, Kristin. *The Frodo Franchise: The Lord of the Rings and Modern Hollywood*. Berkeley: University of California Press, 2007.

Waisbord, Silvio. "McTV: Understanding the Global Popularity of Television Formats," *Television and New Media* 5(4), 2004: 359-383.

Wasko, Janet. *Understanding Disney: The Manufacture of Fantasy*. Malden, MA: Polity, 2001.

CHAPTER 8

表演藝術產業的鮑莫爾成本病
從創意生產到消費遲滯

林立敏　著

一、前言

　　波里斯・葛羅伊斯（Boris Groys）曾經評論道：假如去除掉金錢這一環，牽扯到審美的評價幾乎就能簡化為二選一的局面——好或不好、要或不要、喜歡或不喜歡等等；相反地，一旦牽扯上金錢，就不再是簡單的二選一的事。[1] 正如表演藝術產業，就是將原先獨立於經濟範疇的社會表意符號納入資本主義生產體系當中，成為同時具有審美和商業性質的象徵性產品，透過抽象價值運作轉化為經濟價值。當表演藝術進入資本主義的生產體系，尤其在各國標榜文化產業的消費社會脈絡下，劇場的商業性及其與現代城市和文化生產相依賴的關係逐漸浮現，許多國家因此將表演藝術列於文化產業下的重點項目，渴求如紐約的百老匯或倫敦西區那樣成功的營利性劇場，期望藉由扶植表演藝術帶來直接或間接的經濟效益。

　　例如於2015年底開幕的北京天橋演藝區或上海自貿區，若非直接表明欲成為東方的「百老匯」，[2] 即宣稱放眼百老匯，[3] 而台北市近年來舉辦的藝穗節，即參考愛丁堡藝穗節（Edinburgh Fringe Festival），強調與市區的店家結合，企圖將整個城市轉變為表演空間。[4]《經濟學人》（Economist）雜誌更曾經在一篇文章中稱商業劇場中的經典代表音樂劇是一門大生意，因為截至2013年為止，音樂劇《歌劇魅影》（Phantom of the Opera）創下了全球最高的56億美元票房收入，票房超過了《星際大戰》系列的影院票房總和。[5] 而根據百老匯聯盟（The Broadway League）公布的數據，[6] 2014年劇場觀眾累計為13,132,366人次，總收入為1,361,611,919美元，而到了2019年底，新冠疫情爆發前，劇場觀眾則增長到14,768,254人次，總收入高達1,829,312,140美元。[7] 另外，百老匯聯盟每兩年進行一次的研究報告指出，

於2018至2019年，百老匯劇院為紐約市提供了96,900個工作機會，而百老匯劇院的觀眾們除了對票房直接的貢獻以外，在紐約市進行的其他消費，包括住宿、交通、購物等，從整體來看，百老匯劇院該年為紐約市創造了約147億美元的收入。[8]另一方面，以舉辦愛丁堡藝穗節揚名國際的愛丁堡，也標榜著將整座城市都變成表演空間，以非營利性表演藝術活動在2010年為愛丁堡帶來3,006個工作，總收入34,260,000英鎊；[9]隔年報告更指出，以支出和收入比例來看，相當於政府每補助的1英鎊，就帶來35英鎊的回饋。[10]然而，若只看這些漂亮的產業數值並認為利潤就等同於劇場的光明未來，則這種邏輯太過簡單樂觀了。

隨著文化產業的興起以及創意經濟的論述不斷增加，表演藝術產業開始位居一個模糊且難以言明的位置：它的藝術價值和成功案例帶來的龐大經濟效益，使其始終被列為文產的重點發展項目，然而其現場演出的特性，又不能單純以影視產業理論來套用解釋；此外，一直以來，關於表演藝術產業的諸多研究均偏重藝術批評，而並未將產業視為一個複雜的組織，並且從宏觀的產業結構來分析。凡是表演藝術，無論營利與否，勢必要面對「鮑莫爾成本病」理論（Cost Disease）。[11]這個理論於1967年由威廉・鮑莫爾（William Baumol）所提出，正式開啟了藝術經濟的微觀經濟學討論，影響了日後無數經濟學家對於表演藝術這類勞力密集產業的經濟辯證。目前，對表演藝術產業的研究滯後於產業的發展，還未脫離福利經濟學的窠臼，仍倡導以補助的方式來解決產業發展可能遇到的困境。而在當今各國政府都以文化創意產業發展為政策目標，企圖打造自己的「百老匯」、「藝穗節」的時候，鮑莫爾的成本病被賦予了新的意義。本文分為三個部分，首先梳理鮑莫爾成本病的理論脈絡，接著探究其在現今文創產業背景下的意義轉變，最後針對此種轉變，提出一個回溯文創產業內涵的論述。

二、觀眾趨向內容類型產業的先天困局

在分析表演藝術產業以前，必須先清楚產業特性，尤其是產業與地緣間的緊密關係，非一般商管理論模型能夠解釋。從節慶到設計、從科技產業到現場表演，文創產業的種類繁雜，現行的分類也多，並無定論，包括英國政府制定的

英國文化媒體及體育部模型（Department for Digital, Culture, Media & Sport，簡稱DCMs）、世界知識產權組織模型（World Intellectual Property Organization，簡稱WIPO）、同心圓模型（concentric model）等等，雖然這幾個模型時常被引用，但均有不完善的爭議之處，尤其無針對產出與消費方式為主的模式。若以消費者與產出的關係來看，反而可以借鏡英國紐凱索大學（University of Newcastle）的研究報告，將文創產業區分為兩大類：一種可稱之為「內容趨向觀眾」類（content to audience），另一種是「觀眾趨向內容」類（audience to content）。[12]

在這個基礎下，李天鐸教授進而將文創產業歸類為三種種類，在原先基礎上區分出公對公服務（B2B service），例如廣告、行銷、傳媒等產業，如此將文創產業分為三類（見圖8-1）。[13]「內容趨向觀眾」類的產業以影視、電玩、出版等為代表，其特徵為依靠物流或科技技術，利用強大的通路網絡，將產品送到消費者手中，例如電影拍攝完成後，利用科技複製，再將影片送到各地電影院供消費者觀賞，或者發行光碟，讓消費者購買回家用播放器觀賞。而至於「觀眾趨向內容」類產業，則以表演、博物館、節慶等為代表，這些產業的產出無法利用物流或科

圖8-1　文創產業的三種類型
（李天鐸繪製）

技進行大量複製並遞交到消費者手中；相反地，消費者必須前往這些產業所在之地進行消費。而伴隨著這些「產品」的經驗都是當下的，一如一場表演演完以後就消失。這類產業，其製作和消費在同一地的特性，使產業與地方有更密切的鏈接關係。

在文創產業的範疇中，與表演藝術產業同樣歸屬「觀眾趨向內容」類的產業，其產出無法大量複製的特性以及被消費的方式，呼應了鮑莫爾針對表演藝術提出的成本病的理論。他的理論主要根據一個兩部門鉅觀經濟增長模型，指出表演產業發展時無法避免的致命傷。鮑莫爾將其中一個部門歸類為「進步部門」（progressive sector），另外一個部門則是「停滯部門」（stagnant sector），而由於進步部門的生產率相對快速增長，導致停滯部門出現相對成本的不斷上升。也就是說，傳統製造業因為科技進步和技術改進等策略，使產出提昇，而工資也隨產值上漲。例如一個工人過去一小時僅能製作一枚螺絲釘並賺入1元，但當科技改進技術，工人一小時可以製作兩枚螺絲釘時，他的工資則變成一小時賺入2元。反觀表演藝術，一首莫札特的弦樂三重奏，在數百年前需要三位音樂家同時演奏才能完成，而過了數百年後的今天，即使演奏者之一是小提琴大師，仍然需要另外兩位表演者與他一同表演；抑或一個標準規格的交響樂團，勢必具備演奏各個樂器的音樂家，無法任意刪減管弦樂器種類或數量。造成這個情況的原因在於：表演者本身的表演即是商品，而非他們產出的物品為商品，表演者並非原料與產品的中介者。因此，現場表演的產值無法像傳統製造產業依循的規則一般，利用科技提高工時產量（output per man-hour），進而提高生產收益（productivity gains）。這麼一來，從整體勞工市場來看，當螺絲釘工人的薪水持續上漲，會帶動勞動市場薪資整體攀升；而表演產業等歸屬於遲滯部門的產業，因為產出無法利用科技等技術改進提升，但工資隨整體勞工市場上漲，導致整體成本只能不斷隨勞工市場的變化提高。由於經濟福祉（個人收入）層次不斷提高，表演藝術製作成本也相對提高，並由於表演藝術的經濟結構，使得收入差距（income gap）隨著時間逐漸加寬，最終形成鮑莫爾所謂的「成本病」。儘管鮑莫爾只討論了歌劇類等高雅藝術，但成本病不只影響大眾認為曲高和寡、古典樂一類的藝術；實際上，只要是觀眾趨向內容類型產業，都具有這樣的「通病」。例如當今的流行音樂產業中，一場流行音

樂的演唱會，同時需要所有的技術人員和舞群，當然還需要歌手本人，就算技術人員技術再精湛、舞群再好、歌手實力再堅強，演產會的「產量」仍是固定的，演唱會一天還是只能在一地舉行一場，至多兩場，其產出是無法複製的。

從福利經濟學的角度出發，鮑莫爾認為應該依靠政府補助來解決成本病的問題，而這也使歷代的經濟學家從其他經濟觀點不斷找尋補助以外的方法，試圖抵銷生產力遲滯效應與補償作用。與被動的挹注補助金不同，抵銷生產遲滯效應即代表不利用政策解決問題，而是尋求可能自行運作的經濟效用，間接減緩生產力遲滯造成的壓力。在這個邏輯上，詹姆士・海布倫（James Heilbrum）從製造層面討論了幾種可能的解決辦法。[14] 過往隨著大眾傳播媒體逐漸普及，曾有經濟學家認為可以利用大眾傳播媒體來擴展表演藝術的需求。然而事實證明：大眾傳媒不但未能將潛在的收入具體化，更甚者，大眾傳媒還成為現代人休閒活動最主要的一部分，成為其他休閒活動最強勁的對手。畢竟大眾傳媒講求針對大眾，而非小眾，並且其產業型態更接近「內容趨向觀眾」類，其產業自成一格，與觀眾趨向內容類的現場表演大為不同。

而當以上兩種方法都無法成功提高表演藝術的需求時，有些學者提倡增加非勞動收入（non-labor income）以減輕收支差距。所謂非勞動收入指的即是各種周邊收益，例如出租劇場、販售節目單、書刊、海報、紀念品等，尤其紀念品產業一般而言具有驚人的潛在經濟效益。[15] 然而此論點的問題在於，消費者必須一開始就選擇消費其主要產品，才可能消費周邊產品，因此非勞動收入先天就受到預設性的條件限制。所以倘若把理論建立在紀念品類的潛在經濟效益上，則倒果為因。此外，海布倫提出五個讓每工時的實際產量成長的可能性：增加工作者的裝備、改善技術、增加勞工技能、妥善管理、規模經濟。[16] 海布倫提出的可能方案中，從上述討論可以知道，前四項均對觀眾趨向內容類型產業無效；而以整體而言，只有規模經濟可以藉由將演出季節拉長，進而分攤掉成本的方式來相對舒緩生產遲滯。例如百老匯的常青劇，儘管一套布景與道具所費不貲，演員也需要長時間排演，但一齣戲長則可以年作為演出單位計算。因此雖然成本高，但最終可以回收利益。[17] 近年來，尚有學者提出了「藍海策略」（blue ocean strategy）作為對於生產力遲滯的回應，其依據太陽馬戲團的成功作為理論基礎，實際上也應歸屬

於形成規模經濟一類。藍海策略指的是離開原有的競爭市場（紅海），進而開拓一個全新的市場（藍海）。在《藍海策略：開創無人競爭的全新市場》（*Blue Ocean Strategy: How to Create Uncontested Market Space and Make the Competition Irrelevant*）一書裡，金偉燦（W. Chan Kim）和勒妮‧莫伯尼（Renée Mauborgne）指出，太陽馬戲團由於大幅度轉變馬戲團的既定印象，走成人、精緻風格，甚至刪除馬戲團一直作為重點項目但成本巨大的動物表演，並與觀光勝地的飯店業者合作提供駐地表演，結果大受歡迎。[18] 然而，藍海策略有其限制，並非適用於所有情況。太陽馬戲團先前與澳門威尼斯人酒店合作，採取一直以來的策略，於飯店駐點表演。然而由於觀眾人數一直未達預期，最後終止合作關係，全面退出澳門市場。[19] 因此，藍海策略固然談論的是一種創新的手法，但若以整體形成的效果來看，太陽馬戲團藉由藍海策略產生的效應其實是規模經濟，而至於馬戲團如何改良，不過是諸多促成規模經濟的要素之一。但就其結果而言，儘管規模經濟能夠成功紓解生產力遲滯效應，但一樣有其限制：當市場過小、需求過小時，規模經濟就無法形成。

三、成本病理論的意義嬗變

鮑莫爾的結論是從福利經濟學出發，因此將商業劇場排除在討論之外，認為其應盈虧自負；然而，在現今消費時代的脈絡下，鮑莫爾的成本病反映的不再是製造端的生產收益限制，而應視作消費端的時空限制問題，尤其當今各國爭相呼喊口號、發展文創產業，並把商業營利導向的表演產業視為補助、扶育、推廣的對象，成本病的意義已經產生了巨大的轉變。此舉雖然揭示了鮑莫爾的結論已不再適用，但表演藝術作為觀眾趨向內容類的文創商品，儘管時代變化，其產出仍舊無法利用科技大量複製以及運輸。因此當生產的條件固定，而消費者的時間與金錢有限，讓消費者做出選擇消費的要素就變得重要。經濟學家布魯諾‧弗瑞（Bruno Frey）以表演藝術為例，並以經濟的供需理論將問題推回至最根本的狀態。[20] 由於考慮的是商業行為，因此從市場來考慮供需問題時，只有兩個可能性：表演藝術需求過剩或表演藝術供給過剩。弗瑞列出了造成需求過剩的幾個可能，例如政治禁止、商業策略（故意造成供不應求）、製作成本超出民眾願付金

額、個人需求與所有由藝術活動所製造出的利益是否相等。若要利用商業成功解決鮑莫爾提出的問題，則必須著手藝術供給過剩的狀態。而供給過剩的情況，若依照傳統經濟學，則會推導至凱因斯的擴大有效需求的理論。這種理論將表演藝術視為美食餐廳一般，認為個人平均所得即為藝術需求的決定因素之一，因此當所得上升而其他條件維持不變時，藝術需求便會增加。[21] 因此依照理論，假如民眾整體生活水平提高，製造需求的可能性會跟著增長。然而此種論點將複雜的文化消費簡化為二元論，更難以反應表演藝術類的象徵性財貨經濟不同於一般古典經濟學之處。

　　儘管學者不停從生產著手試著提出解決辦法，卻忽略了消費面也有遲滯的問題。[22] 馬瑞娜·畢昂契（Marina Bianchi）從實驗心理學和科技進步帶來的改變來檢視消費遲滯。首先，根據提博·斯托夫斯基（Tibor Scitovsky）實驗心理學的分類，人類的消費可以分為兩種：防禦性消費（defensive consumption）和創造性消費（creative consumption）。防禦性消費是由外在引發的動機，僅只是為了達到目的的媒介；在效果上來看，防禦性消費主要是滿足基本需求、緩解不適，例如單純的止飢、止渴。創造性消費，與防禦性消費不同，主要是自發性的、滿足自我的，達到一種正面的愉悅感，例如閱讀、玩耍。依照這樣的分類來看，文創的消費屬於創造性消費一類。而根據實驗心理學，面對這類消費時，消費者的衡量基準是能帶來最大刺激（stimulus）或覺醒（arousal）的活動，並且依據不同情境或習慣程度，刺激和覺醒也會對消費者產生邊際效益遞減或遞升的情形。例如門檻太高的藝術電影可能會讓一般觀眾放棄，轉而尋找較易懂的替代品，但對有經驗的觀影者而言，卻是一次愉悅的經驗積累；而門檻太低的類型電影，例如好萊塢動作片，一般人都能看懂，但也可能因為不具獨特性而輕易被較有內容的影片取代。而文創產業作為創造性消費的一部分，畢昂契認為科技改善了製造面的成本病，因為科技使得製作速度加快、大量複製的技術越來越成熟，但同時也產生了消費遲滯，因為各種技術使得消費者現在能更靈活地運用文創產品的內容和消費的方式，例如電影不用去電影院觀賞，看光碟或線上影片更能決定觀看的時間或部分；各種檔案類型除了儲存方便，還能讓消費者自由組成喜愛的選輯，或發揮創意創作出新的作品。科技除了讓消費變得靈活，同時也讓一般人的時間變得零

碎。在這樣的情況下，消費者的選擇會依據邊際成本效益，充分、靈活利用各種形式的內容，追求能帶來最大刺激的娛樂。因此，畢昂契結論道，內容取得的難易度、成癮和戒癮的難易度，和內容的獨特和易替代性會決定消費者的選擇。

畢昂契關於消費者選擇的理論值得借鏡，然而她的理論對於觀眾趨向內容類產業而言卻不完全適用。首先，畢昂契認為利用科技改善製造面成本病的說法，恰巧與觀眾趨向內容類產業無法利用加快速度或大量複製來增加產出的特點相悖。甚至，畢昂契提到的內容取得難易度，或者利用科技達到的靈活消費方式，儘管對內容趨向觀眾類型產業而言是雙面刃，但對於觀眾趨向內容類型產業而言，都應該視為會構成消費遲滯的原因。觀眾趨向內容類產業強調現場性，即使有時會出版錄製現場的光碟，也非原本現場性的消費形式，當下的經驗在表演結束後就消失，很難進行保存、複製、再創，因此很難有各種類型的內容供消費者靈活消費。此外，不僅在時間上有其限制，這種現場的形式也要求消費者到特定地點進行消費（一如其名：觀眾趨向內容），其要求消費者挪出一整個區塊的完整時間，專注於一種活動上，具有一定的排他性。如此一來，觀眾趨向內容類產業在時間和空間都有限制，形成很大的消費遲滯。試想戲劇聖地百老匯，儘管享有國際名聲，仍舊具有時空排他性，除了紐約市民，一般人要造訪百老匯，需要付出可觀的資金和時間成本，而要將所費不貲的成本花在其他可以自由運用的行程上，還是要觀賞一齣戲劇，對遊客而言既是吸引力又是阻力。前往一地的時間和空間成本太過巨大，儘管體驗程度有差異，許多消費者不如或只能選擇消費錄製的版本；或者消費者乾脆選擇消費內容趨向觀眾類型的娛樂：與其千里迢迢前去消費一個充滿不確定性的內容，不如在家裡觀賞一部動畫、聽一張專輯、看網友自製的搞笑影片等等成本和風險較低又可以隨心所欲靈活控制的活動。因此，儘管在當今時代，成本病反映的已經不再是製造端的問題，但其特性仍舊要面對強大的消費遲滯問題。

四、產業鏈與互補性消費

為了減緩消費遲滯，過往觀眾趨向內容類型產業總與內容趨向觀眾類型產業

互相競爭、成為替代品，但實際上，觀眾趨向內容類型產業和內容趨向觀眾類型反而應該成為彼此的互補性消費。在經濟學需求理論中，從邊際效益下需求的交叉彈性來看，有三種情況：互補品的交叉彈性為負、替代品的交叉彈性為正、獨立品的交叉彈性為零。（見圖8-2）[23] 所謂互補品的交叉彈性為負，指的是互補品的特性，例如買了左腳的鞋子，就一定需要購買右腳的鞋子；替代品則和互補品相反，選擇之間具有排他性；而獨立品則代表選擇之間沒有相關性。而在面對觀眾趨向內容類產業的困境時，許多人往往陷入科技的迷思，不論是用科技改變演出風格，嘗試多媒體演出的風格，企圖吸引更多觀眾，或者發展3D全像投影、衛星訊號同步播放等減少勞力密集的做法，均非根本解決之道，沒有考慮到文創商品的真正核心。文創產業的經濟與其本質息息相關。要成為一個文創產品，必須是一種符號化的意義系統、一種象徵性財貨。不論是電影、電腦遊戲、演唱會、書籍，其價值均不在構成的材料上：電腦光碟原料便宜，書本原料只是紙張、墨水和膠的組成，甚至於戲劇、音樂會一類現場表演，其產品不具實際形體，只是無形的意象表達。而人們選擇觀看一部電影、閱讀一本小說、參加一場音樂會或購買一套遊戲，都是為了承載於有形物質之上的內容，亦即其代表的符號化的意義系統。因此，文創產品不論是何種類型，其價值均在於高思維的象徵意涵與體驗渴望，而這套意義的符號體系會在不同載體（替代品）之間轉換；被消費的形式本身是不重要的，重要的是內容價值所在。例如歐美青少年暢銷小說《哈利波

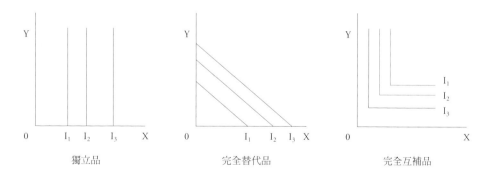

圖8-2　需求的交叉彈性[24]

特》或《飢餓遊戲》，原本是小說的形式，後來被拍成電影，又被製作成遊戲，但其價值核心所在的符號系統是不變的，只是承載於不同載體之間，因此消費者閱讀了小說以後還會想要觀看電影，觀影後又想要購買遊戲，親自體驗小說形構的世界。

從案例來看，一個成功累積大量象徵資本的地緣性網絡，不僅延伸目的地的主題，更能與規模經濟相輔相成，形成地方與觀眾趨向內容類產業的互賴關係。薩森・莎士奇亞（Sassen Saskia）在討論城市作為全球娛樂產業的據點時，曾經以紐約市的整治為案例進行分析，提供了西方後工業經驗的參照。[25] 然而這種表演產業與地緣脈絡互賴的關係並不僅存在西方後工業經驗中，在亞洲後工業社會中，日本的表演產業也有類似的案例。寶塚歌劇團（Takarazuka Revue）同樣利用動線規劃延伸目的地形象，達到「對一地的想像是從去之前開始」。[26] 寶塚歌劇團一直是日本具有相當代表性的表演團體，在日本劇場史或性別論述當中占有一席之地。但寶塚歌劇團除了具有身為唯一全女性演出者劇團的獨特藝術價值，更是一個成功的商業劇場，在一九九〇年代初期，劇團年收入高達300億日幣。[27] 寶塚歌劇團一般給人的印象是華麗、專業、歌舞、娛樂十足，以及獨有的全女性表演，但寶塚歌劇團的成功並不只是依靠這些特色，而是與電車通聯體系結合，創造了多元象徵體驗的複合場域，進而累積了大量象徵資本，形成規模經濟的成功案例。在1913年，阪急電車為了促進旗下的電車搭乘率而在寶塚站設置了溫泉觀光景點，並在溫泉觀光景點成立了歌舞團。由於阪急自己擁有電車，所以可以透過路線規劃，設計一條動線，使消費者一路上經過百貨公司，最後達到適合全家大小休閒娛樂的寶塚遊樂園。消費者除了可以觀賞寶塚歌劇團的表演以外，還可以在當地消費溫泉、飯店、美容沙龍，使得單單一個寶塚站形成阪急的人氣寶塚線。除了寶塚以外，以經營音樂劇成為日本最成功的商業劇場的四季劇團，也利用跟都市體系結合的特點。四季劇團的常駐型劇目都擁有專有劇場，並且與都市結合，例如要看音樂劇《貓》（Cats）就要到福岡，《美女與野獸》（Beauty and the Beast）要到名古屋、《歌劇魅影》（The Phantom of the Opera）要到札幌、《罪惡壞女巫》（Wicked，又譯《女巫前傳》）要到東京。其劇團同樣與都市交通動線結合，劇團與地鐵JR線合作，由鐵路公司提供土地，讓四季劇團可以在地鐵沿線建造劇場。[28]

一旦理解觀眾趨向內容類產業和內容趨向觀眾類型產業成為互補性消費的原則，便可將版圖拉大至產業鏈的環節。例如早在實體CD還盛行時，瑪丹娜（Madonna）除了發行專輯也舉行演唱會，而在演唱會末了、觀眾離席回家之際，又立刻在現場向觀眾販售演唱會即時錄製成的光碟，完整一次消費的體驗。在這個案例中，內容趨向觀眾類的唱片和觀眾趨向內容類的演唱會不再是彼此競爭的替代品，而是消費者為了完成一個完整體驗的互補性消費。精心製作、灌錄的唱片提供了形成言說的素材，和演唱會中觀眾集體歡騰的情緒聯合起來，成就了流行音樂產業創製的藝人品牌神話。巨獸型企業的迪士尼同樣是利用自身擁有的強大內容資產，以內容打造產業鏈，使其在各種載體上轉換。例如加勒比海盜的主題樂園可以轉化為電影《神鬼奇航》（*Pirates of the Caribbean*），而電影觀眾轉而成為主題樂園的新的消費者；看過動畫《美女與野獸》、《獅子王》（*The Lion King*）、《阿拉丁》（*Aladdin*）的觀眾，又會前往消費這些內容的音樂劇或冰上芭蕾，完整體驗。抑或前述的寶塚歌舞劇團，圍繞著歌舞劇生產出諸多體驗性服務以及大量周邊產品，除了體驗寶塚裝扮、博物館、各種印有經典劇目或上演劇碼的紀念品以外，寶塚也利用大眾傳播等途徑促成風潮、創造明星，例如經營寶塚頻道，不斷播放演出過的表演，或者發行專門雜誌、影視光碟等，與劇場的規模經濟互相支持。而在內容上，其表演常常結合熱門漫畫、小說、電影。例如寶塚最著名的代表作之一《凡爾賽玫瑰》，正是改編自日本的暢銷漫畫，而寶塚的改編甚至不只一個版本，可以由不同角色作為主線敘事；筆者2013年造訪寶塚時，當時正上演改編自《亞森羅蘋》小說的原創劇目；而先前寶塚至台灣巡演時，演出的劇目更為中華文化圈耳熟能詳的武俠小說《楚留香》。

　　而在寶塚和四季兩種傳統劇場以外，還有另一種結合當地雄厚象徵資本地緣網絡的現場表演模式成為打破傳統的最新範式。AKB48作為一個表演流行歌舞為主的女子團體，除了人數眾多以外，[29]雖然看似跟以往成功的女子團體相去不遠，但實際上，AKB48是藉由成功融入秋葉原（Akiharaba）當地雄厚的象徵資本地緣脈絡而立足發跡的。AKB48的經營手段與一般流行音樂團體不同，並不是只靠上電視節目宣傳，而是直接在秋葉原成立一個專屬的「劇場」，幾乎每天都在劇場舉行公演，提供專業並且投消費者所好的現場娛樂表演，與觀眾近距離互動。以

劇場為基礎的經營模式與秋葉原周邊環境結合，尤其都會通聯電車原本就有秋葉原一站，因此與東京整個都市體系相鏈接。而劇場周邊設立了周邊商品專賣店、AKB48主題的餐廳以及搭配公演影片的吃到飽自助餐，使周邊環境同樣情境化，讓許多原本宅文化的愛好者將秋葉原規劃成能夠消磨一整天的假日休閒去處，在該地區逗留、交流各式資訊。隨著這些人不斷消費，AKB48的劇場表演也成功形成規模經濟。

　　被稱為經濟奇蹟的AKB48，正體現了充分利用符號系統在載體上不斷轉換的特點。在日本現在的蕭條狀態下，AKB48帶來的直接經濟效益為400億日圓，間接經濟效益800億日圓，衍生經濟效益300億日圓，總計產生高達1,500億日圓的巨額效益，因此被許多人稱為「經濟奇蹟」。[30] 而這股龐大的經濟力量，也使一些學者開始關注其背後運作的機制。日本經濟學者田中秀臣在其專書《AKB48的格子裙經濟學：素人偶像的創意行銷效應》中談到，AKB48成功的原因在於「通縮文化」，換言之，是因為在經濟蕭條的情況下，AKB48就像一個平價的選擇，而非昂貴的精品，才能在不景氣的時候反而成為市場上的贏家。[31] 這個理論或許解釋了AKB48某種行銷操作的形象，然而卻忽略了AKB48作為一個以現場表演起家的團體，其與發源地脈絡的互賴關係。秋葉原本身即以「宅」文化（otaku）出名，在AKB48於當地成立之前，已經是獨樹一格的特色地區。當地充滿了各種電器、電腦相關的商店，以及大量的宅文化產品和消費場所，例如3C產品專賣店、電玩和女僕咖啡店。AKB48瞄準了當地的消費習慣，刻意將旗下女子團員的風格塑造成宅文化中的各種風格，以陽性取向為主賣「萌」。儘管AKB48擁有「劇場」，但她們通常不演出一般完整的戲劇，而是以各個團員所代表的宅文化中的既定角色形象進行歌舞表演，例如頗受歡迎的松井玲奈和她的代表作《枯葉的車站》（枯葉のステーション），就展現了她所代表的「病氣」型少女的特色，[32] 突顯其在宅文化當中的定位。除了平常的歌舞表演以外，AKB48還舉行總選舉制度，讓消費者直接投票選出自己支持的團員，可說一方面加強了角色形象，一方面也讓經營者了解何種類型的角色較為流行；總選舉熱門的程度，甚至超過日本政治選舉的關注度。[33] AKB48除了發行專輯、現場表演以外，還有各種周邊產品，甚至發行「握手券」，將與團員見面握手的機會，轉化為另一次龐大的商機。[34] 但整體看來，不

論是各種周邊產品、唱片專輯、現場表演、握手券等等，其實都只是不同形式的載體，均為宅文化的延伸進流行音樂產業的表現，構成整個團體產業鏈的一環。因此，與其認為其成功標誌了一種新的產業型態──是現場表演產業，也是流行音樂的新模式，更應該看成秋葉原強勢宅文化的延伸，印證了文創產品與都市體系、當代社會消費習慣之間關聯的重要性。

文化的驅動力是集體的（collective）、群體或集體的行為，是一種對群體經驗或集體生產消費的渴望，因此一個成功的文創產品，必須成為社會的消費習慣。由於觀眾趨向內容類產業的產出與地方互賴，除了商品本身需要積累象徵價值，還需要將象徵價值延伸到商品進入市場的銷售環境，使兩者都情境化，成為一種體驗的場域，並形成文創產業講求的經濟「外部效益」（exterior effect）。在這樣的脈絡下，文創產品的價值不再是實際的功能，而是其所內涵的符號價值，而這使得文創商品必須擺脫自身的象徵價值，才能成為一種聲望符號。[35] 一旦成為了一種聲望符號，消費者的選擇更帶了點「完成自我」的意味，消費者將不再為了使用價值或選擇的競爭而消費文創商品，因為古典經濟學的原則不適用於象徵性財貨上。例如台灣消費者熟知的誠品書店或星巴克咖啡，儘管它們是「書店」和「咖啡店」，但是消費者並非單純為了購買書籍或咖啡而前往消費，而是為了感受「氛圍」，想要擁有誠品書店或星巴克咖啡代表的「都市雅痞」氣質。而相對而言，書和咖啡雖然看似主要產品，其實已經退居後位。因此，誠品書店和星巴克咖啡可說是成為了一種聲望符號。販賣書或咖啡飲品的商店本身即是體驗的場域，展演著自身認為的都市雅痞的情境。如此看來，體驗的場域的重要性並不比商品本身來得低，兩者是相輔相成的。多元象徵體驗的複合場域能夠不斷向外擴展，進而積累成一個具有雄厚象徵資本的地緣性網絡、區域，甚至一個城市。假如一個觀眾趨向內容類產品無法成功地融入一個都市體系，也就是形成該地具有雄厚象徵資本的地緣性網絡的一環，則其產品難以成功。回顧藍海策略和規模經濟成功和失敗的因素，均在於能否將其產品納入當前的經濟體系當中，成為消費社會裡的一個文創產業產品，成功擴大需求。一如前面所提到的太陽馬戲團撤出澳門案例，太陽馬戲團的藍海策略在澳門失效，因為澳門整體環境與太陽馬戲團適用的藍海策略存有落差。澳門給一般消費者的形象始終停留在「賭」的層面上，而其

他旅遊環境又不夠精緻，使得太陽馬戲團始終無法融入澳門都市體系，成為其中一環。既然無法成為社會大眾的消費習慣，即代表該項表演產業無法形成規模經濟，因此即使如同太陽馬戲團這樣的馬戲團業界龍頭也難以在當地生存，最終只能黯然離場。

五、結論

原本探討生產面的鮑莫爾成本病，在消費社會這個脈絡下，轉而反映消費端的時空限制問題。作為文創商品，現場表演產業類的產出同樣應該具有商業價值、形成經濟效益，與需要文化政策補助的藝術表演做出區分。而在政府強調發展文創產業、將表演產業列為發展項目時，應該認清觀眾趨向內容類型產業的特殊屬性，不該在政策層面混淆發展方向、將政府力量流於泛泛空談，方能考慮如何將產業從生產和消費遲滯效應當中轉化為現場表演的商業模式。文創產業講求內容、意義的符號系統、聲望，藉此建立在消費者心中的地位，而政府或企業在扶植、投資觀眾趨向內容類型產業時，應該考慮如何與都市體系結合，並利用內容打造產業鏈，使其與其他種類的載體之間成為互補性消費。例如日本的AKB48，其產業得力於地方強勢文化，又與東京都市體系同步，而又將這套符號化的意義系統在不同載體間轉化，形成龐大的產業鏈，不僅帶來實質的經濟效益，還同時革新了現場表演產業與流行音樂產業，值得借鏡。

註釋

1　Alexander Dolgin, *The Economics of Symbolic Exchange* (Berlin: Springer, 2009) 13.

2　唐瑋婕，〈自貿區舞台引來百老匯巨頭 市民將「零時差」欣賞百老匯戲劇〉，《文彙報》，2021年2月8日，東方網，網址：https://ppfocus.com/0/en577f1af.html（最後瀏覽日期：2022年3月1日）

3　王萍、崔紅，〈北京崛起兩大演藝區 劇場數目三倍紐約百老匯〉，《北京晨報》，2011年10月29日，網址：http://news.sina.com.cn/c/2011-10-29/195423383398.shtml（最後瀏覽日期：2022年3月1日）

4　台北藝穗節，〈關於〉，台北藝穗節，網址：http://www.taipeifringe.org/About.aspx?FWebID=115a769c-b5cd-47eb-993f-39fa1c3ede09（最後瀏覽日期：2022年3月1日）

5   "Musicals: Do It by the Book," *The Economist*, May 4, 2013, [on line] http://www.economist.com/news/leaders/21577069-answers-almost-all-worlds-problems-can-be-found-broadway-do-it-book（最後瀏覽日期：2022年3月1日）

6   百老匯聯盟是百老匯劇院產業的全國性同業公會。

7   The Broadway League, "Broadway Season Statistics at Glance," The Broadway League, [on line] https://www.broadwayleague.com/static/user/admin/media/statistics_broadway_2018-2019.pdf（最後瀏覽日期：2022年3月1日）

8   The Broadway League, "Broadway Season Statistics: Broadway Facts, 2018-2019," The Broadway League, [on line] https://www.broadwayleague.com/research/statistics-broadway-nyc/（最後瀏覽日期：2022年3月1日）

9   由愛丁堡市政府委託文創公司針對愛丁堡節慶進行最大規模一次研究。Ulrike Chouguley, Richard Naylor and Cristina Rosemberg Montes, *Edinburgh Festivals Impact Study* (London, BOP Consulting, 2011) 36.

10 "Edinburgh Festival 2011: Help Us Visualize the Impact," The Guardian News and Media Limited, [on line] http://www.theguardian.com/news/datablog/2011/may/23/edinburgh-festival-economic-impact#data（最後瀏覽日期：2022年3月1日）

11 Willian Baumol and William Bowen, *Performing Arts, the Economic Dilemma: A Study of Problems Common to Theater, Opera, Music and Dance* (Boston: The MIT Press, 1967).

12 Centre for Urban & Regional Development, *Culture Cluster Mapping and Analysis: Final Report to One North East* (Newcastle: University of Newcastle Upon Tyne, 2011) 18.

13 李天鐸，〈文化創意產業的概念範疇與運作實踐的類型：圖書出版、時尚服裝、表演藝術、節慶盛會〉，2012年11月8日於台北華山1914文化創意產業園區舉辦「文化產業與創意經濟圓桌學術會議」上提出。錄影與文字存檔。

14 James Heilbrum and Charles M. Gray, *The Economics of Art and Culture* (Cambridge: Cambridge University Press, 2001) 64-68.

15 聯合國《2010創意產業研究報告》中指出，法國巴黎的紀念品產業的產值及其對法國其他地區的經濟帶來很大影響。根據1998年的調查報告，當年一年將近有1,200萬名遊客造訪巴黎，估計一個法國遊客在紀念品上的平均花費為45.45歐元，而一個非法國裔的遊客在紀念品上的平均花費為75.75歐元，而遊客整體在紀念品上的花費為18億4千萬至26億4千萬歐元之間。UNCTAD, *Creative Economy Report 2010* (Geneva: UNCTAD, 2010) 27.

16 James Heilbrum and Charles M. Gray, 157.

17 杜麗虹，〈百老匯和倫敦西區是怎麼煉成的？〉，《新財富》，2012年第5期，網址：http://www.xcf.cn/newfortune/texie/201205/t20120522_308674.htm（最後瀏覽日期：2022年3月1日）

18 W. Chan Kim and Renée Mauborgne, *Blue Ocean Strategy: How to Create Uncontested Market Space*

and Make the Competition Irrelevant (Boston: Harvard Business Review Press, 2004).

19　蘭娟，〈加拿大太陽劇團黯然撤離澳門市場〉，《國際日報》，網址：http://www.chinesetoday. com/big/article/588943（最後瀏覽日期：2022年3月1日）

20　布魯諾・費萊（Bruno Frey）著，蔡宜真、林秀玲譯，《當藝術遇上經濟》（台北：典藏藝術家庭，2003），頁24-39。

21　James Heilbrum and Charles M. Gray, 64.

22　Marina Bianchi, "Time and Preferences in Cultural Consumption," *Beyond Price: Value in Culture, Economics, and the Arts*, Eds Michael Hutter and David Throsby (Cambridge: Cambridge University Press, 2008) 241.

23　Ruth Towse, *A Textbook of Cultural Economics*, Kindle Edition (Cambridge: Cambridge University Press, 2010) 145-147.

24　朱中彬、孟昌、王雲霞、張宏豔，《微觀經濟學》（北京：機械工業出版社，2007），頁52。

25　Saskia Sassen and Frank Roost, "The City: Strategic Site for the Global Entertainment Industry," in Dennis R. Judd and Susan S. Fainstein, eds., *The Tourist City* (New Haven, CT: Yale University Press, 1999) 143-54.

26　Barbara Kirshenblatt-Gimblett, *Destination Culture: Tourism, Museums, and Heritage* (Berkeley: University of California Press, 1998).

27　Ryo Shimizu，〈宝塚歌劇団100周年に見る経営の本質〉，WirelessWire News，2014年9月18日，網址：https://wirelesswire.jp/2014/09/20152/（最後瀏覽日期：2022年3月1日）

28　古曉融，《日本商業劇團顧客關係行銷模式之研究：以劇團四季與寶塚歌劇團為例》（高雄：國立中山大學企業管理研究所碩士論文，2003），頁235-275。

29　AKB48團名即代表秋葉原的縮寫和48個正式團員。

30　田中秀臣，《AKB48的格子裙經濟學：素人偶像的創意行銷效應》（台北：遠流，2013），頁20。

31　田中秀臣，頁82-83。

32　所謂的「病氣」，指的是比較體弱多病型的少女。松井玲奈在表演《枯葉的車站時》，穿著保守的洋裝，整體打扮、旋律和歌詞都營造出一種楚楚可憐的感覺。

33　林宜靜，〈AKB48高人氣 總選舉收視率飆達32%〉，《中時新聞網》，2103年6月10日，網址：http://www.chinatimes.com/realtimenews/20130610004426-260401（最後瀏覽日期：2022年3月1日）

34　東森新聞雲編輯，〈AKB48男粉絲狂撒45萬只為跟小嶋真子握手1,585次〉，《東森新聞雲》，2103年5月26日，網址：http://www.ettoday.net/news/20130526/212874.htm（最後瀏覽日期：2022年3月1日）

35　Jean Baudrillard, *The Consumer Society: Myths and Structures* (New York: Sage Publications Ltd., 2016).

參考書目

Apter, Michael J. *Motivational Styles in Everyday Life: A Guide to Reversal Theory*. Washington, DC: American Psychology Association, 2001.

Arnheim, Rudolf. *Visual Thinking*. Berkeley: University of California Press, 1969.

Baudrillard, Jean. *The Consumer Society: Myths and Structures*. New York: Sage Publications, 2016.

Baumol, William J. and William G. Bowen. *Performing Arts, the Economic Dilemma: A Study of Problems Common to Theater, Opera, Music and Dance*. Boston: The MIT Press, 1967.

Becker, Gary. "A Theory of the Allocation of Time." *Economic Journal* 75(299), 1965: 493-517.

Berlyne, D. E., and K. B. Madsen, eds. *Pleasure, Reward, Preference*. New York: Appleton Century Crofts, 1973.

Bianchi, Marina. "Time and Preferences in Cultural Consumption." In Michael Hutter and David Throsby, eds. *Beyond Price: Value in Culture, Economics, and the Arts*. Cambridge: Cambridge University Press, 2008.

Centre for Urban & Regional Development. *Culture Cluster Mapping and Analysis: Final Report to One North East*. Newcastle: University of Newcastle Upon Tyne, 2011.

Currid, Elizabeth. *The Warhol Economy: How Fashion, Art and Music Drive New York City?* Princeton, NJ: Princeton University, 2002.

Dolgin, Alexander. *The Economics of Symbolic Exchange*. Berlin: Springer, 2009.

Grozier, W. R. and A. J. Chapman, eds. *Cognitive Processes in the Perception of Art*. Armsterdam: North Holland, 1984.

Heilbrum, James, and Charles M. Gray. *The Economics of Art and Culture*. Cambridge: Cambridge University Press, 2001.

Kim, W. Chan, and Renée Mauborgne. *Blue Ocean Strategy: How to Create Uncontested Market Space and Make the Competition Irrelevant*. Boston: Harvard Business Review Press, 2004.

Kirshenblatt-Gimblett, Barbara. *Destination Culture: Tourism, Museums, and Heritage*. Berkeley: University of California Press, 1998.

Sassen, Saskia, and Frank Roost. "The City: Strategic Site for the Global Entertainment Industry." In Dennis R Judd and Susan S. Fainstein, eds. *The Tourist City*. New Haven, CT: Yale University Press, 1999.

Scitovsky, Tibor. *The Joyless Economy: The Psychology of Human Satisfaction*. Oxford: Oxford University Press, 1992.

Towse, Ruth. *A Textbook of Cultural Economics*. Cambridge: Cambridge University Press, 2010. Kindle Edition.

UNCTAD. *Creative Economy Report 2010*. Geneva: UNCTAD, 2010.

古曉融，《日本商業劇團顧客關係行銷模式之研究：以劇團四季與寶塚歌劇團為例》，高雄：國立中山大學企業管理研究所碩士論文，2003。

布魯諾‧費萊（Bruno Frey）著，蔡宜真、林秀玲譯，《當藝術遇上經濟》，台北：典藏藝術家庭，2003，頁24-39。

田中秀臣，《AKB48的格子裙經濟學：素人偶像的創意行銷效應》，台北：遠流，2013。

朱中彬、孟昌、王雲霞、張宏豔，《微觀經濟學》，北京：機械工業出版社，2007。

CHAPTER 9

房產物業與表演藝術交融的百老匯劇院

Derek Miller　著

李若然　譯

　　在紐約中城區（Midtown Manhattan）有一小群劇院，不過這一小群劇院卻是美國商業戲劇的命脈。這些劇院主要分布在一條主幹道附近的街巷之中，而它們也因這條街得名：百老匯（Broadway）。由於百老匯劇院的數量有限，所以劇院所有者和經營者對戲劇產業有極大的影響力。當下大部分戲劇研究都把重點放在編劇、演員和導演，可真正影響百老匯的（又恰恰比較被忽視的）力量其實是房地產。[1] 要想真正理解百老匯，我們就必須理解百老匯房地產持有者的運作模式。

　　不幸地是，這項任務極其艱巨。主要是因為大部分劇院都由少數幾家私營公司控制：舒伯特集團（Shubert Organization）、尼德蘭德集團（Netherlander Organization）、朱詹馨集團（Jujamcyn），總共擁有百老匯41座劇院中的31座，經營資訊又極少對外公布。各類訊息資訊被緊緊攥住，外人無法輕易釐清它們的資產、負債和收益情況，能搜羅到的大多是碎片化的歷史資料。由於缺乏更完整的資料，我們最多只能利用手頭有的紀錄來推測劇院持有者大概是如何看待百老匯的。本文並不企圖解釋這些劇院東家們的行為，但能幫助我們從他們的角度來審視百老匯。

　　百老匯在劇院持有者眼中是什麼樣的呢？首先，百老匯似乎是一塊地皮，一塊目前被劇院占據的地皮，但這塊地也可以挪作它用。再來，同樣重要的是，百老匯似乎只是其所有者龐大資產集合裡的一部分，所以劇院發生的一切對這些所有者的行為決策都影響有限，因為他們還有其他資產。本文的每一節都將從土地以及純粹資本投資的兩個不同角度來審視百老匯。為此，我會先探討百老匯的定義，以及百老匯劇院自第一次世界大戰以來的供需變化；之後的節次會轉而討論一些試圖改變百老匯房地產市場的政府政策；最後，我將參考納稅紀錄，定位百

老匯劇院在劇院持有者的整體投資中究竟占有怎樣的價值。

一、定義百老匯劇院

　　百老匯的劇院僅憑「百老匯劇院」的身分便可獲得獨特的價值，但究竟是怎樣的劇院才能被稱作「百老匯劇院」？

　　決定一個劇院是否為「百老匯劇院」有諸多因素，包括地理位置、座位數、使用何種合同、運營和獎項等。從地理位置來看，百老匯劇院聚集在時代廣場（Times Square）周圍，「以時代廣場為中心，縱向的百老匯街東西兩側自41街至43街的範圍內」[2]。百老匯劇院有很大的觀眾承載量，當前最小的劇院也有500個座位。這些劇院並與美國演員工會（Actors' Equity Association，簡稱AEA）達成協議，與員工簽訂合同時遵循一種特殊的演出合約（Production Contract）[3]，雙方最早的協議可追溯至1919年。演出內容上，百老匯劇院的設計是為了演出話劇和音樂劇這種「正統」的表演，而不是為了歌舞雜耍、舞劇或音樂會（因此儘管卡內基音樂廳〔Carnegie Hall〕的地理位置和場館大小都符合上述標準，但它不能被算作百老匯劇院）。最後，百老匯劇院上演的劇碼有參與東尼獎（Tony Awards）的競爭資格，該獎項由美國劇院聯盟（American Theatre Wing，一個非營利的服務和教育機構）和百老匯聯盟（Broadway League，劇院所有者和製作人的貿易協會，前身為紐約劇院和製作人聯盟）共同經理。

　　目前大部分的百老匯劇院都滿足以上五項要求。然而，不管是過去或現在，都有特例存在。維維安・比蒙劇院（Vivian Beaumont Theatre）最早從1973年就開始有角逐東尼獎的資格，大衛・拉貝（David Rabe）的作品《碰碰車》（In the Boom Boom Room）於該年獲得了三項提名，但它隸屬於座落在66街和百老匯街路口附近的林肯中心（Lincoln Center），在其他百老匯劇院的北邊。維維安・比蒙劇院與演員工會之間簽訂的協議也與其他劇院不同。由於劇院運營方是非營利性的林肯中心，所以該劇院使用的是演員工會與地區劇院聯盟（League of Regional Theatres，簡稱LORT）之間達成的A級勞動合約。當前百老匯其他的非營利性場館還有美國航空劇院（American Airlines Theatre）、史蒂芬・桑坦劇院（Stephen Sondheim

Theatre）和54俱樂部（Studio 54）。這三家都由圓環劇場公司（Roundabout Theatre Company）運營；海斯劇院（Hayes Theatre）由第二舞台劇院（Second Stage Theatre）運營；塞繆爾・J・弗里德曼劇院（Samuel J. Friedman Theatre）則由曼哈頓戲劇俱樂部（Manhattan Theatre Club）運營。此外還有場館大小的例外：劇場劇院（Playhouse Theatre，又名Jack Lawrence）的位置比大多數百老匯劇院要偏西，且一九七〇年代其座位數略少於500位，但那裡的劇目仍獲得東尼獎的提名。另一個處在資格邊緣的是伊甸劇院（Eden，曾名Phoenix），一九七〇年代在百老匯大獲成功的音樂劇《加爾各答風情畫》（*Oh! Calcutta!*）和《火爆浪子》（*Grease*，又譯《油脂》和《青春狂熱》）都在那裡首演，但這個劇院的位置在第二大道和12街路口，比百老匯通常的地段要西南得多。

根據上述的關鍵特徵和幾個特例，可以得出一個論定：自1915年以來，共有105座劇院可在歷史上的某個時間點，有理有據地宣稱自己是百老匯劇院。目前則只剩41座劇院正常運營；另有7座建築，雖然目前不是百老匯劇院，但理論上可以被復原為百老匯劇院。因此，前述從1915年以來算起的這105座劇院中，有49座（占比46.7%）已被徹底拆除，另有8座（7.6%）以當下標準來看只能勉強算是百老匯劇院。105座裡剩下的48座（45.7%）劇院中，又只有41座（85.4%）現在是作為百老匯劇院使用。換句話說，1915年以來曾經作為百老匯劇院的105座場館中，如今只有39%還是「百老匯劇院」。高損耗率的背後是百老匯過去一個世紀的歷史縮影。

百老匯劇院的數量變化切實證明了我們所提出的第一點，即劇院房地產具有可轉換性。對一塊異常寶貴的土地而言，蓋劇院只不過是諸多可能性中的一種；劇院完全可以變成其他地產用途。實際上，自1915年以來，61%的劇院確實已經變作其他用途。換句話說，百老匯建築的價值波動很大，有時候將劇院拆除改建為辦公樓、酒店或購物中心，遠比繼續作為劇場運營經濟效益要來得更高。撇開由於新冠疫情導致的停工不談，實在很難讓人相信這些劇院竟可能會被挪作他用，因為總有大量的劇碼在爭奪這41座百老匯劇院的租賃權，疫情之前就發生過舒伯特集團為了搬演《歡樂音樂妙無窮》（*The Music Man*）的復排版而把《陰間大法師》（*Beetlejuice*）趕出劇場的鬧劇。然而，從歷史的角度來看，百老匯劇院巨大

的價值波動取決於需求、供應和行業的總體情況等多種因素。隨著這些價值的波動，有時單單土地本身的價值就會超過這塊土地，還有在這塊地上的劇場設施的總和價值。簡而言之，歷史上那些停業的、被拆除的和因為種種原因而消失的劇院都在提醒著我們，劇院的存在從來就不是無可替代的。

二、百老匯劇院的供給情況

為了追溯百老匯房地產波動的歷史，我們可以考察各時間段裡百老匯劇院的供給情況。圖9-1呈現了自1915年以來百老匯劇院建築的數量的變化走勢。[4]

從這條大致上先升後降的曲線可以看到在大蕭條（Great Depression, 1929-1933）之前曾有一波熱潮，然後至2004年為止一直呈現緩慢下降，之後就保持穩定了。另一個情況是，劇院建築的總量總是超過實際被用為劇作演出的建築數量。圖9-2顯示了兩個數據：一是圖9-1中的劇院建築總量，二是確實用為劇作演出的建築數量（無論該劇院是否在當年度演出季度有任何劇作上演）。

兩條線之間存在著顯著的落差。這表明許多曾作為劇院的建築都已經被徹底改造，有些甚至被改得面目全非，幾乎不可能重拾戲劇演出用途，想要將其恢復

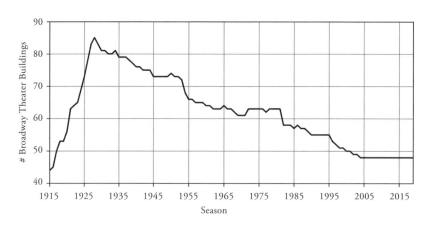

圖9-1　劇院建築數量
（橫軸：演出季；縱軸：劇院數量）

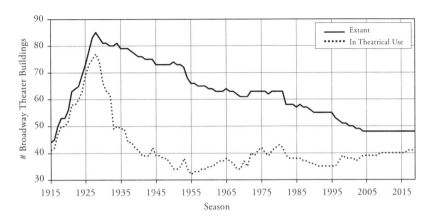

圖9-2　劇院和劇院建築的數量
（橫軸：演出季；縱軸：劇院或劇院建築的數量；圖例：實線為劇院建築，虛線為劇院）

幾乎等於重建。例如，位於第42街的帝國劇院（Empire Theatre）如今差不多僅剩當初的外殼，內部空間已經變成大型電影院的大廳。但有些劇院，例如艾德·蘇利文（Ed Sullivan）、馬克·海林格（Mark Hellinger）和閒置的時代廣場劇院（Times Square Theatre），到現在還是能改建回當作劇作演出之用。因此，劇院建築數量與實際用作劇院的數量之所以始終存在落差，部分原因在於劇院持有者可能更傾向於蓋全新的劇院，而不是收購和翻新既有的舊劇場建築。

　　考慮到現存的48座百老匯劇院裡有7座（14.6%）至今沒有上演過任何正規戲碼，那麼這些建築到底用途為何就變得相當重要。透過仔細查看每個演出季度的劇院使用情況，我們可以更全面地了解百老匯劇院的「存量」。[5]

　　圖9-3和圖9-4分別以原始數字和百分比顯示了百老匯劇院建築的使用情況。這裡的「使用情況」指的是建築物的主要用途：（1）用作百老匯劇作演出；（2）電影院；（3）廣播或電視演播室；（4）其他現場表演，例如非百老匯的戲劇演出或滑稽諷刺劇（burlesque）；（5）閒置。這邊的數據是往高的算：一個場館即使主要用途是電影院或用來演滑稽諷刺劇，但只要在某個演出季搬演過正統劇作，都會被算作是劇院。透過這些圖表，一幅清晰的畫面逐漸展現出來了：首先，在大蕭條之前大部分劇場建築都確實供作劇碼演出使用，即便部分劇院建築被用作電影院或雜

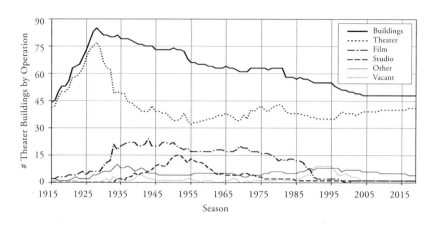

圖9-3　按實際使用情況區分的劇院建築數量
（橫軸：演出季；縱軸：不同使用情況下的劇院建築數量；
圖例由上至下分別為：劇院建築總數；劇院；影院；演播室；其他；閒置）

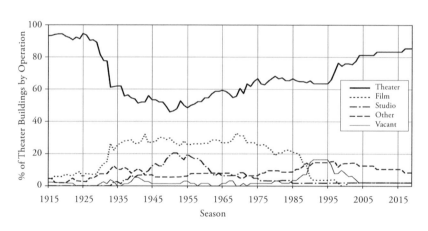

圖9-4　按實際使用情況區分的劇院建築占比
（橫軸：演出季；縱軸：不同使用情況下的劇院建築占比；
圖例由上至下分別為：劇院；影院；演播室；其他；閒置）

要表演，但在一九二〇年代建築熱潮期間的相關年分中，大約90%的場館都是上演正統戲劇作品的。而低谷出現在一九四〇年代和一九五〇年代，其間只有44%的場館是作為百老匯劇院運營。之後劇院的使用率又緩慢回升，大致回到大蕭條

前的水平，一方面是因為劇院數量有所增加，另一方面是因為有些場館被陸續拆除。

這些圖表揭示的是正統劇目與其他用途相互爭搶百老匯場館的窘境。1929年的股市崩盤和隨後的大蕭條讓劇院建築的業主們忙於避免破產（或正努力從已破產的困境中脫身），這促使許多劇院場館被轉作其他用途。電影行業於是成了主要的受益者，在一九三〇至一九八〇年代初期許多百老匯劇院被轉為電影院使用，並在一九四〇年代達到頂峰，其間有高達24個場館被用來放映電影。之後的三十年雖然電影院的實際數量減少了，但放映電影這一用途在所有場館中的占比卻始終保持穩定：從一九三〇年代中期到一九七〇年代中期，整整四十年間始終有25至30%的場館作為電影院運營，在這之後的十五年裡這一用途才慢慢減少。改建為廣播或電視演播室的情況在20世紀中葉達到頂峰，在1940至1960年期間，多達15家劇院場館（占總數的20%）被一線電視台用作錄音室或錄影棚。而在20世紀的任意一年裡，都有5至10個劇院（占總數的5至15%）被用於其他用途，包括非正統戲劇演出或非百老匯表演。最後，由於第42街翻新工程帶來的效應，一九八〇年代中期的高閒置率在2004年開始下降。當時市政府取得了不少劇場的所有權來加快其「新42街」（New 42nd）的計畫。[6] 但是像這些劇場中的時代廣場劇院，在本文撰寫時依然處於閒置狀態。

從上述資訊中，我們可以得出有關於百老匯土地的什麼結論？只要劇院場館不閒置，上述任何一種用途都能帶來收入。因此，儘管每個演出年度裡百老匯劇院的數量不斷變化，也儘管百老匯在過去的一個世紀裡規模相對縮小，但許多場館還是能在沒有正統劇作上演時，利用其他用途為業主多少榨擠出一些利潤。

上面的數字還強調了百老匯的競爭已經超出戲劇演出本身。對於尋找「租戶」的劇院業主來說，上演百老匯戲劇作品只是諸多選項中的一個。雖然文化歷史學家已明確指出電影和電視在整個20世紀裡嚴重影響了劇院觀眾的數量，但對於這些行業與劇場行業之間直接競爭空間等物質資源的情形，卻還不甚明瞭。[7] 換句話說，電影和電視確實以更低的價格提供更容易獲得的相似產品，從而傷害了劇場產業；同時，電影和電視也因為占據了精華地段的劇院地產，那些稀缺而有價值的百老匯劇院，而將正統的戲劇演出趕出這些舞台。所以，劇作演出不僅與電影

和電視爭奪觀眾，也爭奪演出空間。

三、對百老匯劇院的需求

上面的數字讓我們得以一窺百老匯劇院不斷變化的供應情況。而經濟學入門課程總是說供給對應需求，但實際情況是這樣嗎？所謂對劇院的需求又到底有多大？

最粗略的辦法是計算某個演出年度上演的作品數量。製作一部百老匯劇作必然需要找一座百老匯劇院來上演，但實際情況是可能根本沒劇院可用。例如，原本說好要上演莫里‧耶斯頓（Maury Yeston）和彼得‧史東（Peter Stone）的音樂劇《鐵達尼號》（*Titanic*）的復排版，結果又宣布推遲到2015至2016年，「因為2014至2015年的演出季期間根本沒有可用的百老匯場館」。[8] 我們很難具體確認，每年到底有多少像這樣蓄勢待發卻苦無演出場地的劇碼，因此也很難證實到底有多少的過度需求（excess demand），只有業內雜誌偶爾會有一些劇院供不應求的片段報導。1945年《告示牌》（*Billboard*）曾報導，儘管「經理們對爭取不到演出場館感到頭疼」，但新的場館也不太可能出現。「唯一牢靠的可能性是從廣播和電影行業收回一些場館」。[9] 而十年後，同樣的戲碼還是在上演：30部新音樂劇在搶8個主要劇院場館，結果這些場館根本都已經被占用或預訂了。還有一個同樣可行的策略，「讓目前被電視和電影占用的場館回歸劇場」。[10] 總之，至少在一九四〇和一九五〇年代劇院使用量波動的期間，場館持有者可以自行決定建築物的用途。

除了這些零星的報導，百老匯實際演出的劇目數量也可非常粗略地代表百老匯的業務量。圖9-5顯示了每個演出季度裡的劇目數量及實際使用的劇院數（如上圖9-2所示）。

大蕭條前後，劇院和劇目數量的起伏緊密相關。劇院數量幾乎與劇目數量同步下降，這點令人有點訝異。因為按常理，劇院在關閉之前會有數年經營低迷無劇上演的窘況，換句話說，市場應有一個滯後時期，但1929年的經濟大崩盤幾乎是立即摧毀了劇院持有者的財務狀況。到了戰爭期間，曾短暫出現穩定的情況，甚至還有幾年劇目數量短暫上升，但之後劇院和劇目數量再次下降。一九五〇年

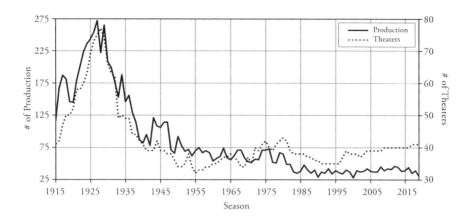

圖9-5　各演出季的劇目和劇院數量
（橫軸：演出季；縱軸：劇目數量／劇院數量）

代初期開始，劇目數量開始穩定並一直持續到約1980年，但同時期的可用劇院數量卻不斷下降，並在1955年達到最低點。這顯然是對劇院供給過剩的過度修正。在接下來的十年內劇院持有者開始收回租給電影、電視或廣播的場館，正式恢復為劇院。所以儘管劇目數量相對穩定，可用劇院的數量卻一直攀升至1980年。之後劇院數量開始伴隨劇目數量再次共同下降，而後劇院持有者的調整再次過度（雖然這次相對輕微）。兩者在一九九〇年代後期達到相對穩定的平衡，在一段頗長的時間內緩慢增長。

當然，利用簡單的劇目數量來衡量對劇院的需求並不能達到我們所期望的精細度。例如報導提到過劇院持有者即使在建築熱潮期間也面臨著嚴重的壓力。1922年，《綜藝》報導說，由於該年度劇目整體的高失敗率，製片人紛紛將自己的劇目推遲到下一演出季，導致劇院無戲上演。[11] 六年後，整個行業又面臨開局不利，勞動節前後幾乎有30個劇院處於閒置狀態。[12] 這些熄燈的劇院是另一種思考劇院供應的方式。較高的租用率意味著供需匹配的效率提高，而較低的租用率則暗示劇院供過於求。圖9-6描繪了每個演出季度中所有正統劇場的租用率。[13]

劇場租用率在第二次世界大戰期間飆升，之後直到1970年左右期間裡都是適度波動：租用率從不低於57%，也僅偶爾超過70%。1970年，租用率急劇下降，

四年裡平均值在50%，隨後回升至70%的高位，並持續至1980年。此後，租用率出現一段更長時間的下降趨勢，始終在50%出頭的位置徘徊。1993年起租用率迅速攀升至70%以上，偶爾可達近80%，這種趨勢維持至今。

當然，租用率在各個劇場之間的分布並不平均。劇場持有者之間會互相競爭，當一些劇院的劇目常演不衰時，另一些劇院卻可能無戲可演。圖9-7顯示了處於第25、第50（中位數）和第75個百分位的劇院的租用率。

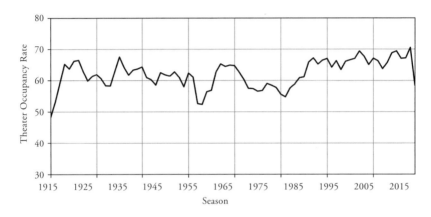

圖9-6　劇場租用率
（橫軸：演出季；縱軸：租用率）

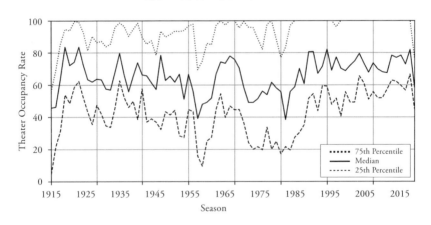

圖9-7　劇院租用率（四分位數）
（橫軸：演出季；縱軸：租用率；圖例由上至下分別是：第75百分位數、中位數、第25百分位數）

百老匯排名前四分之一的劇院，即位於第75百分位的劇院，租用率直至1970年都保持在90%左右。1972年，這些劇院遭受嚴重衝擊，但四年內便恢復到令人震驚的95至100%的入用率，並保持至今，其間只有三個演出季跌到95%以下。換句話說，自1976年以來，除了三年之外的所有年分裡，四分之一的百老匯劇院（約九到十個）差不多全年無休。雖然每個四分位數的劇場的總體形勢都相同，但第一個四分位數，即表現最差的那25%的劇院，其波動要大得多。戰爭期間租用率拉升之後，名列下四分位數的劇院租用率在40至60%之間震盪波動。1960年之後，不斷波動的租用率看似終於趨於穩定，但在低點稍停後很快又繼續下滑，先是在1969年跌至30%，又在1973年暴跌至令人咋舌的10%。儘管之後的十年內租用率復甦表現強勁，但一九八〇年代中期至一九九〇年代中期又出現一次經營低迷，通常僅有20%租用率並在低位持續，還要加上期間有三個年分連第一梯隊的劇院都表現糟糕（1986年、1990年、1991年）。之後的二次復甦表現穩定，甚至優於此前的整體表現。到最近十年，劇院中原先表現最差的梯隊（最低四分位數）的租用率幾乎達到最初三十年裡中位數劇院組的表現。總而言之，一九七〇年代的租用危機席捲了所有劇院，而一九八〇年代的租用率下跌主要是因為一直以來表現最差的場館又歷史性地經營不佳。所以，最近幾十年行業整體的高穩定性不僅

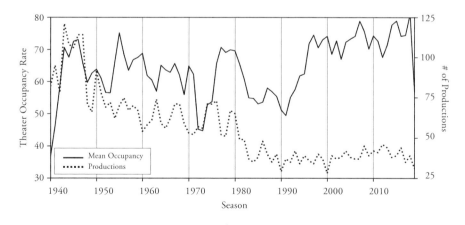

圖 9-8　劇院租用率和劇目數量
（橫軸：演出季；縱軸：租用率／劇目）

是因為第一梯隊表現出色，還因為底層劇院持續並創歷史性的優秀成績。最後，我們可以將租用率與每個演出年度的劇目和劇院數量進行比較。

　　從1940至1970年，劇目數量和劇場租用率（圖9-8）相互依存，在變得相對穩定之前大致上互相影響對方的變化。1980年的劇院租用率下降顯然可以，至少部分，歸結於劇目的減少：整個一九八〇年代的劇目數從最初每個年度平均超過50部下跌到在20至30部之間。而自一九九〇年代中期以來，租用率雖然不斷增長，劇目數量卻未同步增加，這代表高租用率是來自於長期駐演的劇目，而不是多個劇目間有效率的轉場輪替。另外值得注意的是，一九七〇年代租用率下降，但是劇目數並沒有同步減少。圖9-9更具體地解釋了一九七〇年代的情況。

　　1972年劇院租用率急劇下降反映的是劇院數量的穩步增加。塞繆爾・萊特（Samuel L. Leiter）指出，1972年和1973年建成的三個新劇院將「劇院短缺」變成了「過剩」。[14] 這三個新劇院，俄瑞斯（Uris）、中環廣場劇院（Circle in the Square）和明斯科夫（Minskoff），是1967年一項鼓勵建設新場館的土地分區重劃政策（zoning）的產物，在當時肯定也讓老劇院的持有者驚嚇了一回，害怕這些新的入局者會破壞整個營運行情。然而接下來被萊特形容為「訂場大爆炸」的情況很快便消除了原先劇院場館過剩的顧慮，至少在一九七〇年代後半段劇院租用率一路攀

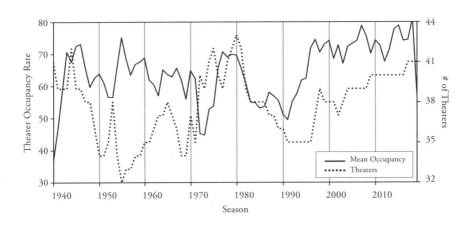

圖9-9　劇院租用率和劇院數量
（橫軸：演出季；縱軸：劇院租用率／劇院數量）

升時是這樣。而當劇目數量在一九八○年代又一次減少時，劇院數量自然也隨之回落。這也難怪劇院所有者對1982年那次臭名昭彰的五家劇院拆除事件不為所動。[15] 隨著1992年之後租用率飆升，劇院持有者好整以暇，僅緩慢增加劇院的供應量，享受著劇場租用率的歷史新高。

四、土地分區重劃政策

一九七○年代的事提醒我們，劇院持有者的決策不僅由市場力量決定，還與政府政策密切相關，尤其是政策當中的土地法規。儘管時代廣場早在1915年就已經是一個明確的劇院區，但直到1967年市政府才制定了獨特的法規，正式創建了特殊的土地用途分區，鼓勵特定產業在該區域發展。[16] 紐約城市規畫委員會（The NYC City Planning Commission，簡稱CPC）在那年提議設立一個新的特別劇院區，認為新的分區很有必要，因為「傳統劇院在經濟上無法與辦公大樓的建設熱潮相抗衡」，並且彼時那一小群劇院狀況不佳，「低效又令人不適」。[17] 然而，規畫委員會提出的解決方案意不在改善現存劇院的狀況，而是利用放寬對建築商的限制來鼓勵建造新劇院：任何帶有劇院的新場館的建築面積都可以比原先的上限再增加20%。城市規畫委員會認為這種刺激手段是一種妥協，因為一方面可以滿足開發商的慾望，讓他們能夠在時代廣場周圍建造更多更有經濟價值的辦公大樓，另一方面又能解決大家認為需要更多劇院的問題。

這一政策開啟了一個複雜的時代：百老匯的總體利益和幾家最大劇院持有者的利益開始出現明顯分歧。雖然大多數人都同意增建劇院對百老匯的發展至關重要，但現有劇院的所有者自然將新劇院視為自身業務的威脅。百老匯最大的劇院持有者舒伯特集團就疾呼城市規畫委員會的計畫缺乏相應措施，很難保證開發商不會把新蓋劇院另作他用，更重要的是該計畫無法保證新劇院不會拉低現有的租金水平。[18] 這兩股力量的博弈，市政府推動重塑和振興時代廣場，而劇院持有者抱怨他們的利益不受重視，貫穿了隨後三十年劇院區的規畫。

諷刺的是，儘管老劇院持有者厭惡市政府提出的興建劇院計畫，但他們更反感市政府對現存建築的主要政策：保存。1982年一項有關中城區的決議規定了

現有劇院僅可通過「（對建築）實質性地修復或恢復」來獲得額外的可用空間。決議同時明確列出44個禁拆的劇院，以及如果沒有召開公開聽證會，並獲得城市規畫委員會的特別許可，這些劇院就禁止拆除。[19] 催生出這項新政策是有直接原因的——為了蓋新的旅館，有5座屬於歷史建築的劇院被拆除。這5間歷史建築分別是：珠寶劇院（Bijou）、莫羅斯科（Morosco）和當時仍正常運營的海倫海斯（Helen Hayes）；而歡樂劇院（Gaiety）和艾斯特劇院（Astor）這兩家被拆時已未作戲劇演出使用。[20] 不過最讓劇院持有者氣憤的是，1982年的決議還鼓勵劇院成為「地標建築」。原本在當時僅有兩家劇院被認定為地標性建築——百老匯現存最古老的兩座劇院：蘭心劇院（Lyceum Theatre）和新阿姆斯特丹劇院（New Amsterdam Theatre），但到了1988年，在私人團體的遊說和市政府本身的大力推動下，有32家劇院成為城市的地標性建築。

五、出租「上空」

為什麼讓劇院成為地標的決議會讓劇院持有者如此憤怒？因為一旦建築被認定為地標，法律便禁止對其進一步開發更動或拆除他用。因此，一棟被認定為地標的建築，其作為資產沒有替代價值：地標性百老匯劇院永遠必須是百老匯劇院，還須竭盡全力保留其當前狀態，除非有劇院持有者願意花費難以負擔的時間和金錢與市政府展開拉鋸戰。在百老匯過去的五十年歷史中，劇院持有者總能隨心將建築物改作他用；要是情況過於糟糕，甚至可以把整個建築拆除然後建造一座能賺錢的辦公大樓。可是劇院一旦被認定為地標，這些選擇就沒了：一朝是劇院，永遠是劇院。

市政府並非不知道一旦劇院被認定為地標會給劇院持有者帶來多少損失。他們因此制定了一項政策來補償，這一概念稱為「美國土地發展權轉讓計畫」（Transfer of Development Rights，簡稱TDR），也稱為「（不動產）上空權」（air rights）。在紐約市的每塊土地上，業主都可以建造一定面積的可用建築空間，這個數值是將土地大小乘以容積率（Floor-Area Ratio，簡稱FAR）計算得出，而容積率由土地分區法規根據位置、地質等多重因素決定。在大多數地皮上，如果實際

建造的建築面積小於最大允許建築面積，那麼未被使用的空間就等於白白損失掉，或者，也可以在特定情況下轉賣給毗鄰的地皮（從概念上講，在計算允許的建築面積時，土地分區監管機構可將相鄰地塊合併計算）。然而，地標劇院的所有者在轉讓開發權時卻不受「毗鄰地塊」的限制，他們可以將開發權轉讓給一條街或一個路口之外的土地擁有者。簡而言之，為了補償地標劇院持有者無法徹底發揮其地產的經濟利益，市政府擴大了他們轉讓未建建築面積的開發權。

然而轉讓開發權的做法並未讓劇院持有者們舒心。舒伯特、尼德蘭德和朱詹馨等集團仍苦苦抱怨劇院區已經被開發得徹徹底底，所以他們幾乎已經沒有機會利用這項寬鬆的政策獲得補償。這些業主徹底反對劇院地標化，甚至到了對市政府的地標認定提起訴訟的程度。面對訴訟，規畫委員會一邊試圖安撫業主，一邊也意識到他們的政策沒有達到預期的結果。根據規畫委員會在1987年的報告，僅有一家名為城市中心（City Center）的非百老匯劇院真正從1982年的決議獲利。[21]第二年規畫委員會就取消了1967年頒布的新建劇院可獲額外容積率的政策，改成將現有劇院的容積率提升了1個點（FAR+1）。等到1992年劇院持有者們在地標建築的官司中敗訴時，市政府已經將主力放在一個振興第42街的大型計畫上；這些存留下來的百老匯劇院，它們的命運在城市規畫中已退居次席。

但劇院持有者們一直沒有放棄。1998年，市政府再次做出重大讓步：城市規畫委員會進一步擴大可轉讓權的區域至政策規範的劇院區（Theatre Subdistrict）內的任何地方，尤其是該地區邊界沿第八大道尚未完全開發的土地。作為交換，劇院持有者每轉移1平方英尺的面積，就必須向一個新成立的劇院分區基金會繳納10美元，這些資金將用於劇院保護，以及為紐約的非營利戲劇組織提供補助。[22]這個改變成功地讓土地分區重劃政策討人喜歡了，還能確保部分利潤回流到公共使用，效果立竿見影。不然在1998年公布新政之前的十五年中，跟劇院有關的政策措施只被使用過5次。而在1998年的特許權之後，可轉讓開發權成為劇院運營的一個重要部分。截至2016年，有9座劇院共向15個不同的開發地進行了23次開發權轉讓，總計轉走近60萬平方英尺（約5.6萬平方米）的未開發建築面積。據估計，彼時仍有140萬平方英尺〔譯按：約13萬平方米〕尚未轉讓。[23]總銷售額為2.72億美元。

六、劇院持有者

市政府和劇院持有者之間這場漫長的鬥爭最終以1998年特許的可轉讓開發權告終，這也證實了任何對劇院房地產的研究必須涵蓋劇院租賃的脈絡，將政府政策考慮在內。但除此之外，我們也需要對劇院持有者的整體商業版圖結構有所了解。這裡，情況就變得極其複雜和不透明。

首先我們必須認識到，劇院租賃的收入非常可觀，且遠不只是簡單的租金。例如，1966年尼爾‧賽門（Neil Simon）的《星條旗女孩》（*The Star-Spangled Girl*）與舒伯特集團下的普利茅斯劇院（Plymouth Theatre）簽訂合約，規定製作方必須向劇院支付每場80美元的空調費、73%的紐約市級收入稅、每周 25美元的票務費以及 175美元舒伯特設在梅西百貨（R. H. Macy & Co.）的售票處使用費。[24] 這些費用都不包括在租金裡，租金不是固定數額，而是劇院從演出總收入內每周按比例抽成，且有最低保障額。比如《星條旗女孩》，製作方保證舒伯特集團每周收入不會少於3,100美元（換算幣值約為2020年的2.5萬美元）。當演出總收入超過一定數額時，超出的部分會被額外抽成：以這部劇來說，演出總收入在20,000美元以下時，劇院會抽走18%；超出20,000美元時則會被抽走25%。每部劇目的抽成都不同，取決於製作方與劇院達成的協議。又比如前一年在同一家劇院演出的《天生冤

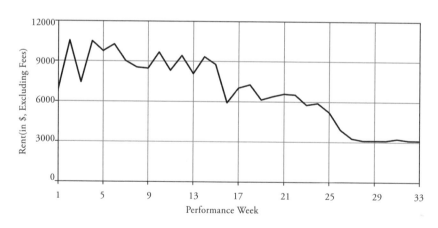

圖9-10　舒伯特集團來自《星條旗女孩》的總收入
（橫軸：周；縱軸：場租，不包括雜費）

家》(*The Odd Couple*，又譯《單身公寓》)(編劇同樣是尼爾‧賽門)，舒伯特集團收取的是超出 20,000 美元前的 30% 和超出後的 25%。因為《天生冤家》大獲成功，所以賽門的後一部戲《星條旗女孩》條件才能談得更好。即使不考慮前文提到的各項雜費，我們也可以計算出舒伯特集團將普利茅斯劇院租給《星條旗女孩》所獲得的每周收入，如圖 9-10 所示。

　　但自一九六〇年代以來，場租費用的結構有所變化。例如，一份 2017 年出版的百老匯業務指南裡羅列的每周費用就有所不同，將非音樂劇類的演出場地費用估算為每周 90,000 美元，細分如下(見表 9-1)：

表 9-1　非音樂劇類演出的百老匯劇院場地費用[25]

項目	運營費	舞台工作人員	其他工作人員	前場費用	總計
費用	$15,000	$15,000	$27,000	$18,000	$90,000

　　此外，劇院還收取總收入的 6%，並約定不得低於某個固定數值。由於無法獲得舒伯特集團的所有合約，我們無法更詳細地剖析他們的租金收入，但可以用一個平均的抽成百分比來計算所有舒伯特下屬劇院的演出收入，如圖 9-11 所示(換算為 2020 年美元價值)。

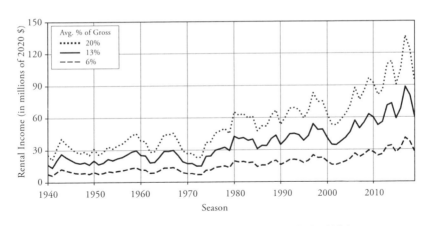

圖 9-11　估算的舒伯特集團租金收入(換算為 2020 年美元價值)
(橫軸：演出季；縱軸：場租收入)
(單位：百萬美元，換算為 2020 年美元價值；圖例：占總收入的平均百分比)

一九八〇年代之前，舒伯特集團的劇院租賃業務平均每個演出年度收入在1,000至4,000萬美元之間，之後也一直增長。這門生意顯然有極大的利益可圖。

但舒伯特集團不僅僅是一家簡單的房地產公司。自一九七〇年代以來，其諸多業務已整合為一個公司實體，即舒伯特集團，並由屬於私人慈善基金會的舒伯特基金會全資持有。這意味著嚴格意義上，舒伯特集團其實是私人慈善機構的一個分支，且在某些方面他們也的確如慈善機構般運作。2015年，舒伯特基金會向美國各地的非營利表演藝術組織（主要是戲劇機構）捐贈了2,560萬美元，而這不過僅占其總資產的3.3%。

舒伯特基金會2015年的納稅申報表顯示其總資產為7.78億美元。[26] 這些資產主要形式為股票和債券（企業債券和國債），數額達5.29億美元（占其總資產的68%）。土地和建築物（在此假定包括所有劇院和劇院所在的土地）總價值僅為1.37億美元（17.5%）。舒伯特集團本身既管理又租賃劇院、投資製作劇目、旗下還有票務代理系統「Telecharge」以及其他業務項目，但令人費解的是，集團本身價值卻自1987年以來就沒有變過，僅值4,930萬美元，然後每年向基金會支付1,000萬美元的分紅。也有觀察同樣指出，這一估值和年度分紅低得離譜。[27] 但至少在帳面上，劇院業務本身以及年度分紅僅占基金會資產的7.6%。

所以，既然舒伯特集團旗下有眾多資產，又與其他金融實體糾纏不清，而這些實體還自稱僅出於慈善目的而存在，那我們該如何理解劇院的供需情況以及政府政策（如土地分區重劃）的影響力？企業決策不僅是對其行業的內源性條件和影響它的外源性力量做出的反應，也會被企業整體的策略左右，但對於像舒伯特集團這樣的百老匯劇院持有者而言，這一「整體策略」可能遠超我們研究百老匯時關注的範疇。

舒伯特集團不是個例，百老匯所有的劇院持有者多少都以不同的形式涉及到這種情況。雖然據了解，僅次於舒伯特的尼德蘭德集團（擁有6座劇院，另運營3家劇院）和朱詹馨（擁有5家劇院）都不是作為私人基金會的子公司運營，但它們一樣是不透明的私人企業。大使戲劇集團（Ambassador Theatre Group）（2座劇院）和迪士尼也在百老匯有商業劇場，但都是從其他劇院持有者那裡租的；獨立運營的中環廣場劇場也是如此。此外還有好幾個非營利性劇院運營者：圓環劇院（3座

劇院）、第二舞台、曼哈頓戲劇俱樂部和林肯中心。這些非營利機構不參與其他駐場演出的競爭，而是自己製作劇碼在自己的劇院上演。在某些方面，這些非營利性機構與舒伯特的規模和業務結構一樣令人困惑，掩蓋了百老匯劇院所有權真正的多樣面貌。每個劇院運營者與劇院都有特定的財務關係，這種關係又嵌在複雜的財務結構中，整體資金的增減又會推進或限制劇院的運營。可以說百老匯的每一家劇院在某種程度上都與舒伯特集團一樣複雜。雖然我們可以看到劇院運營的歷史趨勢，但我們永遠無法真正地還原出這些場內玩家為駕馭變化多端的行業而採用的各式策略。

即使無法完全摸透劇院持有者改變行為模式的原因，但我們仍可以看出百老匯房地產的運作方式在過去一個世紀中發生的特殊變化。百老匯劇院的定義模糊不清且持續改變，其供應和使用的情況也發生過劇烈的波動。百老匯劇院的需求曲線（按租用率估算時）揭示了劇院持有者為適應市場條件所做的嘗試；他們同時也必須適應不斷修正的房地產法規（土地分區政策），這些法規有時鼓勵建造新建築，有時又提倡保護老建築，到最後甚至為老劇院的擁有者提供了一筆意外之財。我們必須理解上述所有這些變化都涉及一系列獨特又複雜的商業背景，例如舒伯特集團這種以私人基金會運營的模式，就是一個難解的好例子。

某種意義上，本文點出了我們依舊不甚了解百老匯的房地產資訊。此外，前文提供的觀點可能會使百老匯顯得扁平化，也把行業的特殊性排除在外。文中所述的情況，說到底其實就是房東出租房產的故事，無論他們出租的是劇院、辦公空間還是公寓。從這個意義上說，透過對房地產所有者有利的角度來分析事情，相當於削弱了戲劇活動的重要性，只關注少數資本家將財富最大化的策略。不論其他，這個角度本身就比較極端：百老匯還存在諸多與劇院持有者在經濟利益上有競爭關係的群體，包括其他投資者（製作人）、勞動者（創意人員、表演者和技術人員）和消費者（觀眾）。在他們的觀點缺席的情況下，任何分析充其量都是片面的。要能好好參透百老匯的經濟體系，不僅需要關注那些最強勢的經濟行動者，還必須關注行動者之間的競爭。

另一方面，很少有戲劇學者認真對待這些影響百老匯運營的潛在經濟力量。正如大家抱怨職業運動員薪酬過高時，就容易忽略球團老闆積累的巨額財富；同

理，當抱怨都集中在百老匯作品的質量和格調時，就會讓人忽略正是其背後巨大的財務風險才造成這種令創作者裹足的現狀。由於缺乏足夠的資訊，我們無法摸透劇院持有者的想法，況且僅靠這一點也無法讓我們全面了解百老匯。但至少，我們要能從劇院持有者的角度看事情，並嘗試正確地理解他們對待百老匯這塊自家領地的方式。

【附記】

原文譯自 Derek Miller 應本書邀約而特別撰寫之專文，原文題為 "Broadway Real Estate and Economic Complexity in the Theatre"。

註釋

1　Hillary Miller, *Drop Dead: Performance in Crisis, 1970s New York* (Evanston: Northwestern University Press, 2016); Alfred L. Bernheim, *The Business of the Theatre* (New York: Actors' Equity Association, 1932).

2　Mary C. Henderson, *The City and the Theatre: The History of New York Playhouses* (New York: Back Stage Books, 2004) 197.

3　此種合同為劇院和演員工會透過數輪集體勞資談判後達成的共識。

4　被納入考量的劇院滿足以下條件：必須是 105 座歷史上曾被認定為百老匯劇院中的一座；曾上演過至少一部百老匯劇目；理論上可以改建回作為劇院用途（例如未被拆除）。

5　數據資料來自：Nicholas Van Hoogstraten, *Lost Broadway Theatres* (Princeton: Princeton Architectural Press, 1997) supplemented by reports in *The New York Times and Variety*; Mary C. Henderson, *The City and the Theatre: The History of New York Playhouses.*

6　Lynn Sagalyn, *Times Square Roulette: Remaking the City Icon* (Cambridge, MA: MIT Press, 2001).

7　Alfred L. Bernheim, *Business of the Theatre*, Chapter 18; Jack N. Poggi, *Theater in America: The Impact of Economic Forces, 1860-1967* (Ithaca: Cornell University Press, 1968), Chapter 4.

8　Adam Hetrick, "Broadway Revival of *Titanic* Postponed," Playbill.com, retrieved on May 21, 2014, [online] http://www.playbill.com/news/article/broadway-revival-of-titanic-postponed-218591. That revival was subsequently abandoned.

9　"Legit Back on Rack over Theater Lack," *The Billboard*, December 22, 1945.

10　"Broadway Facing Worst Booking Tie-up," *Variety*, June 27, 1956.

11　"Three Broadway Houses Dark," *Variety*, January 13, 1922.

12　"30 N.Y. Houses Dark," *Variety*, September 5, 1928.

13　租用情況的統計包含預演場（如有），但不包括拆裝台所用日期，故此處的數字比實際租用日

期略低，但對於總體趨勢的影響可忽略不計。此處數據最早僅追溯至一九四〇年代。

14　Samuel L. Leiter, *Ten Seasons: New York Theatre in the Seventies* (New York: Greenwood Press, 1986) 181.

15　指1982年時代廣場附近五座百老匯歷史劇院被拆除用於建設酒店和購物中心，該舉遭到當時戲劇界及諸多知名戲劇人士的抗議，媒體稱該事件為「1982年的戲劇大屠殺」。

16　早先曾有過控制該地區發展的小規模嘗試：1940年通過了一項允許特別大型和電氣化廣告牌的規定，以及一些反「低級酒吧」的修正案。"City Planning Commission Minutes," *The NYC City Planning Commission* (October 2, 1940) 600-601.

17　"City Planning Commission Minutes," *The NYC City Planning Commission* (November 1, 1967) 762.

18　Charles G. Bennett, "Shuberts Oppose 2 New Theaters," *The New York Times*, April 11, 1968.

19　該法規將「實質性修復」定義為「為改善劇院設計提升其作為正統劇院使用的商業可行性，或對已被認定為地標的劇院內部裝潢進行歷史修復而進行的重大內部結構改造。實質性修復包括但不限於擴大舞台兩側副台，重新排布樂隊席，增加排練廳、更衣室或大廳空間，或歷史性修復工作。」Midtown Zoning Resolution (1982), s. 81-745(a)(2).

20　Michael Riedel, *Razzle Dazzle: The Battle for Broadway* (New York: Simon & Schuster, 2015).

21　"New York City, Midtown Development Review," Department of City Planning, July, 1987.

22　2016年，城市規畫委員會提議增加繳納金額，認為彼時未能實現以銷售價格的20%對這些轉讓交易徵稅的目標。市長辦公室否決了提議，轉移稅至今仍保留在最初設定的金額。請參見：City Planning Commission Reports, N 980271 ZRM (June 3, 1998) and C 980272 ZMM (June 3, 1998). "Curtain Falls on de Blasio's Theater District Air Rights Plan," *The Real Deal*, February 28, 2017, [on line] https://therealdeal.com/2017/02/28/curtain-falls-on-de-blasios-theater-district-air-rights-plan

23　City Planning Commission Report, N 160254(A) ZRM (November 16, 2016) 4-5.

24　Plymouth Theatre, Real Estate Series, Shubert Archive.

25　Peter Boygo, *Broadway General Manager* (New York: Allworth Press, 2017) 55-56.

26　Shubert Foundation, Return of Private Foundation, 990-PF (2015), ProPublica, [on line] https://projects.propublica.org/nonprofits/organizations/136106961

27　Dean Adams, "Puttin' the Profit in Nonprofit Broadway Theatre Companies," *Theatre Symposium* 22, 2014: 53.

參考書目

Bernheim, Alfred L. *The Business of the Theatre*. New York: Actors' Equity Association, 1932.

Boygo, Peter. *Broadway General Manager*. New York: Allworth Press, 2017.

Hoogstraten, Nicholas Van. *Lost Broadway Theatres*. Princeton: Princeton Architectural Press, 1997.

Leiter, Samuel L. *Ten Seasons: New York Theatre in the Seventies*. New York: Greenwood Press, 1986.

Miller, Hillary. *Drop Dead: Performance in Crisis, 1970s New York*. Evanston: Northwestern University Press, 2016.

Poggi, Jack N. *Theater in America: The Impact of Economic Forces, 1860-1967*. Ithaca: Cornell University Press, 1968.

Riedel, Michael. *Razzle Dazzle: The Battle for Broadway*. New York: Simon & Schuster, 2015.

Henderson, Mary C. *The City and the Theatre: The History of New York Playhouses*. New York: Back Stage Books, 2004.

Sagalyn, Lynn. *Times Square Roulette: Remaking the City Icon*. Cambridge, MA: MIT Press, 2001.

PART
III

————

◆
◆
◆
◆

美學／批評／感知

CHAPTER 10

亞里斯多德與廣告人
作為一種戲劇形式的電視廣告

Martin Esslin　著
林立敏、羅瑤　譯

　　我們不知道有多少次在一系列的短片中看過以下的情節：一位丈夫因為他太太沒辦法為他提供一杯像樣的咖啡而感到相當失望和不滿，因此他寧願在外面喝一杯他覺得更香醇的，甚至因為這杯飲料投入另一位女士的懷抱。於是，這位太太找上了她的母親或者有類似經驗又值得信賴的好友，焦頭爛額地向她們諮詢解決之道，而這些女性友人會建議她改用另一種品牌的咖啡。最終影片為我們呈現出一幅美滿的畫面：丈夫對太太這杯完美的新咖啡感到又驚又喜，要求再來一杯，甚至第三杯！真是杯有著奇效的產品。

　　電視廣告無疑包含著戲劇的元素。然而，電視廣告是否由於太短、太瑣碎、太低俗而不值得我們仔細推敲思索呢？這似乎是人們普遍的觀點。但假如在這個時代，因為機械複製和宣傳的新技術，戲劇已經成為人們表達、交流，甚至思考的主要手段之一，那麼任何形式的戲劇都是值得被研究的。一旦我們承認電視廣告是一種戲劇，那它甚至應該被視為最普遍且最有影響力的一種戲劇形式，因此也理應被那些嚴肅的評論家和藝術理論家們關注。然而偏偏與之相反，大部分的專家仍然著迷於貌似被時代和傳統所推崇實則已經沒落的戲劇類型（例如希臘悲劇）。不過可以肯定的是，戲劇透過大眾媒體的傳播，在所謂的發達國家中已經成為絕大多數人無處不在、持續不斷、無窮無盡的娛樂，因而我們迫切需要一種綜合性的、修辭學的、類型學的戲劇理論來討論這種現象。同時，這樣一種理論必須意識到一個事實：如今大部分的戲劇已不再在舞台上表演，而是透過大眾媒體，如電影、電視、（和大部分文明國家中的）收音機傳播。不管是在舞台上還是大眾媒體裡，從默劇到音樂劇，警匪片到科幻片，西部片到肥皂劇，即興喜劇到偶發藝術（Happenings），戲劇以各式各樣——也是亞里斯多德所不知道的——新

型態存在。而在所有類型中，最史無前例且意義重大的就屬電視廣告了。

　　儘管上述的咖啡廣告只有短短30至50秒，但它無疑已展現出戲劇的屬性。不過，它究竟可以代表多少電視廣告？因為並非所有的電視廣告都一樣使用情節、角色和對話這些元素。儘管如此，依我看來，就算不是全部，大部分的電視廣告在本質上仍是戲劇，因為它們透過仿擬的行為創造出一種現實的表象，且不管是明使或暗藏，角色、故事情節等戲劇的基本要素仍出現在大部分的廣告中。

　　舉另一個常見的例子：一個美麗的女孩告訴我們，她的頭髮過去常常分岔且沒有光澤，但現今她卻能驕傲地展示她散發著光澤和活力的秀髮。這難道只是一個平平無奇的普通廣告嗎？我不這麼認為。戲劇元素實際上存在於這個廣告當中，就隱藏在講述這個故事的虛構角色身上。在這個廣告中，激發我們興趣和想像力的是這個容光煥發的女孩以及她生命中的轉捩點。在她發現這種神奇的洗髮精之前，她註定要默默無聞平淡一生，但如今她卻美麗又幸福。這個廣告讓我們觀看的，難道不是那些過去事件暗藏洶湧，利用看似靜態的人物和氛圍激起強烈而具決定性事件的傳統戲劇嗎？說起來，亨里克・易卜生（Henrik Ibsen）的名作《群鬼》（Ghost）不正是這種戲劇類型的箇中佼佼者？

　　如果，上述廣告中的女孩是個著名的演員或運動員──是「真實」人物而不是虛構角色，那我們觀賞的是否就是真人秀而不再是虛構的戲劇？對於這種看法，有很多可質疑的論點，因為電影明星、流行歌手，甚至著名的運動員，他們呈現的都是經過精心設計的形象，而非真實的自我。縱觀戲劇的歷史，許多偉大的演員終其一生都只扮演一個固定不變、單一性格的形象，而不是去嘗試一系列不同的角色。例如哈利奎恩（Harlequins）以及其他義大利藝術喜劇（commedia dell'arte）的經典「定型角色」（stock character），偉大通俗劇（melodrama）演員弗雷德里克・勒梅特（Frederic Lemaitre），或者喜劇名演員卓別林（Chaplin）、巴斯特・基頓（Buster Keaton）、勞萊與哈台（Laurel and Hardy）或是麥斯兄弟（Marx Brothers），甚至電影明星瑪麗蓮・夢露（Marilyn Monroe）或約翰・韋恩（John Wayne），例子不勝枚舉。這些演員愛惜他們傾盡全力打造出來的極致藝術之作──自己的形象，甚至到了不會為了角色而犧牲自己形象的程度。即使鮑伯・霍普（Bob Hope）或約翰・韋恩跑去當銀行發言人，或卡爾・莫爾登（Karl Malden）開始鼓吹客戶

辦理信用卡，也沒有人會相信這些演員是在跟我們分享他們的真實體驗。因為我們都知道，無論多簡短，那些精緻文雅的台詞都是由一群技藝高超的專業作家所書，而這些演員提供的僅僅是他們長久以來塑造出來或文雅、或堅毅、或真誠的個人魅力。

誠然，非戲劇類的電視廣告並未絕跡，這些廣告跟僅有一段文本和一個符號的報紙廣告差不了多少，並有旁白將廣告唸給一些教育程度較低的觀眾聽，如同地方的汽車、毛毯類推銷員以草根性為由滔滔不絕地說服顧客時一樣。但這類廣告頂多只能在地方電台墊墊檔，大部分在全國播放的廣告都充滿戲劇性與表現性，以其獨特的方式在最短的時間內精準又純粹地展現戲劇的基本特徵，因為廣告幾乎沒有任何劇情延展的空間，可以說電視廣告就是戲劇美學的微積分學——將事物不斷分解以觀其變化。

回到最初的咖啡廣告例子，從中我們能夠反覆發現它的基礎三拍架構。第一拍帶出了故事的引子和問題，通常是以一些災禍為開端：例如故事中的主人公，就因為持續的頭疼（這邊頭疼可自行替換為便秘、體臭、不舒服的衛生棉、不合適的假牙、痔瘡、遺失的信用卡、使家庭主婦蒙羞的無效清潔劑等等），使我們的男女主角的愛情或事業產生危機。第二拍是一個充滿智慧的知己提出了解決方案，而在言談之間因為主人公的頓悟把故事推到了高潮。事實上，這便是古典戲劇中的「醒悟」（anagnorisis），它引發了思考（dianoia，或譯主題、批判性思維）並成為行動的轉折點（peripeteia）。因為故事總是離不開廣告主角們的幸福，並以他們的幸福受到各種威脅展開，例如陷入危機的健康、工作或家庭和諧，所以第三拍則是將原本可能以悲劇收場的結局扭轉為喜劇結局。甚至，大部分的廣告中還可以找到彷彿古典悲劇中合唱歌隊（chorus）的部分：以旁白講述或者直接以合唱的形式來總結這個故事的道德教訓，並將之約化為人人適用的準則。而幾乎不變的是，接下來這些商品的標誌、包裝、商標便如同救世主顯靈般出現在眼前；換言之，每當這種代表善意的象徵或符號出現時，萬事便能逢凶化吉——這基本上與古典悲劇中的機器神（deus ex machina，也稱天降救星）沒什麼區別了。

上述的這些都被壓縮呈現在30至50秒之間的廣告中。除此以外，這種迷你戲劇還善用眾人熟悉的人物類型（如同許多傳統戲劇中的定型角色），這些角色一方

面容易被辨識其代表的類型，但另一方面又透過演員的性格、穿著，還有說話方式賦予角色微妙的差異。無論是否轉瞬即逝，每個情節的設計都對角色性格的塑造做出巨大的貢獻。例如：家中雅緻的裝潢，不過分華麗但十分乾淨整齊，足以勾起觀者的同理心和同情心。透過客廳或廚房的窗戶我們瞥見郊區生活的一景，早餐桌則見證著女主人公的家務技巧；在鼓動情緒的音樂襯托下，故事在「醒悟」之時迎來最高潮，然後在圓滿結局中逐漸回歸平靜。在所有的藝術形式中，只有戲劇可以在短短的幾秒之內，同時在這麼多不同層次上傳達如此大量的訊息。而且，這些訊息必須在轉瞬被大腦接收，並直達潛意識——既要能埋下強烈暗示的種子，又不能讓觀眾察覺他們已經被影響了。這解釋了電視廣告之所以能有那麼大的影響力以及廣告越來越大量地使用戲劇技巧的必然性。戲劇不僅將抽象的概念化為具體，更可說藉由人的性格和各種人生處境賦予這些訊息生命。於是乎廣告激發了強大的潛意識和深層的原始慾望，以及受這些慾望支配，因此總是對他人感到興趣、被其他人的相貌、魅力和神祕所吸引的飲食男女。

「把訊息轉譯為人格特質」一直是電視廣告的重點之一，所以廣告中會有討喜的無名氏主婦，使盡渾身解術散發她隱藏的魅力和吸引力。這種迷你劇每一個都是各自獨立的，每一個都仿若一齣完整的傳統戲劇。這種迷你劇可以長期且反覆上演，但之後裡面的角色就作廢了。然而，接著又出現了另一種擁有更多電視劇特質的手法——連續劇式廣告（serial）。能夠一再重覆利用出現過的角色是電視最成功的戲劇形式，也難怪電視廣告要訴諸同樣的手法了——不管是虛構的還是接近真實的角色（如同上述所提的電影明星或傑出的運動員），亦或是寓言式的存在（比如胃酸舒緩劑幻化成好心矮小女士，奇蹟般地出現並用她的藥片一個個治好了卡車司機、碼頭工人和起重機操作員的胃痛），都是連續劇式廣告裡的好角色。

這種真實和虛構可以隨意互換的情況再次強調了廣告中的人物根本就是虛構的，即使有「真實」的人參與其中，我們也只是在看戲。例如在介紹頭痛藥的和藹藥劑師；一名架著眼鏡深沉細數一款具有優秀功效的牙膏的醫生；或者實打實的小鎮雜貨店女店員，邊讚美自己咖啡豆的同時言談中透露著幾十年經驗。這些人顯然都是經過精心挑選的演員，不過他們的權威性卻一點都不遜於那些偶然才露臉的真正專家。畢竟，在舞台上飾演浮士德（Faust）或是哈姆雷特（Hamlet）的演

員，並不用真的那樣聰明或高貴，他們只要能演出那種聰明或高貴感就夠了。戲劇化的廣告也是如此，因為假象是戲劇的本質，所以出現在廣告假象中的權威遠比真正的權威有價值多了。像是羅伯特‧楊（Robert Young）這種已經以晚間連續劇奠定醫生形象的演員，再以一個醫生的身分在系列廣告中推薦無咖啡因的咖啡時，可信度就更高了。羅伯特‧楊正在扮演一個醫生這件事根本不用多做解釋，因為觀眾一邊把他當作一位「醫生」，但一邊也完全知道他只是在演一個醫生。在現代劇作家中，尚‧紀涅（Jean Genet）最能意識到假象在社會中樹立權威的地位，他的劇作《陽台》（*The Balcony*）就精妙地表達了這個主題：在這「鏡花水月」中——法文對妓院的別稱——無名的尋芳客只要有點樣子，就可以假扮成主教、法官或將軍，在危急時刻用來說服群眾，假裝權威仍在。實際上，很多電視廣告正是《陽台》這部戲的縮影。

因此，正因為權威形象在現實世界中沒有定數，權威形象的塑造可說是電視廣告的基本特徵和努力的目標之一。因為這些權威形象本質上是虛構的，因此再度呼應了戲劇的特質：不論真實或虛構，這些權威形象在更高的意義上都被認為是真實的。虛構之物雖為虛構，卻是一個文化或社會中最至關重要的現實的化身，而這恰恰符合嚴格定義下的「神話」（myth）。電視廣告正如希臘悲劇一樣，處理的是以文化為基底的各種神話。

所以電視廣告中充斥的權威形象就像神話世界中的人物：這一序列由我們女主人公的睿智心腹（一如尤利西斯〔Ulysses〕或涅斯托爾〔Nestor〕）傳授其一種較好的咖啡祕方開始，接著由一個全知者引領（可以是藥師、雜貨店老闆、醫生，或者壞脾氣的父親）——相當於古希臘神話中的忒瑞西阿斯（Tiresias）、卡爾克斯（Calchas）或是德爾菲（Delphic）神諭的女祭司，藉此引至我們著名的電影明星或運動員——這些形象的本質堪比神話角色，都是社會真實縮影的典範，是理想中的成功與好生活的具象，享有無限的財富與權勢。事實上，一家銀行、化妝品公司或是早餐食品製造商能夠用金錢買到這些名人形象為其服務，就證明了公司的巨大財力和影響力。這些明星，比如鮑伯‧霍普、約翰‧韋恩、約翰‧屈伏塔（John Travolta）、法拉‧弗西（Farrah Fawcett Majors），一方面把他們的個人魅力提供給已經跟他們形象綁定的企業，另一方面又藉由他們證明了這些公司的能力。

同理，一個神職人員的聲望來自他服侍的神明的偉大，而能夠有效傳遞福音又證明了他的能力。電視廣告中的這些偉大形象可以被視為我們社會中的半神和英雄，藉由他們典型的虛擬形象為代言的產品賦予祝福，並惠及所有人類。所以約翰·韋恩仿若海克力士（Hercules），鮑伯·霍普猶如尤利西斯，約翰·屈伏塔宛如戴歐尼修斯（Dionysos），而法拉·弗西就如同當代萬神殿中的愛神阿芙羅黛特（Aphrodite）。無論電視商業廣告與早期文明相比顯得多麼降格，這些人物形象的存在加深了電視廣告實為儀式劇（Ritual Drama）的基本特質。

如此一來，從這些還帶有一點真實色彩的半神角色過渡到完全寓言式的權威形象就順理成章了：他們可能仍以人類為原型，例如前面提過的胃藥媽媽（Mother Tums），就像雅典娜（Athene）化身為牧羊女或者奧丁（Wotan，或稱沃坦）假作流浪者一樣，都是神靈借用人型來幫助人類。另外一些角色則直接以完全超自然的方式呈現，例如張口說話表明想和某品牌沙拉醬一起被食用的沙拉；糖漿瓶歌頌著自己瓶身內的糖漿；麵團小人展示自我以表現發酵粉的功效；粉色的裸體小人用生動的畫面體現了衛生紙的柔軟；或是意氣風發的騎士形象（類似於《喬治和龍》〔*George and the Dragon*〕中那樣）身著耀眼奪目的盔甲，與一群面目猙獰、聲音可怖，象徵著疾病、髒亂、引擎腐蝕的惡魔們進行著永無止境卻必然勝利的戰鬥。

這些「超人」和其他非人類角色在廣告上的作用差不多。比方說，在電視廣告上為銷售狗糧、貓糧又唱又跳的動物，這個神奇的範疇也屬於神話的一部分。在某種意義上來說，這些物體透過感官上的滿足和迷人的外表來吸引我們：汽車被閃電擊中發出的耀眼光芒象徵著它的強大馬力，或者那些入口即化的牛排和披薩。這些事物就像神話森林裡的花草一般，引誘著旅人往更幽深的地方走去，因為它們比現實生活中的樹木花草更為奪目、繽紛以及更具誘惑力。

引申開來，那些放大版的商品和公司的標誌符號也屬於這種情況：像艾菲爾鐵塔（Eiffel Tower）一樣大的飲料瓶；突然變得立體且高聳如山脈可供人居住的商標；長長的骨牌在巨大的連鎖反應後坍塌成了一個公司的商標。這裡，角色的戲劇性被減少至最低程度，但我們正處於戲劇光譜的另一端——純粹的奇觀，而這個詞本身就包含著「戲劇」（theatron），它的特點就是令人難以忘懷的景象。

就如同所有戲劇一樣，電視廣告可以被理解為介於一個光譜的兩個極端

之間，一端是人物戲劇，另一端是純意象戲劇。以傳統戲劇來看，如莫里哀（Moliere）、拉辛（Racine）、易卜生（Ibsen）、契訶夫（Chekhov）等劇作家的心理劇就是人物心理戲劇這一端的典範；另一端，以純粹意象為主的戲劇則有尤內斯庫（Ionesco）的《犀牛》（*Amedée*）、貝克特（Beckett）的《開心的日子》（*Happy Days*）與《不是我》（*Not I*）。或者兩邊都稍微各退一步來看，法國的臥室喜劇和百老匯場面富麗的奇觀可以各作代表，因為一個也是將主張和觀念轉換成人物個性，而另一個則是將抽象概念變得可見可聞。

值得注意的是，在這種情況下，愈抽象的電視廣告對音樂的依賴程度就越高，就例如圍繞著巨大飲料罐載歌載舞的隊伍，或者對著山大的商標虔誠合唱的教徒們。奇觀的場面越抽象越接近純粹的象徵，也就越接近宗教儀式。如果聖餐儀式（Eucharist）可以被視為擁有高度抽象視覺元素以及強而有力的音樂元素的儀式劇，那麼電視廣告就像以色列人圍繞他們的神（黃金犢）跳舞，成了一種世俗的崇拜行為。

於是，在這兩種戲劇類型之間，有著無數組合視覺和聽覺這兩個重要元素的方式。例如以人物為基礎的咖啡廣告迷你劇就包括了重要的潛意識視覺效果，而那群環繞在超大尺寸商標旁歌唱的人們，當鏡頭掃過他們然後聚焦在臉上的一瞬間，他們都成了特定角色，而且是盡可能代表了最大數量的不同類型的人群——男人、女人、小孩、黑人、亞洲人、年輕人和老年人等等，而他們愉悅的表情則強調了膜拜這個產品後令人憧憬的奇效。

因為電視廣告力求簡潔，所以電視廣告依賴人物和形象，而不是同為戲劇重要成分的情節和對話。人物和形象可以在不同層次上被瞬間理解，而對話和情節——即使是咖啡廣告裡那樣簡單的情節——也需要時間和一定的專注力。不過，語言這項元素是永遠不可能被完全捨棄的，任何可能加深觀眾印象的方法都必須採用；其中居於首位的就是廣告歌曲了，好記、押韻、口語結合了旋律，一旦成功了，這些廣告詞句就會被大腦牢牢記住。同樣重要的還有廣告標語，這些廣告標語往往比廣告歌曲更簡潔，並由令人印象深刻的人物或權威形象說出，透過一再的重覆，產生越來越大的影響力，直到觀眾只要一看到廣告人物或聽到標語的第一個音節便能自動說出整句台詞。

布萊希特（Brecht）是發展教育戲劇（Lehrstücke）的偉大理論家，也是第一個強調戲劇要「被引述」，並藉由容易記憶和再現的短語、手勢和形象來傳播訊息。他認為每一幕的主旨都應被總結為一個難忘的「基本姿態」（Grundgestus，一種基礎的、動作的、視覺的以及語言的，是聲音、影像和動作的結合，可以即時被再現和引用）。而這個「基本姿態」的理論居然在戲劇化的電視廣告中被實現了。說穿了這也不足為奇，因為布萊希特是行為主義心理學的狂熱信徒，而電視廣告則是唯一一種系統化且科學地在戲劇中實踐行為心理學研究成果的形式。和電視廣告相比，布萊希特試圖去創造一種能有效影響人類行為和形塑社會的戲劇形式的努力，就顯得非常業餘兒戲了。布萊希特想把戲劇變成一種推動社會的強大工具，但如果從這個角度來看，既諷刺且荒謬的是，他的理想在電視廣告中得到了最完美的實現。

　　縱觀來看，電視廣告的形式範圍廣大，從室內劇（Chamber Play）到宏偉壯麗的音樂劇，從寫實到寓言、幻想、抽象的極致，均包含在內。這是因為如果只考慮內容而非事物的本質便容易畫地自限。電視廣告這種特定的小型戲劇——希望到目前為止已經沒有人會反對我這麼稱呼——的主題通常是因為消費了特定的商品或服務因而獲得了幸福，所以結局都是幸福快樂的（除了少數非商業廣告，如警告人們不要酗酒或危險駕駛的公益廣告）。但就如同我上面所說的，這些好結局的劇總是暗帶悲劇色彩，因為如果沒了這些產品或服務，就會對廣告中人物平和的心態、幸福的生活或成功的人際關係造成致命打擊。因此，電視廣告就像通俗劇（Melodrama），潛在的悲劇局面總在最後一刻透過上天奇蹟般地干預得以解決。電視廣告中的喜劇令人驚訝地少，只會偶爾以詼諧的標語或是稍帶滑稽的人物的形式出現，例如一個敦促伙伴放下手中早餐麥片去釣魚的人，本來記掛深怕會錯過最好的釣魚時間，但當他嘗了麥片之後，馬上就被眼前的美味沖昏了頭，反而和他的夥伴一樣忘了釣魚這碼子事了。喜劇需要觀眾的注意力以及一段時間的劇情發展，因此不如一個簡單的通俗劇那樣可以快速讓人理解，或是利用一個剛逃過一劫的角色告訴我們方才的慘劇，從而展示他新得的幸福以及已經留在過去的悲劇。圍著巨大產品標誌跳舞的崇拜者們也屬於這一類，喝了飲料或塗了口紅後達到一種欣喜若狂的狀態，而他們對產品的讚美詩，則代表了他們得以避免的悲慘

和不幸的程度。甚至當一個庇佑眾人的半神使用了令人半信半疑的產品或服務再直言教訓時，都帶有悲劇性質——因為如果沒有遵守這些神的訓誡，悲劇將無法避免，不遵守戒律將會帶來極其嚴重的災禍。

在一切行動背後，總有一股冥冥的力量推動事情走向圓滿的結局，而這股力量則藉由無名聲音呢喃的散文、詩歌、演講或讚美曲彰顯。電視廣告無疑如同現存已知最古老的戲劇類型，在本質上都是一種宗教形式的劇戲。它向我們展示人類生活在一個眾多強大力量所控制的世界裡，我們雖有自由意志可以選擇是否遵從祂們的訓誡，但做了錯誤選擇的人將會遭殃。

因此在我看來，這個時代中最普遍且最具有影響力的藝術形式所描繪的真理就是一種多神（Polytheistic）信仰。在這樣一個被無數強大力量主宰的世界中，這種力量存在我們日常生活上所使用和消費的每一項商品中。如果古希臘的風、水、樹、小河中都居住著無數的妖精、樹精、半人獸森林神以及各式各樣特定的神祇，那麼電視廣告的世界也是如此。我們在此面對的多神信仰可說是原始的，與萬物有靈說（Animistic）和拜物教（Fetishistic Beliefs）非常相似。

我們也許並沒有意識到，無論我們更有意識更明確地支持的信仰和宗教是什麼，電視廣告的多神信仰才是我們大多數人實際信奉的教義，而且幾乎自我們出生起就開始被灌輸了。也難怪馬歇爾・麥克魯漢（Marshall Mcluhan）會如此假設——且他的假設是對的——在大眾媒體時代，我們已經拋棄了建基於閱讀、線性的理性思維，以及邏輯推理的文明：如果我們恢復到非語言式的感知模式，以感知瞬間下意識的視覺和聽覺接收為主，而空間的消失使我們重新生活在一個電子版的傳統聚落（只是部落已然是一個地球村），那麼回歸萬物有靈說就很合邏輯了。我們也不該忘記麥克魯漢在《谷登堡星漢璀璨：印刷文明的誕生》（*The Gutenberg Galaxy: The Making of Typographic Man*，又譯《古騰堡星系：活版印刷人的造成》）中談及的理性文化，始終只局限於少數菁英族群，而大多數的人，即使是已經推行義務教育的已開發國家，仍舊停留在比較原始的階段。在讀寫開始普及和大眾傳媒興起之間，理性文化的局限性在大眾媒體對圖片和高度簡化的文本的依賴中表現得非常明顯。即使是基督教，在早期也依賴眾多的聖徒，每個聖徒都專司某一特定的救贖，這其實也等同萬物有靈說。同樣地，清教徒的基本教義派

過去如此，現在也是如此。

　　電視並非造成這種情況的罪魁禍首，只是讓這種情況變得更明顯。這大概是人類歷史上，市場第一次透過大量的心理學以及大量被沖昏頭的人們完成對人類真實反映和隱含信仰機制的科學性研究。電視廣告透過實證研究和不斷試錯發展成今日的戲劇表現形式。也因如此，我們不該指控那些控制和操作電視廣告的人，把他們當成操縱大眾心理的邪惡的人，因為電視廣告的內容和戲劇表現形式只不過是大眾自己的幻想和含隱的信仰的表露；正是觀眾給予製造者不間斷的反饋才創造了現在看到的廣告腳本。

　　如果認為沒有電視廣告的國家人民會暗含更高層次的宗教信仰，是完全錯誤的假設。以共產主義國家為例，雖然沒有電視廣告，統治者們的政治說服技巧不斷演化，以致政治宣傳誠如電視廣告的複製品。[i]他們也仰賴口號、不斷重複且令人難忘的警句箴言、隨時可見的視覺符號（如俄國的鐮刀與錘子以及中國的紅旗）和人物肖像（如馬克思、恩格斯，以及其他「半神」），以及一整套和萬物有靈說以及偶像崇拜差不多的手段。畢竟馬克思主義如此晦澀，就連共產黨過去也只有少數菁英能理解，而要將這樣的哲學論述轉化成能由一黨掌控一國人民的力量，就必須把複雜的哲學詞彙轉譯成簡單的部落教條。同樣值得注意的是，那些從來只接觸過政宣廣告的人，一旦接觸到西方的電視廣告，必然會沉溺其中，不可自拔。從這些人身上可以看到，有一種巨大的、未表露的、潛意識的渴望，不僅是對消費品本身的關注，還有那些駐藏在其中的力量與奇蹟。

　　根據以上的思考，電視廣告不僅應該被視為一種戲劇類型，事實上，它非常接近戲劇最基本的形式，甚至可說接近它的根源。神話及其表現形式和戲劇中的集體教化儀式往往被認為是聯繫緊密且統一的；一個社會的神話往往透過戲劇般的儀式被人們集體經驗。在我看來，電視廣告就是我們社會神話的儀式展現，它不僅無所不在，而且也是最重要的民間戲劇形式。

　　從上述的洞察當中我們能得出一個（假設為「一個」好了）什麼結論呢？我們真能藉由提高廣告水準來操控廣大人群的潛意識嗎？或者我們應該乾脆禁止廣告的存在？

　　可以確定的是，不論手段如何激烈，傾向於萬物有靈說層面的潛意識是無法

透過任何短期措施改變的，因為我們討論的是人類本性的最深層，只可能在一個長期的時間尺度上改變——也就是進化過程本身的時間尺度。禁止電視廣告也不會促成這種改變。

我們所能做的，是必須意識到電視廣告絕不是低俗且無足輕重的，相反地，它是我們理解自身文明的本質及相關問題的基礎。意識到潛意識的衝動本身就是邁向解放或至少是免於被控制的第一步。對理性且自覺的感知和思維方式進行系統化的培育，假以時日，有可能會改變成熟受眾的反應，從而提高這種民俗戲劇的視覺和觀念水平。而既然認知到這種儀式（廣告）的強大力量，以及其所蘊含的神話對兒童的深遠影響，就應該盡力在教育過程中培養面對它的能力，但就目前而言，這一點幾乎完全被忽視了。

了解這個現象的本質之後，我們也可以對廣告的應用進行更合理的規範。在西德、英國、斯堪的納維亞等國家，比起在節目中植入的廣告，電視廣告如何插播在電視節目之間以及出現的頻率受到更嚴格的規範。不過電視廣告並沒有因此失去它們的功效和影響，雖然不是那麼無所不在，但因此發展成另一種形式的戲劇——更高水準、更藝術、更符合道德水準，好作為反擊。這種形式的廣告需要較長的篇幅來塑造更個性化的角色、更合理的故事情節以及更加複雜和深刻的意象。最終，這樣的改變可能會對整個廣告界產生影響。一旦廣告不再像現在一樣，只是電視套餐中製作最精良、投資最慷慨、技術最完美的部分，一旦它不得不與製作更加優良的內容競爭時，廣告就可能提升自身的水準。

誠然，這些可能只是自己給自己的虔誠希望。但有一件事我能夠肯定，就是要保持清醒和自我意識，這種能夠洞察真相的能力是解決任何問題的重要第一步。因此，那些嚴肅的批評家和理論家對這種人類重要表達形式的輕忽——電視廣告就是最典型和明顯的例子——令人感到遺憾。電視廣告，以及其他所有戲劇形式的大眾娛樂和群眾操縱，都值得我們認真研究。在我看來，戲劇理論如果忽視了電視廣告就是信奉菁英主義且自以為是，讓自身主題與現實脫節。

【附記｜李天鐸】

世間萬物皆有緣。一九八〇年代初，我正在美國俄亥俄州立大學攻讀博士，有一次我的指

導教授請了一位好友——即本章的作者——史丹佛大學的艾斯林（Martin Esslin）教授來系上演講，會後大家一起餐敍，席間與艾斯林教授聊到我正在做一項影視媒體與當代戲劇的比較研究，當時在席的人多，他只簡單地和我聊了兩句，並未深談。這是我一生中與他僅有的一次晤談。兩週後，指導教授給我一篇文稿，是艾斯林教授來函委託轉交給我的，就是本章的原始稿，原文題為"Aristotle and the Advertisers: The Television Commercial Considered as a Form of Drama"。我非常喜歡且珍惜這篇文稿。畢業後回台教書，一直將它當作課堂指定教材，並在它的啟發下完成了一篇電視廣告與符號學的論文。當時修課的學生還聯合起來將其翻譯成中文，影印傳閱分享。這份原稿是打字而成的，共有十二頁，只有文字論述沒有註釋與參考書目，也未註明曾發表於何處，這讓我一直以為它是一篇未完成的初稿，直到後來在霍勒斯‧紐康姆（Horace Newcomb）的《電視：批評文選》（*Television: The Critical View*）看到收錄了這篇文稿，經比對後發現兩版一模一樣，才確定了它的篇幅規格。十多年後，有機會造訪史丹佛大學，詢問之下得知艾斯林教授早已返回歐洲，於2002年逝世。再過了近二十年，本書編整作業正要啟動時，我立刻想到這篇文章，於是由同樣戲劇專精的林立敏博士與羅瑤女士親自精譯，於四十年後將這篇打字稿正式呈現在中文出版中。

譯註

i　　本文書寫於一九七〇年代，此處指涉的乃當時的社會情境。

CHAPTER 11

重構「被發明的傳統」
從蘇格蘭格紋飾到韓國流行風潮的解讀

林立敏、李天鐸　著

一、前言

　　「文化產業」或「創意產業」（以下簡稱「文創產業」）作為一項政策，原本是西方自由市場經濟脈絡下的產物，然而當它挪移到亞洲地區後，這原本為促進「新經濟」發展的政策，往往夾雜著「國族復興、寰宇稱雄」的政治企圖。在這些地區，每每提及文創產業，總是或隱或顯地將其視為一種能夠展現（demonstrate）國族聲威的「軟實力」（soft power），將社會歷史脈絡裡的素材表徵化為具國族色彩的象徵符號，作為全球政經領域競爭的資本。

　　然而，這種由國家體系宣示並作為社會性總體動員的做法，並未脫離建構「國族認同」與「想像的共同體」的傳統思維，只不過增添了將文化生產為一種奇觀性展品與具市場交換價值商品的實踐。然而，此舉與各國早先揭櫫文創產業的原始初衷有著極大的分歧，因為文創產業講求「以生活情境、價值信仰為素材，以高思維的玄妙想像，應用科技技術，予以高巧思的具象化，創造高附加經濟產值」。[1]就此，本文擬先梳理文創產業、軟實力與國族論述，交互運作下產生的混淆，接著以艾瑞克・霍布斯邦（Eric Hobsbawm）和特倫斯・藍傑（Terence Ranger）提出的「被發明的傳統」概念（invented traditions）和18世紀蘇格蘭格服裝紋飾族群表徵化發展的案例，來觀察國家體系主導下，被發明的傳統如何透過展示和商業機制形成「文化事實」，再以此對照韓國（韓流）與中國大陸，商品化的文化活動如何在跨國的消費領域下為國族確立新的政經意涵，以及當文創產業以軟實力之姿，被納入國家體系運作所產生的變異性發展。

二、國族慾望驅動的軟實力與文創產業

「軟實力」一詞，原先為約瑟夫・奈伊（Joseph Nye）為了回應美國衰落論所提出的概念，就如文創產業原先為英國新自由主義下的產物——前者談論的主體為美國（尤其是戰後）及其社會脈絡，後者脫胎自英國首相柴契爾夫人執政時期一連串的市場自由政策和民營化運動，各自出於對當時國內的政經情勢，兩個概念之間並無關連。在一九八〇年代，英國為了因應國內產業轉型、通貨膨脹等問題，採取了偏向新自由主義的經濟政策，強調放鬆對市場的管制以及盈虧自負的民營化，除了從過往福利社會和工業社會成功轉型，創意產業的概念便於1997年工黨（Labour Party）執政後因應而生。[2] 而另一方面，約瑟夫・奈伊在1990年提出了「軟實力」的概念，這個新名詞立刻成為各個國家政府關注的焦點。奈伊並在2004年出版《軟實力：世界政治成功的手段》（*Soft Power: The Means to Success in World Politics*，又譯《柔性權力》）完善他的概念，對於硬實力（hard power）和軟實力各有明確定義。一般談論國家力量時，只針對硬實力的範疇，亦即軍事裝備或可量化的經貿數據這類，但奈伊認為，軟實力具備同樣的國際影響力、強化該國正面形象，從而成就稱傲全球的目標。因此，奈伊將軟實力定義為吸引力（attractive power），並將之區分為主要三項：（1）文化的吸引力；（2）政治價值；（3）外交策略。[3] 以美國而言，其硬實力包括強大的軍事武力以及在世界經濟體系當中的重要地位；然而同時，美國也擁有傾銷全球的大眾文化，例如好萊塢電影、流行音樂、科技產品等，甚至所謂的「美國精神」或「美國夢」等概念，都是驅動無數人前往美國完成人生夢想的動力——這些都可視為美國的軟實力。

然而，當軟實力和文創產業的概念為亞洲地區所挪用時，不僅使這兩個詞彙脫離原先的脈絡（從美國的外交手段和英國的經濟改革），轉為隱含國族復興的政治考量，更促使兩個概念彼此結合。軟實力的概念在這二十多年中經過無數次轉化，成為許多新興國家——反倒不是美國——高頻率使用的口號，甚至成為引導中國與韓國內部生產體系的政策方向。[4] 然而這種企圖利用文創產業的發展來積蓄軟實力，欲意樹立國家掘起的意象，與軟實力原本所談論的一種大國懷柔的外交策略並不相同。而文創產業、軟實力、國族意象，這三者概念勾結卻產生一個因

果倒置的認知：國家機器認為發展文創產業，等同於能夠增進經濟發展並且展現軟實力於全球，這也就達到宣示國族崛起的事實；而為了達到這個結果，就將此邏輯倒推：為了強化國族崛起的事實，必須增強軟實力，而發展文創產業是再好不過且一石二鳥的手段。這在中國即是如此。

這種因果倒置的結果是，整個政策特別著重奈伊於軟實力論述所談及的「文化吸引力」，並將文化生產作為一種奇觀性展品與具市場交換價值商品作為實踐運作的主軸，亦即是近似貝拉·迪克斯（Bella Dicks）所提出的「文化展示」（culture on display）。[5] 文化展示，將社會歷史的情境元素，透過有系統的生產，將其表徵化為可讀的、可觀的象徵符號，一直都是建構「想像的共同體」（imagined community）最實質的「召喚」手段。迪克斯指出，現代意義的「展示」是在18世紀才形成，而在此之前的展示僅為了服務宗教或者貿易而有聖像或商品的陳列展示，即便有文化或藝術的藏品的展覽，也屬於只向菁英階層開放的少數特例。文化展示的重大意義轉變在於19世紀，從君主國家轉變為民族國家之際，文化展示開始真正面向民眾。透過展示文化，從世界中區分出它者，使得民眾對於一個「想像的共同體」有歸屬感，得以將展示的歷史遺跡與文物轉換為自身的「遺產」，文化展示也因此成為民族國家概念形成的關鍵之一。所以從18世紀為了鞏固皇室法統，一直到現在後工業社會的商品消費，文化展示一直與權力運作和身分認同有著密不可分的關係。然而，不論國家機器是否為了經濟利益而透過文化展示來競逐自主身分的確立、國族品牌的認同，這種展示性的意識形態往往偏離了強化文化吸引力的初衷，例如舉辦國際盛會賽事、各類影展等等（奈伊認為可以厚植軟實力的方式），反倒走回到19世紀為民族國家和殖民主義服務的「被發明的傳統」的老路線。

「被發明的傳統」此一概念由霍布斯邦和藍傑於他們合編的選輯《被發明的傳統》（*The Invention of Tradition*）中提出。[6] 他二人認為可從慣例（custom）和傳統（tradition）兩者之間的關聯進而解釋何為傳統，舉例而言，法官的行為可稱之為慣例，但法官穿戴的假髮、長袍或其他相關物品，則是傳統。而傳統又可被分為兩類，一類屬於自然形成的真實傳統（genuine traditions），這類傳統具體並且融入於日常生活中，無須特別被強調、發現或發明；而另一類，則屬於被發明的傳統（invented traditions），可能明顯是被發明、創立的，但也有可能是較難追溯起源但

卻在短時間內無中生有的。被發明的傳統較真實傳統來的模糊、不明確，但與價值的類型相關，例如愛國精神、忠誠度、責任感等。霍布斯邦和藍傑認為被發明的傳統類似於儀式，具有象徵性意涵並藉由被重複實行而顯現出一定的價值與社會規範，從而與過往歷史連結；並因為其具有象徵性質，因此不同於具有特定意義、主要為了達到方便和效率的一般俗成（convention）和日常常規（routine）。如同霍布斯邦和藍傑所言，被發明的傳統常見於社會或者建制化機構（institution）變動之時，藉由借用、發明或者挪移等手段，挑選、書寫、具象、傳播原先不屬於群體記憶的素材，以期創造出虛構的時空連續性，進而達到權力體系的目的，這與同樣是歷史近代的發明──民族國家，以及連帶的國族主義、單一民族國家、國族歷史、國族象徵等概念高度相關。霍布斯邦和藍傑在《被發明的傳統》書裡舉出許多案例，像威爾斯（Wales）的民族英雄、維多利亞時期（Victorian era）英國在印度的威權、殖民時期的非洲等等；或者像中世紀蒙茅斯的傑佛瑞（Geoffrey of Monmouth）所著的《不列顛諸王史》（*Historia Regum Britanniae*），當中稱英國系屬特洛伊（Troy）後代創建一直編纂至亞瑟王（King Arthur）傳奇，藉由杜撰的歷史形塑英國的正統性，均屬於被創造的傳統一類。[7] 此種手法往往圍繞著各種文化可以表徵展示的場合，例如節慶、盛典、祭拜、遊行等，[8] 過往的元素被抽離並再利用，並被賦予新的意義。

　　被發明的傳統可見於諸多文化現象中，其創建往往可以看到統治體系在其中操盤掌舵，其中蘇格蘭格紋（Tartan）可說是相當具代表性的一例。許多人認為蘇格蘭格紋是蘇格蘭最具代表性的象徵，起源為蘇格蘭的高地傳統，然而實際上，包括所謂的「高地人」和高地傳統在內，都是近代由統治機構操刀的人為發明，用以宣揚蘇格蘭的民族主義。休‧崔姆－路普（Hugh Trevor-Roper）將蘇格蘭格紋的創建分為三個時期，詳述了蘇格蘭格紋如何無中生有，一直到現在成為全球流通的象徵符碼的歷程。[9] 在第一個時期，由當時首相作為主要支持，捏造歷史篡奪愛爾蘭文化。所謂的高地人，事實上只是早年的愛爾蘭移民，為了能夠憑空創造出獨特的、原生的蘇格蘭文化，所以特意捏造蘇格蘭歷史，將歷史往前挪移四個世紀，並形塑一種蘇格蘭的原住民，以及這種高貴的原住民文化如何被移民而至的愛爾蘭人竊取。藉由虛假的史實，首先確立了高地人的存在，並且將愛爾

蘭文化轉換為高地文化。在這段時期，還沒有現在所熟知的蘇格蘭傳統服飾和蘇格蘭紋，因為所謂高地人的服裝其實就是愛爾蘭移民（多為窮人）的服裝：長袍與腰帶，沒有圖紋。而這種當時窮人的服飾，在很晚才發展出格紋，並且與一系列英國內部政局變動和浪漫主義有關。由於1745年的詹姆斯黨人叛亂（Jacobite Rising），高地服飾被英國皇室明令禁止，而解禁後，過去被鄙視為粗俗衣著的高地服飾，受到浪漫主義影響，反被上流社會作為彰顯自身地位的服飾：一來浪漫主義強調一種「高貴的野蠻人」思想，二來浪漫主義將原先只為軍事便利、象徵不同軍團和兵種的蘇格蘭軍團制服花紋，轉化為「氏族」（clan）紋飾。而最後一個時期則真正確立了蘇格蘭格紋的地位。這個結果其實是由統治體系與業界巨頭合作完成。首先，一群統治階級人士成立了高地協會（Highland Society）提倡蘇格蘭民族主義，為了推行所謂傳統蘇格蘭文化，於是與紡織布料業界巨頭威廉・威爾遜父子的班諾克公司（William Wilson and Son of Bannockburn）合作。由於過往僅有蘇格蘭軍團作為單一客戶，但若高地協會的復興計畫能夠成功，則保證了一個極大的市場。於是由威廉・威爾遜父子的班諾克公司依據消費紀錄，挑選出當時客戶喜愛的格紋款式，配合高地協會，將這些格紋分配、指定給高地氏族，配合編纂的氏族歷史，出版成冊。[10] 同時在1822年英國皇室首次造訪蘇格蘭所舉辦的盛大慶典上大規模展示蘇格蘭服飾和蘇格蘭格紋，成功將其推向高潮。自此，儘管蘇格蘭格紋實際上是近代、人為的發明，卻從此成為蘇格蘭的代表——一個經由官商協力生產出來的表徵性符號體系。至今蘇格蘭格紋產業仍興盛不已，往往在其他產業間興起一波波潮流，重新強調蘇格蘭格紋與蘇格蘭風情，時尚產業也每隔幾季就會推出以蘇格蘭格紋為靈感的作品，如香奈兒（Chanel）2012年的秋冬款式即以蘇格蘭為主題，[11] 以格紋等元素將女星蒂姐・史雲頓（Tilda Swinton）打造成「蘇格蘭女王」；[12] 而世界各地無數的消費者也藉由將蘇格蘭紋當成一種時尚裝點於身上，消費「蘇格蘭」風情。

　　將文創產業發展與軟實力論述的結合，其實與蘇格蘭格紋表徵化的生成模式頗為近似，因而原本單純內向性的凝聚意識的企圖，總是夾雜了強烈的外向性宣揚的國族慾望。蘇格蘭格紋的創立在先期即受民族國家主義的影響，後期更藉由大型節慶展示民族國家特色來確立蘇格蘭格紋作為一個象徵符號的代表性和正

統性。而這些民族國家的特色和元素，不論是格紋圖樣、氏族或高地文化，均由一個權威的統治體系指定、認可，並在盛事上展示造成奇觀，這些元素再交由產業生產，而產業將這些高意涵的元素和符號推入市場後，為消費者認同、吸收、強化了統治體系主導的內容。再觀當前亞洲，由於牽涉到國族的主體性、表徵意象，所以這種由國家機器主導發明的傳統模式，反而成為許多文創產業政策遵循的邏輯，將國家機器認定的元素帶入線性生產體系製作、發行，有意或無形中建構正統的國族或文化認同。這個想法呼應了前述文創產業、軟實力與國族論述形成的因果倒置的認知，再將這種顛倒的認知作為政策施為時的邏輯回推：主張發展文創產業即展現軟實力，而展現軟實力即可協助推廣國家意象，單方面地將民族國家元素塑造為「文化」以及國家品牌，並為了國族主體而發展文創產業──看似能夠得力於民族豐富的歷史文化元素以及政府的產業政策，實際上卻窄化亦或僵化了「文化」與品牌。

三、韓流風潮：韓國文創產業政策的納編

近來興起的韓流，靠著影音文化商品的持續產出，帶起一波波流行風潮，而引起國際消費市場的注目，成功地強化世界對韓國的認知印象，因而被諸多國家尊奉為國家機器策動文化創意產業發展而獲具體成效的典範。韓流（Korean Wave）如今已經成為一個確立的專有名詞，泛指主要由韓國電視劇集與音樂等視聽媒體在國際掀起的流行文化風潮，並伴隨帶動的明星偶像、影音展演、時尚服飾、精品彩妝、美食餐點等消費現象，時至今日，甚至擴延至各式生活用品、美容養品、文具小物等，不管製造於何地（許多是中國大陸代工的產品），只要是跟韓國有關，都被冠上韓流的標籤。

這現象有兩個弔詭之處。首先，今日的韓流並非全然是韓國文化產業政策立意的原始初衷。在1998年「文化立國」口號下成形的文化產業政策是以電影、音樂、遊戲、動漫、文藝等項目為主，而1999年〈文化產業振興基本法〉則為推動這項政策的法源依據。這項政策意欲師仿好萊塢，以電影這個綜合戲劇、文學、音樂、藝術、美術的視聽娛樂形式來帶動相關文化生產的發展，並以產品的出口為

絕對導向。至於後來實質驅動韓流的龍頭形式——電視，則因其依靠電波傳輸的屬性，被認定為較局限於內需市場，因此並未被列入政策首要之內。這便是為什麼許多韓國的學者與業者普遍認為，儘管政府傾全力策動文創產業發展，卻與今日韓流的風潮沒有直接的關聯。其次，韓流最初並非是由韓國提出的口號，而是一九九〇年代韓國影音娛樂產品開始向外發展時，中國媒體所下的形容詞，[13]後來泛指外界對於韓國的想像，演變到現在則成為是韓國推動文創產業政策的「至尊成果」（superlative achievement）。因此，韓流原先與國族主義並無關聯，是演變到後來才與亞洲的國族主義型文創產業的概念結合，並被其他國家追捧為國家機器動員文創發展而獲輝煌成果的圭臬。這是因為一直以來因文創產業的成功而達成經濟增長初衷的，全球也只有兩個：一是美國由好萊塢電影為旗艦，帶動相關電視、音樂、電腦遊戲等，匯聚而成的影音娛樂產業；另一個是日本以漫畫為核心，結合動畫、電視、電影、電腦遊戲等而產生的動漫產業。在這兩個國家，國家機器從來都沒有由上而下提出國家動員型的文創產業政策，其相關文創經濟運作主要由絕對市場導向的民間企業推動。[14]於是在找尋國家機器主導的範式時，韓流就成了首選。

在這樣的風氣下，關於韓流的研究在短時間已經超過數千篇，而這些文獻大約可以分為兩類：首先，由個人層面與消費偏好切入，認為韓流能夠克服跨地區的社會藩籬，是因為韓流屬於青年文化、具有現代感或者因為具備東西合璧的元素，又或者韓流內容蘊含東亞普遍的儒教價值，因而能在大中華地區或泛亞洲受到歡迎。[15]這類論述在方法論上並無太多新意，基本承襲日本流行文化於一九九〇年代在亞洲盛行的文化研究基調，將韓流現象看作一個「巨文本」（mega-text），然後再由其脈絡中擷取特定的議題，進行後設詮釋。有些學者認為，韓流體現了韓國的文化精髓、韓流強調悲劇的大環境與努力奮發的精神和其他國家的社會情境近似而產生共鳴，或者認為音樂市場缺乏的群舞類型正好由韓流補足因而造成流行等等。[16]這類詮釋多屬韓流表徵的主觀體驗性或偏好性的閱讀，較少觀照韓流產品的美學表現形式與創製方面的議題，其援引的概念也多為「文化近親性」、「文化折扣」、「跨界想像」等老調。

韓流研究的第二類是所謂的實證取向分析，普遍採取一種先驗式的認定，引

用大量的數據戶與文獻（多為官方資料），時序化的陳述政策種種措施如何加速了文化產品的擴散與接收端的消費，增加了韓流的能見度。這類的論述（許多出自於韓國自身的學者）基於先驗認定與數據源，往往把國家政策視為「因」，韓流風行事實當成值得稱傲的「果」。由於這種簡化的認定，使得分析往往疏於將因果關聯的前後時間順序、社會存在的其他因素做更多面向的交叉比對，導致出現諸多謬誤。最根本的就是，韓國文化產品早在一九九〇年代便於亞洲蔚然成風，1999年11月19日的《北京青年報》便引用「韓流」一詞來突顯這個事實，然而韓國文創政策的出爐也是在1999年。這該如何解釋這兩者的因果關聯，難道政策一推出，就如閃電般地開創傲人成就？再又如有論述指出，韓國政府是如何全力扶植音樂輸出，並乘科技急速進化之勢，韓國偶像團體的歌曲勁舞得以在YouTube上急速獲得上億的點擊率，而音樂娛樂公司則得以實時知悉市場的反應。然而，超脫韓國之外，當今各地音樂產業的營銷策略不都是如此？這是音樂產業的常態，與國家政策有何必然的關聯？

　　韓流作為當今一個跨界文化現象的特別之處，即在於它是一個難以解釋的事實，而之所以有這麼大量的文獻企圖從韓國傳統遺緒、文化近親性、量化實證等各種取徑來分析這個現象卻不得要領，乃因其是超脫於國家機器「發明的傳統」路線之外的產物；它是由當今跨國地區為數龐雜的族群言說積累而成，近似羅蘭巴特（Roland Barthe）所稱的「神話」（myth）。[17]

　　「韓流」並非一個扁平的詞彙，它不是一個單一層面運作的模式，也不能將之歸因為某一段時期的文創政策。從韓國文創政策的推動歷程來看，可以分為兩種不同的路徑。第一種是相對傳統的，在政權體系下意識形態國家機器（ideological state apparatus）的運作，成效並不彰。在一九六〇至一九八〇年代，南韓仍處於戒嚴狀態，文化政策對庶民大眾文化保持較貶抑的態度，而著重於建構國家分裂後一套「正統且合法」的國族與社會集體認同的價值信念，並且正如同諸多民族國家的建構歷程，南韓政府重新「發明」了許多傳統，包括過往只屬於低階小眾的巫術文化，[18] 將其提升至國族位階再轉贈給所有人民。解嚴後，從一九九〇年代開始，為了發展文創產業，韓國政府首先選定重點產業電影、動漫、遊戲、音樂、文藝等，並在硬體和軟體上提供實質的支援。此外，搭配國家的經濟措施，開始

放鬆各類審查管制、降低外資門檻，並且允許跨國企業和財閥（chaebol）涉足文創產業，包括三星集團（Samsung Group）、樂喜金星集團（LG Group）、現代汽車（Hyundai）等。[19] 並為了出口海外，成立文化產品交易部（Cultural Product Trade Division）和全球內容基金（Global Contents Fund）相關機構，提供文創產業發展所需的各種支援。[20] 然而，南韓政府體悟到文創產業與其國內其他產業一般，均面臨內需市場狹促的先天瓶頸，於是文化政策的思維就如同早年加工製造業，將出口外銷視為發展的終極目標，[21] 只不過出口的產品從過往輕工業或重工業製品改為影音娛樂商品。但是，一如眾多實行此類政策的國家，在政府主導內容的時候，並沒有產生顯著的效果，更不用說促成現今所謂的「韓流」出現。

如前所述，韓流風潮主要是由電視劇集與流行音樂所帶動。在電視劇方面，主要是產出自文化廣播公司（Munhwa Broadcasting Corporation，簡稱MBC）、韓國放送公社（Korean Broadcasting System，簡稱KBS）以及首爾放送（Seoul Broadcasting System，簡稱SBS）。這三家位於首爾的無線電視網，自一九九〇年代徹底形成以收視率／廣告收入為營運型態的商業機構。在長年競爭的激化下，它們的劇集產出在情節的鋪排與轉折、戲劇的衝突與張力、製作的規格與技巧，都超越當年在亞洲造成哈日旋風的日本偶像劇，每年推出的代表大作往往都能跨足海外，造成收視轟動，於九十多個國家播映，包括保守的中東、東歐，還有遙遠的中南美。像早先的《冬季戀歌》（2002，KBS）、《大長今》（2003，MBC），近年的《擁抱太陽的月亮》（2012，MBC）、《來自星星的你》（2013，SBS）、《太陽的後裔》（2016，KBS）等。韓流的另一股作力是韓國的三大娛樂公司推動的流行音樂。這三家公司一反傳統「內需為先而後輸出」的策略，一開始就將海外作為主要目標市場。[22] 為了達到這個目的，除了與海外娛樂機構和發行體系合作，[23] 更在製造初期就將海外消費者時間、偏好、品味納入考量，並嚴格控制產銷過程，[24] 從發掘藝人、訓練、音樂製作、錄音、推銷、經紀等，都要求「未受過汙染」的素人，才能打造成符合市場的產品，[25] 企圖引發規模經濟。[26] 其結果就是一般消費者在報章新聞上聽聞的南韓藝人的長期演藝受訓過程、偶像團體的嚴厲規範等。[27] 而在樂曲形式上，以西洋流行曲風為基調，適於身體律動的節拍，易於琅琅上口的旋律，韓文歌詞中夾雜幾個英文詞彙，再配上視覺效果華麗的群舞，這種揉合西洋流行元素

與「輕韓式風味」的混雜（hybridity），即是當今韓國流行音樂能流通國際市場的主因。這種混雜做法，不僅點出了消費是市場的一個過程，需求是被創造的，更說明了由於置身於意識形態國家機器之外，這三大娛樂公司才能無拘無束地揮灑出具有強烈「非韓化」的文化商品，並在市場上獲得成功。

現今所謂的韓流，由於韓國政府的高調動員，直觀彷彿是政策施為所致，實際上是韓流風潮崛起後，政府才順勢將其納編為已出，使得「韓流」一詞的表徵意象脫離了原本衍生的社會與經濟脈絡。在一九九〇年代首波韓流出現時，韓國政府並未認可這股流行為國族文化的表徵，僅將其視為娛樂業銷售海外而受到歡迎的影音產品而已，因此沒有採取積極動作，而不久後，這波韓流也呈現後繼乏力而至煙消雲散。而當現今這波韓流再起、於海外蔚然成風後，韓國政府開始體認到這股風潮的存在事實，採取了不同以往的路徑：積極表態認可，宣稱其為韓國社會休閒育樂最創新的展現，將產業體系營運的數據績效編採到文創政策施行的成果之下，並將其貼上傲人的國家軟實力標籤，順勢於全球推廣。以往娛樂產業和國家體系的目標以及利益不一定全然一致，然而「韓流」卻使這兩股力量開始交匯。文化政策不再只是著重於國族意識信念與集體象徵價值的建構，而更是將媒體娛樂產業輸出海外的數據高低為施政「績效指標」，海外市場的開拓成為文化部門政策的重心，跨地區多元消費族群的商業需求變成國家公共利益；流行文化則因此變成文創產業所謂的「內容」（content），也是國家資金和出口的原料。[28] 韓國政府更利用這個機會，在韓流以外，藉著重新定義和命名，將韓國文化包裝成「K（orea）Culture」，用以和傳統文化（重新命名為「Han Style」）區別，並以此作為國家品牌，將文化項目都冠上前綴「K」，例如「K-Fine Art」、「K-Traditional Arts」、「K-Literature」、「K-Fashion」、「K-Pop」。這麼一來，一般文化和經濟之間的衝突消失了，兩者的結合被賦予了象徵意義，包裝成國族驕傲、新審美價值、國族形象，[29] 並且以「Brand Korea」作為國家品牌。因此，儘管南韓政府也曾採取欽定文化遺產、展示民族風土習俗一類的傳統國族建構策略，但真正確立韓流作為政策下的正果以及國族形象的地位的關鍵，在於韓流一詞被政府「挪移」（appropriation）並「再脈絡化」（re-contextualization），就好比是一種「種瓜得豆」的效應，原本是政策之外的異類，如今卻扶為正統。

四、重構「被發明的傳統」

　　韓流的興起以及韓國國家品牌的建構，重構了前文所述「被發明的傳統」中以統治機構或菁英階級為主導的模式。被發明的傳統這樣的文化路線，重點在於建立社會對國族的凝聚力、權威正統性和特定價值體系的認定與欽選，而韓國國族品牌成效來自於作為一種文化展示的韓流，是超脫於意識形態國家機器的產物，不僅不是一種國族意識的表徵性儀式，更甚者，國家機器不再擔任過去界定文化內容意涵與形式元素的角色，僅只是追認市場消費所形塑的事實。韓流和韓國國族品牌的現實說明，在當今強調多元開放、資訊流通、社群媒體發達、自主消費的全球化時代，文創產業的發展是有可能為國家塑造形象，只是主導者並非黨國機器，透過的也不是所謂歷時性的傳統意識與價值建構，而是基於萬千身處海外各地，擁有各式接收裝置的大眾對「當代韓國」（contemporary Korea）這個空泛符徵（signifier）的消費性想像。而引發消費者想像的，卻是韓國娛樂產業為了達成輸出海外的目標，在策略上針對異地市場的社會特性與消費偏好做出的商品。例如韓國的流行音樂就經常將成名的曲目用海外當地語言、當地習慣的節奏做改版演唱，但熱情的群眾反而期望偶像樂團能演唱「原汁原味」的韓版，因為這樣才夠「韓」。[30]

　　在消費者的想像之外，韓流最弔詭之處，就是政府藉著納編萬千消費者的多義性解讀（polysemic reading），使得韓流以脫離國族主義的範疇進入消費領域後，再將其轉化為強固國族主義的文化展示。文化商品的生產與大規模的消費想像之間，往往是漂移不定的，充滿各種挪用、再創、擷取等，資本生產體系再怎麼針對消費受眾特性而企制文化商品，都具有某種特定的「意欲意義」，但是消費者是否能真切接受，或是做出何種自主多義的解讀，這又與它們身處的文化情境與擁有的社經條件有關。這也說明了為何在後現代社會中，往往最後流通的文化符號都是已經失去指涉意義的符徵。[31] 以韓流的案例來看，其產品的企制為了迎合海外市場而淡化韓國傳統文化元素，刻意貼近流通於全球的時尚風格與設計成規。市面上的韓貨、韓版、韓風服飾，不論是高腰窄裙、內增高運動鞋或所謂韓國名媛的氣質裝扮和珍珠飾品，都與全球知名時尚精品樣式極為近似。所謂韓貨

很多是中國製造後運到韓國東大門批發市場，再經銷到世界各處。消費者內心清楚這個事實，但在一波波的韓劇和韓國流行音樂的渲染下，消費者卻可以將其重新合理化：哪裡代工加料的並不重要，重要的是韓式風格的商品。例如韓劇《來自星星的你》，被大量傳頌轉發的女主角的銀色高跟鞋，其實是出自英國名牌周仰傑（Jimmy Choo），或者被消費者鍾意的韓劇《繼承者們》裡女主角的髮帶，實際上是美國品牌（J. Crew）新研發的無勒痕商品。又例如現在風靡全球的「防彈少年團」（Bangtan Sonyeon Dan，簡稱BTS）的代表作之一《血、汗、淚》（*Blood Sweat & Tears*），細看其MV，當中含有大量聖經隱喻，故事主線又是借用德國諾貝爾文學獎得主的作品《德米安：徬徨少年時》（*Demian: Die Geschichte von Emil Sinclairs Jugend*），視覺上更利用了大量西方經典畫作，包括老彼得‧布勒哲爾（Pieter Bruegel de Oude）的《叛逆天使的墮落》（*The Fall of the Rebel Angels*）以及《伊卡洛斯的墜落》（*Landscape with the Fall of Icarus*）、米開朗基羅（Michelangelo Buonarroti）的《聖殤》（*Pietà*）等等不勝枚舉。但是對消費大眾而言，源頭並不是重點，重點是這些都是韓系文化世界裡的目標物——消費者只認概念風格而不真切的探究生產源頭，這讓人見識了韓流風潮對萬般消費想像的磁吸力道。換言之，韓流商品流通的驅動力並非是質量形式，而是大眾概念化的消費論述。這麼一來，韓流產品並不是肩負國族文化意象的載具，而是一個任由大眾穿梭想像的符號體系，正因為韓流產品本來並不具備固定的指涉意義，[32] 韓國政府才得以將韓流納編到其文化創意產業政策的績效之下，並利用前綴「K-」將這些經由消費想像而生產出來的風潮冠到國家意象之上，為原來僅是風格的代稱賦予政治文化意義。如同當今蘇格蘭格紋的「蘇格蘭風」，已經從原本固定的指涉對象上脫離，格紋風格可以套用在任何產品上。蘇格蘭格紋的轉變是歷史嬗變的結果，韓流卻是率先自行脫去那層指涉意義。

五、國族特色主導的文創產業發展

　　流行文化的生成與消費其實是一組組實踐或「再生產」的動態過程。韓流是一種消費者自主建構的流行文化風潮，其產品生產者與接受消費者之間，有著一相

對自主的均衡空間。文化產品的生產者將企圖傳達給接受者的「意欲意義」置於產品之中，但是消費者並不是被動的受眾。在消費的過程中，人們會依照自己的利益與需求去「使用」產品，從社會經驗中產製屬於自身的意義，而獲得日常生活中的愉悅（pleasure）。因此，文化商品的意義並非就是生產者的意欲意義，而是人們在日常生活實踐與商品消費的間互情境下創造出來的。既然生活意義與愉悅是創造出來的，文化商品必須提供一個能夠讓消費者馳騁想像或產製意義的空間，才能在市場立足。因此，成功的文化商品從來就不該是一個圓熟的意義載體，它應該是一個具備十足能量刺激意義和愉悅產生的符徵（signifier）。唯有當人們將商品納入日常生活脈絡時，商品才是一個完備符號體系（sign system）。韓流風潮形成的基本邏輯即是如此，韓國國族意象成功建立的道理亦是如此。

反觀許多政府，仍舊囿於「發展具有國家民族特色的文創產業」的框架。由黨國機器主導，一邊呼喊「強化國家軟實力，讓民族文化走向國際」，一邊將原本兼具美學與經濟屬性的文創產業當成一統文化口徑的展示工具。在這種戰略主導下，原本文化商品由「企畫生產／流通配售／消費使用／意義再生產」的相對自主過程，被簡化為一個「傳輸／內容／接收」單向線性的倡導運動。黨國機器成為支配性的傳輸者也是管控者，經由其篩選、讚揚、鼓勵或認可的文化內容（影音產品、民族服飾、藝文表演、競技賽事、物質／非物質文化遺產等），則成為肩負國族文化展示的支配性意識形態載體，藉由強力的動員傳輸，意欲在跨地區跨國界的萬般受眾中，產生服膺式的接收效果，也即是所謂的「意識形態效果」（ideological effect）。這其實與18世紀民族國家興起時期的思維相當近似。在國家機器的號令下，舉國各級政府、社會團體、教育機構口徑一致，一連串超型國際盛會接續舉辦，像冬夏奧運會、世博會、花博會、G20高峰會、財富論壇等。這些盛會動輒耗費十億百億，均載負著「一個傳承五千年文化的中華民族崛起」的宣示意象。不可諱言地，在凝聚社會內部對生命共同體的認同以及強化國家政體穩定等方面，這些舉措具有相當的成效，但是當這些在科層制式控管流程下驗定與核可的文化商品，被導入崇尚多元價值與個人自主意識的自由經濟市場時，「意識形態被傳送不等於就被接受」，甚至有可能出現高預期反差的對抗式解讀（oppositional reading）。[33]

韓國政府在納編韓流成效之前，也曾經實行過類似的策略，策動過一系列具國族慾望的項目，最典型的代表便是《明成皇后》音樂劇。該劇以朝鮮王朝高宗的王妃（即明成皇后），在力抗日本侵略而身死殉難的事蹟為經緯，以驚人的預算，集結韓國頂尖的明星、音樂作曲、場景設計及幕後專業人員等精心打造，並特意安排絢麗的歌舞橋段展示韓國政府「發明的傳統」——前述的巫術文化。該劇於1995年在紐約百老匯首演，隨後於倫敦等十多個國際都會巡迴演出超過三百場，堪稱是韓國表演藝術無可超越的「經典」。韓國國內媒體對於在海外演出寄予高度的關注，持續大篇幅的報導，國內民眾也對此舉有著出征得勝般的欣喜。但儘管如此，當時國際輿論的普遍反應是：華麗的視聽效果，妝點以東方神祕主義般的巫術表演，仍舊掩蓋不了該劇宣揚國族主義的事實（對抗式解讀的出現）。

　　近些年中國在「發展文創產業，讓民族文化與社會價值觀走向世界」的旗幟下，組織了許多標榜「悠久燦爛的中國文化藝術」的大型國際巡演展演（像功夫雜技、國粹京劇、名俗音樂等），也積極地出席國際各類重點會展（像圖書展、服裝秀、藝術展等），欽選年度具代表性的影音產品在邦交國家公映，或參加各類影展或奧斯卡競賽。這些投注重金的文化演出與參與，先不追究經濟效益，在軟實力上的企圖，至今仍難以證實。

六、結論：國族作者的含隱

　　羅蘭巴特在《作者之死》（*The Death of the Author*）文中說道：「讀者的誕生必定要以作者的死亡為代價」。[34] 但在許多國家，文創產業、厚植軟實力和統合國族論述，三者策略性的結合，透過政府由上而下的動員，由內往外的推動，扮演強勢「作者」的作為，卻與此一席話大相逕庭。也可說對軟實力的青睞，實則是對霸權論述權力的青睞，因此在國際場合屢屢可見或明或暗的比拼舉措，對奈伊的軟實力論說有著無上的執迷。很不可理喻地，軟實力論說已提出二十年有餘，奈伊至今仍以當年美國作為世界強權的陳舊思維來給予建議，例如他也曾建議韓國政府廣招國際留學生、有系統地進行各類國際援助、推動魅力外交、爭取國際賽事盛會等，以達成國族聲威遠揚的目的。[35] 然而就算是依循奈伊當年的思維，所

謂的軟實力，強調的是一種由外而內的非明示性的吸引力，而不是明示性的強引力（coercion）。當軟實力在文化產業的旗幟下被當成一種硬性的文化輸出或「魅力攻勢」（charm offensive），這對萬般消費者的接收就很難達成史都華・霍爾（Stuart Hall）所稱的服膺式或偏好式閱讀（preferred reading）。

德國學者沃爾夫岡・伊瑟爾（Wolfgang Iser）在羅蘭巴特的「作者已死」之上提出了「潛在的讀者」（the implied reader）的概念，指出一個文本存有待解讀之處才預示了有讀者的存在，[36] 而有讀者的存在，文本才有存在與發展的空間。這種潛在的讀者是「不限定接收者的情況下預示他〔讀者〕的出現〔……〕表徵一個喚醒反應的結構網絡，以迫使讀者掌握文本」，[37] 亦即因為文本有各種解讀的可能性才構成了某種「客觀的召喚結構」。反之，國家機器主導的線性論述往往較沒有解讀的空間，也就相當於沒有潛在的讀者；而既然沒有潛在的讀者，就更無法透過實際閱讀行為使潛在的讀者成為現實的、真正的讀者，又豈有傳播的可能？

從歷史來看，蘇格蘭格紋的案例之所以能成功，這與其發生於民族國家興起的情境有絕對的關係，但如今國際環境已大不相同，許多國家卻依舊對舊時教條深信不疑，爭相競標各項盛事賽會。諷刺的是，這些盛事賽會多是上世紀西方國家所熱衷，如今已興致缺缺的耗財事件。如果說一項政策的推動，在過往必須由國家機器親上火線，篩選認可元素意涵，主導國族文化的傳承脈絡，那麼對照起來，韓國在文創產業的作為，則是很機巧地將自己作為政策話語主述者的角色含隱起來（authority minus the author），讓萬般多元的消費者活躍於前台，自己則樂於擔綱最後施政成效的幽靈寫手（ghostwriter）。相反地，只要政府依舊秉持科層主導運作，扮演國族文化傳布的主述者，無論如何挪移「文化展示」、「文化產業」或「軟實力」等概念，只要沒有積極主動的讀者參與，藉由文創產業打造國家品牌這個文本永遠無法完成，只能是國家機器慾望下的殘品。

註釋

1　李天鐸，〈文化創意產業的媒體經濟觀〉，李天鐸編，《文化創意產業讀本：創意管理與文化經濟》（台北：遠流出版社，2011）84。

2　Terry Flew, *The Creative Industries: Culture and Policy* (London: Sage Publications Ltd, 2012).

3　Joseph Nye and Youna Kim, "Soft Power and the Korean Wave," *The Korean Wave: Korean Media Go*

Global (New York: Routledge, 2013) 32.

4   Joshua Kurlantzick, *Charm Offensive: How China's Soft Power is Transforming the World* (New Haven and London: Yale University Press, 2007) 21.

5   Bella Dicks, *Culture on Display* (London: Open University, 2004) 5.

6   Eric Hobsbawm, "Introduction: Inventing Traditions," *The Invention of Tradition*, Eric Hobsbawm and Terence Ranger, eds. (Cambridge: Cambridge University Press, 1988) 1-14.

7   M. H Abrams, gen. ed, *The Norton Anthology of English Literature* vol 1. 7th Edition (New York: Norton, 2003).

8   Eric Hobsbawm, "Introduction: Inventing Traditions," 1-14.

9   Hugh Trevor-Roper, "The Invention of Tradition: The Highland Tradition of Scotland," in Eric Hobsbawm and Terence Ranger, eds., *The Invention of Tradition* (Cambridge: Cambridge University Press, 1988) 15-41.

10 David Scott, "Two Brothers from Surrey Made Tartan a Symbol of Scotland," Scottish Express, April 12, 2014, [on line] http://www.express.co.uk/news/uk/470017/Two-brothers-from-Surrey-made-tartan-a-symbol-of-Scotland（最後瀏覽日期：2022年3月1日）

11 Tim Blanks, "Chanel Pre-Fall 2013 Collection on Style.Com: Runway Review," Condé Nast, retrieved on July 23, 2019, [on line] https://www.vogue.com/fashion-shows/pre-fall-2013/chanel（最後瀏覽日期：2022年3月1日）

12 Emma Spedding, "Tilda Swinton Embraces Scottish Heritage in Dramatic Chanel Campaign," Grazia, retrieved on July 10, 2019, [on line] https://www.fashiongonerogue.com/tilda-swinton-scottish-chanel-pre-fall-2013-campaign-karl-lagerfeld/（最後瀏覽日期：2022年3月1日）

13 Youna Kim, "The Rising East Asian 'Wave'," *Media on the Move: Global Flow and Contra-Flow*, Daya Kishan Thussu, ed. (New York: Routledge, 2007) 121.

14 李天鐸，〈文化創意產業的媒體經濟觀〉，頁100。

15 Chua Beng Huat and Koichi Iwabuchi, *East Asian Pop Culture: Analyzing the Korean Wave* (Hong Kong: Hong Kong University Press, 2008); Ingyu Oh, "The Globalization of K-Pop: Korea's Place in the Global Music Industry," *Korea Observer* 44(3), 2013: 389-409; Ubonrat Siriyuvasak and Hyunjoon Shin, "Asianizing K-Pop: Production, Consumption and Identification Patterns among Thai Youth," *Inter-Asia Cultural Studies* 8(1), 2007: 109-36. Hyunhee Cha and Seongmook Kim, "A Case Study on Korean Wave: Focused on K-Pop Concert by Korean Idol Group in Paris, June 2011," *Multimedia, Computer Graphics and Broadcasting* (Springer Berlin Heidelberg, 2011) 157.

16 Gunjoo Jang and Won K. Paik, "Korean Wave as Tool for Korea's New Cultural Diplomacy," *Advances in Applied Sociology* 2(3), 2012: 5-7.

17 Roland Barthes, *Mythologies* (New York: The Noonday Press, 1990) 109.

18 Hyunjung Lee, "Performing Korean-Ness on the Global Stage: Ho-Jin Yoon's Musical the Last Empress," *Theatre Research International* 35(1), 2010: 54-65.

19 Pavinee Potipan and Nantaphorn Worrawutteerakul, "A Study of the Korean Wave in Order to Be a Lesson to Thailand for Establishing a Thai Wave," (Malardalen University, 2010) 22.

20 Seung-Ho Kwon and Joseph Kim, "The Cultural Industry Policies of the Korean Government and the Korean Wave," *International Journal of Cultural Policy*, 2013: 12.

21 董思齊,《製造創意:韓國文化內容產業政策的起源與發展》(台北:台灣大學政治學研究所博士論文,2013)。

22 John Lie, "What is the K in K-Pop? South Korean Popular Music, the Culture Industry, and National Identity," *Korea Observer* 43(3), 2012: 357; Solee I. Shin and Lanu Kim, "Organizing K-Pop: Emergence and Market Making of Large Korean Entertainment Houses, 1980-2010," *East Asia* 30, 2013: 267.

23 Ubonrat Siriyuvasak and Hyunjoon Shin, 109-136.

24 Min-Soo Seo, "Lessons from K-Pop's Global Success," *SERI Quarterly* 5(3), 2012: 62.

25 Yeran Kim, "Idol Republic: The Global Emergence of Girl Industries and the Commercialization of Girl Bodies," *Journal of Gender Studies* 20(4), 2011: 338.

26 John Lie, 357.

27 Hyunhee Cha and Seongmook Kim, 157.

28 Hye-Kyung Lee, "Cultural Policy and the Korean Wave: From National Culture to Transnational Consumerism," *The Korean Wave: Korean Media Go Global.* Youna Kim, ed. (New York: Routledge, 2013): 339-340.

29 Hye-Kyung Lee, 334.

30 Donnie Kwak, "K-Pop's Wild Stallion," *Billboard: The International Newsweekly of Music, Video and Home Entertainment*, 2012: 13.

31 Mike Featherstone著,趙偉妏譯,《消費文化與後現代主義》(台北:韋伯文化國際出版有限公司,2009)126-128。

32 John Lie, 360-361; Joseph Nye and Youna Kim, 39.

33 Stuart Hall, "Encoding, Decoding," *The Cultural Studies Reader* 4, 1993: 90-103.

34 羅蘭‧巴特,〈作者之死〉,張中載等編,《二十世紀西方文論選讀》(北京:外語教學與研究出版社,2002)346。

35 Joseph Nye and Youna Kim, 33.

36 陳鳴,《藝術傳播原理》(上海:上海交通大學出版社,2009)20。

37 沃爾夫岡‧伊瑟爾,〈閱讀行為〉,拉曼‧賽爾登編,《文學批評理論:從柏拉圖到現在》(北京:北京大學出版社,2003)211。

參考書目

Abu-Lughod, Lila. "Consumption and the Eroding Hegemony of Developmentalism." In *Dramas of Nationhood: The Politics of Television in Egypt*. Chicago: The University of Chicago Press, 2001.

Anderson, Benedict. *Imagined Communities: Reflections on the Origin and Spread of Nationalism*. New York: Verso Books, 2006.

Azuma, Nobukaza. "Pronto Moda Tokyo-Style: Emergence of Collection-Free Street Fashion in Tokyo and the Seoul-Tokyo Fashion Connection." *International Journal of Retail & Distribution Management* 30, 2002: 137-144.

Barthes, Roland. *Mythologies*. New York: The Noonday Press, 1990.

Billig, Michael. *Banal Nationalism*. London: Sage, 1995.

Cha, Hyunhee and Seongmook Kim. "A Case Study on Korean Wave: Focused on K-Pop Concert by Korean Idol Group in Paris, June 2011." *Multimedia, Computer Graphics and Broadcasting*. Springer Berlin Heidelberg, 2011. 153-162.

Dicks, Bella. *Culture on Display*. London: Open University, 2004.

Fine, Ben. *The World of Consumption*. London: Routledge, 2002.

Hall, Stuart. "Encoding, Decoding." *The Cultural Studies Reader* 4, 1993: 90-103.

Gary G. Hamilton, Benjamin Senauer and Misha Petroviceds, eds. *The Market Makers: How Retailers Are Reshaping the Global Economy*. Oxford: Oxford, 2012.

Ho, Swee-Lin. "Fuel for South Korea's Global Dreams Factory: The Desires of Parents Whose Children Dream of Becoming K-Pop Stars." *Korea Observer* 43(3), 2012: 471-502.

Hobsbawm, Eric and Terence Ranger, eds. *The Invention of Tradition*. Cambridge: Cambridge University Press, 1988.

Hsu, Jinn-Yuh. "The Evolution of Economic Base: From Industrial City, Post-Industrial City to Interface City." In Reginald Yin-Wang Kwok, ed. *Globalizing Taipei: The Political Economy of Spatial Development*. New York: Routledge, 2005. 16-34.

Huat, Chua Beng and Koichi Iwabuchi, eds. *East Asian Pop Culture: Analyzing the Korean Wave*. Hong Kong: Hong Kong University Press, 2008.

Jang, Gunjoo and Won K. Paik. "Korean Wave as Tool for Korea's New Cultural Diplomacy." *Advances in Applied Sociology* 2(3), 2012: 196-202.

Kawamura, Yuniya. *The Japanese Revolution in Paris Fashion*. Oxford: Berg, 2004.

Kim, Yeran. "Idol Republic: The Global Emergence of Girl Industries and the Commercialization of Girl Bodies." *Journal of Gender Studies* 20(4), 2011: 333-345.

Kurlantzick, Joshua. *Charm Offensive: How China's Soft Power is Transforming the World*. New Haven: Yale University Press, 2007.

Kwon, Seung-Ho and Joseph Kim. "The Cultural Industry Policies of the Korean Government and the Korean Wave." *International Journal of Cultural Policy*, 2013: 1-18.

Lee, Dong-Hun. "Korea Nation Brand in 2012." *SERI Quarterly* 6(2), 2013: 100-105.

Lee, Hye-Kyung. "Cultural Policy and the Korean Wave: From National Culture to Transnational Consumerism." In Youna Kim. *The Korean Wave: Korean Media Go Global*. New Youk: Routledge, 2013. 185-198.

Lee, Hyunjung. "Performing Korean-Ness on the Global Stage: Ho-Jin Yoon's Musical the Last Empress." *Theatre Research International* 35(1), 2010: 54-65.

Lee, Jung-yup. "Contesting the Digital Economy and Culture: Digital Technologies and the Transformation of Popular Music in Korea." *Inter-Asia Cultural Studies* 10(4), 2009: 489-506.

Lie, John. "What is the K in K-Pop? South Korean Popular Music, the Culture Industry, and National Identity." *Korea Observer Autumn* 43(3), 2012: 339-363.

Messerlin, Patrick A. and Wonkyu Shin. "The K-Pop Wave: An Economic Analysis." 2013 (SSRN: https://ssrn.com/abstract=2294712).

Nye, Joseph S. *Soft Power: The Means to Success in World Politics*. New York: Public Affairs, 2004.

Nye, Joseph and Youna Kim. "Soft Power and the Korean Wave." In *The Korean Wave: Korean Media Go Global*. New York: Routledge, 2013, 31-42.

Oh, Ingyu. "The Globalization of K-Pop: Korea's Place in the Global Music Industry." *Korea Observer* 44(3), 2013: 389-409.

Oh, Ingyu and Hyo-Jung Lee. "K-Pop in Korea: How the Pop Music Industry is Changing a Post-Developmental Society." *Cross-Currents: East Asian History and Culture Review* 9, 2013: 105-124.

Potipan, Pavinee and Nantaphorn Worrawutteerakul. "A Study of the Korean Wave in Order to Be a Lesson to Thailand for Establishing a Thai Wave." Malardalen University, 2010.

Seo, Min-Soo. "Lessons from K-Pop's Global Success." *SERI Quarterly* 5(3), 2012: 60-66.

Shim, Doobo. "Hybridity and the Rise of Korean Popular Culture in Asia." *Media, Culture & Society* 28(1), 2006: 25-44.

Shin, Solee I. and Lanu Kim. "Organizing K-Pop: Emergence and Market Making of Large Korean Entertainment Houses, 1980-2010." *East Asia* 30, 2013: 255-272.

Shore, Bradd. "Loading the Bases: How Our Tribe Projects Its Own Image into the National Pastime." *The Sciences* 30(3), 1990: 10-18.

Siriyuvasak, Ubonrat and Hyunjoon Shin. "Asianizing K-Pop: Production, Consumption and Identification Patterns among Thai Youth." *Inter-Asia Cultural Studies* 8(1), 2007: 109-136.

Smith, Anthony D. "Towards a Global Culture?" *Theory Culture Society* 7(171), 1990: 171-191.

Spulber, Daniel F. "Market Microstructure and Intermediation." *The Journal of Economic Perspectives* 10(3),

1996: 135-152.

Thussu, Daya Kishan, ed. *Media on the Move: Global Flow and Contra-Flow*. New York: Routledge, 2007.

Trevor-Roper, Hugh. "The Invention of Tradition: The Highland Tradition of Scotland." In Eric Hobsbawm and Terence Ranger, eds. *The Invention of Tradition*. Cambridge: Cambridge University Press, 1988. 15-42.

UNCTAD. *Creative Economy Report 2010*. New York: UNCTAD, 2010.

Wang, Jenn-Hwan. "World City Formation, Geopolitics and Local Political Process: Taipei's Ambiguous Development." *International Journal of Urban and Regional Research* 28(2), 2004: 384-400.

Williams, Raymond. *The Long Revolution*. London: Penguin, 1961.

Mike Featherstone著，趙偉妏譯，《消費文化與後現代主義》，台北：韋伯文化國際出版，2009。

Scott Lash and John Urry著，趙偉妏譯，《符號與空間的經濟分析》，台北：韋伯文化國際出版，2010。

Wolfgang Iser著，〈閱讀行為〉，拉曼・賽爾登（Selden, R.）編，劉象愚、陳永國等譯，《文學批評理論：從柏拉圖到現在》，北京：北京大學出版社，2003。

李天鐸編，《文化創意產業讀本：創意管理與文化經濟》，台北：遠流出版社，2011。

扈貞煥，〈韓國大眾文化創意產業中的韓國固有特性原型研究〉，《中韓文化關係國際學術會議論文集》，台北：藝術・生活，2012，頁217-233。

郭秋雯，〈韓國邁向文化強國的過去、現在與未來〉，《朝鮮半島風雲一甲子：韓戰60年紀念學術研討會》，台北：政治大學國際事務學院韓國研究中心，2010年6月。

陳鳴，《藝術傳播原理》，上海：上海交通大學出版社，2009。

董思齊，《製造創意：韓國文化內容產業政策的起源與發展》，台北：台灣大學政治學研究所博士論文，2013。

CHAPTER 12

尋思文化工業理論
鏈結文化產業

Christian Lotz　著

林立敏、羅婧婷　譯

一、源起脈絡

本文所討論的「文化工業」（cultural industry）一詞，源自《啟蒙的辯證》（*Dialectic of Enlightenment*）書中所提的概念，同時也是批判理論傳統和法蘭克福學派（Frankfurt School）中最著名、最被廣泛接受和討論的概念。阿多諾和霍克海默對文化工業的分析之所以至今仍然備受關注，主要在其論述時採用類似於馬克思早期的做法，將意識形態的概念推進至20世紀，這種做法使意識形態的批評不再局限於理論本身，而可以任由讀者將其延伸至更廣泛的光譜，用來分析文化、藝術和娛樂等現象。除此以外，也因為可以非同尋常地把消費娛樂的社會心理和社會分析結合在一起，使得此書成了哲學家討論媒體所帶來的廣泛影響時的重要著作，在廣闊的歷史進程中，思索在社會情境中與廣大閱聽人深切互動的電影、廣播與電視。此外，該文優美又犀利的表述，如外科醫生般精準而又冷靜的格言風格，使其成為法蘭克福學派歷史上（甚至可說整個20世紀的歐洲批判傳統中）最引人入勝的一份文獻。如果說文化工業的概念是批判理論的放大鏡，那麼《啟蒙的辯證》則是它的望遠鏡。

阿多諾在後續的作品中對該文的節次做了稍許修改添加了新的闡釋。事實上，他書寫該文時歐洲正面臨著最黑暗恐怖的時期：科學、技術和理性這些原來推動啟蒙運動的主力，卻變成了整個時代最具毀滅性的手段。誠如班雅明所說，法西斯接管了世界大半地區就是左派最顯著的失敗，尤其體現在19世紀下半葉歐洲革命嘗試的失敗上，一直到1933年才隨希特勒（Adolf Hitler）上台結束。而攝影、電影、廣播等藝術實踐的新形式，又坐實了催化法西斯火焰的惡名，被這個

史無前例的獨裁政權用來宣傳、催眠群眾，散播反猶太主義、種族主義、種族滅絕等思想。雖然《啟蒙的辯證》是作者在美國流亡期間所寫，但這段歷史背景的補充也便於我們理解，為何作者對自己的分析保有一份冷漠的距離。可同樣地，當我們在閱讀文化工業的分析時，最好不要只把它視為過去的事。一方面是因為《啟蒙的辯證》誕生的機緣，即國家和壟斷資本主義，至今仍然與我們同在；另一方面是，這個世界仍在每天上演獨裁政治威脅與支配民眾生活信仰的戲碼。讀者可以將《啟蒙的辯證》一書理解成「浮瓶傳信」：裝在瓶子裡的信息有朝一日會被讀者拾起，然後發現其中所書的指涉正是自己，因為這本書正是為「我們」而寫。

自1947年以來，《啟蒙的辯證》受歡迎的程度起起伏伏，其程度可鑑於當時的文化社會背景。大部分對該書以及單拎文化工業一章的評論角度，要麼是對作者偏愛「高雅藝術」（high art）而感到困擾的後現代觀點，要麼是不能接受沒有任何直接結論和後續展望的實證主義世界觀。因此，反對阿多諾和霍克海默對文化工業分析的主要觀點可以歸納如下：（1）它是菁英主義式的；[1]（2）它低估了媒體在民主教育中的作用，也低估了中產階級思想的力量；[2]（3）它太過消極；[3]（4）使用理性來批判理性所以自相矛盾；[4] 更嚴重的指控還有（5）他二人是歐洲中心論；[5]（6）他們依賴的歷史概念已經過時；（7）他們的思想無法擺脫特定歷史脈絡，只屬於過去。當然，這個結果也不讓人感到意外，因為實證主義之所以能接受文化工業這個概念，在於這個概念不僅從傳播學和人文科學的角度探討大眾娛樂和消費社會的重要性，也探討了媒體在消費和大眾心理中扮演的關鍵角色。然而這樣一來，至少在大多數的案例中，便把阿多諾和霍克海默闡述文化工業的大背景都棄之不顧了，比如馬克思主義傳統、法西斯社會和法西斯國家的分析、反猶太主義對資本主義社會的作用，以及其與阿多諾在同時期撰寫的《最小道德學》（*Minima Moralia*）之間的聯繫。[i] 畢竟在南希・弗雷澤（Nancy Fraser）、塞拉・本哈比（Seyla Benhabib）、尤爾根・哈伯瑪斯（Jürgen Habermas）和阿克塞爾・霍耐特（Axel Honneth）為代表的當代批判理論中，都已經放棄了以馬克思主義為背景的批判，呈現一幅戰後世界人人已經滿足於當前民主水準的形象，馬克思主義批判理論無人問津也就不足為奇。不僅如此，在針對阿多諾的哲學和社會理論的主要評論中，亦可見對阿多諾和霍克海默批判理論核心內容的誤讀。例如《劍橋阿多諾

研究指南》（*Cambridge Companion to Adorno*），作為研究阿多諾以及其主要學術參照的權威資料，卻幾乎整本書都忽略了阿多諾批判哲學的核心。[6] 例如他以階級為基礎的社會觀，以及他對政治經濟學的終生信仰。儘管這本指南的撰寫者也或多或少地提到馬克思，但整體而言，他們還是忽略了阿多諾的馬克思背景，轉而討論韋伯和佛洛伊德（Sigmund Freud）與其之間的關係。

　　此外，有別於哈伯瑪斯和霍耐特等其他當代批判理論家，阿多諾從未放棄過馬克思在《政治經濟學批判》（*Critique of Political Economy*）裡的基本原則，包括《大綱》（*Grundrisse*）中概述的辯證法概念、社會總體性概念，以及受到阿爾弗雷德·索恩－雷特爾（Alfred Sohn-Rethel）影響的交換原理和發生在交換中的「真實抽象」（real abstraction）。[7] 阿多諾並未將社會理解為話語、制度或階級的領域，而是堅持將資本主義的社會現實理解為「交換社會的整體性」。因此，本文討論將重新閱讀《啟蒙的辯證》中文化工業這一章節，並從更廣闊的社會批判角度出發，重新思考關於「文化」和「工業」兩個主題的相關書寫。我並不贊成「文化主義」這種對文化工業簡化的理解，反而認為應該將文化這個概念重新與社會、政治經濟和資本等概念聯繫起來。而我也在重新閱讀後發現，真正將這些概念與文化工業連結在一起的，是阿多諾和霍克海默在文化工業這一章中，藉由將康德的圖式概念（schematism）轉化為社會物質的理念，進而發展出主觀唯物主義。康德在《純粹理性批判》（*Critique of Pure Reason*）中提出以理性和純粹的想像力為「機制」（mechanism）來聯結（synthesize，康德哲學中或譯「綜合」）直覺和先驗概念，而在阿多諾和霍克海默的書寫下，轉而將文化工業作為（資本主義）社會的機制，以預鑄的觀念來聯結並預先構造社會經驗。因此，在阿多諾看來，文化工業不僅僅是一個社會物質的概念，更應視為建立社會統一性的準則。這後者尤其重要，因為這跟阿多諾在第二次世界大戰後，以自己對先驗邏輯的理解所講授的課程內容相輔相成（而一般讀阿多諾但沒有哲學背景的讀者通常不會讀到這個部分）。在這裡，圖式並不出現在主體的腦海中，而是發生在社會現實中，由資本主義形式的意識生產體系製造出來。阿多諾和霍克海默的當代閱讀如果從這個角度出發的話，除了能更哲學觀地理解文化工業這一章，還有以下幾項好處：（1）透過數位化世界、電子與智能產業以及新的勞動形式，這種解讀可以將他們的作品與當代

對抽象概念的分析重新聯繫起來；（2）它提出與廣泛的所謂「批判理論」領域當中無所不在的理論家相反的觀點，諸如吉爾・德勒茲（Gilles Deleuze）和朱迪斯・巴特勒（Judith Butler）；（3）使阿多諾和霍克海默的分析再次哲學化；（4）讓阿多諾的哲學更接近於當代馬克思主義和馬克思主義對當代資本主義的分析，從而擺脫了從哈伯瑪斯以至艾米・艾倫（Amy Allen）等，所提出的「正統」當代批判理論，走出一番新意。

二、重啟文化工業背後的理論

（一）文化工業與社會整體性

德文的「文化」（kultur）一詞，在英美傳統中往往將其與「文明」（civilization）一詞並置，但這卻與德文傳統對這個詞彙的理解不同，因為這個詞實際上跟個體、個體的形成以及「將人教養（cultivated）為個體」更有關聯性。對文化（culture）的思考，一是追溯人文主義傳統，另一則可追溯至德國傳統作為美學和浪漫主義的後繼。

以人文主義傳統來看，雖然看似與本篇的討論遠了點，但我們也不能誤解人文主義傳統就代表要追溯至上古史，尤其是古羅馬思想，即使古羅馬思想確實在德國的高中教育體系中被保存了下來，且直至今日仍然是評判一個人是否「受過教育」和「有教養」（cultured）的重要標準。例如，文化一詞在使用上與哲學意義相近，因為它被視為「靈魂的教養」（cultura animi），但也具有農業意義上的「培育」（cultivation）之意。文化或培育因此意指幫助某物發揮其本質以及達到其終極的目的（telos）。一棵植物能茁壯成長，並成為自由的，意味著它保有自身的可能性，以及可以發展位於自身之中的某種有限的可能性。[ii] 同樣地，個體只有在一個能夠培養自己內在可能性的環境中成長，才有可能成為一個獨立的個體，並在這個意義上真正解放自己。[8] 儘管阿多諾和霍克海默並沒有明確地以這個意義來談論文化，並且與目的論和在斯賓格勒（Oswald Spengler）著作中尤為突出的準生物決定論保持距離，但透過他們批判的對象——即文化工業，相當於表明了真正的文化和真正的「教養」（Bildung）能使一個人自由。因此，文化不若佛洛伊德之類

的學者所說的那樣，只是一種壓抑的過程。的確，如果放棄目的論而以真理為導向，就能更廣泛地理解藝術、創意和美學活動，從而以更寬廣且較不保守的角度理解德文「文化」一詞的意義。這也將整體討論帶往德國傳統中美學的原則：不以科學為導向，而是與理性、自由和教育相關。在這個傳統之下的文化自然與自主性相關。

根據阿多諾和霍克海默所信奉的浪漫主義和美學傳統來看，文化有著自主性、自發性和批判性三重結構，其根源在於認為美學是理性和判斷力的自主實現。[9] 根據這一傳統，或至少在我們把康德作為此領域的權威時，審美理性和審美境界才是人類自由的真正所在，因為不論就理論判斷或道德判斷，人類的理性都不是真正的自由和自主的，因為它在人類現實的領域中被客體以及客觀真理所束縛。正如康德的《判斷力批判》（*Critique of Judgement*）和追隨弗里德里希·席勒（Friedrich Schiller）之後的浪漫主義美學，均認為美學、藝術和創意實踐是人類可以真正實現判斷、推理、反省和批判的領域。換句話說，人類只有透過創造力以及藝術，才能獲得真正的自由、自發和自主。[10] 如此一來，為什麼阿多諾多次嘗試用「管理」而非文明（civilization）來與文化做對比，便一目了然，[11] 也同時解釋了為什麼對阿多諾和霍克海默來說，真正的藝術實踐是與資本以及文化工業化相對的，因為工業化和文化的管理恰巧掏空了文化的自發性、自主性和批判性。因此在文化工業中，「偽個性化統治一切」。[12] 這樣的社會結構是可悲的，個體不能再使用充滿生產力的想像力和獨立於客觀世界的創造力，個體不可與世界「遊戲」，不可以將高遠理想參和進藝術，不可以茁壯發展為主體，也不能再與世界整體保持一種批判性的距離。在這種情況下，一體化被強調了，個體的未來被重導，批判的思考消失。美學理性即使沒有被摧毀也被削弱了，只剩下一種殘酷、冷漠又殘暴的道德形式，以及藏在技術的面紗下，一種顧左右而言他、擅自定義並僵化人們何以為知的科學。社會作為既定事實，「吸收了所有真理性內容」[13]，並被實證主義（社會）科學挪移擅用，變得沒有未來且以固有姿態恆常存在：「想像力被一種機械化且無情的控制機制取代，這種機制是要確保剛成形的意象（imago）為現實作了一個明確、精準、可靠的描繪。」[14] 失去了挪用新條規的自由以及批判性，社會變成了順化且齊整的，自外於社會個體的。阿多諾和霍克海默對文化

工業的批判，就某種程度而言，也證明了這種日益增長的順化。

　　除了人文主義和美學意義以外，文化還有第三種理解方式，也就是阿多諾和霍克海默無意中利用的20世紀哲學和社會理論，當中尤其以格奧爾格‧齊美爾（Georg Simmel）和格奧爾格‧盧卡奇（György Lukács）為代表；也因此，閱讀文化工業這一章節時應考慮資本主義再生產的視角。盧卡奇的著作被法蘭克福學派廣為閱讀，其早期的著作受到齊美爾和新康德哲學的影響，在他看來「文化」可以用廣義馬克思主義的商品和商品化來闡釋。盧卡奇試圖擴展商品的概念，認為這個概念受到馬克思主義的限制，僅把商品當作勞動力的產物。盧卡奇認為，一旦把商品的關係視為更廣泛的意義構成，商品化也可以被理解為物化，並可以被擴展到各方面的社會現象，比如藝術、語言、法律、愛和政治。[15] 如此一來，物化擴大了馬克思主義引為基礎的生產領域概念，涵蓋了社會全部的活動和生產，例如：文化。這一轉變之所以重要，原因有二：（1）擴大了馬克思主義和馬克思主義哲學的範圍，超越了狹窄的勞動和生產領域；（2）可以更恰當地論證「文化」不僅僅是經濟基礎的一個回聲或上層建築（superstructure），而是整個體系再生產的一個重要部分。從這個意義上來看，文化變成試圖透過政治經濟學來把握社會現實的批判理論核心。但如果同樣從這個意義來看，儘管阿多諾和霍克海默的分析說明了文化工業如何將特定的意識形態和心理結構（如慾望）作為虛無的願望生產出來，卻幾乎沒有追溯這樣的生產結構取決於媒體公司以及分銷和消費的結構。阿多諾和霍克海默關注的還是產品本身。

　　從這個角度來看，文化不是信仰、精神結構、思想觀念或社會自身知識結構的角力場，而是一種為了複製系統本身存在的「超意識形態」（super-ideology），以一種非批判的、均質的、標準化和統一的方式產生和建構思想。因此，對阿多諾和霍克海默來說，文化工業不僅僅是錯誤信仰的角力場，或者導致認知扭曲、內在偏見、認知與現實不匹配的信仰體系，更是社會透過資本主義不斷進行自我複製的唯一（就算不是唯一也是最主要的）緯度。在這裡，認知不能被看作自外於社會，或是輕率借用馬克思，將其理解為「上層建築」；相反地，社會認知及其主觀性都是它進行自我複製的一部分。這個結論對於理解文化工業的概念非常重要，特別是大多數文獻仍然將文化工業理解為對社會組成認知外部現實的建構。總

之，這個論點的重點在於社會成員獲得作為社會成員的自我認識，所以要把文化工業理解為一種自我關係。[16]

（二）作為社會圖式（schematism）的文化工業

阿多諾和霍克海默以資本主義社會再生產來論述文化工業的哲學分析，與社會及其自身的自我關係以及為維持自身運作（資本主義社會再生產）所產生的知識密切相關。在作者的寫作當中，有一段話雖然關鍵卻常常被忽略，只因這段話沒有出現在《啟蒙的辯證》裡文化工業的章節中。作者寫道：

> 在現代科學中，圖式論的真正本質是為了工業社會的利益，所以外在地協調了普遍與特殊、概念與個體以及案例。存在，被理解為操縱和監管。包括人類個體在內的任何事物，更不用提還有動物，都不過是演示系統概念模式的一個例子，變成一個可重複、可替換的過程。在這樣的情況下，管理和具體科學之間以及公眾思想和個體經驗之間的衝突都被預先排除。感覺（senses）被先於感知（perception）的概念機制所決定。人認為世界是以自己用來建構世界的事物先驗地創造出來的。康德的直覺料見了好萊塢有意的實踐：影像在製作的過程中按照理解的標準被預先審查，同樣的標準也決定了觀眾之後的接收。[17]

這裡，作者運用了康德在《純粹理性批判》一書中最重要的概念之一，來分析文化工業和大眾娛樂。在康德的書中，「圖式論」是一種機制，它不使用經驗來理解並形塑世界，也因此人的思維得以擁有一個相對「穩定」的既定現實。如果用一種非常簡化的方式來說，康德認為創造性想像力（productive imagination）能產生純粹直觀的純粹綜合，而理性的範疇（categories）則需要現實作為依歸。由於範疇同時也是理解客體之為客體的條件，例如理性的對象，因此，圖式論認為理性可以預先「投射」一個結構化的世界，在這個世界中，或者透過這個世界，所有實在的經驗成為可能。在另一篇文章中，作者寫道：

> 康德認為，「純粹認知的圖式」（schematism of pure understanding）保證了

一般和特殊的同質性，意即理性機制的無意識活動根據理解來塑造感知（perception）。在任何事物（matter）中發現的主體判斷的可理解性，在它進入自我之前，都被理性（intellect）以一個客體性質印刻（imprint）在該事物上。沒有這樣一種圖式論，換言之，感知中沒有理性元素，就不會有任何印記（impression）符合相應的概念，不會有符合個別示例的範疇。思想會缺乏統一性，更不用說所有事物都指向的體系（system）。[18]

在這篇文章中，我強調了圖式在自我和理性可以把控之前，作為靈魂中「無意識」機制的功能。在這方面，有兩點很重要：（1）儘管在脫離上下文語境時，這個段落讀起來像是以弗洛伊德閱讀康德的認識論概念，但仔細閱讀會發現，阿多諾和霍克海默其實是透過社會物質的意義重新定義了圖式的概念；（2）他二人強調：康德的圖式論對於建立關於實在（reality）知識的統一性非常重要。在康德看來，「認知」（knowledge）事物之可能的條件，同時也是認知「事物」（things）之可能的條件。關於事物的認知，他們心中的統一性是，社會在自我認知中的社會物質的統一性。阿多諾和霍克海默在這裡提出的關於社會物質的看法，是根據索恩－雷特爾的社會抽象理論，[19] 認為文化工業是真實存在的社會物質圖式，建立了社會認知本身的結構。「認知本身」（knowledge as such）在這裡指的是認識到一個特殊的資本主義社會可以在這樣的條件下產生，以及認識到在這樣一個統一的社會中認知其本身的可能。因此，文化工業要承認的是資本主義社會必須具備對自己的認知，這樣才能滿足在該社會下進行的所有活動。此外，對個體而言，它建立了一個預先感知的框架，在這個框架中，世界作為一個整體被預先展現出來，這個框架預先「審查」（censors）了這個世界上能被經驗的事物。文化工業在生產和消費之間建立起一個社會先驗的和諧，用阿多諾和霍克海默的話來說：

即使是在閒暇時間，消費者也必須根據生產的統一性來定位自己。康德的圖式論仍然期望主體做出積極的貢獻，一開始就把感覺的多樣性與基本概念聯繫起來，但工業化卻拒絕讓主體這樣做。它把圖式作為第一服務提供給消費者。根據康德的圖式論，心靈中有一個祕密機制負責預先形成適合純粹理性

系統的即時數據。不過這個祕密現在已經被揭曉了。[20]

　　有趣的是，「為人民創造無夢的藝術」[21]與1861至1863年間馬克思撰寫的《資本論》（Capital）手稿中關於資本拜物教的描述驚人的相似。馬克思在手稿中，將商品拜物教作為利益和資本拜物教進行分析，並形容為「沒有幻想的虛構」（fiction without fantasy）。[22]這意味著，在資本主義下能夠有意義地經驗的事物，在它們的圖式化過程中，文化產業的作用方式與馬克思的商品拜物教相同，只要商品拜物教不是一種認知或信仰的主觀形式；相反地，它是因客觀而無意識的實踐，與穩定的勞工、商品的交換以及生產的整體實踐聯繫在一起。事實上，拜物教是一種「客觀虛構」（objective fiction），它不再需要主體參與。同樣，文化工業是社會自我認知的投射，而經驗既然被文化工業排除在外，那麼對這些認知而言也就不再具有意義。

（三）文化工業的主要特徵

　　作為一種社會圖式，文化工業提出了經驗和認知的統一性框架，在以任何具體活動了解這個概念之前，它的特徵能夠以幾個值得特別注意的社會理解概念來描繪。這些概念與「真正的」文化對立；真正的文化是獨特的、非附加利益的、具有自主性、想像力、特殊性的，有幸福感、超然的、烏托邦式衝動的、是必需品，是美的、複雜的。相比之下，文化工業將社會預設為千篇一律的、可重複的、（圖利外在的）工具性、斷言的、是虛假願景和簡單的事物。其中最重要的社會概念就是「同一性」，因為是這個條件才使資本主義社會中的一切皆化為可能：

> 這種程序化的圖式其本質上是來自於機械地區分產品，最終讓所有事物都變得相同。任何對差異性著迷的孩子都知道，克萊斯勒（Chrysler）和通用汽車（GM）之間的差異就是一種迷惑人的幻覺。[23]

同一性很重要，它讓我們能更清楚看到「交換」本質中的抽象以及交換本身的問題。與其他概念相較，這點在馬克思的《資本論》中也至關重要，它使馬克思的價

值討論有可行性，因為馬克思的價值討論是建立在抽象的基礎上，如此一來所有東西才有與彼此交換的可能性。正如作者所言：「任何可能不相同的事物都變成相同的〔……〕所有事物與事物相較而擁有的特性都是犧牲事物可與自身相同得來的。」[24] 商品可交換的定量方程式需要一個定性的緯度，使商品之間彼此等價，從而達成商品之間的交換。儘管抽象的勞動和價值已經成為資本主義現實下所有活動的普遍形式，我們卻不必太過糾結所有抽象的細節，而該注意阿多諾和霍克海默並沒有（像馬丁‧海德格〔Martin Heidegger〕那樣）將相同性和差異性作為令人質疑的現代性結構的簡單對立來看。相反地，正如上述引文所示，他二人認為，文化工業作為資本主義社會的自我認知所導致的這種同一性框架，涵蓋了產品認同以及消費意義；這個框架是資本主義生產體系所需，因為自主性和自發性的產品都被從價值恆定的世界中排除。

阿多諾在其他著作中也明確提及，認識論和作為社會本體論的社會理論之間的聯繫。例如，對於阿多諾來說，非同一性是認知事物的關鍵概念，也是社會理論能成為社會現實的理論的核心。透過中介，或者說抽象的人類勞動，本質不同的使用價值變得相同。阿多諾在《否定的辯證法》（*Negative Dialectics*）中寫道：「把人類勞動簡化為抽象普遍的平均工時的概念，從根本上與同一性原則血脈相連」。[25] 因此，同一性思維及伴隨其而生的認識論，就不僅僅是社會理論家和早期哲學家的問題，而是構成了資本主義社會結構的現實。社會認識論不僅是對類似（資本主義）社會的事物以及其如何在理論中被認識的一種重現，它還是在社會內建構的，因此這種理論的基本概念可以作為理解現實本體論的方針。因而，克服同一性思維不僅僅是理論或學術界的任務，同時也是政治任務。想要獲得救贖意味著哲學思考不能再把資本作為社會結構的全部原則。也就是說，交換原則既構成社會認知，也構成社會現實。

同樣，被阿多諾和霍克海默認為是文化工業圖式的主要特徵，恰恰也是價值形式的特徵，從而也是資本的特徵。因此，我們可以冒險假設，文化工業是現代社會個體在日常生活中認知價值的方法。所以，如果我們把同一性視為內容，就等於誤解了文化工業產品同一性的命題；同一性是對於文化產品形式的爭論。同一性這個議題近期才被拿來與名氣和名人文化，如何雙雙為文化產品與一般商品

達到品牌效用而進行探討。保羅‧泰勒和珍莉‧哈里斯（Paul A. Taylor and Jan Li Harris）寫道：

> 阿多諾認為，文化工業依賴的是一種對本質相同的商品之間所存在的差異性的偏執否定。利用廣告工業製造膚淺的區別和所謂的屬性來創造差異的錯覺。文化工業在這方面和名人以及品牌有得比。廣告成功意味著毫無生命的物品會成為明星商品。[26]

兩位作者並以電視真人秀和音樂節目為例，比如《美國偶像》（*American Idol*）或《誰是接班人》（*The Apprentice*）這兩檔節目。《誰是接班人》的節目選角絕非偶然，主要角色由國總統唐納‧川普（Donald John Trump）扮演，既宣傳了自己作為品牌又展示了名人力量。在這些例子中，名人和商品形式藉由名氣的和作者所謂的「抽象的慾望」（abstract desire）以及「平庸的準則」（politics of banality）綑綁在一起。[27] 觀眾們在「平庸的電視」中扮演參與其中的消費者，「評委」向大眾販售代表音樂產業的音樂產品和歌曲。此外，正如作者所強調的，名人文化和以人格特質為基礎形成的奇觀息息相關：「名人和以人格特質為準則的文化，兩者皆利用暴露個人私生活來分散人們對政治、社會和經濟等更加重大的議題的注意力，情感用事取代了政治效力。」[28]

除此以外，與同一性息息相關的還有「可重複性」這個概念。儘管可重複性源自於用來定義文化工業產品的抽象同一性，但兩者之間還是有關鍵的差異。正如作者所言，「抽象的均平法則讓自然界的一切事物都成為可重複的」[29] 文化工業的產品不能脫離圖式，它必須是可重複的，也因此無法達到真正的自主性和自發性：「但是，什麼是『新』？『新』難道就是文化、藝術和娛樂當中那些受限於結果論又說不清道不明的元素？……這個元素就是『重複』。」[30]

我們可以從可重複性和目的性推演出「工具性」這個強調圖利外在的概念。文化工業的性質不允許事物因其內在意義而被製造出來或開展活動，取而代之的是，文化消費的產品都是基於「有益於他者」的前提，特別是必須有助於生產和資本的整體脈絡。這裡，應該把工具性看成偏向政治經濟學的意涵，因為只要在普

遍存在的有價勞動和有價生活範疇以內，人類生產和創造的一切，最終都只有一種「功能」，為達到財富增長、資本自增、社會發展的使用價值的功能。正如一個評論所說：「文化是以銷售為目的而製造出來的，生產則讓位給分銷，對藝術的期望也就此破滅」。[31] 如此一來，一切都受制於價值的型態，而文化工業就展示給我們看它對型態的認知，比如價值的型態，或者資本以文化和文化消費作為的型態。

阿多諾和霍克海默認為，文化產品的商品化和價值型態，以及自帶的抽象性質等，都是為了祛除在文化工業這種變態反常的生產方式中可能存留的一絲承諾和慾望。「文化工業不是昇華，而是壓制」。[32] 慾望原本折射了在不同情況下現實對幸福、滿足或滿足需求的解讀，但抽象的承諾和慾望意味著被一種空洞的形式所支配（可以被任何商品滿足，甚至被相同的商品反覆滿足）。幸福被化約為相同的不斷重複。對於阿多諾和霍克海默來說，罐頭笑聲、強迫性娛樂和搞笑文化都是這種空洞重複的最好例子。笑聲是「幸福假象的具象」，[33] 再沒有什麼是被認真對待的，偽個體性和偽真實性支配一切。正如作者所言，「文化工業用無止盡的打包票來無止盡地欺騙消費者，用設計和包裝所發行的快樂支票被無限延長兌現時限」。[34]

因此，文化工業將社會視為既定事實，視資本主義制度為不可動搖的磐石，商品文化決定了創造力和藝術實踐的一切意義。文化工業仿若現代科學實證主義，一切都是自然現象和訊息。曾經占據藝術和理論中心位置的「先驗」逐漸消失；見山是山。每個消費者都知道，A=A是價值鐵律，文化工業的產品「不過是它們本身的樣子」。[35]

總之，文化工業最終建立的社會既定認知就是，價值和商品型態在抽象的現實中的既定社會關係。它產生了客觀上屬於價值和商品型態的主觀認知。文化工業所奉行的那種模糊的概念，其實就是把商品拜物教提升為一種普遍認知，一種對這個社會真正存在的社會型態的認知。

三、文化工業作為生命產業

阿多諾和霍克海默對文化工業的探討可說是基於所謂的「主觀主義的殘餘」

——如果這裡所說的主觀主義是指對主體性的理想主義哲學的遺物。例如，他們仍然將文化工業視為消費者和世界之間的「過濾器」，[36] 一個應該隨著近幾十年新的生產和消費形式出現而加以修正的過濾器。也就是說，他們認為在理智和現實之間存在一個「精神的領域」。最近的研究可說見證了產業試圖連結心靈（電子、網絡），或生命（生物）和大腦（神經），以便製造出資本主義再生產所需的思維和頭腦。為了讓生命完全適應資本邏輯和增長需求，神經科學和生物工程學這類與電子工業相關的產業將文化工業推向一個新高度，開始涵蓋人體器官、基因以及大腦。透過腦部及生命科學的新發展，文化工業正處於一個節點：阿多諾和霍克海默對文化工業的想像（電影、廣播、電視、廣告等）變得不那麼重要了，因為產業已經可以直接透過改造技術干涉人類的一系列心理活動和能力，比如螢幕、電子設備、全球定位系統、演算法、晶片、智能冰箱和谷歌眼鏡（Google Glass）等等。透過這些網路技術建立起一個全球的裝置系統和物聯網。「靈魂的技術」[37] 和「編程產業」取代了傳統的媒體產業（儘管它們仍具相同功能），並導致「知覺開始變得商品化」。[38] 可以說，圖式被植入康德原來就指明的地方，亦即人的身體和思想。人體器官透過相互連接的網路運作，數據被傳遞到數字產業，並兀自進行預測。新的「文化」產品是電腦遊戲、便攜式電視、3D 虛擬真實設備、手機預設程序和可植入人體的追蹤設備，或是可以直接操控消費者來推廣產品的神經科學新研發。例如，神經科學的研究被用在開發刺激系統上，在消費者不知情的情況下引導他們的消費慾望。由於這些新的數位系統幾乎可以全面追蹤記錄所有的資訊，也從不會遺忘，因此它們變成比其使用者知道的還多。例如，手機應用程序對使用者的了解，就比使用者對自己的了解還多。數位和網絡形式的文化產品基本上可以被無限地調整並安置在任何地方。也就是說，個體的時間和空間都可以被這些新的文化產品占據。這種情況超出了阿多諾和霍克海默的設想，因為主體性在某種程度上完全被消除了；消費者的慾望由身體內的「填充物」控制。

幾乎無所不在的螢幕早已預見了這個現實；表象的背後是一切都是為資本服務。喬納森・貝勒（Jonathan Beller）認為文化工業的產品「當今已經與自我感知交織」，這是網路發展以價值為名，成為無孔不入的文化生產網絡的結果。[39] 也因此，在「資本對身體的整合」之後，人類的感官由新的視覺和注意力技術製造和重

組。[40] 19世紀開始的「感知方式的革命性變化」現在已經擴及數位生產。谷歌成為了新的好萊塢。從這個角度來看，過去因為其大眾特質而被阿多諾質疑的電影院，現在倒似舊時代的浪漫。

　　繼阿多諾和霍克海默之後，貝爾納‧斯蒂格勒（Bernard Stiegler）認為「被摧毀的往往是人的本能慾望——亦即原來屬於信念領域的，現在都變成系統計算的」，而且影響的不只是精神領域。[41] 過去被認為的「需求」，現在被心靈產業（mental industries）所控制，特別是消費以外的需求，已經被系統化生產的慾望取代。這不是像媒體技術（透過寫作、書籍、機械、電腦化、媒介、標準化等等）取代語言那麼簡單，因為現在被取代的是人類的視覺、聽覺系統、觸覺、痛感等等神經和感知器官。換句話說，一切的覺知（noein）不過就是這些產業生產的過程。阿多諾和霍克海默沒有料想到的是，社會客體的圖式化論點需要社會再生產理論的支撐，而這種再生產則需要主體性生產的支持。為此，斯蒂格勒研究出了「記憶工業化」（Industrialization of Memory）的理論，表明記憶在被外化之前就產生了主體性。[42] 記憶，也就是主體接觸自己和自己的過去，越來越只能依靠設備、資料庫、網絡、資訊技術等來完成。簡單地說，就是設備（網）總是比主體知道的多更多。儘管圖書館也比它們的用戶知道的更多，但圖書館無法直接影響個體行為。而在電子產業中，個體及其偏好、歷史、生平、過去的選擇等等卻都會被新的「媒介」聯繫在一起。商店裡的人臉辨識系統會在我不知情的情況下，控制我的慾望，替我做出選擇；我的手機知道我的「喜好」，會引導我去看芝加哥藝術學院（School of the Art Institute of Chicago）的一幅特定畫作。所以問題並不像柏拉圖（Plato）曾經哀嘆的，我們透過外化而忘記；相反地，我們的認知在面對主體之前就已經被外化了。「控制」慾望和願望不再需要透過精神，因為慾望的內容已經可以被直接創建出來。這是工業化文化的新緯度；產業和完全歸依這些產業的科學縮短了阿多諾和霍克海默心中「文化」產品的迴路。現在，文化工業的認同邏輯可以利用螢幕直接產生，一如大腦的作用，彷彿一個思維的外化裝置。同理，阿多諾和霍克海默認為工業化文化行使的價值認同邏輯，現在變成了一個「全球記憶技術系統」，[43]（理論上）將地球上的每一件事情聯繫起來。全球的消費時間現在可以被稱為「大腦時間」，[44] 往壞的去說就是這會導致「系統化組織的愚蠢」和「信任與希望

的清盤」。[45]

　　儘管貝勒和斯蒂格勒提出的新論點是建立在對純粹理性技術的分析之上，但我們應該注意，就個體與現存系統的整合而言，他們的結論與阿多諾和霍克海默有某種程度的相似，而他們對價值和商品型態的含攝作用（subsumption），仍舊是這些新研討的主要結果。

四、結論：沒有實質的主體

　　阿多諾和霍克海默對文化工業的反思是在「黑暗時代」所寫就，儘管有各種誇大、簡化和當代的延展，但我們最好不要忘記法西斯、獨裁政治、無意義的宣傳和刻意生產的文化消費這些威脅仍然伴隨著我們，甚至其許諾一如20世紀上半葉一樣虛無、空洞。考慮到最近的政治、文化和技術發展，人們不禁要問，除了比過去較高的發展水準以外，我們是否正在倒退回早期批判理論家們所忍受的社會、經濟和政治狀況。曾經，馬克思對無產階級的定義是「沒有實質的主體」，現在這種抽象的笛卡兒（René Descartes）式的自我卻已經適用於形容我們所有人。我們被掏空為消費者，變成抽象的認知者。我們消費沒有人需要的產品，我們了解沒有真實內容的事物。

【附記】

原文譯自 Christian Lotz 應本書邀約而提供之專文，原文題為 "The Culture Industry: Culture and Aesthetics"。本章得以順利刊出還要感謝中國社會科學院助理研究員戚強飛博士。戚博士為北京大學哲學系博士畢業，於我們翻譯本章時提供諸多協助，包括普及哲學專有名詞、解釋康德特定概念以及校對部分文意詞句等。

註釋

1　可以在大部分阿多諾討論爵士樂的英美文獻裡發現這項指控的蹤影。不過，也有為其辯護的文章。參見：Michael J. Thompson, "Theodor W. Adorno Defended against His Critics and Admirers: A Defense of the Critique of Jazz," *International Review of the Aesthetics and Sociology of Music (IRASM)*, 41(1), 2010: 37-49.

2　關於這些控訴，參見：Jürgen Habermas, *The Theory of Communicative Action*, Two Volumes (New

York: Beacon Press, 1985). 從這個觀點來看，我們不能小覷阿多諾回到德國後經常參與電視和廣播節目這件事。不僅如此，阿多諾關於教育（Erziehung）和人格養成（Bildung）的公開課程都證明了阿多諾與大眾傳媒和大眾娛樂的關係並不是絕對對立的。參見：Theodor W. Adorno, *Gesammelte Schriften*, Rolf Tiedemann, ed. (Darmstadt: Wissenschaftliche Buchgesellschaft, 1998) 674-690.

3　在《啟蒙的辯證》裡已經開始找尋其他解釋，尤其是阿多諾之後的寫作，更可以看見他開始對大眾娛樂抱有更深的矛盾情節。參見：Richard Klein, Johann Kreuzer and Stefan MüllerDoohm, eds., *Adorno Handbuch: Leben-Werk-Wirkung* (Stuttgart: Metzler, 2011) 257-260.

4　關於這項指控，參見：Jürgen Habermas, 1985.

5　關於這項指控，參見近期法蘭克福學派理論化當中的大脈絡：Amy Allen, *The End of Progress: Decolonizing the Normative Foundations of Critical Theory* (New York: Columbia University Press, 2016).

6　Tom Kuhn, *Cambridge Company to Adorno* (Cambridge: Cambridge University Press, 2004).

7　Alfred Sohn-Rethel, *Intellectual and Manual Labor: A Critique of Epistemology* (Atlantic Highlands: Humanities Press, 1978).

8　我們不要誤以為，那些「敵對的」批判理論哲學家也企圖占領文化的討論範疇，至少在德國是這樣。例如，阿多諾曾經反對過一本由藝術史學家漢斯·澤德爾邁爾（Hans Sedlmayr）所寫的著名書籍《中心之殤》（*Der Verlust der Mitte*）。還有，海德格（Martin Heidegger）在他二戰後一個關於建築學和建築物的重要講座《築·居·思》（*Bauen, Wohnen, Denken*）裡，認為「培育」（cultivation）是指將實體最必要的可能性建立起來，也因此這個詞有明確的農業意思在裡面。

9　關於這項爭論，參見：Murray W. Skees, "Kant, Adorno and the Work of Art," *Philosophy and Social Criticism* 37(8), 2011: 915-933. 在這種情況下，應該注意康德所說的「自發性」（spontaneity）指的是(1)綜合客體的能力，(2)創造性想像力（Einbildungskraft）能夠捕捉直觀的能力，以及(3)自由這個概念的基礎。這裡，我們可以再次在文化工業一章中找到隱晦的康德體系。

10　這個觀點也貫穿了德國傳統（遺風）中將博物館、藝術家、語言、詩歌以及劇場提升為國家教育的部分。

11　Theodor W. Adorno, *The Culture Industry* (London: Routledge, 2001) 123.

12　Theodor W. Adorno and Max Horkheimer, *Dialectic of Enlightenment: Philosophical Fragments*. Edmund Jephcott, trans. (Stanford: Stanford University Press, 2002) 125.

13　Theodor W. Adorno, *The Culture Industry*, 65.

14　Theodor W. Adorno, *The Culture Industry*, 64.

15　我認為，盧卡奇對馬克思的閱讀是一種「有生產力的誤讀」，因為馬克思對於商品的概念原本就可以一種社會形態來解讀。例如，可以形塑社會關係整體的，自然也能成為資本主義的「文化」。

16 　誤讀文化工業知識生產的例子可見最新編纂的阿多諾讀本裡的克卜勒（Angela Keppler）書寫
　　的部分。她把文化工業詮釋為建立「對社會和個人現實的複雜性和豐富性的意識」。雖然她
　　的論點不是完全不對，但是我的看法與她不同，我認為這種觀點只是在複製「虛假意識」常
　　常被誤讀的範式。參見：Richard Klein, Johann Kreuzer and Stefan Müller Doohm, eds., *Adorno
　　Handbuch: Leben-Werk-Wirkung* (Stuttgart: Metzler, 2011) 261. 這種認為媒體系統製造「虛假意
　　識」的論點也可以在美國左派學者的著作裡看到，例如諾姆・喬姆斯基（Noam Chomsky）
　　的「製造共識」（Manufacturing Consent）理論。在此我想試著表達的是，阿多諾的「一體化」
　　（integration）概念應該放在元級別上面來理解，是把統一和綜合建立為資本主義社會對自身
　　的認識，而不應該把這個概念混淆為媒體系統如何對社會現實的訊息進行圖式化。從這個
　　觀點來看，應該多加思考文化工業與阿圖塞（Althusser）用來確立「絕對主體」的「意識形態」
　　（ideology）之間的關聯性。

17 　Theodor W. Adorno and Max Horkheimer, 65.

18 　Theodor W. Adorno and Max Horkheimer, 64.

19 　Alfred Sohn-Rethel, *Intellectual and Manual Labor: A Critique of Epistemology* (Atlantic Highlands:
　　Humanities Press, 1978).

20 　Theodor W Adorno and Max Horkheimer, 98.

21 　Ibid.

22 　Karl Marx, Zur Kritik der Politischen Ökonomie (Manuskript 1861-1863), in Karl Marx and
　　Friedrich Engels, *Gesamtausgabe (MEGA), Zweite Abteilung*, Band 3, Teil 4 (Berlin: Dietz Verlag,
　　1979) 1450.

23 　Theodor W Adorno and Max Horkheimer, 98.

24 　Theodor W Adorno and Max Horkheimer, 8.

25 　Theodor W. Adorno, *Negative Dialectics* (New York: Continuum, 1973) 146.

26 　Paul A. Taylor and Jan Li Harris, eds., *Critical Theories of Mass Media: Then and Now* (Berkshire,
　　England: Open University Press, 2008) 135.

27 　Paul A. Taylor and Jan Li Harris, eds., 138, 149.

28 　Paul A. Taylor and Jan Li Harris, eds., 154.

29 　Theodor W. Adorno and Max Horkheimer, 9.

30 　Theodor W. Adorno and Max Horkheimer, 108.

31 　Shane Gunster, "Revisiting the Culture Industry Thesis: Mass Culture and the Commodity Form,"
　　Cultural Critique 45, Spring, 2000: 48.

32 　Theodor W. Adorno and Max Horkheimer, 111.

33 　Theodor W. Adorno and Max Horkheimer, 112.

34 　Theodor W. Adorno and Max Horkheimer, 111.

35 Theodor W. Adorno, The Culture Industry, 89.

36 Theodor W. Adorno and Max Horkheimer, 99.

37 Bernard Stiegler, *The Re-enchantement of the World: The Value of Spirit Against Industrial Populism*, Trevor Arthur, trans. (London: Bloomsbury, 2014) 12.

38 Bernard Stiegler, *The Decadence of Industrial Democracies* (London: Polity, 2011) 63, 113.

39 Jonathan Beller, *The Cinematic Mode of Production: Attention Economy and the Society of the Spectacle* (Hanover, NH: Dartmouth College Press, 2006) 1-2.

40 Jonathan Beller, 13; Marshall McLuhan, *Understanding Media: The Extensions of Man* (Cambridge, MA: MIT Press, 1994).

41 Bernard Stiegler, *Uncontrollable Societies of Disaffected Individuals*, Daniel Ross, trans. (London: Polity, 2013) 65.

42 Bernard Stiegler, *For a New Critique of Political Economy*, Daniel Ross, trans. (London: Polity, 2010).

43 Bernard Stiegler, *The Decadence of Industrial Democracies*, 8.

44 Bernard Stiegler, *The Re-enchantment of the World: The Value of Spirit Against Industrial Populism*, 2.

45 Bernard Stiegler, *Uncontrollable Societies of Disaffected Individuals*, 67.

譯註

i   何乏筆在〈《最小道德學》選集〉的譯序中指出，阿多諾原書名為「Minima Moralia: Reflexionen aus dem beschädigten Leben」，並在各地有不同的翻譯，例如日本和大陸使用的《最小道德學》，台灣及部分大陸學者使用《最低限度的道德》。何乏筆並指出前者的翻譯更為恰當，因為「Minima Moralia」是對應亞里斯多德後學整理的「Magna Moralia」，亦即《大的道德學》。因此，雖然台灣慣用《最低限度的道德》，此處翻譯選擇使用更貼近阿多諾起名意圖的《最小道德學》。參見阿多諾（Theodor W. Adorno）著，何乏筆譯，〈《最小道德學》選集〉，《當代》第198期（2004年2月），頁46-53。

ii 一棵植物只有具有自身的可能性（比如向上生長、長高、變粗、長出枝葉、開花等自然屬性），並且發展這些可能性（發展那些有限的自然屬性；有限意味著，長高、變粗到某個數量就到極限了，不會一直長下去；發展意味著需要某些條件如日照、水分、足夠的空間來讓那些自然屬性的生長成為現實），然後才可以說，一棵樹茁壯成長了、自由了。

參考書目

Adorno, Theodor W. Gesammelte Schriften. Rolf Tiedemann, ed. *Darmstadt: Wissenschaftliche Buchgesellschaft*, 1998.

Adorno, Theodor W. *Negative Dialectics*. New York: Continuum, 1973.

Adorno, Theodor W. *The Culture Industry*. London: Routledge, 2001.

Adorno, Theodor W. and Max Horkheimer. *Dialectic of Enlightenment: Philosophical Fragments*. Edmund Jephcott, trans. Stanford: Stanford University Press, 2002.

Allen, Amy. *The End of Progress: Decolonizing the Normative Foundations of Critical Theory*. New York: Columbia University Press, 2016.

Althusser, Louis. *On the Reproduction of Capitalism: Ideology and Ideological State Apparatuses*. London: Verso, 2014.

Armin, Ash and Nigel Thirft, eds. *The Cultural Economy Reader*. Malden, MA: Blackwell, 2004.

Baudrillard, Jean. *For a Critique of the Political Economy of the Sign*. New York: Telos Press, 1981.

Baudrillard, Jean. *The Consumer Society: Myths and Structures*. London: Sage, 1998.

Beller, Jonathan. *The Cinematic Mode of Production: Attention Economy and the Society of the Spectacle*, Hanover Ediction, NH: Dartmouth College Press, 2006.

Cook, Deborah. *The Culture Industry Revisited: Theodor W. Adorno on Mass Culture*. London: Rowman & Littlefield, 1996.

Crary, Jonathan. *Suspension of Perception: Attention, Spectacle, and Modern Culture*. Cambridge, MA: MIT Press, 2001.

Debord, Guy. *Society of the Spectacle*. Tr. Ken Knabb. London: Rebel Press, 2011.

Enzensberger, Hans Magnus. *Einzelheiten I*. Frankfurt/M.: Suhrkamp, 1962.

Fuchs, Christian. *Culture and Economy in the Age of Social Media*. London: Routledge, 2015.

Gunster, Shane. "Revisiting the Culture Industry Thesis: Mass Culture and the Commodity Form," *Cultural Critique* 45, Spring, 2000: 40-70.

Habermas, Jürgen. *The Theory of Communicative Action*, Two Volumes. New York: Beacon Press, 1985.

Haug, Wolfgang Fritz. *Critique of Commodity Aesthetics*. Robert Bock, trans. Minneapolis: University of Minnesota Press 1986.

Huhn, Tom ed. *Cambridge Companion to Adorno*. Cambridge: Cambridge University Press, 2004.

Illouz, Eva. *Consuming the Romantic Utopia: Love and the Cultural Contradictions of Capitalism*. Berkeley: University of California Press, 1997.

Jameson, Frederic. *Jameson on Jameson: Conversations on Cultural Marxism*. Durham, NC: Duke University Press, 2007.

Klein, Richard, Johann Kreuzer and Stefan Müller Doohm, eds. *Adorno Handbuch: Leben-Werk-Wirkung*. Stuttgart: Metzler, 2011.

Lotz, Christian. *The Capitalist Schema: Time, Money, and the Culture of Abstraction*. Lanham, MD: Lexington Books, 2016.

Lotz, Christian. "Fiction without Fantasy. Capital Fetishism as Objective Forgetting." *Continental Thought & Theory* 2, 2017: 364-382.

Lotz, Christian. "Gegenständlichkeit: From Marx to Lukács and Back Again." In Darrell Arnold and Michel, Andreas, eds. *Theory and Practice: Critical Theory and the Thought of Andrew Feenberg*. London: Palgrave 2017. 71-89.

Marx, Karl. "Zur Kritik der Politischen Ökonomie (Manuskript 1861-1863)." In Karl Marx and Friedrich Engels. *Gesamtausgabe (MEGA) Zweite Abteilung*, Band 3. Teil 4. Berlin: Dietz Verlag, 1979.

McLuhan, Marshall. *Understanding Media: The Extensions of Man*. Cambridge, MA: MIT Press, 1994.

Moulier-Boutang, Yann. *Cognitive Capitalism*. Ed Emery, trans. London: Polity, 2012.

Seel, Martin and Angela Keppler. "Zwischen Vereinnahmung und Distanzierung. Vier Fallstudien zur Massenkultur." In Martin Seel, ed. *Adornos Philosophie der Kontemplation*. Frankfurt/M.: Suhrkamp, 2004.

Skees, Murray W. "Kant, Adorno and the Work of Art." *Philosophy and Social Criticism* 37(8), 2011: 915-933.

Sohn-Rethel, Alfred. *Intellectual and Manual Labor: A Critique of Epistemology*. Atlantic Highlands: Humanities Press, 1978.

Stiegler, Bernard. *For a New Critique of Political Economy*. Daniel Ross, trans. London: Polity, 2010.

Stiegler, Bernard. *The Decadence of Industrial Democracies*. London: Polity, 2011.

Stiegler, Bernard. *The Re-enchantment of the World: The Value of Spirit Against Industrial Populism*. Trevor Arthur, trans. London: Bloomsbury, 2014.

Stiegler, Bernard. *Uncontrollable Societies of Disaffected Individuals*. Daniel Ross, trans. London: Polity, 2013.

Taylor, Paul A. and Jan Ll Harris, eds. *Critical Theories of Mass Media: Then and Now*. Berkshire, England: Open University Press, 2008.

Thompson, Michael J. "Theodor W. Adorno Defended against His Critics and Admirers: A Defense of the Critique of Jazz." *IRASM* 41(1), 2010: 37-49.

Wayne, Mike. *Marxism and Media Studies: Key Concepts and Contemporary Trends*. London: Pluto Press, 2003.

CHAPTER 13

審美、感知與設計
跨學科取向的文化模式

Harry Francis Mallgrave　著
羅慧蕙、劉義菡　譯

> 我們所做的許多事情都是由有著深遠進化歷史的行為傾向、心
> 情、情緒以及情感所塑造。這些身體狀態並不是在人類意識中神
> 祕閃現不可獲知的。
>
> ——丹尼爾・羅德・斯邁爾（Daniel Lord Smail）[1]

一、經驗與建成環境

　　如今，人文科學範疇內的各個學科正在經歷一場劇變，其規模令人瞠目結舌。學科的基本前提正被修訂和更替，新的篇章在多個領域即將展開。當哈佛大學（Harvard University）歷史學家丹尼爾・斯邁爾提出上述頗有爭議的論點時，他呼籲那些視自己的研究方法為自主和傳統不變的同事，將「人文社會科學與自然和生命科學聯繫」，深入挖掘「久遠歷史中的神經生理學遺產」，從生物機制的角度來研究不斷歷史演變著的人類行為習慣。[2]

　　我們在本文中所做的努力與丹尼爾教授並無不同，因為我堅信設計界必須超越在20世紀思想概念局限和研究方法局限，並採用一種全新的思維方式，一種與了解自身的新方法相類似的思維方式。如果本文的目的是構建一種以人類對建成環境的體驗為中心的設計思維方式，那麼這就不能僅僅只包含另一個概念範式或一系列觀點想法，還需要充分了解人類生物、情感、審美、社會和文化維度的方方面面。由於設計藝術和建築涉及和跨越的領域眾多，所以其研究方法有必要是跨學科的。但這並不意味著設計師應該像過去一樣，借鑑人文或科學的策略或方法論，而是指設計師可以也應該了解與涉足有特別關聯的知識領域。因此，我們

將從雙重角度來考慮「設計」：一是我們如何參與或制定建成環境，二是建成環境又如何反過來塑造我們。

當然，透過「經驗」這一媒介來定義「建成環境」（built environment）在建築或藝術領域並不是一個新的命題想法。許多建築師的努力都將我們的關注引導至物理環境的體驗性和多感官維度方向。約翰・杜威（John Dewey）於1934年在《藝術即經驗》（*Art as Experience*）一書中提出了知覺的生理和情緒本質。他認為，情緒不是透過感官獲得再由頭腦處理所得，而是有機體與世界積極互動過程中產生的一個由前反思和情緒驅動的、能夠控制人類注意力系統的「活力增強」時刻。[3] 杜威是現代最早對「感知」進行討論的學者之一，他繼而將「情緒」定義為「運動和黏合的力量」，它選擇適合的材料並將其上色，從而賦予外形不同且相異的材料質性統一。[4] 生命是有意圖行為的動態流動，由身體感官使之活躍，經驗也因此成為整體，而不是可分解的身體律動練習。我們與世界的關係本質上是有機體的關係。

在杜威的時代，有著類似觀點的學者，生物學家雅各・馮・尤克斯奎爾（Jakob von Uexküll）在《探索動物和人類世界》（*A Foray into the Worlds of Animals and Humans*）一書中拓展了自己對「環境界」（Umwelt，德文「周遭世界」之意）的概念和見解，他認為有機體的感知總是受自身「周圍環境」的限制，其界限由有機體特有的意義的感官「載體」所界定的。[5] 例如，人類或許會將花朵感知為裝飾品，但是昆蟲卻可能將花朵感知為障礙物或是食物。事實上，每個有機體都構建了自己的世界。

在類似的理論前提下，1934年科特・戈德斯坦（Kurt Goldstein）在《機體論》（*The Organism*）中提出，因為感知經驗不能被簡單的感官印象所窮盡，所以人類的感知不是單一某一感覺器官的能力，而是整體有機體的共同活動作用結果。舉例來說，顏色不是人們觀看畫面構成時的一種中性元素，而是誘導更為普遍的「情緒」或「氣氛」的一種存在，這才是感知經驗的生命本質。此外，每個感知經驗也會誘發軀體反應，特別是與體驗相應的「某種肌肉緊張」。這意味著，有機體的生物系統在對每一個刺激做出反應時，都持續不斷地努力「以適應其環境條件」。[6]

20世紀的現象學從不同的研究角度也發展出了類似的觀點。艾德蒙・胡塞爾（Edmund Husserl）最初提出了他研究意識的內省方法，以揭示人類經驗的內部

和外部視野，探討了那些我們帶到感知行為中的元素，以及環境和環境背景對感知的作用。對於胡塞爾來說，因為意識的存在，感知是活躍的生命力，承載著思想、記憶、情緒、想像、時間、空間以及身體動覺意識的重量。許多現象學家後來都開始強調經驗的不同方面。如果胡塞爾將現象學看作是對生活經驗的描述，可以進行嚴格的自省，那麼他的學生海德格則以更偏向詮釋學的方法來解釋我們與世界的存在關係。莫里斯・梅洛－龐蒂（Maurice Merleau-Ponty）從心理學和生物學領域出發，強調了人類經驗的具身性（embodied nature）。

梅洛－龐蒂的見解如今重新受到哲學界和神經科學界的關注。如果說傳統的形而上學認為心靈是被安置在肉身裡「精神」層面上的東西，那麼梅洛－龐蒂則打破了心靈和身體的區分，也打破了身體和周圍世界的區別。對他而言，感知是一件具身的有機事件，充滿了姿態、態度和意義。例如，當我們在一個房間裡移動時，我們可以清楚意識到什麼是向前進和向後退，而且我們通常帶著意圖和動機進行移動。至於建築，我們對自己棲息地的體驗既是動覺的也是本能性的。我們立即能夠意識到我們所處空間領域的狹窄或廣闊；我們內心傾向於往吸引我們的外在條件傾斜。我們透過觸覺和視覺來區分遠方或近處。我們對空間的感知不是作為一個幾何學的抽象概念，而是透過一個活生生的、能動的有機體的經驗。感知不是對世界上事物的感官認識；無論是個人的還是社會的感知，它總是由具有「原生」意義的事物整合和創造而成。[7] 在梅洛－龐蒂最後一份未完成的手稿中，他甚至用德語術語「移情」（Einfuhlung）來描述人與世界的關係。[8]

正如我們所提及的，「移情」或「共情」的概念在人文學科和生命科學領域經常被引用。這個概念在感性思維和美學思想中有著深厚的歷史，可以追溯到19世紀的最後三十年，其字面意思是「感覺到」某種東西，最初指的是生理和心理過程。透過這些過程，我們與他人和事物（包括藝術和建築）建立聯繫或進行感知。在20世紀前幾十年裡，這個概念在德國現代主義發展中發揮了關鍵作用，一些歷史學家提出，它是德國威瑪時期（Weimar）包浩斯學派（Bauhaus）的重要美學基礎。[9] 如今，「共情」的概念在如此多的領域內被重新賦予生機，正是因為科學家們在神經影像技術的說明下，正在觀察涉及感知的特定神經活動過程。這個概念術語也已經成為社會神經科學新領域的焦點，它採用了英語中「共情」（empathy）的通俗含

義，研究我們與他人建立社會關係的神經系統過程。一些神經科學家與哲學家合作，圍繞著共情概念及其具身類比的表達方式建立了身體間性（intercorporality）模型。[10]

詹姆斯・吉布森（James Gibson）的相關研究也為本文構建感知模型提供了理論參考。早在1966年，這位心理學家在《作為知覺系統的感官》（*The Senses Considered as Perceptual System*）一書中就指出了感知的複合和交織特性。在他的後續研究從「可供性」（affordances）的角度重新闡述了「環境界」的概念。我們對環境領域的物件的感知不是我們賦予其名稱的實體，而是地形、庇護所、水、火、工具和人類的互動。例如，視覺需要移動的身體（透過肌肉組織和前庭神經的活動使之成為可能），身體對環境地面的支持，身體對地面的空間參照，以及有機體的神經機制與環境場的建設性認知接觸。環境不僅僅是這些過程的外部背景；它還是媒介，是提供呼吸、運動、探測振動和擴散輻射、更大參照系，以及照明的媒介。因此，有機體和環境的聯繫是相互的。

一九七〇年代，認知神經科學家從另一個方向研究「感知」。[11]例如「以行動為導向的感知」的模型，基於假設：我們可以透過感知系統的持續行動或潛在行動，而不是以目標結果來描述感知系統，科學家從而提出了感知系統在資訊尋求活動中具有高選擇性特徵。例如，在「感知－行動」迴圈中，有機體可能會猜想資訊感知「圖式」（schema），並根據對如何完成特定目標的預期，在運動皮層中啟動可能的行動路線。這些行動方案還會不斷被修改。由此一來，正如麥可・亞畢（Michael Arbib）所提出的那樣，「大腦必須能夠不斷地修改圖式組合，以便這些圖式仍然適用於相應的物件和任務，儘管這些變化是相對的，還可能涉及輸入（感覺）和輸出（運動）途徑的重新映射」。[12]亞畢在闡明自己的「行動導向感知」迴圈模型時列舉了普立茲克獎得主彼得・祖姆托（Peter Zumthor）的案例，祖姆托透過不斷變化的感官價值以誘導遊客在瑞士的瓦爾斯溫泉浴場（Therme Vals）的活動路徑。

具體來說，在祖姆托的設計裡，遊客的行動路徑被空間設計和感官融合所帶動，不同的感官模式都參與其中。在房間裡，水中有清香嫋嫋的花朵吸引嗅覺，厚重的皮革窗簾則可能會讓遊客在拉合窗簾的動作中引發觸覺和體驗厚重感。

二、環境與生態位

　　《韋氏詞典》（*Webster's Dictionary*）中對「棲身處」（niche）[i]一詞的定義之一是「提供生物體或物種生存所需因素的棲息地」。建築為居民提供了生存和提高福祉所必須的功能，因此建築可以被定義為建造棲息地的藝術。然而，構建棲息地最近具有更大層面上的生態學的意義。在一九九〇年代，三位生物學家約翰・奧德林－斯密（F. John Odling-Smee）、凱文・拉蘭德（Kevin Laland）和馬庫斯・費爾德曼（Marcus Feldman）對於生態系統複雜性提出了新的研究領域。他們定義「生態位構建」（niche construction）是「研究生物體改變環境對進化的影響」，即環境的改變對物種自然選擇壓力的影響。[13] 這一領域的早期研究工作大多集中在動物物種及其物理棲息地，但今日「生態繼承」（ecological inheritance）的概念包括了人類環境和文化行為（包括建築設計）在多方面的各種作用，如改變人類生存模式、基因和文化的交互作用，以及這些交互作用對自然選擇過程的加速或減速效果。

　　如果環境和文化的變化給生物體帶來了神經系統和其他微生物層面的改變，那麼生物體就不能再像過去那樣被看作是基因的固定載體。生物體在改變其環境變數的同時，也在改變其基因組結構的表達。從傳統自然選擇標準來看，經歷過快速進化的人類基因大概有幾百個到幾千個不等，生物學家認為多達10%的人類基因組可能在過去幾千年裡被修改過。[14] 由於人類出生在一個被前幾代人大規模改變的世界中，有前人賦予的農場、房屋、城市、汽車和國家，因此生態位構建和生態繼承可能在人類進化中顯得尤為重要。對於這種說法，三位傑出的生物學家提出了質疑：在設計房子和城市時，我們真的知道自己在做什麼嗎？

　　最近，神經科學家將生物和環境的「生態位」概念擴展到生態位構建的三元模型中。他們以猴子所進行的實驗已經表明，當靈長類動物學會掌握一種工具時，它不僅會擴大大腦感覺運動區域的神經迴路，還會在其他方面增強猴子的認知能力。將這一原則應用於人類，我們的進化現在可以被視為一個整體陸地生態系統（生態、神經、認知），我們需要經過一系列階段來獲得和擴展自己的感覺運動技能，這些階段又同時反過來改變我們的神經迴路，在這種積極的回饋迴圈中，增強我們的認知能力。[15]

在這個模型中，有很多東西可以激發設計者的想像力。眾所周知，靈長類兩足動物的出現對人類身體和大腦的發展產生了重大的生物和物理影響。此外，從樹頂過渡到開闊的平原，隨著火、衣服和庇護所的出現，人類開始適應不同地形和氣候，這往往需要在行為和思維方式上做出重大改變。語言、藝術、農業和城市定居點，所有這些都推動了文化變遷的步伐，就像如今汽車、飛機、電視和電腦正加速影響著我們的行為變化一樣。這些文化創新也許從長遠來看導致了觸覺和嗅覺系統的喪失，以及生成更纖細的骨架和更弱的肌肉組織，但它們也帶來了許多好處。人類在行為靈活性方面是獨一無二的，比靈長類動物有更高的神經可塑性、種群多樣性和多元生活方式。神經可塑性反過來又使我們更注重更欣賞新奇事物和創造力，這又成為了人類認知的一個主要特點。

然而，生態位構建的概念對我們設計人類棲息地有何作用？我們似乎陷入了困境，因為這個問題只能透過實驗測試來探索回答。以生態設計為例，一些進化心理學家認為，現代大都市的工業材料和單一色調並不特別適合人類在自然環境中進化得來的感知系統。一些實驗甚至表明，城市和空氣品質可能抑制人類免疫系統的細胞群，削弱我們對某些癌症和冠狀動脈問題的抵抗力。還有一些研究關注了社會壅堵、環境噪音水準、髒空氣，以及站在高樓大廈陰影下的無力感等，對人類的影響。其實我們早就知道，城市環境中酗酒和精神分裂症的比例通常要高於其他地區，但我們還能從中吸取其他什麼教訓嗎？我們是不是應該後退一步，從根本上重新思考城市生活的本質呢？生態位元構建對工作空間、生活空間以及空間氛圍的組建有什麼影響？

如果不經過深入的調研，這些問題都得不到解答。由於生態位構建是相對較新的研究領域，所以幾乎沒有學者針對設計行業進行過相應的研究。在路易斯·卡蘿（Lewis Carroll）的兒童奇幻文學著作《愛麗絲夢遊仙境》（*Alice's Adventures in Wonderland*）裡有一段耐人尋味的對話：「『你是誰？』毛毛蟲問。這並不是一個令人鼓舞的開場談話。愛麗絲相當害羞地回答說：『我……我不知道，先生，只是現在，至少我知道我今早起來的時候我是誰，但是之後已經變了好多次了。』」[16]建築設計行業也面臨同愛麗絲一般的兩難境地，但是對於設計師來說，生態位構建的核心原則其實可以用簡潔的語言來表述，就像我們設計建成環境一樣，建成

環境也重新塑造了我們。

三、設計與發展系統論

若進一步對「棲身處」（niche）一詞的概念進行思考，建造環境最基本的任務是提供一個具有光照、溫度和濕度的最佳氣候的庇護所或棲息地，這些都是長期以來被認同的設計價值。然而，當我們說到「棲息地」的概念，這個術語暗示了多個相互作用的關係系統。除了這些恆定變數之外，還有許多知覺、神經、社會和文化方面的因素對環境認知表現起作用。例如，當我們進入一間屋子或踏入一片區域，我們的感知可能會受諸多因素的影響，噪音或靜謐、溫暖或寒冷、顏色或混合紋理，或是令人愉悅或不愉快的氛圍，如桌子的擺放方式、植物的氣味、房間內另一個人的笑容等等。所有這些感官活動都可能在一天或一年中的各個季節中發生變化。如此說來，任何棲息地或環境的整體特徵從不取決於任何單一因素，而是由許多因素共同決定。並且，其中最重要的也許是我們給經驗本身帶來的意圖或情感反應。

如果我們不想簡約性地思考設計，那麼我們必須首先認識到人類有機體與自然和社會環境相互作用的巨大複雜性。而複雜性的產生正是由於我們人類實際上是生物有機體，自然環境和人造環境可以在細胞、神經、情感、感知和認知層面影響我們有機體系統的變化。這樣，設計的複雜性就會成倍增加。其次，為設計師打開這一領域的視野是為了賦予設計過程秩序。在構建設計思維方式時，我們從構成這種複雜性的變數數量中發現的問題，與一九八〇年代社會生物學和共同進化爭論期間提出的問題沒有什麼不同，即如何聚合和建構這些生物和文化變數。最新的遺傳模型及其哲學解釋在這方面為我們提供了一些幫助。例如，傳統遺傳學理論認為，基因及其DNA序列是一種特權主程序，被代代傳遞給生物體；這些生物體只有在出生後，才會受到表觀遺傳（epigenetic）或環境影響而進一步改變。在社會生物學的爭論中，來自科學和人文科學的批評人士挺身而出，認為這種二元模型（基因和環境）是對更複雜過程的過度簡化，不能如此簡單地表述。

哲學家蘇珊・歐亞馬（Susan Oyama）是這些批評者中較為突出的一位，她提

出了「發展系統理論」（developmental systems theory）的替代模型。她的基本論點是，所有的有機體形式，與其說是由遺傳程式傳遞或指導的，不如說是在一個發展過程中重構的，這個過程在多個系統的輸入下持續發生於有機體的整個生命週期。正如她對這個問題的描述：「世代之間傳遞的不是性狀（trait），也不是性狀的藍圖或符號表徵，而是發展的手段（或資源，或相互作用物）。這包括基因、其運作所需的細胞機制和更大的發展環境，比如母體生殖系統、父母的照顧與同種生物的其他互動，以及與有生命和無生命世界的其他方面的關係。」[17] 簡而言之，在這個發展過程中，沒有任何一種生物體在某一時刻是完整的或是完成狀態的，因為上述因素一直在生命中發揮作用，所以生物體不斷地重建著其遺傳結構、細胞系統、神經迴路和身體形態。以這樣的視角來看，人類行為中並不存在某個單一的控制變數，如基因。設計過程也是如此。

透過利用影響發展的多個交互因素（如基因的、表現遺傳的、行為的和文化的），上述觀點擴展了傳統的遺傳概念。它認為遺傳過程不僅僅是原子層面的過程，而是一個系統且相互作用的過程，此過程強調有機體和環境的相互依存關係。據此，歐亞馬試圖透過打破先天遺傳和後天學習的二元壁壘來解決20世紀末思想中根深蒂固的問題。正如她所說，先天和後天兩者並不是二元對立的，先天遺傳是我們稱之為「後天學習」的發展過程的產物。[18] 它們其實是同一個系統，因此並不存在固有的人類先天特性，因為生物體內相互作用的發展過程是持續發生的。

然而，歐亞馬還提出了另一個與我們主題更接近的論點。大多數人通常將生物學等科學與人文歷史等社會領域進行對比，她認為，從發展的角度看，人類歷史實際上是「完全生物學的」，「不是因為它是命中註定的，而是因為它是生物活動的編年史」。[19] 她繼而以另一個設計隱喻來論證許多文化歷史學家在討論文化變遷時所犯的錯誤，「一個有機體透過其繼承的化學、機械、社會心理等方面的資源，所能產生的結果取決於這個有機體及其與世界其他部分的關係。它創造自己的現在，並為自己的未來做準備，從不手忙腳亂，總有其辦法，但通常可能以新穎的方式將資源組合在一起」。[20] 在發展系統理論的後續研究中，在生態位構建方面知名的三位建築師將他們的模型置於發展系統理論的背景下，指出「生態位構建生物體不僅塑造了他們世界的本質特性，但也在一定程度上決定了它們及其後代所面

臨的選擇壓力」。[21] 因此，生態位構建和自然選擇不僅是平行運作的，而且是以一種發展的方式相互作用的。

　　讓我們把這個話題與設計聯繫得更緊密一些。人類學家提姆・英格德（Tim Ingold）從歐亞馬關於建築的論點出發，將「建築視角」（building perspective）和「棲居視角」（dwelling perspective）進行了區分。他指出，「建築視角」是「建築師的視角，先設計和建造房屋，然後吸引人類進來居住生活」。「棲居視角」則顛覆了這一思考邏輯，認為房子是「在生活過程」中產生的東西。[22] 英格德指出，房子必須與房子內部發生的發展過程相聯繫，也就是說「人們無論是在想像中還是實際操作中製造或建造的形態，都是在他們當下參與的活動中誕生，在他們與周圍環境實際接觸的特定關係環境中產生」。[23] 因此，設計的重點不是建築結構，而是在建築內發生的體驗或活動。

　　文化理論家在這裡提出了一個重要的觀點，那就是設計師應該在人們生命活動的發展背景下看待他們的努力，或者說他們如何在經驗上與他們的環境相聯繫。正如我們前面所指出的，這種觀點對建築思維來說並不新鮮。多年來，許多具有現象學思想的建築師都對這一觀點表示讚賞。英格德同時也對20世紀建築理論中的許多抽象概念進行了批判。「誠然，人類，也許在動物中獨一無二，有能力在實施之前預想各種形態，但這種想像本身是由真實的人在真實世界環境中所進行，而不是由無肉身實體的智力在主觀空間內遊動以尋求解決問題的辦法」。[24]

　　另一個觀點相近的哲學觀點是「生成主義」（enactivism）。這方面的開創性著作是《具身心智》（*The Embodied Mind*），該書三位作者法蘭西斯科・瓦雷拉（Francisco Varela）、埃文・湯普森（Evan Thompson）和埃莉諾・羅施（Eleanor Rosch）分別是生物學家、哲學家和心理學家。這一著作的跨學科特性正好反映了一九九〇年代知識氛圍的轉變。貫穿全書的一個主題是：「感知不僅根植於周圍的世界並受其制約；它也有助於塑造周圍的世界。」[25] 換句話說，與生態位構建的思想同步，生物體既塑造了環境，同時又不斷被環境塑造。梅洛－龐蒂也提出過類似的哲學觀點。該書作者則利用了大量的實驗研究來佐證。例如，我們並非生來就有一個能夠看到物體的視覺皮層；相反地，如果沒有運動活動和背景基礎來啟動這些系統，視覺皮層就不會在大腦中形成。因此，運動、經驗和文化從一開

始就對我們的感知系統至關重要。

　　三位作者研究的另一個重點在於，他們非常重視人類知覺活動中感覺肌動活動的具身化，儘管不排除其他系統。「感覺運動」（sensorimotor）一詞指的是感覺皮層和運動皮層，即我們對身體產生感覺意識並進行自我運動的新大腦皮層區域。他們強調了兩點：「首先，認知依賴於擁有不同感覺肌動能力的身體所帶來的各種經驗，其次，這些個體的感覺肌動能力本身就植根於一個更廣泛的生物、心理和文化情境中。」[26] 這種情境同時也為發展中的感知提供回饋，因此有機體不斷地重新平衡或調整其與世間互動的意義。因此，認識是透過我們與環境耦合的歷史而形成的，有機體和棲息地是同一生物系統中相互制定和共同決定的計量單位。

　　《具身心智》被證明是一部關鍵性的著作，在接下來的二十年裡，出現了一系列以具身性和生成性（enaction）為主題的研究。這種觀點甚至被整合到一些社會認知和人工智慧的模型中。現象學家尤其被吸引到這場討論中。1996年，瓦雷拉在一篇論文中，提出意識哲學的「難題」，「人類經驗本身的結構」，可以透過運用現有的神經科學工具來更好地解決。[27] 瓦雷拉隨後開始與埃文・湯普森合作，但由於瓦雷拉於2001年逝世，這個合作專案的重任便落在了埃文・湯普森這位哲學家身上。他在2007年出版了《生命中的心智》（The Mind in Life），用更精確的術語定義了「生成主義」的含義，從一個哲學家的角度探索了用這個概念打開對人類情緒、共情和文化等方面研究的新視角。

　　情緒（emotion）一詞來源於拉丁詞彙「movere」（移動的意思），傳統上它被定義為有機體對刺激的反應。然而，當我們從生成的視角來看待情緒運作時，與其說它是對感官輸入的「反應」，不如說是一種經驗前端的一種內源性活動，也即是說，一種從一開始就存在於機體內的持續性活動或運動。埃文・湯普森將情緒描述為「整個有機體活動的原型，因為它幾乎調動和協調了有機體的每一個部分」。[28] 他的意思是，情緒不僅操縱大腦的主要皮層和皮層下區域，而且還操縱神經、免疫和內分泌系統的分子網絡。在現象學意義上，埃文・湯普森將情緒等同於胡塞爾的意向性概念，即有機體向環境的某一方面延伸，為未來的某些活動做準備。因此，情緒不是一種反應或反射，而是——用埃文・湯普森的話來說——「感覺運動過程調節但不是決定持續的內源性情緒活動」，相反地，情緒「為感覺

運動活動注入了情感意義和有機體價值」。[29]

　　因此，對埃文・湯普森來說，情緒是有機體內在活力的湧動，不僅涉及情緒的傳統維度（喚醒、行動準備、身體表達、注意和情緒），而且還涉及通常被認為是認知的維度（感知、注意、評價、記憶、計畫和決策）。[30] 我們也應該在本文中提出，情緒的「有機體原型活動」（prototype whole-organism event）也是建築經驗的核心。由於近年來理論弱化，導致它一直是一個被低估的因素。在這方面，「共情」的概念也將在我們的分析中發揮關鍵作用。

　　埃文・湯普森在文化適應的主題下探討了「共情」。他打算利用共情的情感基礎作為連接胡塞爾的主體間性概念的橋梁。他認為共情是一種情感手段，有機體利用這種方式將自己投射到社會文化環境中並與之互動。具體實現方式有兩種：首先，共情是我們與他人的主體間性經驗的主要基礎，也就是說，「自我和他人如何透過共情相互作用」。第二，文化賦予同共情另一層意義，用他的話來說，就是「人的主體性如何從文化的發展過程中產生，並被符號文化的分散式認知網路所配置」。[31]

　　從現象學的角度來看，共情是一種獨特的意向性形態，我們透過它參與到另一個人的經驗中，而且它是直接的意向性形態，我們把另一個人類直接當作「人」來體驗，也就是說，左右一個有意圖的人，他或她的身體姿態和行動表達了他或她的經驗或思想狀態。[32] 這個移情過程會隨著時間的推移而展開。除了與另一個生命體配對外，我們也可能會想像自己移動或換位到別人所處的位置，或把某人理解為「另一個」自己。我們也會從倫理角度對這「另一個」自己有道德層面的感知。在一九九〇年代，「鏡像神經元」（mirror neuron）的發現將「共情」概念引入了哲學和心理學界，它揭示了共情產生的生物機制或感覺肌動和情緒機制。

　　埃文・湯普森隨之對「共情」又提出了與我們的研究話題密切相關的另一個定義，即不能被簡化為簡單的頭腦中的東西，因為「人類的心理活動從根本上說是社會文化活動」。也就是說，文化「不僅僅是認知的外部補充或支持；它從一開始就交織在每個人的大腦結構中」。[33] 他在這裡談到了文化適應概念，即讀寫文化以及最近的書籍存放裝置還有電腦，已經將人類的進化帶入了一個「超可塑性」（superplasticity）的階段，經過幾代人的努力，數位文化力量已經加速了大腦有效

重構其神經連結以適應新任務的過程。[34] 當然，這種觀點與半個世紀前的文化模式大相逕庭，特別考慮到文化適應已經改變了我們的思維方式，或更根本地改變了我們的先天特性。人類有機體的發展過程與自然和文化環境不斷地相互塑造，用埃文‧湯普森的話來說，就是「透過遺傳、細胞、社會和文化等多個層面上無數獨立的因果通路，我們一代又一代地重建著自己」。[35] 在生物學和文化之間再也看不到哲學上的裂縫了，由於它們錯綜複雜地交織著，它們不能再被看作為獨立的發展領域。

在與設計藝術有關的分析中，我們將會延用「共情」一詞在感知和社會兩個層面上含義。一方面，透過鏡像感覺運動的作用或機制，共情是生物學過程，透過這個過程，我們在感知和審美層面上參與到或生成建築環境。另一方面，其神經迴路被廣為人知的社會共情是我們與他人聯繫的特定鏡像機制。

四、框架與社會文化維度

在目前所討論的基礎上，我們可以開始為本文制定一個框架，這也將為與設計有關的問題提供新的思考方向。本文將包括人類學和生物科學上許多最新突破發現，還將涉及近年來圍繞感知、情緒、共情、社會性和文化適應等主題形成的大量解釋性文獻。我們必須強調的是，建築物的製作和細節打磨將永遠是設計的核心，隱喻和敘事主題是其中的一部分，但不是不可或缺的。我們的核心觀點是，建築在本質上是一種現象級經驗，其中建築環境不再被認為與用戶體驗無關。我們認為建築不僅僅是形態構建的過程，建築設計師還必須考慮設計的感知維度和文化維度，使之與實際居住者的模糊感覺相適應。在實際實踐中，設計師的責任其實是沿著三個相互關聯的行動極點展開。

首先，設計是建築形態對橫跨多個組織層次的身體感覺和神經系統的自我平衡。這僅僅是一種認知，人們很早就知道建成環境在許多層面上影響著人類的健康和行為。當我們進入一間涼爽的房間時，會不自覺地被窗戶透過的自然光線所吸引，正是因為我們是有生命的有機體，自然會尋求溫暖和太陽照射的有益作用。

其次，由於我們與建成環境的有意識接觸，最初是在感知經驗中進行的，因

此我們應該對這一維度給予更多關注。感知在歷史上被看作是一種前反思活動，或者是在判斷認知行為之前發生的活動。然而，當代的研究正逐漸打破兩者之間的牆。直覺並非如幽靈般的東西在意識中神祕閃現，它們的存在有進化學和生理學的基礎，它們事實上是推理過程中的經驗捷徑或早期階段。對建成環境的感知涉及神經、內分泌和感覺系統的運作，以及人類經驗中的許多其他因素。只有從多個層面上進行考慮，人類有機體才能從對光線的折射、紋理、形式、材料和設計師創造的空間品質的感知過程中獲得或創造意義。因此，感知是一個受制於人的經驗並隨時間展開的不斷生成建成環境的過程。

最後一點與社會文化維度有關。我們必須以更嚴謹的方式將這些問題回歸到設計領域範疇。我們從人文和科學的新模式中獲得了大量的觀點見解，而這些知識可以用未曾考慮到的方式為設計師帶來新的資訊、思路與靈感。最終，這些知識為重塑設計領域風氣提供了可能性，而這正是歷史上文化繁榮的基礎。綜上所述，我們可以透過以下途徑對設計經驗進行建模：

（1）設計經驗生物學，即在建成和自然環境中，我們身體的自我平衡調整和適應；

（2）設計的感知經驗和審美經驗，即我們參與建成和自然環境的動態過程；

（3）建成環境的社會經驗和文化經驗。

我們如何構建這些領域並不重要，重要的是我們需要擴展我們思考設計的方式。從今日的人類學和生物學角度來看，我們正生活在一個生機勃勃而富有挑戰性的時代。巨大的新領域正向設計師開放，供其探索。

五、審美與建築

> 當前關於生物有機的研究讓我們知道，在這個日漸複雜的世界，
> 未來的設計師不能再以過去那種無法讓人信服的純美學來行事。[36]
> ——理查·諾伊特拉（Richard Neutra）

對有些人來說，在當今的建築界提「審美」，近乎是一種侮辱。當然，這種反

應是可以理解的。儘管這個概念以及它和「美」的關聯性在建築思想史上享有悠久的歷史和普遍崇高的地位——從（源自維納斯女神〔Venus〕的）維特魯威的建築之美（Vitruvian Venustus）到亞伯提的天人合一調和／和諧之美（Albertian Concinnitas），但如今這個詞在許多人的印象中卻是不正經的。一般人可能會在日常言談中形容日落的景觀或伴侶的脫俗之美，但建築設計師和其他藝術界的菁英卻會盡量避免這類用語。當建築設計師因為在工作室或因為要向客戶展示而不得不做出審美判斷時，難免會心有不安，他們往往是帶著罪惡感來面對審美這件事的。

造成建築設計師對審美感到不適的原因可以追溯到幾個世紀前，但大部分責任要歸咎於20世紀。不管是要與歷史主義決裂，或者是在世紀初時嘗試對「現代」建築進行定義，都需要一種新的審美標準出現，或者說至少需要一種新的象徵或譬喻。但問題是，無人能對這新的「象徵或譬喻」達成一致共識。對奧托・華格納（Otto Wager）來說，新意義的建築就像人的衣著——「穿著路易十五時期（Louis XV）洛可可貴族風服裝的人」在現代火車站或臥鋪車廂的環境中會顯得格格不入。[37] 阿道夫・路斯（Adolf Loos）是一位以衣著優雅著稱的評論家，同樣認為這種新風格就像用當代黑色燕尾服的衣料和鈕扣代替一件一八〇〇年代藍色燕尾服的衣料和金色紐扣一樣。對他來說，建築物的外觀應該要像剪裁精良的晚禮服，不太過搶眼才是最好的。[38]

赫爾曼・穆特修斯（Hermann Muthesius）對此有不同的想法。他將他那個時代「多餘的裝飾或線性展示」歸類為一種政治不正確的行為，也就是說，與中產階級的理想以及「可持續性」的價值觀不相符；因為相應的風氣應該「形式簡單，純粹實用」。[39] 彼得・貝倫斯（Peter Behrens）和華特・格羅培斯（Walter Gropius）在本世紀〔編按：20世紀〕頭十年的建築經常被形容有一種「工業風」的美感。1914年，當軍隊在歐洲集結準備發動第一次世界大戰時，德國工作聯盟（German Werkbund，簡稱DWB，又譯德意志製造聯盟）則在科隆博覽會（Cologne Exposition）上針對審美標準展開了激烈的爭辯。

當戰爭結束，三個思想流派——荷蘭風格派運動（Dutch De Stijl）、蘇聯構成主義（Soviet Constructivism）和德國的包浩斯主義（Bauhaus），都在認真追求一種跨越藝術的新審美理念，主要展現在顏色、線條和形式上，然而他們做的努力很

快就成了枉然。到一九二〇年代後半期，大多數歐洲從業者以及一般的藝術理論家，都紛紛開始避免使用這些詞，因為新的設計聖經只允許設計作為一種社會或政治干預，以便為簡約性和現代化工業價值服務。因此，新的「譬喻」出現了。最著名的是勒·柯比意（Le Corbusier）將住房定義為是居住的「機器」；然後華特·科特·貝倫特（Walter Curt Behrendt）宣稱現代風格的「新現實」是我們的「新工具、新機器和新建造方法」；奧德（J. J. P. Oud）則將新的審美描述為「結構功能主義」之一。[40] 1928年，希格弗萊德·吉迪恩（Sigfried Giedion）甚至鼓勵建築設計工作者放棄「建築師」這個在「藝術上誇誇其談」的頭銜，直接稱自己為「建築工」。[41] 四年後，亨利－羅素·希區考克（Henry-Russell Hitchcock）和菲利普·強生（Philip Johnson）代表新成立的紐約現代藝術博物館（Museum of Modern Art，簡稱MoMA）發言時，將「國際風格」（International Style）的審美原則簡化為三項：體積、規律性和避免應用裝飾。[42] 時至今日，要是有人膽敢為設計提出什麼新的審美理論，都會被當成「異端」或者真的「瘋」了。

儘管如此，在新禧千年伊始，「審美」的概念又捲土重來，至少在建築以外的領域是這樣。許多嚴肅的學者針對「美」這個主題撰寫動人文章，復興並精煉了柏拉圖、普羅提諾（Plotinus）、聖奧古斯丁（Augustine）、阿奎那（Aquinas）、但丁（Dante）和波提且利（Botticelli）等人的美學傳統。[43] 羅傑·斯克魯頓（Roger Scruton）在1993年的主題演講中，將美定義為「人類的普遍需求」。詩人約瑟夫·布羅茨基（Joseph Brodsky）則把美對「精神和感性的融合」稱為人類「進化的目的」。[44] 進化心理學家認為欣賞美並不是一種無所事事的奢侈品味，而是一種徹底嵌入我們基因的生物適應機制。一些人類學家和神經科學家甚至認為這個世界上確實存在一種「審美普遍性」。

那麼，我們現在是不是可以在建築設計師面前提出有關審美的問題了呢？

六、審美概念闡述

「審美」一詞最早出現在18世紀的現代語言中。這個概念在該世紀初許多作家的著作中都有提及，但首次真正使用這個詞彙是在亞歷山大·鮑姆加登

（Alexander Baumgarten）在1735年發表的一篇論文中。十五年後，他在以拉丁文《美學》（*Aesthetica*）為標題的兩卷研究中更進一步拓展了這個主題。希臘語的「美學」（aisthetikos，或感覺學）是拉丁語「美學」的字源，意思是「知覺、感覺」或感官活動。鮑姆加登在區分理性的邏輯標準（哲學語境）和相較之下比較不可靠的感官標準（品味語境）時，將審美定義為「關於感覺或想象」的科學，並特別強調了審美的情感色彩。而他在1750年的巨作中，又對審美進行了更簡潔、也更準確的定義，一種「感性認知科學」。[45]

在這個時期，「品味」的概念已經成為哲學圈的常駐議題。這個主題由愛丁堡群賢會（Select Society of Edinburgh）於1754年提出，然後陸續吸引了艾倫·拉姆齊（Allan Ramsay）、大衛·休謨（David Hume）、羅伯特和詹姆斯·亞當（Robert & James Adam）以及凱姆斯勳爵（Lord Kames）等人為討論做出貢獻。

不過，對這個概念做出最全面闡述的是康德，他專門寫了一大本《判斷力批判》（*Critique of Judgement*）來回應鮑姆加登、休謨和埃德蒙·伯克（Edmund Burke）提出的問題。康德提出了這樣一個前提，即心靈擁有先驗（a priori）或一個內部結構，並藉此來理解世界。例如，如果我們的理解和認知能力是透過先驗原則，即自然總是有規律的，來認識世界的話，那麼審美判斷能力應該也有一個掌管它的原則。對於品味的判斷，他選擇了使用深奧的德語術語「合目的性」（zweckmassigkeit）來討論，不過我們可以將其簡單翻譯為「和諧」（harmony）。[46] 德語原詞彙帶有實用性和功能性的含義（其字首「Zweck」即「目的」之意），因此在翻譯成英語時，通常譯作「目的性」（purposiveness），這個雖然好懂但是生硬的方式來翻譯。

然而，康德使用這個詞彙並沒有任何功能上的意味，甚至恰恰相反。對他來說，「合目的性」是我們評判審美時依據的啟發式或心理標準，也就是說，我們根據作品的目的性或其形式的和諧程度來評判品味。至少在這個意義上，康德的觀點與亞伯提（Alberti）提出的「和諧」（Concinnitas）相去不遠。當藝術作品的形式和我們與生俱來的審美意識和諧共鳴時，就會被認為是美的。

康德接下來的問題是，如何描述一種形式給我們的印象？是如他所說的某種「愉悅或不喜歡的感覺」，亦或是我們賦予作品的某種想法或屬性？[47] 例如，他相

信某些藝術形式，例如音樂，是透過形式的元素直接吸引我們，而其他藝術形式，如建築或雕塑，則意在尋求表達更高的理想或概念。然而，康德沒有定論。他與鮑姆加登一樣，認為相對於更崇高的理性認知能力，藝術與「感覺」掛鉤會使藝術掉價，因為「感覺」似乎會讓情感摻和進審美判斷，而這也是康德竭力否認的。

康德一度求助於「審美理念」（aesthetic ideas），或那些沒有任何「確定概念」又涉及想像的觀念，但很快他又因為引用伊比鳩魯（Epicurus）的話而自打嘴巴。伊比鳩魯堅信「所有內心感受到的快樂，都是由肉體的感覺產生」。而康德在這一節的結尾，甚至提出了「所有快樂」，包括那些可以喚醒審美的快樂，都是「動物的」（或者用今日的話來說是生物的）。它們存在於肉體感覺中，但又不損及對於「道德理念之敬畏底精神性的情感」。[48]

雖然康德不能在他的概念框架裡解決審美問題，但我們當前的任務卻相對來說輕鬆一些，因為我們關注的重點不在於建造的「物體」的質量標準（當然，除了居住者以外），而是人類有機體對環境的感知與運動耦合，或者說對建築環境本身的體驗上。透過這種方式，我們可以將審美的意義回歸到原來的感性認知上，甚至可以回歸到現在已經被剝奪一切與反思判斷標準有關的感知概念上。事實上，審美已經不再受制於外在形式或規律。比如由無形星光點亮的夜晚以及轉瞬即逝的落日餘暉，就算沒有固定型態，一樣能帶來強烈的審美愉悅。

當今的生物模型進一步支持了上述說法。事實上，大腦的享樂或愉悅迴路不僅在欣賞音樂作品，或其他藝術作品時變得活躍，在享用一頓美食或享受一段浪漫的戀愛關係時也會同樣變得活躍。正如史蒂文・布朗（Steven Brown）所指出的，「這種生物系統的進化，先是為了評估對生物而言較為重要的生理慾望，包括食物的來源和合適的伴侶，之後才是對諸如歌曲和繪畫之類的藝術品的慾望」。[49]換句話說，審美感知在人類進化過程中以世俗的生存需求為根源，之後才在此基礎上發展，評價諸如社群儀式和個人表達等社會和情感的需求。布朗將這種觀點稱為「自然化美學」（naturalizing aesthetics），是個不錯的研究方向。雖然人們可能還是會談論音樂劇感人的歌詞或建築物帶來的深刻體驗，但本文的興趣在於研究這些感官事件的感知體驗，即「我們對知覺對象的感覺運動和情感特徵的體驗」。而當我們開始考慮審美的社會用途時，自然會對什麼是美進行判斷。

七、經驗與體驗

　　這些討論把我們引領到最新的感知模式面前，也是當今哲學界特別關注的。許多學者利用行動的概念來處理感知問題：「感知不是發生在我們身上的事情，也不是潛藏在我們身上的事情，而是我們所做的事情。」這是一種由過去的經驗或準備做的事情來決定的身體技能：「我們實行自己的知覺經驗；我們用行動來展現。」[50] 埃文‧湯普森將我們的注意力帶到胡塞爾提出的感知「共現」（appresentation），即每一個感知都帶著已經存在於感知中的內容。[51] 例如，我路過一棟房子，我看到的不僅僅是呈現在視網膜上的兩個立面，由於以前對房子的了解或認知，我可以意識到房子應該是一個有四個面的整體。安德里亞‧傑利克（Andrea Jelic）將這些沒有被看到的隱藏輪廓（比如房子被隱藏的幾面）解釋為「我們感知、體驗和與建築互動的方式取決於我們特定的身體類型，以及刻劃在身體與環境的互動中，為行動提供可能性的動力與技術的知識」。[52]

　　如果審美感知在某種程度上是預反射性的（prereflective），那是因為這就是我們實際體驗事物的方式，儘管必須承認，預反射性是一個難以被定義的術語。有一項專門針對人們對「美麗的」藝術品和風景做出反應的計時研究，發現在刺激開始後不到半秒，前額葉皮層的「執行」區域就出現一些活動跡象。這表明某種評估機制幾乎從一開始就已經融入了感知過程。在這種情況下，預反射什麼時候結束，反射什麼時候開始？在房子的例子裡，我可能會在稍晚的某個時間點去反思房子的歷史風格或考慮它所在的特定鄰里；或者另一個可能是，最初吸引我感知注意力的正是它的歷史風格。

　　審美感知是有選擇性的，在感官刺激的轟炸中，審美感知只關注它所關注的事物，所以它是一種具有內在意義或重要性的行為。感知不僅與行為和其背後的意義密切相關，與表達感知的情緒迴路也是如此。如果這樣來看，感知就是一種認知行為，而過去幾個世紀以來一直困擾著哲學界的問題，即思考（thinking）和感覺（feeling）之間的鴻溝，在今日已經被徹底重寫了。感知、情感和認知之間密不可分。

　　這當中需要強調的是感知與情感的聯繫。在《藝術即經驗》一書中，杜威指出

藝術體驗可以透過很多方式被快速理解，且他對人類生物學的理解也驚人地接近當代模型。杜威的觀點為梅洛－龐蒂和其他更近代的現象學家做了鋪墊；他將感知置於整個認知過程的前沿，強調感知本身是一種有意義的活動（且不必求助於符號），而生活則是由一連串流動的意向行為組成，藉著活生生的身體感覺展現出來。正如我們所見，他將情感稱作一種統一感知體驗的「感動力和凝聚力」。[53] 對杜威來說，藝術體驗是身體與環境的互動，在這個環境中，能量聚集又釋放，身體的韻律波動，期待和懸念起起落落，當感受到精神上的滿足時，「生命力提高」了且「直達人類生存的深處，一種人類與生存之間的調停」。[54] 這樣的觀點顛覆了18世紀對於感性的理論，因為正如杜威所堅持的那樣，感知和情感並不是透過感官來處理的，而是在能量釋出的一瞬間就存在了。旁觀者一邊在被激發情感的同時，一邊積極建構著讓知覺聽任差遣的體驗，失去又重新建立了心理與周圍環境的安寧；這個過程對觀新物者尤為甚。行動、感覺和意義為一體。審美體驗直接與我們對話。

當代哲學家馬克・詹森（Mark Johnson）將杜威對「意義」的關注，作為他自己詮釋藝術體驗的中心議題，並在其下列舉了形式、表達、交流、品質、情感、感覺、價值和目的等多種意義。最近，詹森更呼籲人們關注「杜威最激進的一個思想」，即審美意義能以一種「普遍統一的特性」區分出來，而且這種特性既不是情感的或實用性的，也不是知識性的。[55] 這也再次證明，審美感知是基於生活的體驗過程，也可謂一種更加濃烈的生命力。這同時意味著審美感知不存在於單獨的物體當中，而是存在於和社會以及文化環境的建設性互動或有機聯繫（及其經驗）當中。

杜威將藝術視為一種「體驗」的觀點也與漢斯－格奧爾格・伽達默爾（Hans-Georg Gadamer）的詮釋學有許多共同之處。伽達默爾將藝術描述為「獨立且內在一致的創作，將我們轉瞬即逝的體驗轉化為一種穩定且持久的形式」。[56] 哲學家通常從兩個德語詞彙定義的層面上談論藝術體驗，這兩個詞彙分別是「體驗」（Erlebnis，個人生命內部的體認）和「經驗」（Erfahrung，外部的具體經驗）。他指出，「體驗」（親身的經驗）這個詞是在19世紀後期創造的，指的是「把握真實事物的即刻性」。當伽達默爾談到這個意義上的「審美體驗」時，他如此描述：「藝術作

品的力量將體驗的人突然從他的生活環境中剝離，但又同時將他與他的整個經歷緊密聯繫起來」。生活體驗是利用個人經驗居中調停過往的意識。[57]

心理學家喬凡娜‧科隆貝蒂（Giovanna Colombetti）同樣強調體驗的情感特徵。她認為，情感（情緒、情感模式）並不存在空白腦袋裡轉瞬即逝的事件中；具象的思維和人類的體驗從一開始就是「具有構成性的情感」，也就是說，情感、意志和體驗是共存的。所有的有機體都共享這種「最初的原始情感」，即「所有生命系統都是感知系統，也可以說，他們居住在一個對他們來說很重要的世界中，而這個世界又是以他們自己的需求與顧慮相互參照而制定的」。[58]這種活動不單發生在腦內，因為行動始終只是整個身體在環境移動時的一個作用。情緒是感知或認知體驗的一部分，並且與其共同進化，已經成為了身體事件的評價者，或者，正如科隆貝蒂和埃文‧湯普森所說，「情緒是身體和認知同時評價後形成的，兩者並不是獨立但共存的評價標準，從某種意義上說，情緒將個人意義作為身體意義來傳達」。[59]因此，情感並不是對剛發生的事件做出的反應。它既是內在的，同時也是有機體對環境效價的評估，或從一開始就是感知的一部分。感知的預期和預先準備性質，透過交互直觀功能，審美感知讓施為者能有規範地預判互動的可能性，從而增加理解程度並減少互動的不確定性。

我們的論點是，對建築環境的體驗首先應該從身體的情感－預期－行動的層面進行考量，這樣才能了解體驗是如何在決定我們生存的同時又參與其中。如果把建築的空間和形式簡化到僅剩幾何造型或客觀屬性，不僅會貶低有機體或將其與環境脫離，也相當於忽略建築設計中一系列不可量化的元素，這些賦予人類棲息地生命、活力、得體以及令人愉悅的品質的元素。當然，設計本身可能存在象徵意義或有其背後的故事，但最好還是用帶著批判潛在審美感知的方式來理解。

八、新穎性與設計

由於每一種藝術和建築體驗都會導致有機體內部平衡的喪失和重建，這也讓我們意識到物的新穎性（而非像一般審美一樣只引導我們注意物體特定的特徵）。再次強調，這是存在於建設性體驗中的東西，新穎性一直是建築實作的基

石。理查・佩恩・奈特（Richard Payne Knight）稱讚新穎是「最普世的一種激情」，可以創造「新的思路」以及「使我們追求的目標、結果和滿足感，在現實的範圍外成倍地增加和充滿變化」。[60] 埃德蒙・伯克在他關於崇高和美麗的論文中以新穎性開篇，將其與固有習慣帶來的「厭惡和厭倦」對比，並將其追求稱為「人類心靈中可以找到的最簡單的情感」。20世紀早期的現代主義者相信他們為設計做出的努力是為了尋找新的表達形式和方式，而新穎性則名符其實地成了20世紀後期許多建築設計師的天命，企圖消除或解構原敘事秩序的表象。

然而在最近的設計圈內，追求突創新穎的動能似乎正逐步消退。許多批評家認為，沒有根基的反動和永無休止的形式創新，透過模擬演算程式來呈現，導致了一種「脆弱的一致性」或「無端無由的新穎」。[61] 羅伯特・蘭姆・哈特（Robert Lamb Hart）曾提醒道，企圖「從僵化和權威的陳腐觀念中解脫，而獲得發現和獨創的希望，往往會淪為一種衝動，想要略過多年積累的知識和過去幾代人的洗鍊沉澱。這樣的結果當然是失敗和成功交雜的新穎性和多元性」。[62] 今日的設計似乎已經失去了它的文化繫泊，而昨日已棄擲的審美理論又還沒有找到新的替代。

當然，新穎性有多種形式。人類神經系統的發育模型表明，健康和靈敏的神經功能取決於新的刺激和持續學習。賈克・潘克塞普（Jaak Panksepp）將新穎性的展現，好奇心或探索欲，標記為所有哺乳類動物的七種內生表現型（endophenotype）或核心情緒迴路的一種，而且「當我們尋求生存所需的物資時，這些迴路似乎是促成我們參與感、興奮感，以及為生活帶來積極存在意義的主要認知來源」。[63] 新穎事件的刺激和從遭遇的事件中提煉出的體認改變了我們的神經元迴路，這個神經可塑的過程正是有機生命力的最大特徵。令人愉悅的新穎感對於克服固有習慣十分重要，因此新穎感有利於我們認知的健康和幸福感的獲得。

那麼，到底什麼是令人愉悅的新穎性？這個問題把我們帶回到一開始討論的——感知週期和大腦本身的構造。我們已經注意到在大腦的邊緣區域，海馬體（hippocampus）及其周圍區域對於記憶和位置構建的重要性。毗鄰海馬體的是杏仁核（amygdala），它負責接收所有來自感覺方面的信息，並對刺激的顯著性做出反應。杏仁核在任何碰到新穎刺激的情況下都很活躍，因此可以擔任一種情緒引子或早期警報系統。它在負向效價（valence，情感狀態之一）和高喚起度的事件中特

別活躍，例如遇到可能發生衝突或需要逃命的威脅時。有幸地是，海馬體和杏仁核是協同工作的。對於任何新的事件，比如一個人去了一個新的城市或者去黃石國家公園（Yellowstone National Park）中人跡罕至的地方健行，此時的杏仁核就會變得活躍。而當海馬體的記憶庫開始運作，分辨並認定眼前的城市或景觀沒有威脅性時，杏仁核的反應就開始減弱，直到回歸平靜。

這裡有一個明顯的問題：並非所有建築環境都會被當成正面的。例如，有懼高症的人應該不太願意住在高樓層；複雜的建築則需要較強的認路能力，而這會讓那些缺乏這方面能力的人感到焦慮。接近醫院或牙科診所等建築場所時總讓人感到特別焦慮，因此正如一些神經科學家所指出的那樣，有時需要對可能加劇這種情況的新刺激加以限制。[64] 此外，有些建築在第一次參觀時會讓人覺得新奇又興奮，但再訪很快就讓人厭倦了。新穎的感覺很有可能一下子就會消失，正如多年來許多博物館和文化機構雖然所費不貲，但下場都是這樣。

然而，杏仁核的運作似乎更微妙。大量研究表明，具有鋒利邊緣或尖頭的物體，包括室內類似鋒利的陳設，都會激活杏仁核，提醒我們在這些物品周圍要小心。許多人認為這是因為進化而來的。有的設計師可能會認為尖頭的椅子或傾斜的建築造型新穎獨特，因此作為一種「新」的形式很有吸引力，但研究卻表明我們可能會對這種形式存在偏見。基於此，奧辛‧瓦塔尼恩（Oshin Vartanian）和一組科學家使用神經影像學對建築環境進行了「探索性研究」。他們讓參與者觀看一系列曲線房間和直線房間中不同高度的天花板。結果，受試者不僅認為曲線空間比直線空間更為「美麗」，甚至僅看到曲線的空間就已激活了大腦中與愉悅迴路有關，並對物體情感做出反應的前扣帶皮層（Anterior cingulate cortex）。[65] 隨後的功能性磁振造影（functional Magnetic Resonance Imaging，簡稱 fMRI）研究評估了人們對天花板高度以及房間整體空間結構的感知反應，研究人員發現天花板較高或開放程度較高的房間更有可能被視為美麗的房間。此外，封閉且沒有什麼太多出入路徑的房間很有可能會「引發逃生決定」，激活部分中部扣帶皮層（midcingulate cortex）直接接收來自杏仁核的輸入，這表明如果封閉空間造成了視覺上可感知的部分和移動可滲透性降低，就可能會引發伴隨逃生決定的情緒反應。

第二項研究是延續亞瑟‧斯坦普斯（Arthur Stamps）早期的實驗，表明我們在

視覺和本體感受上會對空間的「滲透性」（允許的運動程度）做出非常直接的反應。他的前提是，受到過去的進化制約，我們在環境中是否感到安全大多取決於這個空間是否可以一眼望穿跟方便行動，以便在空間變得危險時可以順利逃生。經過一系列實驗，當房間具有不同程度的視覺滲透性和逃生選項時，他發現人們通常會被更具滲透性和更明亮的空間吸引，而避開那些逃生可能性較小的空間。[66]

雖然這些研究應該要被正視為具有「探索性」，但也不能就解釋為所有建築空間都需要一定程度的開放性或曲線性。一個房間的舒適度可能正來自於缺乏一定程度的開放性；而在當前以直線性建築為主流時，曲線設計才可能顯得新穎所以有趣。此外仍須注意的是，神經影像和虛擬現實最大的問題就是受試者只能觀看房間的圖像，而不是用全副多感官和空間體驗感知，因此，空間的物質和氛圍在此過程中的效用被大大降低。然而空間的細節、比例和質地卻是影響建築環境效果成敗的重要元素。

儘管如此，一些研究已經開始從接收者的角度處理新穎性的問題，其研究結果已經證明，感官的豐富性和多樣性是成功的建築環境和城市環境的重要元素，而與之對立的乏味則會讓人產生壓力，有不利生物的影響。在產品設計和工業設計領域，也有研究開始專注新穎性帶來的「加壓」和熟悉感帶來的「減壓」之間的拉扯，保羅・赫克特（Paul Hekkert）認為，人們其實更喜歡將兩者的最佳優勢結合起來：人們喜歡新穎，只要不會新到危害熟悉感和固有的，同樣地，熟悉感也不能損害到新穎性。[67] 他還提到，我們不僅喜歡新穎的感官感受，還喜歡看可以促進組織感知（organized perception）的東西，也就是支持「導航和識別」的，只要這種看是可以用最省力或認知上最有效的方式來達成。他認為，在設計中實現這一原則的方法就是用最簡單的方式設計出最有效果的產品。[68]

我們開始對想像力有了解，也就代表新穎感和熟悉感之間的相互作用慢慢被揭開。如之前提到的，想像力的大腦網絡與記憶過去的網絡類似，從而用到了感知、情感和運動控制的神經迴路。在某些情況下，想像力可以被視為鏡像機制模型和仿擬具像的一種變體。如果鏡像迴路是用大部分我們執行動作或感知情緒的神經迴路來感知別人的動作和情緒，那麼想像力亦是利用類似的方式。例如，想像一段音樂的樂句，激起的是類似聽一首音樂時使用的聽覺皮層迴路。如果右

半球聽覺皮層的主要區域，和次要區域從音調序列中提取出與音樂相關的刺激，那麼人們即使沒有真的聽到，僅憑想像熟悉的旋律時，次要聽覺皮層也會變得活躍。視覺的意象會讓我們重建或重現許多用於感知類似情況的視覺皮層迴路。因此，想像力「不僅涉及運動系統，也像實際的感知體驗一樣會對身體造成影響」。[69] 這樣的觀點似乎支持了新穎與熟悉之間的拉扯關係。這些研究非常明確地表明，想像力不是透過單一的神經迴路系統運作的，而是由一眾分布各處的功能性小神經子系統網絡合力運作而成。很明顯地，適合解決複雜數學方程式的想像力或認知能力，與創作音樂作品或設計建築物的是不同的。但在任何情況下，想像力都以分布式網絡運作為特徵，然後——當然——以過往的經驗來調節這種運作。

在19世紀後期，威廉・詹姆斯（William James）已經觀察到想像力和感知之間的差異比我們想像中的要小，並且「想像過程與感受過程的不同之處是在於強度，而不是位置」。[70] 亞瑟・柯斯勒（Arthur Koestler）和安東・埃倫茨維希（Anton Ehrenzweig）等作家論證了創造的藝術結構本質上是複調的，也就是說，「它不是在單一的思路中發展，而是同時在幾個疊加的線路中發展。因此，不同於我們正常的邏輯思維習慣，創造力需要的是一種分散的、發散的注意力」。[71]

各路認知神經科學家已將創造力視為大腦功能偏側化（lateralization）的概念過程，但設計師的整體任務，整合形成建築體驗的有形（物質的）和無形（情感的）基礎，似乎給這個問題又添加了一層高深莫測的複雜性。提高關於建築創造力的傳統方式，例如旅行、素描、瀏覽雜誌和對不同環境氛圍的實際體驗，仍然是當今設計養成的重要方式，因為這不僅可以開拓一個人的文化視野，還可以（也更重要的是）給記憶注入可感觸的、有形的的生命力。哲學家漢斯・烏力克・貢布雷希特（Hans Ulrich Gumbrecht）等人強調，審美體驗除了其反思意義之外，還包含「存在」的元素或「觸感視覺」（haptic vision）的身體參與。[72]「存在」，從我們之前的探討就可以看出，用來帶入建築論述是一個再完美不過的詞。

當今研究中得出的唯一的關鍵要素，也是本文反覆強調的，就是所有專注和非專注的神經過程（感知、行動、情感、想像力和概念化）都存在實際的身體狀態中。身體不是硬體，「心靈」也不是放置其中的一種「邏輯思維」軟體程式；心理過程，總是源於之前可期的經歷，以及身體在移動過程中與環境的接觸，尤其是

採取的行動。之前曾有人討論過，路易斯・康（Louis Kahn）那令人驚歎的光影技巧，應該歸功於他在羅馬美國學院（American Academy in Rome）常駐期間參觀古代紀念碑時畫的粉彩素描。因為想像力是有意識的身體行為，而經驗和存在感是想像過程中效率和強度的關鍵。建築設計師艾斯特・斯珀伯（Esther Sperber）總結了這一概念：「建築設計師的創造力取決於利用人類身心多種方式的能力，以及靈活運用各種精神和身體的姿態來開展想像的概念，就是讓幻想成為現實的方法。」[73]

　　人的神經系統在感知運作的過程中，會渴望外來的刺激和新的信息，如果有新穎有趣的事物出現，它可能會分泌大量與愉悅迴路有關的鴉片類物質。好的設計可能不是為了追求快樂，但我們應該考慮到，我們更喜歡新穎（全新且之前未曾互動過的）且有各種詮釋可能的體驗。沒有這種體驗基礎的新穎性往往是膚淺的，且認知的體現化建構的也是越來越複雜的審美感知方式。

【附記】

原文譯自 Harry Francis Mallgrave 應本書邀約摘選增訂自專書 *From Object to Experience: The New Culture of Architectural Design* (London: Bloomsbury Visual Arts, 2018)。

註釋

1　Daniel Lord Smail, *On Deep History and the Brain* (Berkeley: University of California Press, 2008) 113.

2　Daniel Lord Smail, 8-9.

3　John Dewey, *Arts as Experience* (New York: A Perigee Book, 2005) 15-19.

4　John Dewey, 44.

5　Jakob Von Uexküll, *A Foray into the Worlds of Animals and Humans* (Minneapolis, MN: University of Minnesota Press, 2010) 139-146.

6　Kurt Goldstein, *The Organism: A Holistic Approach to Biology Derived from Pathological Data in Man* (New York: Zone Books, 2000) 210-214.

7　Maurice Merleau-Ponty, *The Phenomenology of Perception*, Colin Smith, trans. (London: Routledge & Kegan Paul, 1962) 229.

8　Maurice Merleau-Ponty, *The Visible and the Invisible*, Claude Lefort, ed., Alphonso Lingis, trans. (Evanston: Northwestern University Press, 1968) 138, 248.

9　Harry Francis Mallgrave, *Architecture and Embodiment: The Implications of the New Sciences and Humanities for Design* (New York: Routledge, 2013) 128-130; Mina Kalkatechi, *A Forgotten Chapter of the Bauhaus: Psycho-Physiological Aesthetics and the Inception of Modern Design Theory* (Ph. D. diss. Illinois Institute of Technology. 2016).

10 Vittorio Gallese, "The Manifold Nature of Interpersonal Relations: The Quest for a Common Mechanism." *Philosophical Transactions of the Royal Society London* B. 358, 2003: 517-528; Massimo Ammaniti and Vittorio Gallese, *The Birth of Intersubjectivity: Psychodynamics, Neurobiology, and the Self* (New York: W. W. Norton & Company, 2014).

11 Ulrich Neisser, *Cognition and Reality: Principles and Implications of Cognitive Psychology* (San Francisco: W. H. Freeman and Company, 1976).

12 Michael Arbib, *The Metaphorical Brain 2: Neural Networks and Beyond* (New York: Wiley& Sons, 1989) 39.

13 Kevin Laland et al., "How Culture Shaped the Human Genome: Bringing Genetics and the Human Sciences Together," *Genetics* 11, February 2010: 137.

14 Scott Williamson et al., "Localizing Recent Adaptive Evolution in the Human Genome," *PLoS Genetics* 3(6), 2007: e90.

15 Atsushi Ikiki and Miki Taoka, "Triadic (ecological, neural, cognitive) Niche Construction: A Scenario of Human Brain Evolution Extrapolating Tool use and Language from the Control of Reaching Actions," *Philosophical Transactions of the Royal Society B: Biological Sciences* 367, 2011: 10-23.

16 Louis Carroll, "Chapter 5, Advice from a Caterpillar." *Alice's Adventures in Wonderland* (Sweden: Wisehouse, 2016).

17 Susan Oyama, *Evolution's Eye: A Systems View of the Biology-Culture Divide* (Durham: Duke University Press, 2000) 29.

18 Susan Oyama, 48.

19 Susan Oyama, 95.

20 Ibid.

21 Kevin Laland et al., "Niche Construction, Ecological Inheritance, and Cycles of Contingency in Evolution," in Susan Oyama, et al., eds., *Cycles of Contingency: Development Systems and Evolution* (Cambridge, MA: MIT Press, 2001) 117.

22 Tim Ingold, "Building, Dwelling, Living: How Animals and People Make Themselves at Home in the World," in M. Strathern, ed., *Shifting Contexts* (London: Routledge) 57-80.

23 Tim Ingold, *The Perception of the Environment* (New York: Routledge, 2011) 186.

24 Ibid.

25 Francisco Varela et al., *The Embodied Mind: Cognitive Science and Human Experience* (Cambridge, MA: MIT Press, 1991) 174.

26 Francisco Varela et al., 173.

27 Francisco Varela, "Neurophenomenology: A Methodological Remedy for the Hard Problem," *Journal of Consciousness Studies* 3(4), 1996: 330-349.

28 Evan Thompson, *The Mind in Life: Biology, Phenomenology, and the Sciences of the Mind* (Cambridge, MA: MIT Press, 2007) 363.

29 Evan Thompson, 370.

30 Evan Thompson, 371.

31 Evan Thompson, 382-383.

32 Evan Thompson, 386.

33 Evan Thompson, 403.

34 Merlin Donald, "The Definition of Human Nature," in Dai Rees & Steven Rose, eds., *The New Brain Sciences: Perils and Prospects* (New York: Cambridge University Press, 2004) 53-56.

35 Evan Thompson, 404.

36 Richard Neutra, *Survival Through Design* (New York: Oxford University Press, 1954) 118.

37 Otto Wagner, *Modern Architecture: A Guidebook for His Students to This Field of Art*, H. F. Mallgrave, trans. (Santa Monica: Getty Publications, 1988) 77.

38 Adolf Loos, "Architektur," *Trotzdem 1900-1930* (Vienna: Prachner Verlag, 1931/1982) 90-104.

39 Hermann Muthesius, *Style-Architecture and Building-Art* (Santa Monica: Getty Publications, 1994) 98.

40 Walter C. Behrendt, *The Victory of the New Building Style*, Harry F. Mallgrave, trans. (Santa Monica: Getty Publications, 2000) 89; J. J. R Oud, "Architecture and the Future," *The Studio* 98, 1928: 405.

41 Sigfried Giedion, *Building in France, Building in Iron, Building in Ferro-Concrete*, J. Duncan Berry, trans. (Santa Monica: Getty Publications, 1995) 94.

42 Henry-Russel Hitchcock and Philip Johnson, *The International Style* (New York: W. W. Norton & Company, 1966).

43 Hans-Georg Gadamer, *The Relevance of the Beautiful and Other Essays*, Nicholas Walker, trans. (New York: Cambridge University Press, 1986); Elaine Scarry, *On Beauty and Being Just* (Princeton: Princeton University Press, 1999).

44 Joseph Brodsky, "An Immodest Proposal," *On Grief and Reason* (New York: Farrar, Straus and Giroux, 1997) 207.

45 Alexander Baumgarten, *Aesthetica/Asthetik*, 2 vols. Dagmar Mirback, ed. (Hamburg: Felix Meiner Verlag, 2007) 1.

46 Ernst Cassirer, *Kant's Life and Thought*, James Haden, trans. (New Haven: Yale University Press, 1981) 287.

47 Immanuel Kant, *Critique of Judgement*, revised edition (New York: Oxford University Press, 2009).

48 Ibid.

49 Steven Brown et al., "Naturalizing Aesthetics: Brain Areas for Aesthetic Appraisal Across Sensory

Modalities," *NeuroImage* 58, 2011: 257.

50   Alva Noë, *Action in Perception* (Cambridge, MA: MIT Press, 2006) 1-2.

51   Evan Thompson, 383.

52   Andrea Jelic et al., "The Enactive Approach to Architectural Experience: A Neurophysiological Perspective on Embodiment, Motivation, and Affordances," *Frontiers in Psychology* 7(481), March 2016.

53   John Dewey, 44.

54   John Dewey, 16.

55   Mark Johnson, *The Meaning of the Body: Aesthetics of Human Understanding* (Chicago: University of Chicago Press, 2007) 212.

56   Hans-Georg Gadamer, 53

57   Hans-Georg Gadamer, *Truth and Method* (New York: Continuum, 1999) 61, 70.

58   Giovanna Colombetti, *The Feeling Body: Affective Science Meets the Enactive Mind* (Cambridge, MA: MIT Press, 2014) 1-2.

59   Giovanna Colombetti and Evan Thompson, "The Feeling Body: Towards an Enactive Approach to Emotion," in W. F. Overton et al., eds., *Developmental Perspectives on Embodiment and Consciousness* (New York: Erlbaum, 2008) 59.

60   Richard Payne Knight, *An Analytical Inquiry into the Principles of Taste* (London: Mews-Gate and J. White, 1805) 196.

61   Alberto Perez-Gomez, *Attunement: Architectural Meaning after the Crisis of Modern Science* (Cambridge, MA: MIT Press, 2016) 157.

62   Robert Lamb Hart, *A New Look at Humanism: In Architecture*, Landscapes and Urban Design (California: Meadowlark Publishing, 2015) 99.

63   Jaak Panksepp, *Affective Neuroscience: The Foundations of Human and Animal Emotions* (Oxford: Oxford University Press, 1998) 144.

64   Upali Nanda and Ben Jansen, "Image and Emotion: From Outcomes to Brain Behavior," *HERD* 5(4), 2012: 40-59.

65   Oshin Vartanian et al., "Impact of Contour on Aesthetic Judgements and Approach-Avoidance Decisions in Architecture," *Proceedings of the National Academy of Science* 112(2), 2015: 10446-10453.

66   Arthur Stamps, "Visual Permeability, Locomotive Permeability, Safety, and Enclosure," *Environment and Behavior* 37(5), 2005: 587-619.

67   Paul Hekkert et al., "Most Advanced, Yet Acceptable: Typicality and Novelty as Joint Predictors of Aesthetics Preference in Industrial Design," *British Journal of Psychology* 94, 2003: 111-124.

68   Paul Hekkert et al., "Design Aesthetics: Principles of Pleasure in Design," *Psychology Science* 48(2),

2006: 162.

69   Stephen Kosslyn, "Neural Foundations of Imagery," *Nature Reviews: Neuroscience* 2, September 2001: 641.

70   William James, *The Principles of Psychology* (New York: Dover, 1950) 72.

71   Anton Ehrenzweig, *The Hidden Order of Art* (Berkeley: University of California Press, 1971) xii; Arthur Koestler, *The Act of Creation* (New York: The Macmillian Company, 1969).

72   Hans Ulrich Gumbrecht, *Production of Presence: What Meaning Cannot Convey* (Stanford: Stanford University Press, 2004).

73   Esther Sperber, "The Wings of Daedalus: Toward a Relational Architecture," *Psychoanalytic Review* 103(5), October, 2016: 594.

譯註

i   「niche」的概念於1917年由動物學家喬瑟夫‧格林尼爾（Joseph Grinnell）所提出。「niche」一詞源於法文的「巢」（Nest）之意，對應於「habitat」係指物種生活的物理場所或指生物體的棲息空間之意，「niche」則泛指生物體在其環境或生態系統中的各項元素，即根據特定物種的成長、棲息、覓食、繁殖及其活動對環境的影響而定義的功能或作用。「niche」中譯除有「生態位」、「生態區位」、「生態棲位」等譯詞，並於市場行銷學上延伸有「利基」的概念。本書選譯作「棲身之所」和「生態位」。

參考書目

Ammaniti, Massimo and Vittorio Gallese. *The Birth of Intersubjectivity: Psychodynamics, Neurobiology, and the Self*. New York: W. W. Norton & Company, 2014.

Arbib, Michael. *The Metaphorical Brain 2: Neural Networks and Beyond*. New York: Wiley & Sons, 1989.

Baumgarten, Alexander. *Aesthetica/Asthetik*, 2 vols. Dagmar Mirback, ed. Hamburg: Felix Meiner Verlag, 2007.

Behrendt, Walter C. *The Victory of the New Building Style*. Harry F. Mallgrave, trans. Santa Monica: Getty Publications, 2000.

Brodsky, Joseph. *On Grief and Reason*. New York: Farrar, Straus and Giroux, 1997.

Cassirer, Ernst. *Kant's Life and Thought*. James Haden, trans. New Haven: Yale University Press, 1981.

Clark, Andy. *Being There: Putting Brain, Body, and World Together Again*. Cambridge, MA: MIT Press, 1997.

Colombetti, Giovanna. *The Feeling Body: Affective Science Meets the Enactive Mind*. Cambridge, MA: MIT Press, 2014.

Dewey, John. *Arts as Experience*. New York: A Perigee Book, 2005.

Ehrenzweig, Anton. *The Hidden Order of Art*. Berkeley: University of California Press, 1971.

Gadamer, Hans-Georg. *The Relevance of the Beautiful and Other Essays*. Nicholas Walker, trans. New York: Cambridge University Press, 1986.

Gadamer, Hans-Georg. *Truth and Method*. New York: Continuum, 1999.

Gallagher, Shaun. *How the Body Shapes the Mind*. Oxford: Clarendon Press, 2005.

Gallese, Vittorio. "The Manifold Nature of Interpersonal Relations: The Quest for a Common Mechanism." *Philosophical Transactions of the Royal Society London B*. 358, 2003: 517-528.

Giedion, Siegfried. *Building in France, Building in Iron, Building in Ferro-Concrete*. J. Duncan Berry, trans. Santa Monica: Getty Publications, 1995.

Goldstein, Kurt. *The Organism: A Holistic Approach to Biology Derived from Pathological Data in Man*. New York: Zone Books, 2000.

Gumbrecht, Hans Ulrich. *Production of Presence: What Meaning Cannot Convey*. Stanford: Stanford University Press, 2004.

Hart, Robert Lamb. *A New Look at Humanism: In Architecture, Landscapes and Urban Design*. California: Meadowlark Publishing, 2015.

Hekkert, Paul et al. "Design Aesthetics: Principles of Pleasure in Design." *Psychology Science* 48(2), 2006: 162.

Hitchcock, Henry-Russel and Philip Johnson. *The International Style*. New York: W. W. Norton & Company, 1966.

Ingold, Tim. *The Perception of the Environment*. New York: Routledge, 2011.

James, William. *The Principles of Psychology*. New York: Dover, 1950.

Jelic, Andrea et al. "The Enactive Approach to Architectural Experience: A Neurophysiological Perspective on Embodiment, Motivation, and Affordances." *Frontiers in Psychology* 7(481), March, 2016.

Johnson, Mark. *The Meaning of the Body: Aesthetics of Human Understanding*. Chicago: University of Chicago Press, 2007.

Kant, Immanuel. *Critique of Judgement*. Revised edition. New York: Oxford University Press, 2009.

Knight, Richard Payne. *An Analytical Inquiry into the Principles of Taste*. London: Mews-Gate and J. White, 1805.

Koestler, Arthur. *The Act of Creation*. New York: The Macmillian Company, 1969.

Lkiki, Atsushi and Miki Taoka, "Triadic (ecological, neural, cognitive) Niche Construction: A Scenario of Human Brain Evolution Extrapolating Tool use and Language from the Control of Reaching Actions," *Philosophical Transactions of the Royal Society B: Biological Sciences* 367, 2011: 10-23.

Mallgrave, Harry Francis. *Architecture and Embodiment: The Implications of the New Sciences and Humanities for Design*. New York: Routledge, 2013.

Merleau-Ponty, Maurice. *The Phenomenology of Perception*. Colin Smith, trans. London: Routledge & Kegan Paul, 1962.

Merleau-Ponty, Maurice. *The Visible and the Invisible*. Claude Lefort, ed. Alphonso Lingis, trans. Evanston: Northwestern University Press, 1968.

Muthesius, Hermann. *Style-Architecture and Building-Art*. Santa Monica: Getty Publications, 1994.

Neisser, Ulrich. *Cognition and Reality: Principles and Implications of Cognitive Psychology*. San Francisco: W. H. Freeman and Company, 1976.

Neutra, Richard. *Survival Through Design*. New York: Oxford University Press, 1954.

Noë, Alva. *Action in Perception*. Cambridge, MA: MIT Press, 2006.

Odling-Smee, F. et al. *Niche Construction: The Neglected Process in Evolution*. Princeton, NJ: Princeton University Press, 2003.

Oyama, Susan. *Evolution's Eye: A Systems View of the Biology-Culture Divide*. Durham: Duke University Press, 2000.

Oyama, Susan et al. eds. *Cycles of Contingency: Development Systems and Evolution*. Cambridge, MA: MIT Press, 2001.

Panksepp, Jaak. *Affective Neuroscience: The Foundations of Human and Animal Emotions*. Oxford: Oxford University Press, 1998.

Perez-Gomez, Alberto. *Attunement: Architectural Meaning after the Crisis of Modern Science*. Cambridge, MA: MIT Press, 2016.

Smail, Daniel Lord. *On Deep History and the Brain*. Berkeley: University of California Press, 2008.

Stamps, Arthur. "Visual Permeability, Locomotive Permeability, Safety, and Enclosure." *Environment and Behavior* 37(5), 2005: 587-619.

Thompson, Evan. *The Mind in Life: Biology, Phenomenology, and the Sciences of the Mind*. Cambridge, MA: MIT Press, 2007.

Tidwell, Philip, ed. *Architecture and Neuroscience*. Helsinki: Tapio Wirkkala-Rut Bryk Foundation, 2013.

Uexküll, Jakob Von. *A Foray into the worlds of Animals and Humans*. Minneapolis, MN: University of Minnesota Press, 2010.

Varela, Francisco. "Neurophenomenology: A Methodological Remedy for the Hard Problem," *Journal of Consciousness Studies* 3(4), 1996: 330-349.

Varela, Francisco and Evan Thompson and Eleanor Rosch. *The Embodied Mind: Cognitive Science and Human Experience*. Cambridge, MA: MIT Press, 1991.

Vartanian, Oshin et al. "Impact of Contour on Aesthetic Judgements and Approach-Avoidance Decisions in Architecture." *Proceedings of the National Academy of Science* 112(2), 2015: 10446-10453.

Wagner, Otto. *Modern Architecture: A Guidebook for His Students to This Field of Art*. Harry F. Mallgrave, trans. Santa Monica: Getty Publications, 1988.

國家圖書館出版品預行編目（CIP）資料

文化創意產業讀本. II：象徵價值與美學經濟／
李天鐸, 林立敏編著. -- 初版. -- 臺北市：遠
流出版事業股份有限公司, 2022.04
328面；17 × 23 公分
ISBN 978-957-32-9459-7（平裝）

1. 文化產業　2. 創意　3. 文化經濟學

541.29　　　　　　　　　　　111001949

文化創意產業讀本 II
象徵價值與美學經濟

A Cultural / Creative Industries Reader II
Symbolic Value and Aesthetic Economy

編著：李天鐸、林立敏
文字編輯：陳筱茵
美術設計：黃瑪琍
發行人：王榮文

著作權顧問：蕭雄淋律師
法律顧問：董安丹律師

2022年4月　初版一刷
ISBN 978-957-32-9459-7
行政院新聞局局版台業字第1295號
售價：新台幣500元（缺頁或破損的書，請寄回更換）

Since 1975
出版發行：遠流出版事業股份有限公司
台北市南昌路二段81號6樓
郵撥：0189456-1
電話：（02）23926899
傳真：（02）23926658

遠流博識網
http://www.ylib.com
E-mail: ylib@ylib.com